国家卫生健康委员会"十四五"规划教材
全国中医药高职高专教育教材

供中医学和医学相关专业用

诊断学基础

第5版

主 编　杨　峥

副主编　徐泽宇　刘　彬　蒲永莉　李水花

编　委（按姓氏笔画排序）

王若溢（赣南卫生健康职业学院）

方　宇（湖北中医药高等专科学校）

布买热木·尔肯（新疆维吾尔医学专科学校）

刘　彬（湖南中医药高等专科学校）

李水花（渭南职业技术学院）

李彦娴（保山中医药高等专科学校）

李彩萍（山西中医药大学）

杨　峥（保山中医药高等专科学校）

杨　澄（肇庆医学高等专科学校）

杨丹阳（四川中医药高等专科学校）

徐泽宇（江西中医药高等专科学校）

郭晓婷（广东江门中医药职业学院）

蒲永莉（重庆三峡医药高等专科学校）

人民卫生出版社
·北　京·

图书在版编目（CIP）数据

诊断学基础 / 杨峥主编. —5 版. —北京：人民
卫生出版社，2023.8（2025.1重印）
　ISBN 978-7-117-34922-2

　Ⅰ. ①诊…　Ⅱ. ①杨…　Ⅲ. ①诊断学 – 高等职业教育
– 教材　Ⅳ. ①R44

中国国家版本馆 CIP 数据核字（2023）第 158590 号

人卫智网	www.ipmph.com	医学教育、学术、考试、健康，购书智慧智能综合服务平台
人卫官网	www.pmph.com	人卫官方资讯发布平台

诊断学基础
Zhenduanxue Jichu
第 5 版

主　　编：杨　峥
出版发行：人民卫生出版社（中继线 010-59780011）
地　　址：北京市朝阳区潘家园南里 19 号
邮　　编：100021
E - mail：pmph @ pmph.com
购书热线：010-59787592　010-59787584　010-65264830
印　　刷：人卫印务（北京）有限公司
经　　销：新华书店
开　　本：850×1168　1/16　　印张：22
字　　数：621 千字
版　　次：2005 年 6 月第 1 版　　2023 年 8 月第 5 版
印　　次：2025 年 1 月第 4 次印刷
标准书号：ISBN 978-7-117-34922-2
定　　价：75.00 元

打击盗版举报电话：010-59787491　E-mail：WQ @ pmph.com
质量问题联系电话：010-59787234　E-mail：zhiliang @ pmph.com
数字融合服务电话：4001118166　E-mail：zengzhi @ pmph.com

《诊断学基础》
数字增值服务编委会

修订说明

为了做好新一轮中医药职业教育教材建设工作，贯彻落实党的二十大精神和《中医药发展战略规划纲要（2016—2030 年）》《教育部 国家卫生健康委 国家中医药管理局关于深化医教协同进一步推动中医药教育改革与高质量发展的实施意见》《教育部等八部门关于加快构建高校思想政治工作体系的意见》《职业教育提质培优行动计划（2020—2023 年）》《职业院校教材管理办法》的要求，适应当前我国中医药职业教育教学改革发展的形势与中医药健康服务技术技能人才培养的需要，人民卫生出版社在教育部、国家卫生健康委员会、国家中医药管理局的领导下，组织和规划了第五轮全国中医药高职高专教育教材、国家卫生健康委员会"十四五"规划教材的编写和修订工作。

为做好第五轮教材的出版工作，我们成立了第五届全国中医药高职高专教育教材建设指导委员会和各专业教材评审委员会，以指导和组织教材的编写与评审工作；按照公开、公平、公正的原则，在全国 1 800 余位专家和学者申报的基础上，经中医药高职高专教育教材建设指导委员会审定批准，聘任了教材主编、副主编和编委；确立了本轮教材的指导思想和编写要求，全面修订全国中医药高职高专教育第四轮规划教材，即中医学、中药学、针灸推拿、护理、医疗美容技术、康复治疗技术 6 个专业共 89 种教材。

党的二十大报告指出，统筹职业教育、高等教育、继续教育协同创新，推进职普融通、产教融合、科教融汇，优化职业教育类型定位，再次明确了职业教育的发展方向。在二十大精神指引下，我们明确了教材修订编写的指导思想和基本原则，并及时推出了本轮教材。

第五轮全国中医药高职高专教育教材具有以下特色：

1. 立德树人，课程思政 教材以习近平新时代中国特色社会主义思想为引领，坚守"为党育人、为国育才"的初心和使命，培根铸魂、启智增慧，深化"三全育人"综合改革，落实"五育并举"的要求，充分发挥思想政治理论课立德树人的关键作用。根据不同专业人才培养特点和专业能力素质要求，科学合理地设计思政教育内容。教材中有机融入中医药文化元素和思想政治教育元素，形成专业课教学与思政理论教育、课程思政与专业思政紧密结合的教材建设格局。

2. 传承创新，突出特色 教材建设遵循中医药发展规律，传承精华，守正创新。本套教材是在中西医结合、中西药并用抗击新型冠状病毒感染疫情取得决定性胜利的时候，党的二十大报告指出促进中医药传承创新发展要求的背景下启动编写的，所以本套教材充分体现了中医药特色，将中医药领域成熟的新理论、新知识、新技术、新成果根据需要吸收到教材中来，在传承的基础上发展，在守正的基础上创新。

3. 目标明确，注重三基 教材的深度和广度符合各专业培养目标的要求和特定学制、特定对象、特定层次的培养目标，力求体现"专科特色、技能特点、时代特征"，强调各教材编写大纲一定要符合高职高专相关专业的培养目标与要求，注重基本理论、基本知识和基本技能的培养和全面素质的提高。

4. 能力为先，需求为本　教材编写以学生为中心，一方面提高学生的岗位适应能力，培养发展型、复合型、创新型技术技能人才；另一方面，培养支撑学生发展、适应时代需求的认知能力、合作能力、创新能力和职业能力，使学生得到全面、可持续发展。同时，以职业技能的培养为根本，满足岗位需要、学教需要、社会需要。

5. 规划科学，详略得当　全套教材严格界定职业教育教材与本科教育教材、毕业后教育教材的知识范畴，严格把握教材内容的深度、广度和侧重点，既体现职业性，又体现其高等教育性，突出应用型、技能型教育内容。基础课教材内容服务于专业课教材，以"必需、够用"为原则，强调基本技能的培养；专业课教材紧密围绕专业培养目标的需要进行选材。

6. 强调实用，避免脱节　教材贯彻现代职业教育理念，体现"以就业为导向，以能力为本位，以职业素养为核心"的职业教育理念。突出技能培养，提倡"做中学、学中做"的"理实一体化"思想，突出应用型、技能型教育内容。避免理论与实际脱节、教育与实践脱节、人才培养与社会需求脱节的倾向。

7. 针对岗位，学考结合　本套教材编写按照职业教育培养目标，将国家职业技能的相关标准和要求融入教材中，充分考虑学生考取相关职业资格证书、岗位证书的需要。与职业岗位证书相关的教材，其内容和实训项目的选取涵盖相关的考试内容，做到学考结合、教考融合，体现了职业教育的特点。

8. 纸数融合，坚持创新　新版教材进一步丰富了纸质教材和数字增值服务融合的教材服务体系。书中设有自主学习二维码，通过扫码，学生可对本套教材的数字增值服务内容进行自主学习，实现与教学要求匹配、与岗位需求对接、与执业考试接轨，打造优质、生动、立体的学习内容。教材编写充分体现与时代融合、与现代科技融合、与西医学融合的特色和理念，适度增加新进展、新技术、新方法，充分培养学生的探索精神、创新精神、人文素养；同时，将移动互联、网络增值、慕课、翻转课堂等新的教学理念、教学技术和学习方式融入教材建设之中，开发多媒体教材、数字教材等新媒体形式教材。

人民卫生出版社成立70年来，构建了中国特色的教材建设机制和模式，其规范的出版流程，成熟的出版经验和优良传统在本轮修订中得到了很好的传承。我们在中医药高职高专教育教材建设指导委员会和各专业教材评审委员会指导下，通过召开调研会议、论证会议、主编人会议、编写会议、审定稿会议等，确保了教材的科学性、先进性和适用性。参编本套教材的1 000余位专家来自全国50余所院校，希望在大家的共同努力下，本套教材能够担当全面推进中医药高职高专教育教材建设，切实服务于提升中医药教育质量、服务于中医药卫生人才培养的使命。谨此，向有关单位和个人表示衷心的感谢！为了保持教材内容的先进性，在本版教材使用过程中，我们力争做到教材纸质版内容不断勘误，数字内容与时俱进，实时更新。希望各院校在教材使用中及时提出宝贵意见或建议，以便不断修订和完善，为下一轮教材的修订工作奠定坚实的基础。

人民卫生出版社有限公司

2023年4月

前　言

由人民卫生出版社 2018 年正式出版发行的国家卫生健康委员会"十三五"规划教材、全国中医药高职高专教育教材《诊断学基础》（第 4 版）已经使用 4 年。为适应高等职业教育发展需求，进一步提高教材质量，按照全国中医药高职高专教育教材建设指导委员会的要求，我们启动了《诊断学基础》第 5 版教材的修订工作。修订后的《诊断学基础》第 5 版教材，在纠正第 4 版教材存在的不足的基础上，积极围绕立德树人根本任务和岗位及社会需求，调整了教材结构，充实了教材内容。修订后的《诊断学基础》第 5 版教材包括绪论（杨峥编写），第一章常见症状（李水花、杨澄编写），第二章问诊（刘彬编写），第三章体格检查（蒲永莉、刘彬、方宇、徐泽宇、杨丹阳编写），第四章实验诊断（王若溢、布买热木·尔肯编写），第五章心电图检查（李彩萍编写），第六章影像学检查（李彦娴、郭晓婷编写），第七章肺功能检查（李彦娴编写），第八章内镜检查（郭晓婷编写），第九章诊断疾病与病历书写（杨峥编写），附录一临床常用诊疗技术（杨澄编写），附录二临床检验参考值（王若溢编写）。与第 4 版相比，本版教材最大的特点和变化是：继续为融合教材，强化教材意识形态建设，增加课程思政元素，更加凸显对职业技能的培养，进一步完善二维码形式数字内容增值服务，增加"扫一扫，知操作"，把体格检查操作列出要点，充分体现中医药职业岗位需要的特色。

《诊断学基础》第 5 版教材供全国高职高专院校中医学专业及医学相关专业使用，亦可作为中医、临床、康复等类别专业技术人员的临床参考用书。对中医执业助理医师资格、自学及职称晋升考试也有较大帮助。

诊断学基础是研究运用诊断疾病的基本理论、基本知识、基本技能和诊断思维对患者提出诊断的一门医学课程，是基础医学过渡到临床医学的桥梁课和必修课，是医学生学习掌握临床医学各学科的基础。本教材构思新颖、编排紧凑、结构合理、内容充实、简繁得当、重点突出，注重课程思政，立德树人，具有理论性、知识性；注重深度融合，立体构建，使其具有实用性和适用性；注重能力为先，需求为本，面向未来和发展，使其体现了科学性和先进性。

本教材的编写得到了人民卫生出版社和各参编单位的大力支持，编委会聘请该学科国内部分专家对本书的内容进行了审定，保山中医药高等专科学校对本书的修订给予了较大的帮助，在此一并表示衷心的感谢。

尽管我们付出了巨大的努力,但教材中或许还有不妥之处,恳请各院校教师、学生和其他读者在使用过程中提出宝贵意见,以便下次修订和完善。

《诊断学基础》编委会

2023 年 4 月

目　录

绪　　论

PPT 课件

知识导览

学习目标

1. 掌握诊断学的概念。
2. 熟悉诊断学的学习目的、学习方法及要求。
3. 了解诊断学的内容及重要性。

一、诊断学的概念

诊断学是研究运用诊断疾病的基本理论、基本知识、基本技能和诊断思维对患者提出诊断的一门学科。其主要内容包括病史采集、交流与沟通基本技能、常见症状、体格检查和常见体征、实验室检查和辅助检查，以及临床诊断思维、病历书写和临床常用诊疗技术等。诊断的过程，就是对患者进行调查研究的过程。所谓"诊"就是调查（包括病史采集、体格检查、实验室检查及器械检查等）和收集资料。"断"就是将调查所收集的有关患者的临床资料，结合基础医学和临床各科知识，运用辩证唯物主义的思维方法进行综合、分析、推理，从而对患者的健康状况，疾病的部位、性质、功能状态等作出准确而完善的结论。诊断学基础是基础医学过渡到临床医学的桥梁课和必修课，是医学生学习掌握临床医学各学科的基础。

二、诊断学的内容

诊断学的内容比较广泛，随着现代科学的迅速发展，以生物学、化学、物理学、数学和基础医学的理论与技术为基础的诊断学进入了一个飞跃阶段，诊断学新方法、新技术不断涌现。本诊断学基础的内容主要包括以下几部分：

1. 问诊　即病史采集，医生通过与患者及有关人员交流，从而了解疾病的发生、发展过程，既往健康状态等病史资料的过程。这是医生最基本的一项临床技能，也是医生需要终身学习和不断提升的技能。许多疾病通过详细的病史采集、加上全面系统的体格检查，即可提出初步诊断，但有的患者因体质、年龄、心理状态等因素的影响，所获得的资料不一定完全真实，须客观实际分析，结合体格检查、相关实验室及辅助检查作出判断。本部分主要介绍问诊的内容、方法与技巧等。问诊内容包括一般项目、主诉、现病史、既往史、个人史、婚姻史、月经史、生育史及家族史。

2. 常见症状　症状是患者患病后对机体生理功能异常的自身体验和感觉，如发热、头痛、腹痛等。症状能够较早地提示疾病的存在，大多数患者就是因为出现了症状而求医的。在临床上，症状是病史的重要成分，主要通过问诊获得，对早期发现疾病、诊断疾病具有重要意义了解患者各种症状的发生和演变，始终是临床工作中非常重要的内容。

3. 体格检查　体格检查是指医生运用自己的感官或借助于传统的辅助诊断工具（如听诊器、血压计、体温计等）来客观了解和评估机体正常和异常征象的临床诊断方法。通过体格检查所发现患者的异常征象称为体征，如肝大、脾大、皮疹等。症状和体征可单独出现或同时存在。有些异常既是症状，也是体征，如黄疸。任何体征都有其病理生理学基础，通过体格检查对患者状况进行评估后提出的临床判断，称为检体诊断。

4. 实验室检查　主要运用物理学、化学、生物学等实验室方法对患者的血液、体液、分泌物、排泄物、细胞取样和组织标本等进行的检查，以获得病原学、病理形态学或器官功能状态等相关资料。随着新技术的不断涌现，实验诊断的价值越来越高，已成为临床诊断中不可缺少的一部分。当实验室检查结果与临床表现不符时，应结合临床慎重解释结果或进行必要复查，与病史、体格检查结合，进行系统地分析并应用于临床。

5. 辅助检查

（1）心电图检查：利用心电图机在体表记录到的心脏生物电活动的曲线图形称为心电图。心电图检查是临床常用器械检查方法之一，已成为某些心脏疾病，如心律失常、缺血性心脏病的重要检查方法，还广泛应用于危重患者抢救、手术麻醉、用药观察等的心电监测。

（2）影像学检查：主要包括 X 线检查、超声检查、计算机体层成像检查（CT）、磁共振成像检查（MRI）、放射性核素检查、数字减影血管造影检查（DSA）和介入放射技术等，尤其是 X 线检查、超声检查和 CT 检查已广泛运用于我国各级医疗机构，应用范围及诊断价值也越来越大。

（3）肺功能检查：肺功能检查是呼吸功能和胸、肺疾病的重要检查内容，包括通气功能、气体交换功能、小气道功能、血液气体分析和酸碱度测定等检查项目。

（4）内镜检查：是通过内窥镜从人体的自然孔道或切口部位插入，用以探查人体内部结构和病理变化进行诊断和治疗的一种方法。临床常用的内镜有胃镜、腹腔镜、十二指肠镜、小肠镜、结肠镜、胆道镜、支气管镜、膀胱镜等。主用于诊治消化系统、呼吸系统、泌尿系统、生殖系统等疾病。

6. 诊断疾病与病历书写　将采集的病史、体格检查获得的体征、实验室及器械检查的结果与临床各科理论结合起来进行归纳、分析、推理、判断形成印象，即初步诊断。如果将上述诊断过程的资料和治疗后病情的变化加以整理，记录下来，即形成病历。病历是记载疾病发生、发展和转归的诊疗记录，是进行诊断和治疗的依据，具有重要的教学和科研价值，这是临床医师必须熟悉和掌握的。

三、诊断学的学习目的及要求

学习诊断学的目的，在于掌握诊断学的基础理论、基本知识和基本技能，为临床各科的学习打下良好基础，本门课程结束时，学生应达到以下要求：

1. 能独立进行系统的问诊，掌握基本的交流与沟通技能，掌握常见症状、体征及其临床意义。

2. 能用规范的手法独立进行系统、全面、重点、有序地进行体格检查。

3. 掌握常用实验室检查项目的适应证，熟悉临床常用实验室检验项目对疾病的诊断的临床意义。

4. 掌握心电图机的操作程序，初步掌握正常心电图及异常心电图图像分析的基本步骤及其改变的意义。

5. 掌握影像学常用的 X 线、CT、MRI 检查指征，熟悉其临床意义，了解影像学检查的基本原理。

6. 熟悉临床常用肺功能检查项目的临床意义，了解临床常用肺功能检查项目的参考值。

7. 熟悉内镜检查的临床应用，了解常用内镜检查的适应证、禁忌证、术前准备和操作方法。

8. 能将问诊和体格检查资料进行系统地整理，运用疾病诊断的基本步骤和临床诊断思维进行分析,提出初步诊断。写出格式正确、文字通顺、表达清晰、字体规范、符合要求的病历。

四、诊断学的学习方法及要求

思政元素

疫情中的逆行者——钟南山

钟南山院士是我国呼吸疾病专家,我们医者的杰出代表。新型冠状病毒感染疫情开始时,他大胆提出"新型冠状病毒感染可能人传人"。他告诉大家不要再去武汉,而自己却不顾危险,逆行武汉,84岁高龄还奋战在抗疫第一线;当广州疫情严重时,85岁钟南山院士再次带领团队奔赴一线,哪里有疫情,哪里有危险,哪里就有他的身影。因为他的杰出贡献,被授予"共和国勋章",在抗疫表彰大会上他说:"健康所系,性命所托就是我们医者的初心。保障人民群众的身体健康和生命安全,就是我们医者的使命!"

他的精神感染了全国的医务工作者,他们从祖国的四面八方、山南海北,义无反顾逆行而上,冲到抗疫前线;不怕艰辛,不怕被传染,甚至为此献出了自己宝贵生命。他精神鼓舞了我们医务工作者,让他们从普通的医护人员变成勇敢的战士,诠释了医者仁心、学者大义。我们医学生要以钟南山院士为榜样,树立医者应有的责任心、使命感,培养实事求是、坚持真理的人生态度,锤炼舍身忘我、无私无畏的担当精神,秉承生命不息、奋斗不止的奋斗精神,做一名合格的医务工作者。

1. 学习诊断学,一定要明确学习目的,树立高尚的医德,始终贯穿以人为本思想和关怀服务意识,培养全心全意为人民服务的思想。

2. 学习诊断学,一定要做到认真细心,一丝不苟,精于思考,刻苦钻研,切实掌握基本知识、基本理论和基本技能,进行综合分析能力和临床思维能力的培养。

3. 学习诊断学,一定要重视临床实践,加强动手能力,反复练习,熟练运用基本检查技能。

4. 学习诊断学,一定要锻炼自己临床思维的能力。面对临床上出现的复杂疾病表现,要本着实事求是的态度,全面分析,科学思维,综合判断。使自己的思维和推理力求符合客观实际情况,从而提高诊断的准确性。

(杨 峥)

扫一扫,测一测

第一章　常见症状

学习目标

1. 掌握常见症状的概念、常见病因及临床表现。
2. 熟悉常见症状的发病机制。
3. 了解常见症状的伴随症状和问诊要点。

　　症状（symptom）是指患者主观感受不适或异常的感觉。症状表现形式多样，有的只有主观感觉，如疼痛、头晕、恶心等；有的既有主观感觉，又可通过客观检查发现，如发热、水肿等；有的主观感觉无异常，只有通过客观检查才发现，如发绀、皮肤黏膜出血等。症状是问诊的主要内容，是诊断疾病的主要线索。同一疾病可有不同症状，不同疾病又可有相同症状，因此，诊断疾病不能单凭某一症状或几个症状作出诊断。

第一节　发　　热

　　发热（fever）是指机体在致热原或其他原因作用下导致体温升高，超过正常范围。正常人体温：腋测法 36.0～37.0℃；口测法 36.3～37.2℃；肛测法 36.5～37.7℃。在生理状态下，体温因个体差异或体内外因素影响稍有波动。下午较早晨高，剧烈活动或进餐后体温也可略升高，但 24 小时内体温波动一般不超过 1℃。年轻人体温稍高于老年人，女性月经期或妊娠体温偏高或稍高于平时。

【发生机制】

　　是由致热原或非致热原引起体温调节中枢功能紊乱，导致产热大于散热引起发热。目前认为致热原引起发热是机体发热的主要机制。

（一）致热原性发热

　　致热原性发热占临床大多数。致热原分为外源性和内源性两类。

　　1. 外源性致热原　主要有：各种微生物病原体及其代谢产物，如细菌、病毒、支原体、衣原体、真菌、寄生虫等；炎性渗出物及无菌性坏死物质；抗原 - 抗体复合物等。外源性致热原分子大，不能通过血脑屏障作用于体温调节中枢，只能通过激活白细胞，产生和释放内源性致热原作用于体温调节中枢引起发热。

　　2. 内源性致热原　主要有：白介素、干扰素、肿瘤坏死因子等，又称白细胞致热原。是在外源性致热原刺激下产生和释放的，分子量小，可通过血脑屏障作用于体温调节中枢，使体温调定点上移，产热增多，散热减少，导致发热。

（二）非致热原性发热

　　1. 体温调节中枢直接受到刺激　如脑出血、颅脑外伤、中暑等。

　　2. 产热过多　如甲状腺功能亢进症、癫痫持续状态等。

3. 散热减少　如广泛性皮肤损害导致汗腺缺乏或破坏、严重脱水等。

【病因】

分为感染性发热和非感染性发热两大类,临床上以感染性发热多见。

（一）感染性发热

各种病原体如细菌、病毒、支原体、衣原体、立克次体、螺旋体、真菌、寄生虫等感染,均可引起发热。

（二）非感染性发热

1. 无菌性坏死物质的吸收　非感染性组织细胞坏死见于①机械性、物理性、化学性损害:如大面积烧伤、大手术后等。②组织细胞破坏:如癌、白血病、溶血反应等。③心、肺、脑、脾等器官缺血坏死,如脑梗死、心肌梗死等。

2. 变态反应性疾病　如风湿热、血清病、结缔组织病等。

3. 机体产热过多　如甲状腺功能亢进症、癫痫持续状态等。

4. 皮肤散热减少　如广泛性皮炎、鱼鳞癣等。

5. 体温调节中枢功能失调　如中暑、重度安眠药中毒、脑出血、脑外伤等。

6. 自主神经功能紊乱　表现为低热,属于功能性发热,如精神紧张和剧烈运动后低热、原发性低热、夏季低热等。

【临床表现】

（一）发热过程

发热的临床过程一般分为三个阶段。

1. 体温上升期　该期产热大于散热,临床表现为疲乏无力、肌肉酸痛、皮肤苍白、无汗、畏寒或寒战等症状。体温上升有两种方式:

（1）骤升型:体温急剧升高,在几小时内达39～40℃或以上,常伴有寒战。见于大叶性肺炎、疟疾、输液反应等。

（2）缓升型:体温逐渐上升,数日内缓慢上升达高峰,多无寒战。见于布鲁氏菌病、结核病等。

2. 高热持续期　该期产热与散热在较高的水平上保持相对平衡,临床表现为皮肤潮红灼热、呼吸加快加深、心率增快、出汗,无寒战。体温上升达高峰后会持续一定时间,如疟疾持续数小时,大叶性肺炎数天,伤寒则为数周。

3. 体温下降期　该期散热增加而产热趋于正常,临床表现为大量出汗和皮肤温度降低。体温下降的方式有两种:

（1）骤降型:体温在数小时内迅速降至正常,有时可稍低于正常,常伴有大汗淋漓。见于疟疾、大叶性肺炎、急性肾盂肾炎、输液反应等。

（2）缓降型:体温在数天内逐渐降至正常,见于伤寒、风湿热等。

（二）发热分度

以腋测温度为标准,发热分为:

1. 低热　37.1～38℃。

2. 中等度发热　38.1～39℃。

3. 高热　39.1～41℃。

4. 超高热　>41℃。

脉搏和呼吸通常随体温升高而加快。一般说来,体温升高1℃,脉搏每分钟约增加10次,呼吸每分钟约增加约3～4次。

（三）热型及临床意义

将发热患者不同时间测得的体温数值记录在体温单上,将各体温数值点连接起来形成不同形态的体温曲线,称为热型。不同的病因常形成不同的热型,临床上常见的热型有:

1. **稽留热**　体温持续在 39～40℃ 或以上，持续数日或数周，24 小时内波动范围不超过 1℃。见于大叶性肺炎、伤寒等高热期（图 1-1）。

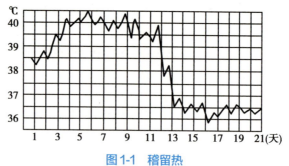

图 1-1　稽留热

2. **弛张热**　体温骤然升高到 39℃ 以上，持续数日或数周，24 小时内波动范围超过 2℃ 以上，最低温度仍高于正常。见于败血症、重症肺结核、风湿热等（图 1-2）。

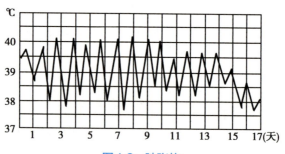

图 1-2　弛张热

3. **间歇热**　体温骤然升高到 39℃ 以上，持续数小时又骤降至正常水平，经数小时或数日间歇后，体温又骤然升高，如此高热期与无热期反复交替出现。见于疟疾、急性肾盂肾炎等（图 1-3）。

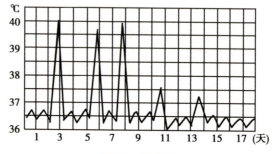

图 1-3　间歇热

4. **波状热**　体温逐渐升高到 39℃ 或以上，数日后又逐渐下降至正常水平，持续数日后又逐渐升高，如此反复多次。见于布鲁氏菌病（图 1-4）。

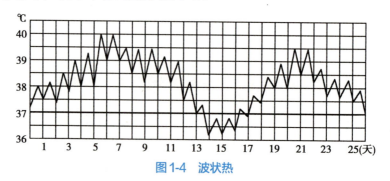

图 1-4　波状热

5. 回归热　体温急骤升高到 39℃ 以上，持续数日后又骤降至正常水平，高热期与无热期各持续数日后规律性交替一次。见于回归热、霍奇金病等（图 1-5）。

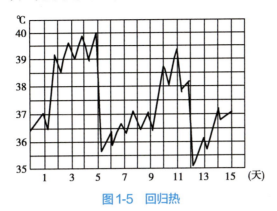

图 1-5　回归热

6. 不规则热　发热无一定规律。见于癌性发热、结核病、渗出性胸膜炎等（图 1-6）。

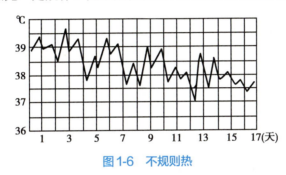

图 1-6　不规则热

【伴随症状】
1. 寒战　见于大叶性肺炎、败血症、急性胆囊炎、急性溶血反应、疟疾等。
2. 结膜充血　见于流行性出血热、钩端螺旋体病等。
3. 单纯疱疹　见于大叶性肺炎、疟疾、流行性脑脊髓膜炎等。
4. 伴皮肤黏膜出血　见于流行性出血热、败血症、急性白血病、急性再生障碍性贫血等。
5. 淋巴结肿大　见于淋巴结结核、淋巴瘤、白血病、局部化脓性感染等。
6. 肝脾大　见于病毒性肝炎、胆道感染、急性血吸虫病、白血病等。
7. 关节肿痛　见于风湿热、结缔组织病、痛风等。

【问诊要点】
1. 起病情况　起病急缓、诱因、发病环境。
2. 发热特点　体温升高、下降方式，发热程度，发热持续及间歇时间等。
3. 伴随症状　仔细多系统症状询问，对发热的鉴别诊断有意义。
4. 诊疗经过与治疗效果　了解已用药物名称、剂量、疗程、疗效等。
5. 流行病学情况　询问发病季节，是否去过传染病疫区，有无接触过传染病患者等。

第二节　水　肿

水肿是人体组织间隙有过多的液体积聚使组织肿胀。按发生部位分为全身性水肿和局部性水肿两大类。按性质可分为凹陷性水肿与非凹陷性水肿。一般不包括脑水肿、肺水肿等内脏器官的水肿。

【发生机制】

血管内液体不断从毛细血管小动脉端滤出到组织间隙形成组织液,组织液被毛细血管静脉端不断回吸收到血管。正常人体血液与组织液不断交换,保持动态平衡。当平衡被打破,导致过多液体在组织间隙聚集,则产生水肿。临床上,破坏体液平衡的主要因素有:①水钠潴留。②毛细血管内静水压升高。③毛细血管通透性增加。④血浆胶体渗透压降低。⑤组织液胶体渗透压增高。⑥组织间隙机械压力降低。⑦淋巴回流受阻。

【病因】

(一)全身性水肿

1. 心源性水肿　多见于右心衰竭,还可见于心包积液、缩窄性心包炎等。发生机制主要是:①静脉淤血,毛细血管内静水压升高,组织液回吸收减少。②有效循环血量减少,肾血流量减少,继发性醛固酮增多,水钠潴留。

2. 肾源性水肿　见于各型肾炎和肾病。发生机制主要是由多种因素引起肾排钠、排水减少,导致水钠潴留,此为肾源性水肿的基本机制。导致肾源性水肿的主要因素为肾小球滤过功能降低、肾小管对钠水重吸收增加、血浆胶体渗透压降低等。

3. 肝源性水肿　多见于肝硬化失代偿期。发生机制主要是:低蛋白血症、门静脉高压症、肝淋巴液回流障碍、继发醛固酮增多等。

4. 营养不良性水肿　见于慢性消耗性疾病、长期营养缺乏、蛋白丢失性胃肠病、重度烧伤等。发生机制主要是低蛋白血症和维生素B_1缺乏。

5. 其他全身性水肿　甲状腺功能减退引起的黏液性水肿、经前期紧张综合征、药物性水肿、特发性水肿、妊娠性水肿、血管神经性水肿等。

(二)局部性水肿

1. 炎症性水肿　见于蜂窝织炎、疖、痈等。

2. 静脉回流障碍性水肿　见于上腔静脉阻塞综合征、下腔静脉阻塞综合征、静脉血栓和血栓性静脉炎、静脉曲张等。

3. 淋巴回流障碍性水肿　见于丝虫病、淋巴结切除术后(如乳腺癌腋窝淋巴结清扫术后引起上肢淋巴回流障碍,出现手臂象皮肿)等。

【临床表现】

(一)全身性水肿

1. 心源性水肿　首先出现于身体下垂部位,为对称性、凹陷性水肿。能下床活动者,首先出现于双下肢,尤其以踝内侧较明显,活动后明显,休息后减轻;经常卧床者,以腰骶部较为明显。颜面一般不出现水肿。随着心力衰竭加重,水肿逐渐向上扩展蔓延全身,严重时可出现胸腔积液、腹腔积液等。常伴有右心衰竭的其他表现,如颈静脉怒张、肝大等。

2. 肾源性水肿　疾病早期起床时有眼睑与颜面浮肿,以较快的速度发展为全身性水肿。常有尿常规改变(如蛋白尿、血尿、管型尿)、高血压及肾功能损害的表现。心源性水肿与肾源性水肿的鉴别见表1-1。

表1-1　心源性水肿与肾源性水肿的鉴别

	心源性水肿	肾源性水肿
开始部位	从身体下垂开始,向上延及全身	从眼睑、面部开始,向下延及全身
发展快慢	缓慢	迅速
水肿性质	水肿组织坚实,移动性小	水肿组织软,移动性大
伴随症状	心脏增大、肝大、颈静脉怒张等	高血压、蛋白尿、血尿、肾功能改变等

3. 肝源性水肿　　主要表现为腹腔积液。水肿发生缓慢，也可首先出现于踝部，逐渐向上蔓延，头面部及上肢常无水肿。常伴有肝功能减退的表现。

4. 营养不良性水肿　　特点是水肿前先有体重减轻和消瘦等表现，之后才出现水肿，水肿常从足部开始，逐渐蔓延全身。

5. 其他全身性水肿　　主要有：①黏液性水肿：常见于甲状腺功能减退，颜面及下肢的非凹陷性水肿。②经前期紧张综合征：多于月经前 7～14 天出现眼睑、手、踝部轻度水肿，常伴乳房胀痛、盆腔部沉重感，月经后水肿逐渐消失。③药物性水肿：特点是水肿在用药过程中发生，停药后消失。可见于肾上腺皮质激素、雄激素、雌激素、利血平、胰岛素、甘草制剂等治疗过程中。④特发性水肿：水肿多出现于身体下垂部位，站立过久或行走过多后加重，几乎仅见于女性。⑤血管神经性水肿：多由过敏引起，特点是水肿突发、水肿部位无疼痛，皮肤苍白或蜡样光泽，硬且有弹性。多发生于颜面、唇与外生殖器等组织松弛部位。严重时伴有喉头水肿，可危及生命。

（二）局部性水肿

1. 局部炎症水肿　　水肿局部红、肿、热、痛。见于急性乳腺炎、疖、痈等。

2. 静脉回流障碍性水肿　　①上腔静脉阻塞综合征：水肿呈"披肩样"，即水肿发生于上腔静脉引流的面、颈、肩、上肢及上胸部。②下肢深静脉血栓形成：突发一侧下肢（血栓形成部位以下）肿胀，伴疼痛和浅静脉扩张。

3. 淋巴回流障碍性水肿　　①丝虫病引起的水肿表现为非凹陷性象皮肿，多发生在下肢、阴囊、大阴唇等处。②淋巴结切除术后引起的水肿表现为开始尚软，后逐渐变硬成非凹陷性象皮肿，有癌症及手术史。

【伴随症状】

1. 呼吸困难和发绀　　多见于心脏病、上腔静脉综合征等。
2. 肝大　　心源性、肝源性、营养不良性均可见。
3. 高血压　　见于肾性、妊娠高血压综合征等。
4. 肝掌、蜘蛛痣　　见于慢性肝炎、肝硬化等。
5. 蛋白尿　　严重蛋白尿多见于肾源性，轻度蛋白尿也可见于心源性。

【问诊要点】

1. 水肿出现的部位、时间、急缓，是全身性还是局部性，是否为凹陷性、对称性及其与体位及活动的关系。
2. 有无心、肝、肾、内分泌及过敏性等疾病病史和相关症状。
3. 水肿与饮食、药物、月经、妊娠等有无关系。
4. 诊疗过程及治疗效果，使用利尿剂的种类、剂量及疗效。

第三节　咳嗽与咳痰

咳嗽是一种反射性防御动作。通过咳嗽可将呼吸道内的异物和分泌物排出体外。长期、频繁咳嗽会影响工作和休息。咳痰是借助咳嗽动作将呼吸道内分泌物排出体外的动作。

【发生机制】

咳嗽是因延髓咳嗽中枢受刺激而引起的。呼吸道黏膜的感受器受到炎症、水肿、异物等刺激后，将冲动沿迷走神经、舌咽神经、三叉神经的感觉纤维传入延髓咳嗽中枢，再沿喉下神经、膈神经、脊神经分别传至咽肌、膈肌、肋间肌等效应器，引起咳嗽动作。咳痰是一种病态现象,正常支气管黏膜只分泌少量黏液,使呼吸道黏膜保持湿润而无痰液。当呼吸道发生炎症时,黏膜充血水肿,毛细血管通透性增高,浆液渗出。渗出物与黏液、尘埃组织破坏物等混合形成痰。

【病因】

（一）呼吸系统疾病

1. 呼吸道疾病　从鼻咽部至小支气管整个呼吸道黏膜受到刺激,均可引起咳嗽。常见于感染、肿瘤、出血、刺激性气体、异物等。呼吸道感染是咳嗽、咳痰最常见的病因。

2. 肺疾病　见于肺炎、肺结核、肺脓肿、肺癌、尘肺等。

3. 胸膜疾病　见于胸膜炎、气胸、恶性肿瘤的胸膜浸润等。

（二）心血管系统疾病

1. 二尖瓣狭窄或其他心血管疾病导致的左心衰竭,引起肺淤血或肺水肿。

2. 右心衰竭或体循环静脉栓子脱落引起的肺栓塞。

（三）其他因素

1. 中枢神经因素　见于习惯性咳嗽、癔症等。

2. 药物副作用　见于服用血管紧张素转换酶抑制剂后。

【临床表现】

（一）咳嗽的性质

1. 干性咳嗽　指咳嗽无痰或痰量很少。见于急性或慢性咽（喉）炎、急性支气管炎初期、气道异物、胸膜炎、早期肺结核等。

2. 湿性咳嗽　指有痰液的咳嗽。见于慢性支气管炎、肺炎、支气管扩张、肺脓肿等。

（二）咳嗽的时间与节律

1. 突然发生的咳嗽　多见于吸入刺激性气体、气管及支气管异物等。

2. 长期慢性咳嗽　见于慢性支气管炎、慢性纤维性空洞型肺结核、支气管扩张、慢性肺脓肿等。

3. 阵发性咳嗽　见于支气管哮喘、支气管内膜结核、支气管肺癌等。

4. 晨起或夜间咳嗽　晨起或夜间平卧时咳嗽、咳痰加剧,见于慢性支气管炎、支气管扩张等;夜间咳嗽,常见于左心衰竭、肺结核等。

（三）咳嗽的音色

1. 咳声嘶哑　见于声带炎、喉结核、喉癌等。

2. 犬吠样咳嗽　见于会厌、喉头疾患或气管受压。

3. 金属样咳嗽　见于纵隔肿瘤、支气管肺癌等压迫气管。

4. 鸡鸣样咳嗽　阵发性剧烈咳嗽伴有高调吸气回声,多见于百日咳。

（四）痰的性状与量

1. 白色或无色黏痰　常见于慢性咽炎、急性支气管炎、慢性支气管炎临床缓解期、支气管哮喘。

2. 痰白黏稠牵拉成丝难以咳出　提示真菌感染。

3. 铁锈色痰　见于大叶性肺炎。

4. 粉红色泡沫样痰　见于肺水肿。

5. 黄脓痰　提示呼吸道化脓性感染。

6. 稀薄浆液性痰含粉皮样物　见于棘球蚴病（包虫病）。

7. 黄绿色或翠绿色痰　提示铜绿假单胞菌感染。

8. 大量脓臭痰　提示合并厌氧菌感染,见于支气管扩张、肺脓肿。

9. 日咳数百至上千毫升浆液泡沫痰　提示肺泡癌。

【伴随症状】

1. 发热　见于呼吸道感染、肺炎、肺结核等。
2. 胸痛　见于胸膜炎、自发性气胸、支气管肺癌等。
3. 呼吸困难　见于喉头水肿、气管异物、支气管哮喘、慢性阻塞性肺疾病、重症肺炎、肺水肿、大量胸腔积液、气胸等。
4. 咯血　见于肺结核、肺癌、支气管扩张和肺水肿等。

【问诊要点】

1. 发病年龄、性别、起病急缓、病程长短　儿童多因异物吸入引起呛咳；青壮年长期咳嗽，多见于肺结核和支气管扩张；40岁以上长期吸烟男性咳嗽者，多见于慢性支气管炎、肺癌等；青年女性长期咳嗽，多见于支气管内膜结核和支气管腺瘤等。
2. 咳嗽与咳痰的特点　痰的性质和量，咳嗽的音色、性质、时间和节律，不同疾病引起痰液的性状和量不同。
3. 咳嗽、咳痰的伴随症状　对诊断和鉴别诊断具有重要价值。
4. 诊疗经过　使用药物的种类、剂量及疗程等。
5. 有无呼吸、循环系统疾病史，有无长期吸烟史和长期粉尘接触史。

第四节　咯　　血

咯血是指喉及喉以下的呼吸道及肺出血经口咯出。咯血应注意与来自鼻腔、口腔、咽部的出血相鉴别。另外，咯血须与上消化道出血引起的呕血鉴别。见表1-2。

表1-2　咯血与呕血的鉴别

	咯血	呕血
常见病因	肺结核、肺癌、支气管扩张、心脏病等	消化性溃疡、肝硬化、急性胃黏膜病变、胃癌等
出血先兆症状	喉痒、咳嗽、胸闷等	上腹部不适、恶心、呕吐等
出血方式	咯出	呕出
出血颜色	多鲜红	多为咖啡色或暗红色
血液内混合物	泡沫、痰	食物残渣、胃液
酸碱反应	碱性	酸性
出血后情况	痰中有血，无黑便	伴有黑便，无痰

【病因与发生机制】

（一）呼吸系统疾病

呼吸系统疾病是咯血常见的病因。

1. 支气管疾病　常见于支气管扩张、支气管肺癌、支气管内膜结核、慢性支气管炎等。发生机制是炎症或肿瘤损伤支气管黏膜或毛细血管通透性增高，或黏膜下血管破裂所致。
2. 肺部疾病　常见于肺结核、肺炎、肺脓肿等。发生机制是病灶处毛细血管通透性增高、血液渗出，表现为痰中带血或小血块；病变侵蚀小血管，管壁破裂，可引起中等量咯血；肺结核或肺脓肿空洞内小动脉瘤破裂或继发的支气管扩张形成的动静脉瘘破裂，则可引起大咯血。

（二）心血管系统疾病

常见于二尖瓣狭窄。发生机制是肺淤血致肺泡壁或支气管内膜毛细血管破裂和支气管黏膜下层支气管静脉曲张破裂所致。另外，房间隔缺损、动脉导管未闭等亦可引起咯血。

（三）其他

可见于血液病（如血小板减少性紫癜、再生障碍性贫血、急性白血病、血友病等），急性传染病（如流行性出血热、百日咳、钩端螺旋体病等），还可见于系统性红斑狼疮、支气管子宫内膜异位症等。发生机制主要是凝血功能障碍所致。

上述病因中，临床上常见于肺结核、二尖瓣狭窄、支气管扩张、肺癌等，在我国，肺结核是咯血最常见的病因。

【临床表现】

（一）咯血的年龄

青壮年咯血常见于肺结核、支气管扩张、二尖瓣狭窄等。40岁以上有长期吸烟史者，除慢性支气管炎外，要高度警惕支气管肺癌。

（二）咯血的量

小量咯血是指每日咯血量少于100ml；中等量咯血是指每日咯血量在100～500ml之间；大量咯血是指每日咯血量超过500ml，或一次咯血量100～500ml。大咯血时可导致窒息，一旦发生窒息，应立即抢救，解除呼吸道阻塞。

（三）咯血的性状与颜色

咯血混有脓痰见于支气管扩张、肺脓肿；咯血呈暗红色主要见于二尖瓣狭窄；咯砖红色胶冻样血痰主要见于肺炎克雷伯菌肺炎；咯黏稠暗红色血痰常见于肺梗死；粉红色泡沫痰见于急性左心衰竭；铁锈色痰多见于大叶性肺炎。

【伴随症状】

1. 发热　见于肺结核、肺脓肿、流行性出血热、钩端螺旋体病等。
2. 胸痛　见于大叶性肺炎、肺梗死、肺结核、支气管肺癌等。
3. 呛咳　见于支气管肺癌、肺炎支原体肺炎等。
4. 皮肤黏膜出血　见于血液病、钩端螺旋体病、流行性出血热等。

【问诊要点】

1. 首先鉴别是咯血还是呕血，还要鉴别鼻咽部、口腔出血。
2. 发病年龄、起病情况、病程长短，如青壮年大咯血常见于肺结核、支气管扩张；40岁以上长期吸烟的男性应警惕支气管肺癌；中老年有慢性疾病者，咯砖红色胶冻样痰，常见于肺炎克雷伯菌肺炎。
3. 咯血的特点，包括咯血量、颜色及性状，大咯血要警惕窒息发生。
4. 诊治经过　是否用过止血药，药物的种类、剂量及疗效，有无其他止血措施及其效果。
5. 有无呼吸、循环与血液系统等疾病史，有无大量长期吸烟史。

第五节　呼　吸　困　难

呼吸困难是指患者主观上感觉空气不足，呼吸费力，客观上表现为呼吸频率、节律、深度的改变。严重者，可出现鼻翼扇动、张口呼吸、被迫坐起、辅助呼吸肌参与的呼吸运动。

【病因与发生机制】

（一）肺源性呼吸困难

由呼吸系统疾病引起的呼吸困难称为肺源性呼吸困难。发生机制主要是呼吸系统疾病导致

通气、换气功能障碍,导致缺氧和 / 或二氧化碳潴留引起。呼吸系统疾病见于

1. 呼吸道阻塞　见于喉、气管、支气管的炎症,水肿、异物或肿瘤所致的狭窄或阻塞及支气管哮喘、慢性阻塞性肺疾病等。

2. 肺部疾病　见于肺炎、肺结核、肺淤血、肺水肿、肺癌、广泛性肺纤维化等。

3. 胸廓与胸膜疾病　见于严重胸廓畸形、气胸、大量胸腔积液、广泛胸膜粘连等。

4. 呼吸肌功能障碍及膈运动障碍　见于急性多发性神经根神经炎、重症肌无力累及呼吸肌导致呼吸肌麻痹,膈麻痹、腹腔内巨大肿瘤、大量腹腔积液、急性腹膜炎等。

（二）心源性呼吸困难

由心血管系统疾病引起的呼吸困难称为心源性呼吸困难。主要见于左心和 / 或右心衰竭,尤其是左心衰竭。

1. 左心衰竭呼吸困难的发生机制主要是肺淤血和肺泡弹性降低,影响肺换气,并通过神经反射刺激呼吸中枢发生呼吸困难。

2. 右心衰竭呼吸困难的发生机制主要是体循环淤血,右心房与上腔静脉压升高,刺激压力感受器反射性兴奋呼吸中枢发生呼吸困难。

（三）中毒性呼吸困难

1. 药物和化学物品中毒　见于吗啡、巴比妥类等药物和有机磷农药中毒时,发生机制主要是抑制呼吸中枢导致呼吸困难。

2. 代谢性酸中毒　见于糖尿病酮症酸中毒和尿毒症等。发生机制主要是血液中的酸性产物刺激颈动脉窦和主动脉体化学感受器或直接兴奋刺激呼吸中枢,引起呼吸困难。

（四）神经精神性呼吸困难

1. 神经性呼吸困难常见于脑炎、脑膜炎、脑脓肿、脑出血、脑肿瘤、脑外伤等颅脑疾病。发生机制主要是脑组织供血减少和颅内压增高刺激呼吸中枢导致呼吸困难。

2. 神经性呼吸困难见于癔症、焦虑症等。发生机制主要是过度通气引起呼吸性碱中毒所致。严重时可出现意识障碍。

（五）血源性呼吸困难

主要见于重度贫血。发生机制主要是红细胞携氧量减少,血氧含量降低,致呼吸、心率增快。

上述病因中,临床上最常见的是肺源性呼吸困难和心源性呼吸困难。

【临床表现】

（一）肺源性呼吸困难

1. 吸气性呼吸困难　由喉、气管、支气管狭窄或梗阻引起。临床表现为吸气特别费力,严重者出现"三凹征",即胸骨上窝、锁骨上窝、肋间隙吸气时明显凹陷,可伴有干咳及哮鸣音。

2. 呼气性呼吸困难　由肺组织弹性减弱、小支气管痉挛或狭窄所致。临床表现为呼气费力、呼气延长而缓慢,常伴有哮鸣音。

3. 混合性呼吸困难　主要由严重肺或胸膜腔病变,肺呼吸面积减少导致换气功能障碍所致。临床表现为呼气与吸气均费力,呼吸浅而快,可伴有异常呼吸音。

（二）心源性呼吸困难

1. 左心衰竭　不同程度的呼吸困难:①劳力性呼吸困难:是左心衰竭最早症状,表现为活动时发生或加重,休息时减轻或缓解。②端坐呼吸:平卧位呼吸困难加重,端坐位减轻,被迫采取端坐位或半卧位以减轻呼吸困难。③夜间阵发性呼吸困难:急性左心衰竭时常出现,表现为夜间睡眠中突感胸闷气急,憋醒、被迫坐起,惊恐不安,轻者持续数分钟至数十分钟后症状逐渐消失。重者出现端坐呼吸、面色发绀、大汗淋漓、咳浆液性粉红色泡沫样痰、两肺湿啰音和干啰音。

2. **右心衰竭** 右心衰竭引起的呼吸困难表现较左心衰竭轻,常伴有双下肢水肿、肝大、颈静脉怒张及肝颈静脉回流征阳性等。

(三)中毒性呼吸困难

1. **药物和化学物品中毒** 表现为呼吸缓慢、变浅伴节律异常。严重可出现潮式呼吸或间停呼吸。

2. **代谢性酸中毒** 表现为深大而规则的呼吸,可伴有鼾音,称为酸中毒深大呼吸。

(四)神经精神性呼吸困难

1. **神经性呼吸困难** 表现为呼吸慢而深,常伴节律异常,如抽泣样呼吸、呼吸遏制(吸气突然停止)等。

2. **精神性呼吸困难** 表现为呼吸快而浅,伴有叹息样呼吸或手足抽搐。患者可突然发生呼吸困难。

(五)血源性呼吸困难 表现为呼吸浅快,常伴心率快和皮肤黏膜苍白。

【伴随症状】

1. **发作性呼吸困难伴哮鸣音** 见于支气管哮喘、心源性哮喘、癔症、急性喉水肿、气管内异物等。

2. **发热** 见于肺炎、肺脓肿、急性心包炎、胸膜炎等。

3. **咯血** 见于肺结核、支气管扩张、肺癌、二尖瓣狭窄等。

4. **昏迷** 见于脑出血、脑膜炎、糖尿病酮症酸中毒、尿毒症、吗啡及巴比妥类药物中毒等。

【问诊要点】

1. **病因和诱因** 有无心、肺疾病,代谢性疾病,肾病,贫血和颅脑疾病病史,有无药物和化学物品中毒史等。

2. **起病急缓** 起病是突然发生还是缓慢发生。气管-支气管异物、气胸、肺栓塞、急性左心衰竭等引起的呼吸困难,多突然发作;慢性阻塞性肺疾病、肺结核等,多渐进性发生。

3. **与活动和体位的关系** 如左心衰竭引起呼吸困难。

4. **伴随症状** 是否伴有发热、胸痛、咯血、咳嗽、咳痰、发绀等。

第六节 发 绀

发绀是指血液中还原血红蛋白或异常血红蛋白衍生物(高铁血红蛋白、硫化血红蛋白)增多,使皮肤黏膜呈现青紫色的一种表现,也称发绀。全身皮肤黏膜均可出现发绀,但皮肤较薄、色素较少和毛细血管较丰富的部位最为明显,如口唇、指(趾)、鼻尖、耳垂、甲床等处。

【病因与发生机制】

(一)血液中还原血红蛋白增多(真性发绀)

血液中还原血红蛋白增多是否引起发绀,取决于血液中还原血红蛋白的绝对量。当毛细血管内还原血红蛋白量超过50g/L时,皮肤黏膜即可出现发绀。发绀是缺氧的表现,但缺氧不一定有发绀。如严重贫血患者(血红蛋白量<60g/L时),虽然缺氧明显,但因还原血红蛋白量有限,常常不能显示发绀。不缺氧也有可能引起发绀,如真性红细胞增多症的患者,无论是否缺氧,只要血液中还原血红蛋白超过50g/L,亦会出现发绀。

1. **中心性发绀** 由心、肺疾病导致动脉血中还原血红蛋白增多所致。

(1)肺性发绀:见于严重的呼吸系统疾病,如呼吸道梗阻(喉水肿、气管异物等)、肺组织严重病变(慢性纤维性空洞型肺结核、重症肺炎、阻塞性肺气肿、肺淤血、肺水肿等)。发生机制是由于严重的呼吸系统疾病,导致通气和(或)换气功能障碍,肺氧合作用不足,使体循环动脉血中还原血红蛋白增多。

（2）心性发绀：见于法洛四联症（tetralogy of Fallot）、房间隔缺损等。发生机制是由于心脏或血管间存在异常通道分流，使部分静脉血未通过肺进行氧合作用，直接进入体循环，如分流量超过心排出量的1/3时，即出现发绀。

知识链接

法洛四联症

　　法洛四联症是一种常见的先天性心脏畸形，1888年由法国医生Fallot首先描述。主要有四种心脏结构的畸形：室间隔缺损、肺动脉狭窄、主动脉骑跨和右心室肥厚。在发绀型先天性心脏病中居首位。主要表现为发绀、杵状指、活动时呼吸急速、喜蹲踞等。目前主要通过手术纠正畸形。儿童期未经手术治疗的预后不佳，多于20岁以前死于心功能不全或脑血管意外、感染性心内膜炎等并发症。经过手术治疗的患儿，绝大多数预后较好，能够正常生活和运动等。

---

　　2. 周围性发绀　由于周围循环血流障碍，血液流经末梢血管时，速度变慢、淤滞、氧被组织摄取过多，使还原血红蛋白增多所致。

　　（1）淤血性周围性发绀：见于右心衰竭、缩窄性心包炎、血栓性静脉炎、上腔静脉阻塞综合征、下肢静脉曲张等。发生机制是体循环淤血，周围血流缓慢，氧被组织摄取过多所致。

　　（2）缺血性周围性发绀：见于严重休克、血栓闭塞性脉管炎、雷诺病等。发生机制是循环血容量不足，微循环淤血，周围循环缺血、缺氧所致。

　　3. 混合性发绀　中心性发绀和周围性发绀同时存在，见于全心衰竭等。发生机制是左心衰竭引起肺淤血，血液在肺内氧合不足；右心衰竭引起周围循环淤血，氧被组织摄取过多所致。

（二）血液中异常血红蛋白衍生物增多（化学性发绀）

　　1. 高铁血红蛋白血症　见于亚硝酸盐、伯氨喹、磺胺类、硝基苯等中毒。发生机制是各种化学物质或药物中毒，使血红蛋白分子中二价铁被三价铁取代，形成高铁血红蛋白，失去携氧的能力。血液中高铁血红蛋白量超过30g/L，皮肤黏膜即出现发绀。进食大量含有亚硝酸盐的变质蔬菜引起的中毒性高铁血红蛋白所致发绀，称为"肠源性发绀"。

　　2. 硫化血红蛋白血症　凡能引起高铁血红蛋白血症的药物或化学物质也能引起硫化血红蛋白血症，但患者必须同时有便秘或服用硫化物的先决条件（硫化物主要为含硫的氨基酸，含此类氨基酸较多的食物有蛋类、鱼、谷类、豆类、肉类和坚果类等），在肠内形成大量硫化氢，硫化氢与血红蛋白结合形成硫化血红蛋白（硫化血红蛋白一旦形成，直到红细胞被破坏才会消失）。血液中硫化血红蛋白量达5g/L时，即可出现发绀。

　　临床上，发绀主要是由血液中还原血红蛋白增多引起的。

【临床表现】

（一）血液中还原血红蛋白增多所致发绀

　　1. 中心性发绀　临床特点：①发绀呈全身性，除四肢末端和颜面外，也累及黏膜和躯干的皮肤；②发绀部位的皮肤温暖；③局部经加温或按摩，发绀不会消退。

　　2. 周围性发绀　临床特点：①发绀为局部性，常见于肢体末梢和下垂部位，如肢端、耳垂、口唇等；②发绀部位皮肤冰冷；③局部经加温或按摩后，皮肤转暖，发绀可消退。

（二）血液中异常血红蛋白衍化物所致发绀

　　1. 高铁血红蛋白血症　临床特点：①发绀出现急骤；②抽出的静脉血呈深棕色，暴露于空气中不转变为鲜红色;③只有给予静脉注射亚甲蓝或大量维生素C,发绀才能消退。

2. 硫化血红蛋白血症　临床特点:①发绀持续时间长,可达数月以上;②血液呈蓝褐色;③分光镜检查可证明硫化血红蛋白存在;④发绀虽重但一般无呼吸困难。

【伴随症状】

1. 呼吸困难　常见于重症心、肺疾病,急性呼吸道梗阻和大量气胸等。高铁血红蛋白血症和硫化血红蛋白血症,虽有明显发绀,但一般没有呼吸困难。

2. 杵状指(趾)　见于法洛四联症、慢性阻塞性肺疾病、支气管扩张症等,提示病程比较长。

3. 意识障碍　见于休克、某些药物或化学物品中毒、急性肺部感染等。

【问诊要点】

1. 相关病史　有无心肺疾病病史;是否出生及幼年就出现发绀;有无变质蔬菜摄入史。

2. 部位和特点　可以帮助判断发绀的类型。

3. 年龄、起病时间、诱因、起病急缓。

4. 伴随症状　有无呼吸困难、杵状指(趾)、意识障碍等。

第七节　心　悸

心悸是自觉心脏跳动的不适感或心慌感。心悸常见于心脏病患者,也可见于健康人。

【病因】

(一)心脏搏动增强

1. 生理性心脏搏动增强　①健康人剧烈运动或精神高度紧张时;②大量饮酒、喝浓茶或咖啡后;③服用某些药物,如麻黄碱、肾上腺素、阿托品、甲状腺片等。

2. 病理性心脏搏动增强　①心室肥大:见于高血压性心脏病、主动脉瓣关闭不全等引起左心室肥大,心脏收缩力增强;动脉导管未闭、室间隔缺损,血液分流,增加心脏的前负荷,导致心室肥大,也可引起心悸。②心排血量增多:见于高热、贫血、甲状腺功能亢进症等心率增快、搏动增强,心排血量增加导致心悸。

(二)心律失常

心动过速、心动过缓或其他心律失常,均可以出现心悸。

(三)心力衰竭

各种原因引起的心力衰竭均可出现心悸。

(四)心血管神经症

自主神经功能紊乱引起的心悸,心脏本身无器质性病变,多见于青年女性。

【临床表现】

(一)心悸的诱发因素

心悸在饮酒、喝茶或咖啡,使用某些药物(麻黄碱、肾上腺素、阿托品、甲状腺片等),精神紧张、剧烈运动时或后出现,多提示为生理性;有高血压性心脏病、风湿性心脏病、冠状动脉粥样硬化性心脏病(简称:冠心病)、先天性心脏病、发热、贫血、甲状腺功能亢进等病史出现的心悸,多提示为病理性。

(二)心悸的强度

突发的心律失常,如阵发性心动过速,心悸感觉明显;缓慢型心律失常,如慢性心房颤动,心悸感觉较轻。

（三）几种出现心悸疾病的特点

1. 心血管神经症　多见于青年女性，除心悸外常伴有呼吸困难、心前区疼痛、自主神经功能紊乱及疲乏无力、头痛、耳鸣、失眠、多梦、记忆力减退等症状。

2. 甲状腺功能亢进症　多见于20～40岁女性，心悸经常存在，常伴有怕热、多汗、易激动、食欲亢进等高代谢综合征。

【伴随症状】

1. 晕厥或抽搐　多见于高度房室传导阻滞、阵发性心动过速、病态窦房结综合征等。
2. 呼吸困难　见于急性心肌梗死、心肌炎、风湿性心瓣膜病等所引起的心力衰竭。
3. 胸痛、胸闷　见于冠心病、心肌炎、心血管神经症等。
4. 消瘦多汗　见于甲状腺功能亢进症。
5. 恐惧　见于心悸初发者和心血管神经症。

【问诊要点】

1. 诱因、频率、持续时间、病程长短、缓解方式等。
2. 有无烟酒、浓茶、咖啡等嗜好。
3. 有无心脏病、内分泌疾病、贫血、神经症等病史。
4. 有无胸闷、头晕、头痛、呼吸困难、消瘦、多汗、焦虑、失眠等相关症状。

第八节　胸　痛

胸痛主要由胸部疾病引起，少数由其他疾病引起。个体差异大，疼痛的程度与病情的严重程度不完全一致。

【发生机制】

缺氧、炎症、肌张力改变、癌肿浸润、组织坏死等各种病理因素刺激胸部痛觉感受器产生痛觉冲动，经传入神经（如肋间神经、膈神经、交感神经、迷走神经）传至脊髓，最后投射到大脑皮层的痛觉中枢，引起胸痛。此外，内脏病变与相应区域体表的传入神经进入脊髓同一节段并在后角发生联系，使来自内脏的痛觉冲动直接激发脊髓体表感觉神经元，引起相应体表区域的痛感，称放射痛或牵涉痛。如心绞痛时除心前区、胸骨后疼痛外，还可放射至左肩、左臂内侧或左颈、左侧面颊部。

【病因】

（一）胸壁疾病

见于胸部挫伤、皮下蜂窝织炎、肋软骨炎、肋骨骨折、肋间神经炎、带状疱疹等。

（二）呼吸系统疾病

见于胸膜炎、气胸、胸膜肿瘤、肺炎、肺癌等。

（三）心血管系统疾病

见于心绞痛、急性心肌梗死、主动脉夹层、心肌病、心瓣膜病、心包炎、心血管神经症等。

（四）纵隔疾病

见于纵隔肿瘤、纵隔气肿、纵隔炎等。

（五）其他

见于食管炎、食管癌、食管裂孔疝、食管贲门失弛缓症、膈下脓肿、病毒性肝炎、肝脓肿、脾梗死等。

【临床表现】

（一）发病年龄

青壮年胸痛多考虑结核性胸膜炎、自发性气胸、心肌炎、心肌病、风湿性心瓣膜病，40岁以上则须注意心绞痛、心肌梗死及支气管肺癌等。

（二）胸痛的部位

胸壁疾病引起的疼痛，常局限于病变部位，常伴局部压痛；心绞痛、急性心肌梗死的疼痛多位于胸骨后或心前区或剑突下，可向左肩、左前臂内侧、左手无名指和小指放射；主动脉夹层动脉瘤引起的疼痛多位于胸背部，向下放射至下腹、腰部、两侧腹股沟和下肢；胸膜炎、气胸引起的疼痛多在患侧腋下；肺上沟癌（Pancoast cancer）疼痛多位于肩部、腋下，向上肢内侧放射；食管和纵隔疾病引起的疼痛多位于胸骨后，常在进食或吞咽时加重。

（三）胸痛的性质

肋间神经痛为阵发性灼痛；干性胸膜炎多呈隐痛、钝痛或尖锐刺痛；食管炎多为烧灼痛；心绞痛多为压榨样疼痛伴窒息感，急性心肌梗死疼痛更剧烈，常伴恐惧和濒死感；夹层动脉瘤多为撕裂样剧痛；支气管肺癌、纵隔肿瘤多为闷痛；肺梗死为突发胸部剧痛或绞痛，常伴呼吸困难和发绀。

（四）胸痛持续的时间

心绞痛发作时间短暂（持续数分钟）；急性心肌梗死疼痛持续时间很长（数小时或更长），且不易缓解；心血管神经症疼痛可为数秒钟；胸壁疾病、胸膜及肺疾病、纵隔疾病多为较长时间的持续疼痛。

（五）胸痛的影响因素

心绞痛常于劳累或精神紧张时诱发，休息或舌下含服硝酸甘油可迅速缓解，心肌梗死则无效；心血管神经症的疼痛多在休息时出现，在活动后反而减轻或消失；食管疾病引起的疼痛多在进食时发作或加剧，给予抗酸剂或胃动力药可减轻或缓解；胸壁疾病、胸膜疾病引起的疼痛可因深呼吸或咳嗽加重。

【伴随症状】

1. 吞咽困难　常见于食管疾病，如反流性食管炎、食管癌等。
2. 咳嗽和/或咯血　常见于气管、支气管和肺部疾病，如支气管炎、支气管扩张、肺炎、肺结核、肺癌等。
3. 呼吸困难　常见于严重呼吸系统疾病，如气胸、大量胸腔积液、大叶性肺炎等。
4. 休克　常见于急性心肌梗死、主动脉夹层、大面积肺栓塞等。

【问诊要点】

1. 起病情况和患病时间。
2. 主要症状的特点　首先明确胸痛的部位与性质，疼痛程度与发作时间，发作频度（间歇性、持续性），加重与缓解因素，有无放射痛。
3. 病因和诱因。
4. 伴随症状。
5. 诊疗经过及治疗效果。
6. 既往呼吸、循环、消化及其他系统病史，有无长期大量吸烟史、毒物接触史等。

第九节　腹　痛

腹痛多由腹部脏器疾病导致，但腹腔外疾病及全身病变也可引起。发生腹痛的原因很多，病理机制复杂,在诊断时要全面分析,注意鉴别。

【发生机制】

炎症、缺血、肌肉痉挛、脏器包膜牵张、胃液、胆汁等病理因素刺激分布于腹壁的脊神经或分布于腹腔脏器的交感神经和迷走神经产生痛觉冲动,传至大脑皮质的痛觉中枢引起腹痛。脊神经对刺激反应敏锐,能较准确地反映病变部位;内脏神经对牵拉、扩张或痉挛性收缩敏感,定位常不够准确。此外,腹痛和胸痛一样,也存在着牵涉痛。

【病因】

（一）腹部疾病

1. 炎症　见于胃炎、肠炎、阑尾炎、肝炎、肝脓肿、胆囊炎、胰腺炎、肾盂肾炎、腹膜炎等。

2. 溃疡　见于胃十二指肠溃疡。

3. 肿瘤　见于胃癌、肝癌、胰腺癌、结肠癌等。

4. 结石　见于胆道结石、泌尿道结石、胃柿石症等。

5. 梗阻　见于幽门梗阻、肠梗阻等。

6. 扭转、穿孔或破裂　见于肠扭转、卵巢扭转、胃肠穿孔、阑尾穿孔、肝破裂、脾破裂、异位妊娠破裂等。

7. 血管阻塞　见于肠系膜动脉栓塞、脾动脉栓塞、肾动脉栓塞、肠系膜静脉血栓形成等。

8. 寄生虫病　见于肠蛔虫病、肠钩虫病、肠蛲虫病、胆道蛔虫病等。

9. 功能性胃肠病　见于一过性胃肠痉挛、肠易激综合征等。

10. 其他　见于急性胃扩张、胃下垂、痛经、腹壁带状疱疹等。

（二）胸腔疾病

部分胸腔疾病可引起腹部牵涉痛。见于肺下叶肺炎、胸膜炎、心绞痛、心肌梗死、急性心包炎、食管裂孔疝等。

（三）全身性疾病

见于腹型过敏性紫癜、铅中毒、糖尿病酮症酸中毒、尿毒症、卟啉病等。

【临床表现】

（一）腹痛的部位

腹痛部位一般多为病变所在部位,可以根据腹腔脏器的解剖位置大致判断病变的脏器。如肝胆疾病多为右上腹部痛;胃十二指肠疾病、急性胰腺炎多为中上腹部痛;小肠疾病多为脐部或脐周痛;阑尾炎多为右下腹痛;结肠和盆腔疾病多为下腹部痛。部分疾病引起的疼痛部位不定或呈弥漫性,如急性弥漫性腹膜炎、肠梗阻、急性出血坏死性肠炎、铅中毒,腹型过敏性紫癜等。

（二）腹痛的性质

胃、十二指肠溃疡多为慢性、周期性、节律性、季节性上腹部烧灼样痛,若出现急性穿孔则表现为突发中上腹剧烈刀割样痛;胆道蛔虫症为阵发性钻顶样痛;胆道结石、泌尿道结石、机械性肠梗阻多为难以忍受的阵发性绞痛;急性腹膜炎多呈持续性、广泛性剧烈腹痛,伴腹肌紧张或板样强直;急性阑尾炎多为转移性右下腹痛;急性胰腺炎多为中上腹持续性阵发性加剧痛。

（三）腹痛的影响因素

1. 饮食　进食油腻食物可诱发胆囊炎、胆石症;酗酒、暴饮暴食可诱发急性胰腺炎。进食后诱发、加重胃溃疡所引起的上腹部疼痛,称为餐后痛;进食后可减轻或缓解十二指肠溃疡所引起的上腹部疼痛,称为餐前痛或夜间痛。

2. 体位　胰腺癌仰卧位时疼痛明显,前倾位或俯卧位则减轻;反流性食管炎躯体前倾时明显,直立位减轻。

3. 年龄与性别　幼儿腹痛多为肠套叠、蛔虫症等；青壮年多为阑尾炎、消化性溃疡等；中老年多为胆石症、恶性肿瘤等；育龄妇女多为卵巢扭转、异位妊娠等。

4. 其他因素　结肠病变排便后腹痛减轻；腹部受暴力作用后剧痛伴休克，多为肝、脾破裂；卵泡破裂引起的腹痛多于月经期间发作。

（四）腹痛的放射

胆囊炎、胆石症引起的右上腹痛可向右肩放射；胰腺炎引起的中上腹痛可向腰背部放射；肾及输尿管结石引起的腹痛可向大腿内侧及会阴部放射；子宫、输卵管及直肠病变引起的下腹部痛可向腰骶部放射。

（五）腹痛的急缓

根据起病情况，将腹痛分为急性和慢性。急性腹痛有起病急、进展迅速、变化快、病情重等特点，常涉及是否手术治疗等紧急决策。常见于急性胃肠穿孔、肠梗阻、急性阑尾炎、肝破裂、脾破裂、异位妊娠破裂等。慢性腹痛有起病缓、病程长、时轻时重等特点。常见于慢性胃炎、胃十二指肠溃疡、慢性病毒性肝炎、慢性胆囊炎、胆囊结石、溃疡性结肠炎等。

【伴随症状】

1. 呕吐　多见于食管、胃病变。呕吐量大时需考虑胃肠梗阻。
2. 血便　多见于肠套叠、结肠癌、急性出血性坏死性肠炎等。
3. 血尿　多见于泌尿系统疾病，如泌尿系结石、急性膀胱炎等。
4. 休克　多见于肝破裂、脾破裂、异位妊娠破裂、急性胃肠穿孔等。
5. 发热、寒战　多提示有感染，如急性胆道感染、肝脓肿等。

【问诊要点】

1. 起病情况和腹痛开始时间　急性起病，要特别注意各种急腹症的鉴别，以免耽误手术时间；慢性起病应判断是功能性还是器质性、良性还是恶性疾病。
2. 主要症状特点　明确腹痛部位、性质、疼痛程度、发作时间，有无放射痛和牵涉痛，呈持续性还是间歇性、有无腹痛加重和缓解的因素。
3. 有无明显诱因
4. 伴随症状　伴随症状往往是鉴别诊断的依据。
5. 相关病史　如有消化性溃疡史要考虑溃疡复发或穿孔；育龄妇女有停经史要考虑异位妊娠；有酗酒史和暴饮暴食要考虑急性胰腺炎和急性胃肠炎。

第十节　恶心与呕吐

恶心是指上腹部不适，紧迫欲吐的感觉。呕吐是指胃强力收缩，迫使胃内容物或部分小肠内容物经食管从口腔排出体外的现象。恶心常伴呕吐，但也可仅有恶心没有呕吐，或仅有呕吐没有恶心。

【发生机制】

呕吐中枢位于延髓，由两个功能不同的机构组成。一是延髓外侧网状结构背部的呕吐中枢，接受来自内脏、躯体、大脑皮质、前庭器官，以及化学感受器触发带的传入冲动直接支配呕吐动作；二是延髓第四脑室底部的化学感受器触发带，接受外来化学物质（吗啡、洋地黄、氮芥等）及内生代谢产物（如酮体、氮质血症等）的刺激，产生神经冲动传入呕吐中枢而引起呕吐。

【病因】

（一）反射性呕吐

1. 咽部受刺激　见于吸烟、剧咳、咽炎等。

2. 胃、十二指肠疾病　见于急性或慢性胃炎、消化性溃疡、幽门梗阻等。

3. 肠道疾病　见于急性肠炎、急性阑尾炎、急性出血性坏死性肠炎、腹型过敏性紫癜等。

4. 肝、胆、胰疾病　见于肝炎、肝硬化、肝淤血、胆囊炎、急性胰腺炎等。

5. 腹膜及肠系膜疾病　见于急性腹膜炎等。

6. 其他　见于肾或输尿管结石、急性肾盂肾炎、急性盆腔炎、异位妊娠破裂等，急性心肌梗死早期、心力衰竭、青光眼、屈光不正等亦可引起呕吐。

（二）中枢性呕吐

1. 神经系统疾病　见于脑炎、脑膜炎、脑血管疾病、颅脑外伤、癫痫等。

2. 全身性疾病　见于甲状腺危象、尿毒症、糖尿病酮症酸中毒、甲状腺危象、低血糖、低钠血症、妊娠呕吐等。

3. 药物刺激及中毒　见于吗啡、洋地黄类、抗肿瘤药等药物刺激或乙醇、重金属、一氧化碳、有机磷农药中毒等。

4. 精神因素　见于功能性胃肠病、癔症、神经性厌食等。

（三）前庭障碍性呕吐　见于梅尼埃病、晕动病、迷路炎等。

【临床表现】

（一）呕吐与进食的关系

进食过程中或餐后立即呕吐，常见于幽门管溃疡或神经性呕吐；餐后 1 小时以上呕吐称延迟性呕吐，见于胃张力下降或胃排空延迟；餐后较久呕吐或数餐后呕吐，见于幽门梗阻；餐后近期呕吐，特别是集体发病者，见于食物中毒。

（二）呕吐特点

胃肠道疾病引起的呕吐，多先有恶心后有呕吐，吐后胃部不适减轻；进食后立即呕吐，无恶心，吐后又可进食，长期反复发作而营养状态不受影响，多为神经性呕吐；颅内压增高引起的呕吐呈喷射状，常无恶心先兆；前庭障碍引起的呕吐，常伴听力障碍、眩晕、眼球震颤、耳鸣等。

（三）呕吐物性状

呕吐物为发酵腐败气味的隔夜宿食，见于幽门梗阻；有粪臭味，见于低位肠梗阻；有蛔虫，见于胆道蛔虫病；含大量酸性液体，见于胃泌素瘤或十二指肠溃疡；无酸味，见于贲门狭窄或贲门失弛缓症。

【伴随症状】

1. 剧烈头痛　见于颅内高压症、偏头痛、青光眼等。

2. 腹痛　见于急性阑尾炎、急性胰腺炎、肠梗阻、胆石症等。

3. 腹泻　见于细菌性食物中毒、急性肠炎、溃疡性结肠炎等。

4. 眩晕、眼球震颤　见于前庭神经元炎、梅尼埃病、迷路炎等。

【问诊要点】

1. 起病情况和患病时间　早孕反应多在晨起呕吐；食物中毒，起病急且集体发病；咽炎多在晨起刷牙时干呕。

2. 主要症状特点　呕吐发生与持续时间、频率、与体位、进食、情绪的关系，呕吐物的性状、量及气味。

3. 病因和诱因　如进食、服药史、咽部刺激等。

4. 伴随症状　是否伴有头痛、腹痛、发热、腹泻、眩晕等。

5. 诊治经过　是否做过胃肠镜、腹部二维超声检查（B 超）、肝肾功能检查等，结果如何。是否使用抗酸、止吐药物，用量及疗效等。

第十一节 腹 泻

腹泻是指排便次数增加,粪便稀薄,或带有黏液、脓血、未消化的食物。腹泻分为急性和慢性两种,病程超过两个月者为慢性腹泻。

【发生机制】

腹泻发生机制比较复杂,有些因素互为因果,按病理生理归纳为五个方面:

(一)分泌性腹泻

是由肠道分泌大量液体超过肠黏膜吸收能力所致。常见于霍乱;肠道非感染或感染性炎症,如阿米巴痢疾、细菌性痢疾、溃疡性结肠炎、克罗恩病、肠结核等;某些胃肠内分泌肿瘤如胃泌素瘤、血管活性肠肽瘤。

(二)吸收不良性腹泻

由肠黏膜吸收面积减少或吸收障碍所致。见于小肠大部分切除、吸收不良综合征、小儿乳糜泻、慢性胰腺炎等。

(三)渗透性腹泻

由肠内容物渗透压升高,阻碍肠内水与电解质吸收所致。见于乳糖酶缺乏、服用高渗性药物如甘露醇、硫酸镁等。

(四)动力性腹泻

由肠蠕动过快导致肠内食糜停留时间缩短,不能被充分吸收所致。如肠炎、甲状腺功能亢进、糖尿病、胃肠功能紊乱等。

(五)渗出性腹泻

由肠黏膜炎症导致大量黏液、脓血渗出所致。如炎症性肠病、感染性肠炎、缺血性肠炎、放射性肠炎等。

腹泻病例往往不是单一的机制致病,可涉及多种原因,仅以其中之一机制占优势。

【病因】

(一)急性腹泻

1. 肠道疾病   常见于由病毒、细菌、真菌、原虫、蠕虫等感染所致肠炎及急性出血性坏死性肠炎。亦可见于克罗恩病或溃疡性结肠炎急性发作、急性缺血性肠病,或因抗生素使用不当而发生的抗生素相关性小肠、结肠炎。

2. 急性中毒   食用毒蕈、桐油、河豚、鱼胆、发芽马铃薯等及化学药物如砷、磷、铅、汞等引起。

3. 全身性感染   败血症、伤寒或副伤寒、钩端螺旋体病等。

4. 其他   过敏性肠炎、过敏性紫癜;服用某些药物如氟尿嘧啶、利血平、新斯的明等;某些内分泌疾病,如肾上腺皮质功能减退危象、甲状腺危象。

(二)慢性腹泻

1. 肠道疾病   ①肠道感染:如慢性细菌性痢疾、慢性阿米巴痢疾、肠结核、蛔虫病、钩虫病等。②肠道肿瘤:如结肠癌、直肠癌等。③其他:如溃疡性结肠炎、克罗恩病、结肠多发性息肉、吸收不良综合征等。

2. 胃部疾病   胃酸及胃蛋白酶缺乏致消化不良引起。见于慢性萎缩性胃炎、胃大部切除术后等。

3. 胰腺疾病   胰腺分泌的消化酶减少致消化不良引起。见于慢性胰腺炎、胰腺癌等。

4. 肝胆疾病   胆盐减少影响脂肪吸收或肠道淤血影响黏膜吸收所致。见于肝硬化、胆汁淤积性黄疸、慢性胆囊炎、胆结石等。

5. 内分泌及代谢障碍疾病 见于甲状腺功能亢进、肾上腺皮质功能减退、糖尿病性肠病等。

6. 胃肠神经功能紊乱 见于肠易激综合征等。

【临床表现】

（一）起病的急缓、病程和腹泻的次数

1. 急性腹泻 起病急骤，病程短，排便次数每天可达 10 次以上，粪便稀薄，多呈糊状或水样便，少数为脓血便，常伴有腹痛，多为感染和食物中毒引起。常伴腹痛、肠鸣音亢进等。严重腹泻可引起脱水、电解质紊乱、代谢性酸中毒。

2. 慢性腹泻 起病缓慢，病程超过 2 个月，每日排便数次，可为稀便，也可带黏液、脓血，伴或不伴腹痛，多见于慢性感染、非特异性炎症、吸收不良、肠道肿瘤及神经功能紊乱等。可表现为腹泻与便秘交替出现。长期腹泻导致营养障碍、维生素缺乏、体重减轻，甚至营养不良性水肿。

（二）排便情况与粪便性状

粪便的性状对病因的诊断有一定帮助。如直肠和 / 或乙状结肠病变，粪便量少，只排出少量气体和黏液，粪色较深，多呈黏液状，常伴里急后重；小肠病变，粪便呈糊状或水样，不伴有里急后重；细菌性痢疾、溃疡性结肠炎、直肠癌、血吸虫病等病变每日排便数次，粪便多带脓血；阿米巴痢疾粪便呈果酱样且有特殊腥臭味；胰腺炎或小肠吸收不良综合征粪便量多、油腻状、多泡沫、气多而臭；肠易激综合征的腹泻多在清晨起床和早餐后发生，粪便含有大量黏液；霍乱、副霍乱粪便呈米泔水样。

【伴随症状】

1. 发热 见于急性细菌性痢疾、病毒性肠炎、结肠癌、甲状腺危象等。

2. 腹部包块 见于胃肠恶性肿瘤、肠结核、克罗恩病等。

3. 里急后重 见于急性细菌性痢疾、溃疡性结肠炎、直肠癌等。

4. 明显消瘦 见于结肠癌、肠结核、甲状腺功能亢进症、吸收不良综合征等。

5. 皮疹 见于过敏性紫癜、过敏性肠炎等。

【问诊要点】

1. 起病情况和患病时间 急起还是缓起，具体患病时间。

2. 主要症状特点 每日排便次数、量、性状、颜色及气味等。

3. 病因和诱因 腹泻诱发、加重因素或缓解因素，如进食高脂饮食、受凉、过度劳累及情绪紧张等。

4. 伴随症状 是否伴有腹痛、里急后重、发热、消瘦等。

5. 诊疗经过 是否做过血液、粪便检查等检查，结果如何。是否用过抗生素、止泻药，药物种类，用量及疗效等。

第十二节 呕血与便血

一、呕 血

呕血是指上消化道疾病（指十二指肠悬韧带以上的消化器官，包括食管、胃、十二指肠、肝、胆、胰腺疾病及胃空肠吻合术后的空肠上段疾病）或全身性疾病所致的上消化道出血，血液经口呕出。鼻腔、口腔、咽喉等部位出血吞咽后呕出或呼吸道疾病引起的咯血，不属呕血，应当加以区别。

【病因】

（一）消化系统疾病

1. 食管疾病　见于反流性食管炎、食管静脉曲张破裂、食管癌、食管贲门黏膜撕裂综合征等。

2. 胃与十二指肠疾病　见于消化性溃疡、胃癌、慢性胃炎、胃泌素瘤，以及由药物（如阿司匹林、吲哚美辛等）和应激（如大手术、大面积烧伤等）引起的急性胃黏膜病变等。

3. 肝、胆道、胰腺疾病　见于肝硬化门静脉高压、肝癌、胆囊与胆道结石、胆管癌、胰腺癌等。

（二）全身性疾病

1. 血液病系统疾病　见于白血病、过敏性紫癜、血小板减少性紫癜、血友病等。

2. 感染性疾病　见于流行性出血热、钩端螺旋体病、重症肝炎等。

3. 其他　结缔组织病（如系统性红斑狼疮、皮肌炎等累及上消化道）、尿毒症、肺源性心脏病等。

引起呕血最常见的病因是消化性溃疡，其余依次是肝硬化门静脉高压造成的食管或胃底静脉曲张破裂、急性胃黏膜病变和胃癌。当病因未明确时，也应考虑一些少见疾病，如血友病、原发性血小板减少性紫癜等。

【临床表现】

（一）呕血与黑便

呕血前多有上腹部不适、恶心，继而呕出血性胃内容物。呕血的颜色取决于出血量、出血部位及血液在胃内停留时间。出血量多、在胃内停留时间短、出血部位在食管，则呈鲜红色或为暗红色，常混有凝血块；出血量少或在胃内停留时间长，则因血红蛋白与胃酸作用形成酸化正铁血红蛋白，呕吐物可呈棕褐色咖啡渣样。呕血的同时伴有黑便。

（二）失血性周围循环衰竭

出血量占循环血容量10%以下时，患者一般无明显临床表现；出血量占循环血容量10%~20%时，可有头晕、乏力等症状，多无血压、脉搏等变化；出血量达循环血容量的20%以上时，则有出冷汗、四肢厥冷、心慌、脉搏增快等急性失血症状；若出血量达全身血量的30%以上，则有神志不清、面色苍白、心率增快、脉搏细弱、血压下降、呼吸急促等急性周围循环衰竭的表现。

（三）血液学改变

出血早期可不明显，出血3~4小时后由于组织液的渗出及输液等情况，血液被稀释，血红蛋白及血细胞比容逐渐降低。

（四）其他　大量呕血可出现氮质血症、发热等表现。

【伴随症状】

1. 腹痛　中青年，慢性、周期性、节律性上腹疼痛，多为消化性溃疡；中老年人，无明显规律的慢性上腹痛，伴有食欲减退及消瘦者，应警惕胃癌。

2. 肝脾大　脾大，有蜘蛛痣、肝掌、腹壁静脉曲张或有腹腔积液，化验结果有肝功能障碍，提示肝硬化；肝区疼痛、肝大、质地坚硬、表面凹凸不平或有结节，血液化验甲胎蛋白（AFP）阳性者多为肝癌。

3. 黄疸　黄疸、寒战、发热伴右上腹绞痛并呕血者，可能为胆道疾病所引起。黄疸、发热及全身皮肤黏膜有出血倾向者，见于某些感染性疾病，如败血症及钩端螺旋体病等。

4. 皮肤黏膜出血　常与血液疾病及凝血功能障碍性疾病有关。

5. 其他　近期有服用非甾体类药物史、酗酒史、大面积烧伤、颅脑手术、严重外伤伴呕血者，应考虑急性胃黏膜病变。在剧烈呕吐后继而呕血，应注意食管贲门黏膜撕裂。

【问诊要点】

1. 起病情况和患病时间　急起或缓起,患病具体时间。

2. 主要症状特点　呕血的颜色、量、次数,血压、脉搏等情况。

3. 病因和诱因　呕血的诱因或加重因素,如有无受凉、饮食不洁等。

4. 伴随症状　是否伴腹痛、发热、黄疸、皮肤黏膜出血、眩晕等。

5. 诊疗经过　是否做过胃镜、肠镜、腹部 B 超及实验室检查,结果如何。是否使用抗酸药、止血药,药物种类、剂量及疗效如何。

6. 既往史、个人史及家族史　有无消化系统疾病或血吸虫病等病史,有无长期酗酒史,有无近期服用阿司匹林等非甾体类药物史,有无腹部手术史等。

二、便　　血

便血是消化道出血,经肛门排出。消化道出血量少而未引起大便颜色改变,须经隐血试验才能确定者,称为隐血。

【病因】

引起便血的病因有很多,除了引起呕血的病因外,还见于下消化道疾病:

1. 小肠疾病　急性出血性坏死性肠炎、肠结核、小肠肿瘤、肠套叠等。

2. 结肠疾病　结肠癌、结肠息肉、溃疡性结肠炎、急性细菌性痢疾、阿米巴痢疾等。

3. 直肠肛管疾病　直肠癌、直肠息肉、痔、肛裂、肛瘘等。

【临床表现】

便血多为下消化道出血,可表现为急性大出血、慢性少量出血及间歇性出血。便血的颜色与出血部位、出血量、出血速度及在肠道停留的时间有关。出血部位越低、出血量越大、排出越快,则血便颜色越鲜红;出血量小、速度慢、血液在肠道内停留时间较长,可为暗红色。上消化道出血,小肠的血液在肠道下行过程中,红细胞被破坏,释放出血红蛋白,血红蛋白与食物中的硫化物结合形成硫化铁使粪便变为黑色,硫化铁刺激肠道分泌较多的黏液且附着于黑便表面,外观黑亮,似柏油,故又称柏油样便。下消化道出血往往排出鲜血便。洗肉水样血便,伴有腥臭味,见于急性出血性坏死性肠炎;黏液脓血便见于急性细菌性痢疾、溃疡性结肠炎等;暗红色果酱样脓血便见于阿米巴痢疾;鲜血仅附着于粪便表面或排便后滴出,或喷射出鲜血,见于直肠与肛管疾病,如痔、肛裂、直肠肿瘤。

【伴随症状】

1. 腹痛　慢性反复上腹痛,呈周期性、节律性,出血后疼痛减轻,多为消化性溃疡;上腹绞痛、黄疸伴便血者,应考虑胆囊或胆管出血;细菌性痢疾、阿米巴痢疾、溃疡性结肠炎、急性出血性坏死性肠炎、肠套叠、肠系膜血栓形成等也可出现腹痛伴便血。

2. 腹部肿块　结肠癌、肠套叠、肠结核、克罗恩病、肠道恶性淋巴瘤等。

3. 发热　多见于传染性疾病,如败血症、流行性出血热、钩端螺旋体病,也可见于部分恶性肿瘤,如肠道淋巴瘤、白血病等。

4. 皮肤黏膜出血　可见于血液病(如白血病、血友病、过敏性紫癜等)及急性感染性疾病(如流行性出血热、败血症、重症肝炎等)。

5. 里急后重　肛门坠胀感,排便频繁,但每次量少,便后未感轻松,感觉排便未净,提示肛门、直肠疾病,见于痢疾、直肠炎及直肠癌等。

6. 肛门剧痛　见于肛裂、痔疮等。

【问诊要点】

1. 起病情况　急起或缓起,患病具体时间。

2. 主要症状特点　便血的颜色、量、次数,血压、脉搏等情况。

3. 病因和诱因　便血的诱因或加重因素,如有无受凉、饮食不洁等。

4. 伴随症状　是否伴腹痛、发热、黄疸、皮肤黏膜出血、里急后重、眩晕等。

5. 诊疗经过　是否做过胃镜、肠镜、腹部 B 超及实验室检查,结果如何。是否使用抗酸药、止血药,药物种类、剂量及疗效如何。

6. 既往史、个人史及家族史　有无消化系统疾病或血吸虫病等病史,有无长期酗酒史及长期服药史,有无腹部手术史等。

第十三节　黄　疸

黄疸是由于血清中胆红素浓度升高,使皮肤、黏膜、巩膜黄染的现象。正常血清总胆红素的浓度为 1.7～17.1μmol/L(0.1～1mg/dl),血清总胆红素浓度在 17.1～34.2μmol/L(1～2mg/dl)时,临床不易觉察,称为隐性黄疸;血清总胆红素浓度超过 34.2μmol/L(2mg/dl)时出现临床可见的黄疸。

【胆红素的正常代谢】

(一)胆红素的来源

胆红素主要来源于衰老的红细胞。衰老的红细胞在单核吞噬细胞系统被破坏,释放出血红蛋白,血红蛋白被分解为胆红素、铁、珠蛋白。这种不溶于水、非结合状态的胆红素称为游离胆红素(非结合胆红素),占总胆红素来源的 80%～85%。其余 15%～20% 胆红素来源于骨髓中幼稚红细胞的血红蛋白和肝内含亚铁血红素的蛋白质。

(二)胆红素在肝内转变

非结合胆红素经血液循环运输至肝脏,被肝细胞摄入细胞内。在肝细胞内受葡萄糖醛酸转移酶的催化作用,与葡萄糖醛酸结合形成结合胆红素。结合胆红素排入毛细胆管,成为胆汁的一部分。

(三)胆红素的排泄

结合胆红素随胆汁经胆道进入肠道,在肠道细菌酶的分解与还原作用下,形成尿胆原。大部分尿胆原自粪便排出,氧化为粪胆素,使粪便呈黄褐色。小部分尿胆原被肠道重吸收,经门静脉回到肝脏,大部分回肝的尿胆原转化为结合胆红素,随胆汁排入肠道,形成"胆红素的肠肝循环"。小部分回肝的尿胆原经体循环由肾脏排出,氧化为尿胆素,这是使尿液呈浅黄色原因之一(图 1-7)。

【病因与发生机制】

按病因,黄疸一般分为溶血性、肝细胞性、胆汁淤积性黄疸。

(一)溶血性黄疸

1. 病因　凡能引起溶血的疾病都可产生溶血性黄疸。①先天性溶血性疾病:珠蛋白生成障碍性贫血(地中海贫血)、遗传性球形红细胞增多症等。②后天性获得性溶血性疾病:不同血型输血后的溶血,新生儿溶血,自身免疫性溶血性贫血,阵发性睡眠性血红蛋白尿,蛇毒、毒蕈等引起的溶血。

2. 发生机制　由于红细胞大量破坏,形成大量非结合胆红素,超过了肝细胞对胆红素的代谢能力;其次,溶血引起的贫血、缺氧和红细胞破坏产物的毒性作用,降低了肝细胞对胆红素的代谢能力,使血液中非结合胆红素升高超过正常水平导致黄疸。

(二)胆汁淤积性黄疸

1. 病因　见于胆石症、胆管炎、胆道蛔虫病、胆管癌、胰头癌、壶腹周围癌、原发性胆汁性肝硬化、毛细胆管炎型病毒性肝炎等。

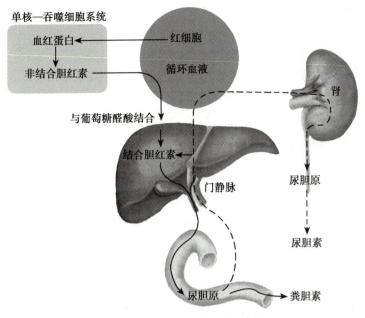

图 1-7 胆红素正常代谢示意图

2. **发生机制** 因胆管阻塞，结合胆红素不能随胆汁排入肠道，使阻塞部位上方胆汁淤积，胆管内压升高，胆管扩张，导致小胆管及毛细胆管破裂，结合胆红素反流入血，使血液中结合胆红素增多超过正常水平导致黄疸。

（三）肝细胞性黄疸

1. **病因** 能导致肝细胞严重损害的疾病均可引起，见于病毒性肝炎、中毒性肝炎、肝癌、肝硬化等。

2. **发生机制** ①肝细胞损害，将非结合胆红素转化为结合胆红素的能力下降，使血液中非结合胆红素增多。②因肝细胞损害引起肝细胞肿胀、炎性细胞浸润压迫毛细胆管和胆小管，使随胆汁排泄结合胆红素受阻，反流入血，使血液中结合胆红增多。两种胆红素增多超过正常水平导致黄疸。

【临床表现】

（一）溶血性黄疸

溶血性黄疸临床表现特点是：①血清中非结合胆红素浓度升高为主；②小便颜色深，尿中尿胆原增加，但无胆红素；③大便颜色加深，粪中粪胆原大量增加；④急性溶血表现为发热、寒战、头痛、腰痛、血红蛋白尿（呈酱油或浓茶色）等；慢性溶血表现为脾大；⑤黄疸呈浅柠檬色；⑥血液检查除贫血外，可见网织红细胞增加，骨髓红系增生活跃。

（二）胆汁淤积性黄疸

胆汁淤积性黄疸临床表现特点是：①血清中结合胆红素浓度升高为主；②小便颜色可变深，尿中尿胆原减少或消失，尿胆红素阳性；③大便颜色变浅或呈灰白色，粪中粪胆原减少或消失；④常伴皮肤瘙痒、心动过缓；⑤黄疸呈暗黄、黄绿或绿褐色；⑥血清中碱性磷酸酶升高是胆汁淤积的标志。

（三）肝细胞性黄疸

肝细胞性黄疸临床表现特点是：①血清中非结合胆红素与结合胆红素浓度均升高；②小便颜色深，尿中尿胆原增加（肝细胞损害，处理吸收尿胆原的能力下降）或减少（肝内毛细胆管阻塞），尿胆红素阳性；③大便颜色正常或变浅，粪中粪胆原正常或减少（肝内毛细胆管阻塞）；④常伴全身乏力、食欲不振、恶心、厌油、腹胀、右上腹痛等；⑤黄疸呈浅黄至深金黄色；⑥氨基转移酶特别是丙氨酸氨基转移酶升高。

【伴随症状】

1. 寒战、高热　见于急性胆管炎、急性溶血性疾病、肝脓肿等。
2. 体重减轻　见于肝癌、胰头癌、胆总管癌、壶腹周围癌等。
3. 右上腹剧烈疼痛　见于胆道结石、胆道蛔虫病、肝脓肿等。
4. 脾大　见于病毒性肝炎、败血症、肝硬化等。
5. 腹腔积液　见于重症肝炎、肝硬化门脉高压、肝癌等。

【问诊要点】

1. 明确是否黄疸　应与高胡萝卜素血症和长期服用黄色素比较多的药物引起的皮肤黏膜黄染相鉴别。
2. 起病情况和患病时间　起病缓急,具体患病时间。
3. 主要症状特点　皮肤及大小便的颜色及波动情况等。
4. 病因和诱因　如有无进食蚕豆、工作压力大等。
5. 伴随症状　是否伴有腹痛、皮肤瘙痒、发热、消瘦等。
6. 有无肝病病史;有无输血史;有无长期酗酒、外出旅游及长期服药史;是否进食过多胡萝卜、橘子、南瓜等含胡萝卜素高的食物;有无长期服用呋喃类等含黄色素药物。

第十四节　尿频、尿急、尿痛

尿频是指单位时间内排尿次数增多。正常成人一般白天排尿 4～6 次,夜间 0～2 次。尿急是指患者一有尿意就迫不及待需要排尿,难以控制。尿痛是指患者排尿时有耻骨上区、会阴部、尿道内疼痛或烧灼感。尿频、尿急、尿痛合称为膀胱刺激征。

【病因与临床表现】

1. 尿频

(1) 生理性尿频:饮水过多、精神紧张、气候寒冷时出现的尿频,属于正常现象。特点是排尿次数和每次尿量都多,但无伴随症状。

(2) 病理性尿频:常见于:①多尿性尿频:排尿次数增多而每次尿量不减,日尿量增多。见于精神性多饮、糖尿病,尿崩症、急性肾衰竭的多尿期等。②炎症性尿频:尿频而每次尿量少,常伴尿急、尿痛,尿液镜检可见炎性细胞。见于膀胱炎、尿道炎、前列腺炎等。③神经性尿频:尿频而每次尿量少,不伴尿痛,尿液镜检无炎性细胞。见于中枢或周围神经病变如癔症,神经源性膀胱等。④膀胱容量减少性尿频:持续性尿频,每次尿量少,药物治疗难以缓解。见于膀胱占位性病变、膀胱结核、子宫增大或卵巢囊肿压迫膀胱等。⑤尿道口周围病变:尿道旁腺囊肿、尿道口息肉等刺激尿道口引起尿频。

2. 尿急

(1) 炎症:急性膀胱炎,尿道炎,尤其是膀胱三角区和后尿道炎症,尿急症状特别明显;急性前列腺炎常有尿急,慢性前列腺炎因伴有腺体增生肥大,引起排尿困难、尿线细和尿流中断。

(2) 结石和异物:膀胱、尿道结石或异物刺激黏膜产生尿频、尿急、尿痛。

(3) 肿瘤:膀胱、尿道及其周围脏器肿瘤等压迫、直接侵害或继发感染刺激膀胱和尿道,引起尿频、尿急和尿痛,常伴排尿困难。如膀胱癌、前列腺癌。

(4) 精神和神经源性:精神因素见于紧张、焦虑、恐惧时;某些神经系统疾病或损伤可导致神经源性膀胱,引起膀胱高反应性,导致尿急。

（5）尿液浓缩：高温环境下尿液高度浓缩、酸性高的尿可刺激膀胱或尿道黏膜产生尿急。

3. 尿痛

引起尿急的病因几乎都可以引起尿痛。疼痛多在耻骨上区，会阴部和尿道内，尿痛性质可为刺痛或灼痛。尿道炎多在排尿开始时出现疼痛；后尿道炎、膀胱炎、前列腺炎常出现终末性尿痛。

【伴随症状】

1. 尿频伴有尿急和尿痛　见于膀胱炎、尿道炎；肾盂肾炎膀胱刺激征存在但不剧烈，同时伴单侧或双侧腰痛；急性前列腺炎还伴会阴部、腹股沟和睾丸胀痛。

2. 尿频、尿急伴血尿、消瘦、乏力盗汗、午后低热　见于膀胱结核。

3. 尿频伴多饮多尿、口渴　见于精神性多饮、糖尿病和尿崩症。

4. 尿频尿急伴无痛性血尿　见于膀胱癌。

5. 老年男性尿频伴进行性排尿困难、尿线细　见于前列腺增生。

6. 尿频、尿急、尿痛伴尿流突然中断　见于膀胱结石堵住出口或后尿道结石嵌顿。

【问诊要点】

1. 尿频、尿急、尿痛起病情况和患病时间。

2. 尿频的程度，如每小时或每天排尿次数，每次间隔时间和每次排尿量。是否伴尿急和尿痛，三者都有多提示有炎症，单纯尿频应逐一分析其病因。询问尿痛的部位、时间、性质和放射部位，排尿开始时耻骨上区疼痛多为膀胱炎；排尿结束时尿道内或尿道口痛多为尿道炎。

3. 病因或诱因，如有无受凉、劳累、是否月经期，以及是否接受导尿、尿路器械检查或流产术等；有无尿路感染的反复发作史及其发作间隔；必要时询问患者本人或其配偶有无不洁性交史。

4. 伴随症状　是否伴有发热、畏寒、腹痛、腰痛，乏力、盗汗等全身症状，如有应作相应检查，排除相关疾病。

5. 诊疗经过　是否到医院就诊，做过哪些检查，结果如何，是否用药，效果如何。

6. 既往史　有无慢性病史，如糖尿病、结核病、肾炎、尿路结石等。

第十五节　腰背痛和关节痛

腰背痛是指腰部或下背部的疼痛。关节痛是关节疾病最常见的症状，分为急性和慢性两类。

【病因】

（一）腰背痛

1. 外伤性

（1）急性损伤：见于各种直接或间接暴力所致的腰椎骨折、脱位或腰肌软组织损伤。

（2）慢性损伤：见于工作时长期的不良体位、劳动姿势等引起的慢性损伤。

2. 炎症性　见于结核菌、化脓性球菌等引起腰部及软组织的感染性炎症，也可见于因寒冷、潮湿等引起的骨及软组织的无菌性炎症。

3. 退行性变性　人体发育停止后便开始出现退行性改变，通常认为人从20~25岁开始出现脊柱退变，包括纤维环及髓核组织退变。如过度活动、经常处于负重状态，则髓核易于脱出。前后纵韧带、小关节随椎体松动移位，引起韧带骨膜下出血，微血肿机化，骨化形成骨刺。髓核突出和骨刺可压迫或刺激神经引起疼痛。

4. 先天性疾病　见于隐性脊柱裂、腰椎骶化或骶椎腰化、发育性椎管狭窄和椎体畸形等。

在年轻时常无症状,但以上骨性结构异常为后期出现损伤性腰背痛提供了基础。

5. 肿瘤性疾病　原发性或转移性肿瘤对胸腰椎及软组织的侵犯。

(二)关节痛

1. 外伤性

(1)急性损伤:见于外力碰撞导致关节骨质、肌肉、韧带等结构损伤,造成关节脱位或骨折,血管破裂出血,组织液渗出,关节肿胀而引起疼痛。

(2)慢性损伤:见于持续的慢性机械损伤,或急性外伤后关节面破损留下粗糙瘢痕,使关节润滑作用消失,长期摩擦关节面,产生慢性损伤。如长期负重、关节活动过度、关节扭伤处理不当或骨折愈合不良等。

2. 感染性　可见于外伤后细菌直接侵入关节内,或败血症时细菌经血液到达关节内,也可由邻近骨髓炎、软组织炎症等蔓延所致,有时也可能因穿刺等医源性感染引起。

3. 变态反应和自身免疫性

(1)变态反应性关节炎:因病原微生物及其产物、药物、异种血清与血液中的抗体形成免疫复合物,在关节腔内沉积引起组织损伤和关节病变所致。如细菌性痢疾、结核菌感染所致的反应性关节炎。

(2)自身免疫性关节炎:由外来抗原或理化因素使宿主组织成分改变,形成自身抗原引起器官和非器官特异性自身免疫病导致的关节损伤所致。如类风湿性关节炎,系统性红斑狼疮引起的关节病变。

4. 退行性骨关节病　多由于关节的炎症或慢性劳损、局部损伤等引起关节面发生退行性改变,出现关节肿胀、疼痛及功能受限。多见于肥胖老人,女性多见,有家族史,常有多关节受累。

5. 代谢性骨病　见于维生素 D 代谢障碍所致的骨质软化性骨关节病,如光照不足、消化不良、维生素 D 缺乏和磷摄入不足等;也可见于各种病因所致的骨质疏松性关节病、高脂血症性关节病、痛风、某些代谢内分泌疾病引起的骨关节病等。

6. 骨关节肿瘤　见于各种良性、恶性骨关节肿瘤。

【临床表现】

(一)腰背痛

1. 疼痛的部位　脊柱病变疼痛位于腰背部正中脊柱处。腰肌劳损与腰背部肌筋膜炎疼痛位于腰椎两侧,范围较大。腰骶神经根炎主要为腰骶部疼痛。内脏器官疾病(消化性溃疡、肾疾病、胰腺疾病、子宫与子宫附件疾病)位于该脏器所对应的腰背部。

2. 疼痛的性质　急性腰肌劳损常为突发的剧痛。慢性腰肌劳损、增生性脊柱炎常为酸痛或钝痛。椎管内原发性或转移性肿瘤疼痛剧烈,呈烧灼样或绞榨样痛,可沿一根或多根脊神经后根分布区放射。腰骶神经根炎疼痛剧烈并有僵直感。

3. 疼痛的影响因素　腰背部肌筋膜炎常因寒冷、潮湿诱发,晨起疼痛加重,活动后好转,但活动过度疼痛又加剧。腰椎间盘突出咳嗽或打喷嚏时疼痛加重,卧床(硬板床)休息时缓解。

4. 几种常见疾病腰背痛的特点

(1)脊柱外伤:有明显的外伤史,多由高空坠下,足部或臀部先着地所致,骨折部位有压痛和叩击痛,脊椎可能有后突或侧突畸形,并有活动障碍。

(2)强直性脊柱炎:早期首发症状常为下腰背痛伴晨僵。症状在夜间休息或久坐时较重,活动后可以减轻。

(3)腰椎间盘突出症:多见于青壮年,常有弯腰搬重物、提水等病史,于负重扭伤后突然出现腰痛和一侧坐骨神经痛,咳嗽、打喷嚏、腹部加压可使疼痛加重,卧床(硬板床)休息时疼痛缓解。可有下肢麻木、冷感或间歇性跛行。

（4）腰肌劳损：表现为腰骶酸痛、钝痛，休息时缓解，劳累后加重。特别是弯腰工作时疼痛明显，而伸腰或叩击腰部时疼痛可缓解。

（二）关节痛

1. 外伤性关节痛　分为急性和慢性。急性外伤性关节痛常在外伤后即出现受损关节疼痛、肿胀和功能障碍。慢性外伤性关节炎有明确的外伤史，后反复出现关节痛，常于过度活动、负重及气候寒冷等刺激时诱发，药物及物理治疗后缓解。

2. 化脓性关节炎　急性起病，全身中毒症状明显，早期伴有畏寒、寒战和高热，体温高达39℃以上，病变关节红、肿、热、痛。常为持续疼痛，功能严重障碍，各个方向的被动活动均引起剧烈疼痛，患者常不愿活动患肢。

3. 结核性关节炎　多见于儿童和青壮年。易出现在负重大、活动多、肌肉不发达的关节。脊柱最为常见，其次为髋关节和膝关节。早期症状和体征不明显。活动期常有乏力、低热、盗汗等结核中毒症状。病变关节肿胀疼痛，程度较化脓性关节炎轻，活动后疼痛加重。晚期有关节畸形和功能障碍。

4. 风湿性关节炎　起病急剧。常为链球菌感染后出现，以膝、踝、肩和髋等大关节多见。病变关节出现红、肿、热、痛，呈游走性，肿胀时间短，消失快，消肿后不留下关节僵直和畸形改变。

5. 类风湿关节炎　常以手中指指间关节首发疼痛，继而出现其他指间关节和腕关节的肿胀疼痛，有时也可累及踝、膝和髋关节，常为对称性。病变关节活动受限、晨僵，可伴有全身发热。晚期常因关节附近肌肉萎缩、关节软骨增生而出现畸形。

6. 退行性骨关节病　早期表现为步行、久站和天气变化时关节疼痛，休息后缓解。晚期病变关节疼痛加重，呈持续性并放射到其他部位，关节有摩擦感，活动时有响声。因关节周围肌肉挛缩常呈屈曲畸形，患者常有跛行。

7. 痛风性关节炎　常在饮酒、劳累或高嘌呤饮食后出现关节剧痛，为急性起病，伴局部皮肤红肿灼热。患者常于夜间痛醒。以第一跖趾关节、拇指关节多见。踝、手、膝、腕和肘关节也可受累。病变为自限性，但经常复发。晚期可出现关节畸形。

【伴随症状】

1. 腰背痛伴脊柱畸形　见于先天性脊柱畸形、外伤后畸形、脊柱结核和强直性脊柱炎。自幼即有畸形多为先天性脊柱疾病所致，缓慢起病者多见于强直性脊柱炎。

2. 腰背痛伴腰椎活动受限　见于外伤、强直性脊柱炎、腰背部软组织急性扭伤。

3. 腰背痛伴长期低热　见于脊柱结核、类风湿性关节炎；伴高热者见于化脓性脊柱炎。

4. 腰背痛伴尿频，尿急，排尿困难　见于尿路感染、前列腺炎或前列腺肥大。

5. 腰背剧痛伴血尿　见于泌尿系结石。

6. 腰背痛伴嗳气、反酸及上腹胀痛或烧灼样痛　见于胃、十二指肠溃疡。

7. 腰背痛伴月经异常、痛经、白带过多　见于宫颈炎、盆腔炎、子宫附件炎或肿瘤或节育环不良反应。

8. 关节痛伴高热、畏寒、局部红肿灼热　见于化脓性关节炎。

9. 关节痛伴低热、乏力、盗汗、消瘦、食欲下降　见于结核性关节炎。

10. 全身小关节对称性疼痛伴晨僵和关节畸形　见于类风湿关节炎。

11. 关节痛伴血尿酸升高、局部红肿灼热　见于痛风。

【问诊要点】

1. 起病情况和疼痛开始时间　急性起病还是慢性起病。

2. 主要症状特点　明确疼痛部位、性质、疼痛程度、呈持续性还是间歇性、有无疼痛加重和缓解的因素。

3. 有无明显诱因　如搬运重物、不良姿势、寒冷刺激等。

4. 伴随症状

5. 相关病史　有无外伤史、结核史、自身免疫性疾病等相关病史。

第十六节　头　痛

头痛（headache）是指眉弓、耳郭上部、枕外隆突连线以上部位的疼痛。头痛是临床上常见的症状之一，既可由头部病变引起，又可因全身或内脏器官疾病造成。

【发生机制】

颅外各层结构对痛觉均敏感，颅内结构只限于部分血管、脑膜，传导颅外痛觉的神经主要是三叉神经、面神经、舌咽神经、迷走神经及颈1～3神经。各种致病因素通过以下机制产生头痛：①颅内外血管收缩、扩张及血管受到牵引或伸展；②脑膜受到刺激或牵拉；③三叉、面、舌咽、迷走神经及颈神经受到刺激、挤压或牵拉；④头颈部肌肉收缩；⑤眼、耳、鼻、鼻窦、牙齿等病变疼痛，扩散或反射至头部。

【病因】

（一）颅脑病变

1. 颅内疾病

（1）感染：见于各种病原体所致的脑膜炎、脑炎、脑脓肿等。

（2）血管病变：见于脑出血、蛛网膜下腔出血、脑血栓形成、脑栓塞、脑供血不足、脑血管畸形、脑脉管炎等。

（3）占位性病变：见于脑肿瘤、颅内转移瘤、颅内囊虫病等。

（4）颅脑外伤：见于脑震荡、脑挫裂伤、硬膜下血肿、颅内血肿、脑外伤后遗症等。

（5）其他：腰椎穿刺及脊椎麻醉后头痛等。

2. 颅外疾病

（1）颅骨疾病：见于颅骨肿瘤、颅骨骨折、畸形性骨炎。

（2）颈部疾病：见于颈椎病等。

（3）神经痛：见于三叉神经痛、舌咽神经痛、枕神经痛等。

（4）其他：见于眼源性头痛（青光眼、近视）、耳源性头痛（中耳炎）、鼻源性头痛（鼻炎、鼻窦炎、鼻咽癌）、齿源性头痛（牙龈炎、龋齿）等。

（二）全身性疾病

（1）急性感染：见于流行性感冒（简称：流感）、肺炎、急性肾盂肾炎等。

（2）心血管疾病：见于高血压病、心力衰竭、风湿热等。

（3）中毒：见于铅、汞、一氧化碳、有机磷农药、药物等中毒。

（4）其他：贫血、中暑、低血糖、肺性脑病等。

（三）精神心理因素　见于抑郁、焦虑等精神障碍。

【临床表现】

（一）头痛的部位

急性感染性疾病引起的头痛多呈弥漫性全头痛。偏头痛与颅神经痛表现为一侧头痛。流行性脑脊髓膜炎、蛛网膜下腔出血引起的头痛多在颈枕部。浅表的头痛多见于肌收缩性头痛。深在的头痛多由脑脓肿、脑肿瘤、脑炎等颅内病变引起，疼痛常向病灶同侧放射。

（二）头痛的程度与性质

头痛的程度一般分为轻、中、重三种,但与病情轻重不成正比。三叉神经痛、偏头痛、脑膜刺激的疼痛最为剧烈。搏动性头痛常见于高血压病、偏头痛、脑供血不足、急性感染等。阵发性电击样或撕裂样疼痛多见于三叉神经痛和舌咽神经痛。头部重压感、紧箍感多见于紧张性头痛。

（三）头痛发生的时间及持续的时间

晨间加剧的头痛可见于颅内占位性病变;有规律的晨间头痛见于鼻窦炎;女性偏头痛在月经期发作频繁。

（四）头痛的影响因素

转头、低头、咳嗽常使颅内肿瘤及脑膜炎的头痛加剧。偏头痛患者,服用酒石酸麦角胺后头痛可迅速缓解。肌紧张性头痛,常因紧张、烦躁、焦虑而加重,也可因局部按摩而缓解。

【伴随症状】

1. 剧烈呕吐　常为颅内压升高征象,见于脑膜炎、脑炎等。
2. 眩晕　见于小脑肿瘤、椎基底动脉供血不足等。
3. 头痛伴视力障碍　见于青光眼、蝶鞍区肿瘤等。
4. 头痛呈慢性进行性且伴有精神症状　应警惕脑肿瘤可能。
5. 头痛伴癫痫发作　见于脑寄生虫病、脑肿瘤等。
6. 慢性头痛突然加剧并伴有意识障碍　多提示脑疝。
7. 发热　可见于各种急性感染、急性中毒、中暑等。

【问诊要点】

1. 起病情况　起病急缓,患病时间。
2. 主要症状特点　头痛的部位、性质、程度、发生与持续时间等,加重与缓解因素。
3. 病因和诱因　有无明显诱因,发病年龄、有无外伤史、手术史及高血压、动脉硬化、肿瘤、癫痫等病史。
4. 伴随症状　有无发热、脑膜刺激征、有无喷射性呕吐等。
5. 诊疗经过及效果。
6. 既往史、个人史及家族史　包括职业特点、毒物接触史等。

第十七节　眩　　晕

眩晕是患者感到自身或周围环境物体旋转或摇动的一种主观感觉障碍,常伴有客观的平衡障碍,一般无意识障碍。临床上将眩晕分为由前庭神经功能障碍引起的前庭系统性眩晕(真性眩晕)和多由全身性疾病引起的非前庭性眩晕(一般性眩晕)。

【发生机制】

前庭系统主要包括前庭器、前庭神经、脑干内的前庭核、小脑蚓部、内侧纵束、大脑前庭皮质区(颞叶)等部分。正常的机体平衡与定向功能有赖于视觉、本体觉与前庭系统(合称平衡三联)的协同作用来完成,其中前庭系统对机体平衡的控制最重要。当前庭系统受到较大刺激或病理性损害,前庭感觉的刺激与来自肌肉、关节的本体觉和视觉感受器对空间定向的冲动不一致时,就产生运动错觉,即眩晕。由于前庭核通过内侧纵束与动眼神经有密切联系,当前庭病变或受到刺激时常出现眼球震颤。由于前庭核通过前庭脊髓束等与脊髓前角相联系,当前庭病变或受到刺激时可出现身体向一侧倾倒。由于前庭核与脑干内的血管运动中枢和迷走神经核等相联系,当前庭病变或受到刺激时可出现恶心、呕吐、面色苍白、出汗、脉搏改变等自主神经功能紊乱表现。

【病因】

按照病因分为中枢性眩晕、周围性眩晕和其他原因的眩晕。

（一）中枢性眩晕（脑性眩晕）

1. 颅内血管性疾病　见于椎基底动脉供血不足、锁骨下动脉盗血综合征、延髓外侧综合征、脑动脉粥样硬化、小脑出血等。

2. 颅内占位性病变　见于听神经瘤、小脑肿瘤、第四脑室肿瘤等。

3. 颅内感染性疾病　见于颅后凹蛛网膜炎、小脑脓肿等。

4. 颅内脱髓鞘疾病及变性疾病　见于多发性硬化、延髓空洞症等。

5. 其他　见于癫痫、脑震荡等。

（二）周围性眩晕（耳性眩晕）

1. 梅尼埃病　由内耳的淋巴代谢失调、淋巴分泌过多或吸收障碍引起内耳膜迷路积水，刺激前庭。

2. 迷路炎　由中耳炎（胆脂瘤、炎症性肉芽组织等）直接破坏迷路的骨壁引起，少数是细菌或病毒经血行或淋巴扩散至迷路引起迷路炎。

3. 前庭神经元炎　原因未明，目前认为由病毒感染造成。

4. 药物中毒　药物对内耳前庭损害所致。对内耳前庭损害造成损害的药物主要是氨基糖苷类药物，包括链霉素、庆大霉素、阿米卡星、新霉素等。另外，异烟肼、水杨酸钠、奎宁等亦可造成内耳前庭损害。

5. 位置性眩晕　由于头部所处某一位置所致。

6. 晕动病　乘坐车船或飞机时，内耳迷路受到机械性刺激，引起前庭功能紊乱所致。

（三）全身疾病性眩晕

1. 心血管疾病　见于高血压、低血压、阵发性心动过速、房室传导阻滞、病态窦房结综合征、心脏瓣膜病、心肌缺血等。

2. 血液病　见于各种原因所致贫血、出血等。

3. 中毒性疾病　见于急性发热性感染、尿毒症、重症肝炎等。

（四）眼源性眩晕

见于先天性视力减退、屈光不正、眼肌麻痹、青光眼；或看电影、看电视、用电脑时间过长和/或距屏幕距离过近等引起。

（五）神经精神性眩晕

见于神经官能症、更年期综合征、抑郁症等。

【临床表现】

（一）基本表现

睁眼时有周围景物旋转、上下晃动或左右移动的感觉，而闭眼时有自身旋转或晃动的感觉是眩晕的典型表现。常伴有眼球震颤、平衡失调，以及恶心、呕吐、出汗、心动过缓、血压下降等自主神经功能紊乱症状。

（二）几种常见眩晕性疾病的表现

1. 梅尼埃病　以发作性眩晕伴耳鸣、听力减退及眼球震颤为主要特点，严重时可伴有恶心、呕吐、面色苍白和出汗，发作时间多短暂，很少超过两周，具有复发性特点。

2. 前庭神经元炎　病前常有病毒感染史，伴恶心、呕吐，一般无耳鸣、听力减退。持续时间长，可达六周，痊愈后很少复发。

3. 内耳药物中毒　有使用损害前庭药物史，常先有口周及四肢发麻，后出现渐进性眩晕伴耳鸣、听力减退等。

4. 晕动病　发生于乘船、乘车、乘飞机时，常伴恶心、呕吐、面色苍白、出冷汗等。

5. 椎基底动脉供血不足　好发于中年以上,常见于颈椎骨质增生等,表现为旋转性眩晕、构语障碍、言语含糊不清、吞咽障碍等,常伴有共济失调,但多无耳鸣与听力下降。

【伴随症状】

1. 耳鸣、听力下降　见于前庭器官疾病、第八对脑神经病变及肿瘤等。

2. 恶心、呕吐　见于梅尼埃病、晕动病等。

3. 共济失调　见于小脑、颅后凹或脑干病变。

4. 眼球震颤　见于脑干病变、梅尼埃病。

【问诊要点】

1. 起病情况　眩晕发作的急缓、患病时间。

2. 主要症状特点　有无周围物体旋转或自身旋转的感觉,发作时间、持续时间、与体位的关系。有无复发性特点。

3. 病因与诱因。

4. 伴随症状　有无发热、耳鸣、听力减退、恶心、呕吐、出汗、口周及四肢麻木、视力改变、平衡失调等相关症状。

5. 诊疗经过。

6. 既往史、个人史及家族史　有无中耳炎、颅脑疾病及外伤、心血管疾病、严重肝肾病、糖尿病等病史;有无晕车、晕船及服药史等。

第十八节　抽搐与惊厥

抽搐与惊厥均属于不随意运动。抽搐是指全身或局部成群骨骼肌非自主地抽动或强烈收缩,常可引起关节运动和强直。当肌群收缩表现为强直性和阵挛性时,称为惊厥,惊厥表现的抽搐一般为全身性、对称性、伴有或不伴有意识丧失。

【发生机制】

抽搐与惊厥的发生机制尚未完全明了。目前认为是由运动神经元异常放电引起。上运动神经元异常放电与脑水肿、脑缺氧、脑局部瘢痕、低血糖、遗传缺陷等有关,下运动神经元异常放电与作用于脊髓前角等处的药物(士的宁)、毒素(破伤风毒素)等有关。

【病因】

（一）脑部疾病

1. 感染　见于脑炎、脑膜炎、脑脓肿等。

2. 颅内寄生虫病　见于脑囊虫病、脑棘球蚴病、脑血吸虫病、脑型疟疾等。

3. 肿瘤　见于原发性脑肿瘤和脑内转移瘤。

4. 血管疾病　见于脑出血、蛛网膜下腔出血、脑栓塞、脑血栓形成等。

5. 外伤　见于脑震荡、脑挫裂伤、颅内血肿等。

6. 某些类型的癫痫　见于癫痫大发作、强直性发作、部分运动性发作等。

（二）全身性疾病

1. 感染　见于中毒性细菌性痢疾、败血症、中耳炎、百日咳、狂犬病等。

2. 内分泌及代谢障碍疾病　见于糖尿病、尿毒症、肝性脑病、低血糖、甲状腺危象、低钙血症、低镁血症、碱中毒等。

3. 心血管疾病　见于心肌梗死、严重休克、急性心源性脑缺血综合征等。

4. 中毒　见于一氧化碳、镇静安眠药、有机磷农药、酒精等中毒。

5. 物理因素所致疾病　见于中暑、触电、淹溺等。

6. 其他　癔症性抽搐和惊厥。

【临床表现】

（一）全身性抽搐

全身骨骼肌痉挛，表现为四肢强直性或阵挛性抽搐，可伴短暂意识障碍（如昏迷）、呼吸停止、大小便失禁、舌咬伤、骨折等。癔症性抽搐为假性抽搐发作，意识存在，呼吸存在，无大小便失禁及身体伤害出现。

（二）局限性抽搐

局部骨骼肌痉挛，表现为单一肢体、手、足、口角、眼睑等处抽搐，可伴有局部不适感、焦虑、恐惧等。

【伴随症状】

1. 发热　多见于小儿的急性感染，体温高达 38℃ 以上时出现抽搐称为高热惊厥。

2. 血压增高　见于高血压病、急性肾小球肾炎、妊娠期高血压疾病等。

3. 脑膜刺激征　见于脑膜炎、蛛网膜下腔出血等。

4. 瞳孔散大、意识丧失　见于癫痫大发作等。

5. 剧烈头痛　见于高血压、急性感染、蛛网膜下腔出血、颅内占位性病变等。

【问诊要点】

1. 起病情况　首次发生抽搐的年龄。

2. 主要症状特点　部位是全身性还是局限性，性质呈持续性强直性还是间歇阵挛性，发作持续时间、加重及缓解因素等。

3. 病因和诱因　有无受凉、劳累；与睡眠、饮食和月经（女性）关系；有无发热、视觉先兆等。

4. 病情的发展与演变　抽搐、惊厥方式有无变化、频次的增多或减少等。

5. 伴随症状　如发热、头痛、咬破舌头、跌破头部等。

6. 诊疗经过。

7. 既往史、个人史及家族史　既往健康状况，有无脑外伤、颅内感染等；等家族中有无类似发作史者。

第十九节　意识障碍

意识是大脑功能活动的综合表现，即对周围环境和自身的知觉状态。正常人意识清醒。人对周围环境及自身状态的识别和觉察能力障碍称为意识障碍。可分为嗜睡、意识模糊、昏睡、谵妄、昏迷，昏迷是最严重的意识障碍。

【发生机制】

意识有两个组成部分即意识内容及其"开关"系统。意识内容即大脑皮质的功能活动，包括记忆、思维、定向力和情感，以及通过视、听、语言和复杂运动等与外界保持紧密联系的能力。意识"开关"系统包括经典的感觉传导通路（特异性上行投射系统）和脑干网状上行激动系统（非特异性上行投射系统）。意识"开关"系统激活大脑皮质并使之维持一定水平的兴奋性，使机体处于觉醒状态，在此基础上，大脑皮质产生意识内容。各种因素如炎症、外伤、肿瘤、缺血、缺氧、葡萄糖供给不足、电解质及酸碱平衡紊乱、神经传导介质异常等造成脑干网状上行激动系统和大脑皮质广泛而严重的损害或功能严重低下时，即出现意识障碍。

【病因】

（一）颅脑疾病

1. 颅内感染性疾病　见于流行性脑脊髓膜炎、流行性乙型脑炎、病毒性脑炎、脑脓肿等。

2. 脑占位性病变 包括脑肿瘤和脑内转移瘤。

3. 脑血管疾病 见于脑缺血、脑血栓形成、脑出血、蛛网膜下腔出血、脑栓塞等。

4. 颅脑损伤 见于脑震荡、脑挫裂伤、颅内血肿等。

（二）全身性疾病

1. 急性感染 见于败血症、肺炎、中毒性细菌性痢疾、伤寒、流行性出血热、脑型疟疾等。

2. 内分泌及代谢障碍疾病 见于糖尿病、尿毒症、肝性脑病、低血糖、甲状腺危象等。

3. 心血管疾病 见于心肌梗死、严重休克、急性心源性脑缺血综合征等。

4. 中毒 见于一氧化碳、镇静安眠药、有机磷农药、酒精等中毒。

5. 物理因素所致疾病 见于中暑、触电、淹溺等。

【临床表现】

意识障碍可有以下不同程度表现。

1. 嗜睡 是一种病理性的倦睡，表现为持续的、延长的睡眠状态，可唤醒，并能正确回答问题及配合检查，但反应迟钝，刺激去除后即又入睡。

2. 意识模糊 是较嗜睡程度深的意识障碍。患者能保持简单的精神活动，但对时间、人物、地点的定向力发生障碍，常伴有错觉和幻觉，思维紊乱。

3. 昏睡 呈深度的睡眠状态，大声呼叫或强刺激（如压迫眶上神经、摇动患者身体等）方能唤醒，但很快又再入睡，醒时答话含糊或答非所问。

4. 谵妄 这是一种以兴奋性增高为主的高级神经中枢急性活动失调状态，表现为意识模糊、定向力丧失、错觉、幻觉、躁动不安、言语杂乱。常见于急性感染发热期、某些药物（如颠茄类）中毒、代谢障碍、循环障碍、中枢神经疾病等。

5. 昏迷 是严重的意识障碍，在临床上表现为意识丧失，运动、感觉和反射等功能障碍，以及任何刺激均不能使患者苏醒，按其程度可分为三阶段。

（1）轻度昏迷：意识大部分丧失，无自主运动，对声、光刺激无反应，对疼痛刺激尚可出现痛苦的表情或肢体退缩等防御反应。角膜反射、瞳孔对光反射、眼球过运动、吞咽反射等可存在。

（2）中度昏迷：对周围事物及各种刺激均无反应，对于剧烈刺激可出现防御反射。角膜反射减弱，瞳孔对光反射迟钝，眼球无转动。

（3）深度昏迷：全身肌肉松弛，对各种刺激全无反应。深、浅反射均消失。

【伴随症状】

1. 瞳孔扩大 见于癫痫大发作、低血糖、阿托品或颠茄中毒、一氧化碳中毒等。

2. 瞳孔缩小 见于吗啡、巴比妥类、有机磷杀虫药、毒蕈等中毒。

3. 抽搐 见于癫痫大发作、高血压脑病、脑出血、脑肿瘤等。

4. 黄疸 见于肝性脑病、钩端螺旋体病等。

5. 皮肤湿冷 见于低血糖、有机磷农药中毒、毒蕈中毒等。

6. 高血压 见于高血压脑病、脑血管意外等。

7. 低血压 见于各种原因的休克。

8. 发热 先发热后出现昏迷见于流行性乙型脑炎、流行性脑脊髓膜炎、中毒性菌痢等；先昏迷后出现发热见于脑出血、蛛网膜下腔出血、巴比妥类中毒等。

【问诊要点】

1. 起病情况 起病的急缓、时间。

2. 主要症状特点 意识障碍出现方式、程度、持续时间、缓解及加重的因素、进展情况。

3. 病因与诱因 如有无感染史、头部外伤史、服用镇静安眠药物史等。

4. 伴随症状 有无发热、头痛、呕吐、腹泻、皮肤黏膜出血及感觉与运动障碍等。

5. 诊疗经过。

6. 既往史、个人史及家族史 有无急性感染休克、高血压、动脉硬化、糖尿病、肝肾疾病、肺源性心脏病、癫痫、颅脑外伤肿瘤等病史。有无服毒及毒物接触史。

第二十节 情 感 症 状

人类的精神活动是极其复杂、相互联系又相互制约的过程,是人的大脑功能的体现。正常的大脑功能能够产生正常的精神活动,异常的大脑结构和功能可能引起异常的精神活动与行为表现。异常的精神活动通过人的外显行为如言语、书写、表情、动作行为等表现出来,被称为精神症状。精神症状有多种,本节主要介绍临床上常见的情感或情绪方面的症状。

一、抑 郁

抑郁是以显著而持久的情绪低落为主要特征的综合征,其核心症状包括情绪低落、兴趣缺乏、快感缺失,可伴有躯体症状、自杀观念或行为等。抑郁可见于多种精神疾病,如心境障碍的抑郁发作、环性心境障碍、恶劣心境等,也可继发于躯体疾病、脑器质性疾病、使用某些药物或精神活性物质,以及某些社会心理因素如失恋、亲人离世等。

抑郁和焦虑被认为是情绪障碍的两个不同方面的症状,不同阶段的症状比例不同。抑郁和焦虑的相关性研究发现,内科患者焦虑与抑郁的出现有明显的相关性,焦虑者中 84% 伴有抑郁,抑郁者中 79% 伴有焦虑。

【病因与发生机制】

1. 生物因素 抑郁的病因与发生机制尚不清楚。家系、双生子、寄养子的研究均提示其发生与遗传因素有关,但尚不能确定具体什么基因的异常与抑郁有关。

比较公认的关于抑郁的神经生化假说是单胺类神经递质假说,即脑内 5- 羟色胺(5-HT)、去甲肾上腺素(NE)功能活动降低导致抑郁。有些药物如安非他酮阻滞多巴胺(DA)的回收,也具有抗抑郁作用,因而 DA 的功能活动降低也可能与抑郁有关。其他被认为与抑郁有关的神经递质还有谷氨酸、P 物质等。

长期以来人们认为内分泌与抑郁有关。神经内分泌系统调节与睡眠、食欲、性欲、快感体验有关的重要激素,并影响机体对外界紧张性刺激作出反应。研究发现,抑郁者的下丘脑 - 垂体 - 肾上腺轴(HPA 轴)多处于持续兴奋状态,分泌的过量激素对单胺类递质受体起抑制作用,引发抑郁。另外,有证据显示女性在月经前、月经期间、产后、更年期发生抑郁的概率增加,但雌激素、孕酮等激素与抑郁的关系尚不清楚。

2. 心理因素 行为理论认为抑郁是对有压力的负性生活事件的反应,这些事件包括人际关系破裂、失业、患重病等;然而大多数承受压力的人不会发生抑郁。认知理论认为人解释生活事件的方式影响其抑郁的发生,抑郁者的思维方式悲观、扭曲,面对负性生活事件时,常作出消极的结论,只注意并夸大消极的部分,而忽视积极的一面,没有意识到自己的观点和想法是消极和错误的。心理动力学理论认为由于童年的遭遇,患者没有形成有力、积极、理性的自我意识,成年后不断在与他人的关系中寻求认同、安全感和自尊,担心分离和被抛弃,当亲密关系出现问题或没有达到完美时就会陷入抑郁。

【临床表现】

1. 情绪低落 患者感到一种深切的悲伤,痛苦难熬,愁眉苦脸,唉声叹气,自称"高兴不起来""活着没意思"等,有度日如年、生不如死之感。

2. 兴趣缺乏 患者对以前喜欢的活动兴趣明显减退甚至丧失。如以前喜欢读书,现在对书提不起兴趣；以前喜欢逛街，现在不愿出门、对购物不感兴趣。

3. 快感缺失　体会不到生活的快乐，不能从平日的活动中获得乐趣。即使是参与看书、看电视等活动，也心不在焉，只是为了消磨时间，或希望从悲伤失望中解脱出来，毫无乐趣可言。

4. 思维迟缓　表现为思维联想速度缓慢，反应迟钝，思路闭塞，思考问题困难，自感脑子变笨了，主动言语减少，语速慢，语声低，交流困难。

5. 运动性迟滞或激越　运动性迟滞，即活动减少，动作缓慢，无精打采，严重者呈木僵或亚木僵状态。表现为木僵的患者，其意识是清楚的。激越者表现为烦躁不安、紧张、难以控制自己，甚至出现攻击行为。

6. 自责自罪　患者对自己以前的轻微过失或错误感到自责，认为自己犯了严重的过错，甚至认为是罪孽深重。

7. 自杀观念或行　为患者感到生活没有意义，而死是一种解脱，即自杀观念。有的患者有自杀计划和行动。有的患者会出现扩大性自杀，认为活着的亲人（如子女）也非常痛苦，因而先杀亲人再自杀。

8. 躯体症状　包括睡眠障碍、食欲减退、体重下降、性欲减退、便秘、躯体疼痛、疲惫乏力、自主神经功能失调症状等。睡眠障碍可表现为入睡困难，睡眠不深；早醒（比平时早醒2~3小时），醒后难以再入睡；或整天昏昏沉沉，睡眠过多。患者可以表现为身体各部位的疼痛不适，如头痛、胃肠道不适、腹痛、胸痛、背部疼痛等，但相应的实验室检查或辅助检查没有发现可以解释上述躯体不适的器官或组织的病变。

9. 其他　部分患者在抑郁一段时间后出现幻觉、妄想等精神病性症状。

【问诊要点】

1. 起病年龄、病前性格、有无诱因、起病形式、周期性和季节性、精神障碍家族史。有研究显示15~24岁是最可能发生抑郁的年龄段。儿童、老年抑郁症状常不典型，儿童抑郁较为少见，多表现为兴趣减退、活动减少、学习成绩下降；老年患者常伴焦虑、敌意、易激惹、躯体不适，容易慢性化。女性月经前或月经期、产后、更年期易发生抑郁。遭遇负性生活事件、自身患重病，尤其是个性悲观者易发生抑郁。有些患者的情绪变化表现为一定的周期性或季节性，如常在春季发病。

2. 病前有无感染、发热、颅脑外伤、躯体疾病病史，有无酒精或精神活性物质使用史。须详细询问上述病史，了解情绪变化与上述疾病或药物使用的关系。

3. 具体临床症状，以及有无自杀观念和自伤、自杀行为。

4. 伴随症状，如认知功能异常（反应速度、注意力、记忆力、抽象思维能力等），精神病性症状，躯体症状等。

二、焦　虑

焦虑是一种常见的情绪体验，当人们预感到可能出现不利情景时，如重要的考试、难以完成的工作任务、患有某种疾病等，会产生担忧、紧张、不安、恐惧、不愉快的综合性情绪体验，即为焦虑。它是一种令人讨厌的、消极的甚至是危险的情绪，常伴有明显的生理变化，尤其是自主神经活动的变化，如心悸、血压升高、呼吸加深加快、皮肤苍白、失眠、尿频、腹泻等。

精神病学中将焦虑定义为在缺乏相应的客观因素的情况下，患者表现顾虑重重、紧张恐惧，以致搓手顿足，似有大祸临头，惶惶不可终日，伴有心悸、出汗、手抖、尿频等自主神经功能紊乱症状。严重的急性焦虑发作，被称为惊恐障碍，患者体验到濒死感、失控感，伴有呼吸困难、心跳加快等自主神经功能紊乱症状，一般发作持续几分钟至十几分钟。

　　几乎每个人一生中都有过焦虑的情绪体验，它是进化过程中形成的一种适应性反应。这种适应性反应，即正常的焦虑反应，和病理性的焦虑之间存在以下差异：①正常的焦虑人们所担心的问题是真实存在的，病理性焦虑者的担忧是不真实的，其所担心的事物不会构成伤害甚至不太可能发生；②正常的焦虑人们所体验的紧张和恐惧感，与他们面临的真实的威胁一致，而病理性焦虑者所体验的紧张和恐惧感，与可能发生的危害不成比例；③正常的焦虑，当威胁消失之后人们的恐惧反应会减弱或消失，但病理性焦虑即使威胁消失，患者的担忧仍然会继续存在，且可能会对未来产生预期性的焦虑。

　　焦虑可见于很多心理或精神障碍，如焦虑症、抑郁症、睡眠障碍、精神分裂症、应激相关障碍、酒精或药物滥用者，以及躯体疾病伴发的心理障碍等。

【病因与发生机制】

　　1. 遗传因素　不少研究显示遗传因素对焦虑症的发生起一定的作用。回顾性的家系研究发现惊恐障碍者的一级亲属中约 10% 患有惊恐障碍，而无惊恐障碍者的亲属中仅约 2% 患有该障碍。

　　2. 神经生物学因素　20 世纪 50～60 年代，人们发现抗抑郁药、苯二氮䓬类药物等可以缓解焦虑症状或减少惊恐发作，为焦虑的现代生物学研究奠定了基础。与焦虑有关的中枢神经递质包括去甲肾上腺素（NE）、5- 羟色胺（5-HT）、γ- 氨基丁酸（GABA）等。

　　3. 心理学因素　行为主义理论认为焦虑是对某些环境刺激的恐惧而形成的一种条件反射。认知理论认为焦虑患者的思维在有意识和无意识的水平上都关注威胁，以负性自动思维的方式对环境作出反应，导致焦虑。心理动力学理论认为焦虑源于内在的心理冲突，个体无法找到表达本我冲动的健康途径，并且害怕表露这些冲动，导致焦虑。

【临床表现】

　　1. 精神方面　焦虑的核心特点是过度担心，表现为对未来可能发生、难以预料的某种危险或不幸事件的担心，其担心和烦恼的程度与现实不相称，即预期性焦虑；或患者不能明确意识到他担心的对象或内容，只是提心吊胆、惶恐不安，即浮动性焦虑。患者对外界刺激敏感，警觉性增高，易激动，注意力难以集中，难以入睡，睡眠中易惊醒。惊恐障碍患者表现为突然的强烈的恐惧，害怕失去控制或觉得死亡将至。

　　2. 行为方面　表现为肌肉紧张、运动不安、搓手顿足、不能静坐、来回走动。肌肉紧张表现为感到一组或多组肌肉不舒服的紧张感，严重时感到肌肉酸痛，如紧张性头痛、肩背部疼痛等，有的患者出现肢体震颤。惊恐障碍患者常因为担心再次发作而产生回避行为，如不敢单独出门，害怕人多热闹的场所等。

　　3. 自主神经功能紊乱　表现为心悸、胸闷气短、皮肤潮红或苍白、口干、便秘或腹泻、出汗、尿意频繁等。有的患者出现阳痿、早泄或月经紊乱等。惊恐发作时还可表现呼吸困难或窒息感、堵塞感、濒死感等。

【问诊要点】

　　1. 起病情况　起病年龄，发病急缓，时间和地点。

　　2. 主要症状特点　焦虑程度、持续时间，有何行为表现，有无警示症状，有无缓解和加重的因素。

　　3. 病因与诱因　性别、个性、生活压力等。

　　4. 伴随症状　如是否伴自主神经功能紊乱。

　　5. 诊疗经过。

　　6. 既往史、个人史及家族史　是否患有甲状腺疾病、心脏病、系统性红斑狼疮、某些脑炎、脑血管疾病、脑变性疾病等；用药史如苯丙胺、可卡因、咖啡因、阿片类物质、激素、镇静催眠药等。

（李水花　杨　澄）

扫一扫，测一测

? 复习思考题

1. 叙述发热的病因有哪些？
2. 怎样鉴别咯血与呕血？
3. 肺源性呼吸困难的临床表现有哪些？
4. 简述引起头痛的常见颅内病变。
5. 试述轻度昏迷、中度昏迷与深度昏迷的临床表现。

第二章　问　诊

1. 掌握问诊的概念和内容。
2. 熟悉问诊的方法和技巧。
3. 了解问诊的重要性、医德要求和系统问诊要点。

第一节　问诊的重要性和医德要求

一、问诊的重要性

问诊（inquiry）是医生通过对患者或相关人员的系统询问获取病史资料，经过综合分析而作出临床判断的一种诊法。问诊是病史采集的主要手段。将问诊所获得的资料通过筛选，去伪存真，去粗取精，并使之条理化、系统化后记录下来即成为病史。病史的完整性和准确性对疾病的诊断和处理有很大的帮助，因此问诊是每个临床医生必须掌握的基本技能。解决患者诊断问题的大多数线索和依据即来源于病史采集所获取的资料，特别是在疾病的早期和那些病情复杂而又缺乏典型体征的病例，深入、细致地问诊就更为重要。一个具有深厚医学知识和丰富临床经验的医生，常常通过问诊就能对某些疾病提出准确的诊断。对病情较为复杂的患者，通过对问诊中得到的病史特点进行分析，除可获取初步诊断外，还可以为下一步进行体格检查和/或辅助检查提供重要的线索，为明确临床诊断奠定良好的基础。忽视问诊或问诊不仔细，往往造成临床工作中的漏诊或误诊。

问诊是医生诊断的第一步，其重要性还在于它是医患沟通、建立良好医患关系的最重要时机，正确的方法和良好的问诊技巧，使患者感到医生的亲切和可信，有信心与医生合作，这对诊治疾病也十分重要。问诊的过程除收集患者的疾病资料用于诊断和治疗外，还有其他功能，如教育患者，向患者提供信息，有时候甚至交流本身也具有心理治疗作用。

知识链接

生物-心理-社会医学模式

1977 年由美国精神病学家和内科学教授恩格尔（Engel）提出的生物-心理-社会医学模式对医生提出更高的要求。它要求医生不仅要具有医学的自然科学方面的知识，还要有较高的人文科学、社会科学方面的修养，能够从生物、心理和社会等多种角度去了解和处理患者。这也要求医生必须具有良好的交流与沟通技能，以及教育患者的能力。

二、问诊的医德要求

医德是一种职业道德,问诊是医患沟通的第一步,在双方的交流中会涉及大量患者在疾病、生活、工作等方面的资料,包括一些他/她对任何人都不愿意讲的隐私。在问诊中必须注意以下医德要求:

(一)严肃认真 听患者诉说病情时,必须集中注意力,耐心倾听,表现出认真的态度和行为。认真才能让患者放心,才能保证患者的合作,才能以科学的方式收集到完整、准确的病史资料。

(二)尊重隐私 问诊是非常严肃的医疗行为,对于患者提供的任何信息只能作为解决患者疾苦的科学依据,而绝不作他用。对患者本人或其他人的任何隐私,严禁传播给无关的任何人,绝不能嘲弄和讥笑。

(三)一视同仁 不能因为患者的经济状况、社会地位、文化程度、家庭背景、性别、年龄、种族等不同而采用不同的态度和言行。对经济困难的患者,还应给予更多的关怀,对其处境给予更多的理解。对残疾患者,绝不能有歧视的言行。老年人和儿童有时不能像普通成人一样流畅地提供病史,也不能很好地理解医生的提问,医生应给予特别的关心。

(四)不随意评价同道 在病史采集过程中,患者会诉说其过去的诊疗经过,有时会对过去医生的诊断和/或治疗提出质疑,甚至表达其不满和愤怒。医生不能随意对此做评价,不能指责其他医生,不在患者面前诋毁别的医生。

(五)对患者适时教育和健康指导 对患者进行健康教育是医生对社会对大众的义务和责任,也是问诊的医德要求之一。利用与患者交流的机会适时对患者及其家属进行教育和指导,包括有关疾病的知识,以及如何多方共同承担起维护健康、促进康复的责任。医生要诊疗和预防并重。

第二节 问诊的内容

病史应详细全面地询问,问诊的内容包括一般项目、主诉、现病史、既往史、个人史、婚姻史、月经及生育史、家族史。

1. **一般项目** 姓名、性别、年龄、婚姻、籍贯、出生地、民族、婚姻、通信地址、联系电话、工作单位、职业、入院日期、记录日期、病史叙述者、可靠程度。记录年龄时要写具体年龄,不得用"儿童"或"成人"来代替。

2. **主诉** 是指患者感觉最主要的痛苦或最明显的症状和/或体征,也就是本次就诊最主要的原因及其持续时间。确切的主诉可初步反映病情轻重与缓急,并提供对某系统疾患的诊断线索。主诉应用一两句话简要地加以概括,使人一看即能明确初诊的方向。主诉若为几个症状,可按先后顺序排列。例如:①上腹部疼痛反复发作5年,2小时前呕血约200ml;②反复咳嗽、咳痰、喘息20年,加重2年;③活动后心悸气促8年,下肢水肿半月。主诉的描述一般避免用诊断术语或病名。有时患者所述的病情比较复杂,症状、体征较多,或由于患者诉说太多,没有条理,没有连续性,不能简单地将患者所述的所有不适作为主诉,而应该结合整个病史,综合分析以归纳出能反映其患病特征的主诉。实际上确定主诉的过程,也是医生思考诊断的过程。对当前无症状表现,诊断资料和入院目的又十分明确的患者,也可以采用直接方式记录主诉。例如:①白血病复发2周,要求入院化疗;②发现胆囊结石2个月,入院接受手术治疗。

3. **现病史** 是指患者患病后的全过程,即发生、发展、演变和诊治经过。现病史是病史中主体部分,包括起病情况与患病的时间、主要症状及伴随症状、病因与诱因、病情的发展与演变、诊治经过、一般情况。

(1)起病情况与患病的时间:包括起病的地点、环境、时间(年、月、日、时)、起病急缓、病因及诱因。患病时间是指从起病到就诊或入院的时间。很多疾病的起病或发作都有各自的特点,详细询问起的情况对诊断疾病具有重要的鉴别作用。有的疾病起病急骤,如脑栓塞、心绞痛、动脉瘤破裂和急性胃肠穿孔等;有的疾病则起病缓慢,如慢性支气管炎、恶性肿瘤、风湿性心瓣膜病等。疾病的起病常与某些因素有关,如脑血栓形成常发生于睡眠时;脑出血、高血压危象常发生于激动或紧张状态时。急性胃肠炎有进食生冷不洁饮食史而急骤起病;突然发作的夜间阵发性呼吸困难,应考虑左心衰竭等。

(2)主要症状的特点:包括主要症状出现的部位、性质、持续时间和程度,缓解或加剧的因素,了解这些特点对判断疾病所在的系统、器官,以及病变的部位、范围和性质很有帮助。如腹痛,应询问腹痛的部位,是急性还是慢性,是灼痛、绞痛还是胀痛,是剧痛还是隐痛,是持续性还是间歇性,每次发作持续与间歇的时间等。弄清主要症状的特点,对临床的诊断与鉴别诊断十分重要。

(3)病因与诱因:有助于明确诊断与拟定治疗措施,在问诊中要尽可能了解与本次发病有关的病因(如感染、外伤、中毒等)和诱因(如气候变化、环境改变、情绪、起居饮食失调等),患者对直接或近期的病因容易提出,当病因比较复杂或病程较长时,患者往往记不清说不明,可能会存在似是而非或自以为是的因素,这时医生应进行科学的归纳和分析,不能不假思索地记入病历。

(4)病情的发展与演变:包括患病过程中主要症状的变化或新症状的出现。如肺结核合并肺气肿的患者,在衰弱、乏力、轻度呼吸困难的基础上,突然感到剧烈的胸痛和严重的呼吸困难,应考虑自发性气胸的可能。如有心绞痛史的患者本次发作疼痛加重而且持续时间较长时,则应考虑到急性心肌梗死的可能。如肝硬化患者出现表情、情绪和行为异常等新症状,可能是肝性脑病早期的表现。

(5)伴随症状:是指在主要症状的基础上又同时出现一系列的其他症状。伴随症状常常是鉴别诊断的依据,或提示出现了并发症。如腹泻伴呕吐,则可能为饮食不洁或误食毒物引起的急性胃肠炎;腹泻伴里急后重,结合季节和进餐情况更容易考虑到痢疾。又如急性上腹痛,原因可以很多,若患者同时伴有恶心、呕吐、发热,特别是又出现了黄疸和休克,就应该考虑到急性胰腺炎或急性胆道感染的可能。反之,按一般规律在某一疾病应该出现的伴随症状而实际上没有出现时,也应将其记述于现病史中以备进一步观察,或作为诊断和鉴别诊断的重要参考资料,这种称为有鉴别意义的阴性症状。

(6)诊治经过:患者本次就诊前接受诊治的情况,包括就诊时间,做过的检查及结果,诊断;若进行过治疗则要问明使用过何种药物,其剂量、用法、时间、效果与反应等。若有多次就诊经历,则按照时间先后顺序依次询问清楚。患者诊治经过可为本次诊治疾病提供参考,但不可以用既往的诊断代替自己的诊断。

(7)一般情况:包括发病以来患者精神状态、饮食、大小便、睡眠、体力、体重的变化。这部分内容对全面评估患者病情的轻重和预后,以及采取什么辅助治疗措施十分有用,有时对鉴别诊断也能够提供重要的参考。

现病史示例:2022年10月3日患者在劳动时突遭大雨淋浇,当天晚上出现寒战、高热,自测体温为39℃,并感右侧轻度胸闷。病情呈进行性加重,高热不退,胸闷加重。至第二天下午出现咳嗽、吐白色黏液性痰,右侧胸痛,疼痛于咳嗽、呼吸、活动时加重。到某乡卫生院就诊,诊断为"支气管炎",给予"阿奇霉素分散片",每次2片,每天1次口服,共服2天。病情无好转,于今天上午来我院就诊。自病后患者精神可,睡眠差,大便稍干燥,小便少呈黄色,食欲减退,全身乏力,体重无明显改变。

4. 既往史　是指患者从出生至这次发病为止的健康状况。其内容包括:既往健康状况、过去所患疾病情况、预防接种史、外伤手术史、中毒史、过敏史等。与现病史有关的既往史应重点询问,这对于现疾病的诊断、鉴别诊断、治疗都有帮助。例如,一个哮喘患者,如有心脏病病史,则患心源性哮喘可能性大;如有过对花粉或皮毛过敏的病史,应考虑支气管哮喘的可能。若患者自己诉说曾患过某种疾病,在记录时应将其病名加引号注明,如"肺结核""高血压病"等。记录一般按时间(年、月)的先后顺序排列。

5. 系统回顾　系统回顾一般采用直接提问方式,用以作为最后一遍收集病史资料,避免问诊过程中患者或医生所忽略或遗漏的内容。它可以帮助医师在短时间内扼要地了解患者除现在所患疾病以外的其他各系统是否发生目前尚存在或已痊愈的疾病,以及这些疾病与本次疾病之间是否存在着因果关系。

(1) 呼吸系统:有无呼吸困难、咳嗽、咳痰、咯血、胸痛。呼吸困难发生的时间、性质和程度、与体位的关系。咳嗽发生的时间、性质、与季节的关系、是否伴有胸痛或咳痰。痰量、颜色与性状、气味。咯血的时间、量、颜色、诱因,咯血后有无头晕、心慌、休克等表现。胸痛的时间、部位、性质,与呼吸、咳嗽、体位的关系。

(2) 循环系统:有无呼吸困难、心悸、咳嗽、咯血、水肿、心前区痛。呼吸困难发作的时间、缓起或骤起、是否为阵发性、与体位或体力活动的关系、是否伴有水肿或心悸等症状。心悸发生的时间、诱因。心前区疼痛的部位、性质、程度、发生与持续时间、有无放射及放射部位。水肿最早发生的部位、时间、与体力活动的关系、是否伴有尿量改变。

(3) 消化系统:有无食欲不振、腹痛、恶心与呕吐、腹泻、呕血与黑便。食欲不振发生及持续的时间、是否厌油腻、是否伴黄疸。腹痛发生的时间、部位、性质、程度、是否有放射及放射部位、饮食与药物对腹痛的影响。恶心与呕吐发生及持续的时间、与饮食的关系、吐出物的量、性状、颜色及气味。腹泻的次数、粪便颜色、气味、性状、有无黏液及脓血、有无未消化食物、有无里急后重、有无腹泻和便秘交替。呕血与黑便的诱因,呕血的时间、次数、量、颜色,黑便的次数、量、黑便前有否吃过动物肝脏或动物血,呕血、黑便后有无不适及休克症状。

(4) 泌尿系统:有无少尿、多尿、血尿、尿痛、尿频、尿急。少尿或多尿的诱因、发生与持续的时间、是否伴有尿液颜色的改变。血尿发生的时间、是否有血凝块、是否伴有水肿及腰部包块。尿痛、尿频、尿急发生的时间,尿频的程度,是否伴有发热及腰痛等。另外,注意有无排尿困难、尿潴留或尿失禁,性生活及计划生育情况。

(5) 血液系统:有无乏力、头晕、眼花、耳鸣、出血点及瘀斑。乏力、头晕、眼花、耳鸣持续的时间、是否伴发热、是否伴肝脾淋巴结肿大、是否伴骨骼疼痛。出血点及瘀斑发现的部位、有无诱因、是否反复出现。

(6) 内分泌及代谢系统:有无怕热、多汗、烦渴、多尿、食欲异常、体重改变、水肿、乏力、头晕、眼花、耳鸣、记忆力减退、第二性征与性功能改变。

(7) 运动系统:有无四肢及关节疼痛、四肢及关节活动障碍或形态异常、肌肉萎缩、肢体瘫痪、肢体震颤。

(8) 神经精神系统:有无头痛、意识障碍、抽搐、瘫痪、感觉障碍、视力障碍、失眠、精神异常。

6. 个人史　指与疾病有关的个人历史。具体包括以下内容。

(1) 社会经历:包括出生地、居住地区及居留时间(尤其是疫源地、地方病流行区)、居住条件、周围环境、文化程度、经济状况等。

(2) 职业及工作条件:包括具体工种、工作条件、劳动环境、是否接触工业毒物及接触时间。

(3) 习惯与嗜好:起居与卫生习惯,饮食的规律与质量,烟、酒、茶嗜好及摄入量,其他异嗜物和麻醉药品、毒品等。

（4）冶游史：有无不洁性交、淋病、尖锐湿疣、梅毒等性病史。

7. 婚姻史　包括患者未婚或已婚，结婚年龄，配偶健康状况，性生活情况，夫妻关系等。

8. 月经及生育史

（1）月经史：包括初潮年龄、月经周期、行经天数、月经量及颜色、有无痛经与白带、末次月经日期（LMP），闭经日期，绝经年龄。月经记录格式如下：

$$初潮年龄\ \frac{行经天数（天）}{月经周期（天）}\ 末次月经时间（LMP）或绝经年龄$$

例：

$$12\ \frac{3\sim5}{28\sim30}\ 2022\ 年\ 10\ 月\ 11\ 日（或\ 50\ 岁）$$

（2）生育史：询问妊娠及生育次数、生育年龄、人工或自然流产的次数、有无死产、手术产、围生期感染、计划生育情况、避孕措施等。对男性患者应询问是否患过影响计划生育的疾病。

9. 家族史　询问父母与兄弟、姐妹及子女的健康与疾病情况。特别注意有无遗传性疾病或与遗传有关的疾病，如血友病、白化病、糖尿病、高血压病、精神病等。若家庭成员中已有死亡者，要问清死因及年龄。若在几个成员或几代人中皆有同样疾病发生，可绘制出家谱图。

第三节　问诊的方法与技巧

由于患者缺乏对医疗环境、设备及本身疾病的了解，加上面对医护人员的紧张情绪，在叙述病情时，很容易造成病情的遗漏。所以要求医生在问诊时要讲究方法与技巧，注意做到以下几个方面：

1. 询问病史，要有高度的同情心和强烈的责任感　医生应有高尚的医德，严格履行医生职责，治病救人、救死扶伤。患者求医都希望自己的痛苦与烦恼能够被消除，疾病能够被治愈。医生对患者的这种心情应给予同情和理解，尽自己最大的能力帮助患者战胜疾病，表现出和蔼的态度，细致的作风，负责的精神。尊重患者的人格和感情，涉及患者隐私的内容，应依法为其保密。真正取得患者的信任，建立良好的合作关系。

2. 仪表、礼节和友善的举止，有助于建立和谐的医患关系　医生应主动创造一种宽松和谐的环境以解除患者的紧张情绪。医生一般从礼节性地自我介绍开始，讲明自己的职责。然后展开病史询问，开始可以先从日常情况开始，以消除患者的恐惧或紧张心理。如："您贵姓？今年多大年纪啦？你哪里不舒服？"问诊过程中医生应该适时微笑或赞许地点头示意，恰当地运用一些评价、赞扬与鼓励语言，身体前倾姿势，柔和的语音、语调，亲切的面部表情，以及一些鼓励患者继续谈话的短语，如"我明白""请接着讲""能说得更详细些吗""你已经戒烟了？有毅力""你能每月做一次乳房的自我检查，这很好"等。

3. 语言通俗易懂　在选择问诊的用语和判断患者的叙述时应注意，不同文化背景的患者对各种医学词汇的理解有较大的差异。问诊语言应通俗易懂，避免使用医学术语，如"端坐呼吸、里急后重、纳差"等。又如患者诉说肚子痛，医生追问时，不应说医学术语："你是右下腹痛还是肝区痛？"应该问"你肚子哪个地方痛？指一指痛的地方给我看看。"

4. 根据具体情况采用不同类型的提问　①开放式提问。常在问诊开始时采用，让患者思考后根据自身情况自由陈述病情，可获得某一方面的大量资料。如："您哪里不舒服？"②直接提问。用于收集一些特定的有关细节。如"扁桃体切除时你多少岁？""您何时开始腹痛的呢？"这样获得的信息更有针对性。③封闭式提问。要求患者回答"是"或"不是",或者对提供的选择作出回答,如:"你曾有过严重的头痛吗?"或者"你的疼痛是锐痛还是钝痛?"

不正确的提问可能得到错误的信息或遗漏有关的资料。以下各种提问应予避免:①诱导性提问或暗示性提问。在措辞上已暗示了期望的答案,使患者易于默认或附和医生的诱问,如:"你的胸痛放射至左手,对吗?""用这种药物后病情好多了,对吧?"②责难性提问。常使患者产生防御心理,如:"你为什么吃那样脏的食物呢?""你不知道吸烟对身体不好吗?"③连续性提问。即连续提出一系列问题,可能造成患者对要回答的问题混淆不清,如:"饭后痛得怎么样? 和饭前不同吗? 是锐痛,还是钝痛?"

5. 询问病史,要全面了解,重点突出 问诊时,全面了解是指对问诊的项目不要遗漏,如既往史、个人史等,以便为疾病的诊断收集完整的资料,从中寻找到发病的原因等。重点突出是指初步判定病变的原因或性质后,要在主要症状的深度及广度上下功夫,要细致,要准确。患者诉说离题太远时,要及时巧妙地引导患者回到与疾病有关的话题中来,不要生硬地打断患者的话,引发患者的对抗情绪。患者不能够主动陈述病情,医生应耐心启发;患者诉说病情较为零乱,医生应注意分析归纳。

6. 询问病史,要注意病史的可靠性,及时核实可疑情况 病史叙述者一般应是患者本人,小儿、昏迷患者可询问监护人或知情者。少数患者对自己的疾病疑虑重重,时常夸大其感觉或推想,或出于某种原因隐瞒病情。医生应仔细分析患者当时所处的环境与心理状态,以科学的态度,运用医学知识进行取舍。患者诉说过去曾患某病时,医生应对该种疾病的主要症状进行询问核实,以保证临床资料真实可靠。其他医疗单位转来的病情介绍或病历摘要,是重要的参考资料,但临床医生不能依此逃避病史询问。

7. 询问病史,对危重患者不能按常规状态进行 危重患者,在扼要询问、重点检查后立即抢救。详细的病史待病情缓解或脱离危险后再补充询问。如果患者不能支持谈话过久,可将病史分几次问完。

8. 询问病史,要善于应对特殊情况和特殊患者 当遇到残疾患者、精神疾病患者等特殊患者,或患者怀有敌意与愤怒等特殊情况时,要沉着、冷静、细心、耐心,创造机会,巧妙应对。对于缄默与忧伤,要给予安抚、理解、适当等待和减慢问诊速度。对于愤怒与敌意,要注意寻找和发现其原因,是否是因为医生举止不得体或语言不恰当,或问及了患者认为十分敏感或隐私的问题所引发。弄清原因后,恰当处理。如果属于医生的责任,医生要表示歉意并请患者理解。医生一定不能失态、发怒,要提醒自己担负的职责,采取坦然、理解的态度。在语言不通时,最好能先找到翻译,以免发生误解;如果找不到翻译,在使用不熟练的语言时,要特别注意发挥身体语言及手势的作用,并反复核实。对于残疾患者,除更多的同情、关心之外,更需要的是耐心和时间。例如,对听力障碍者,一是使用简单明了的身体语言及手势,特别注意患者表情的回应;二是请其亲属、朋友解释或代叙;三是必要时,通过书面交流进行。对精神疾病患者除一般的问诊技巧外,特别注意倾听、接受、肯定、澄清、重构、代述、鼓励、表达等技巧。倾听是指医生尽可能花时间耐心、专心和关心地倾听患者的诉说,使患者有充裕的时间描述自己身体的症状或痛苦,取得患者的信任。接受是指无条件接受患者,无论什么样的患者,医生必须如实地加以接受,不能有任何拒绝、厌恶、嫌弃和不耐烦的表现。肯定这里是指肯定患者感受的真实性,但医生并非赞同患者的病态信念或幻觉体验,但表示理解患者所叙述的感觉。澄清就是弄清事情的实际经过,从事件开始到最后整个过程中患者的情感体验和情绪反应。重构是指把患者的话用不同的措辞和句子加以复述或总结,但不改变患者说话的意图和目的。代述是指医生将察觉到的,而患者不愿意说出的、重要的症状替患者表达出来。鼓励表达是指医生通过多种方式(谈话、手势、眼神、频频点头等)让患者描述自己的感受,完成医患沟通。

9. 询问病史结束时进行归纳小结,可达到以下目的:①唤起医生自己的记忆和理顺思路,以免遗漏要问的问题；②让患者知道医生如何理解他的病史；③提供机会核实患者所述病情。对现病史进行小结常常显得特别重要。

10. 问诊结束时，应谢谢患者的合作、告知患者目前病情、强调医患合作的重要性，说明下一步对患者的要求、接下来做什么、下次就诊时间或随访计划等。

（刘　彬）

扫一扫，测一测

? 复习思考题

1. 简述问诊的内容。
2. 简述现病史的主要内容。
3. 简述问诊的方法和技巧。

第三章 体格检查

PPT 课件

知识导览

学习目标

1. 掌握体格检查的基本方法、具体方法与注意事项。
2. 熟悉体格检查正常状态（值）及身体各种重要体征的要点描述与临床意义。
3. 了解颈部、胸部、腹部常用体表标志及分区，常见胸肺、心脏、腹部病变（疾病）的体征，脑神经、运动功能及感觉功能检查。

第一节　体格检查概述

体格检查是检查者应用自己的感觉器官（眼、耳、鼻、手）或借助简单的辅助工具（如体温计、血压计、听诊器、叩诊锤等），对被检者进行仔细观察和系统检查，以了解其身体状况的一组最基本的检查方法。通过体格检查所发现的客观异常表现称为体征，体征是临床诊断的主要依据之一，多数疾病通过分析病史（症状）与体征，可作出初步诊断。要达到熟练掌握和准确运用体格检查方法的目的，既需要扎实的医学知识，还需要反复地练习和扎实的临床实践。

一、体格检查常用器具和物品

（一）必要的器具和物品

听诊器、血压计、体温计、压舌板、手电筒、叩诊锤、检眼镜、大头针或别针、卷尺和直尺、棉签等。

（二）选择性的器具和物品

检耳镜、检鼻镜、鹅颈灯、音叉（128Hz，512Hz）、视力表、胶布、纱布垫、乳胶手套、润滑油等。

二、体格检查的注意事项

体格检查的过程是获取临床资料的过程，也是与患者交流、沟通、建立良好医患关系的过程。在体格检查中，要充分树立以患者为中心的思想，须注意以下几点：①检查者应仪表端庄、态度温和，主动进行自我介绍，并说明检查的目的及要求，以取得被检者的理解与配合。②环境安静，室温适宜，光线充足。③一般应站在被检者右侧，让其充分暴露检查部位，同时注意保护被检者的隐私，必要时应有第三者在场（尤其是男性医生为女性患者体检时）。④检查要全面，但要有重点，避免反复翻动患者，为避免重复或遗漏，须按一定的顺序进行：一般检查、头、颈、胸、腹、脊柱、四肢、神经系统，必要时进行生殖器、肛门和直肠检查。⑤危重患者应打破常规，扼要询问、重点检查后立即抢救，待患者脱离危险后再补充检查。⑥对有病情变化者要及时复查,根据复查结果补充或修正诊断。⑦检查前后要洗手,做好清洁消毒,防止出现交叉感染。

思政元素

"以仁术享誉世界,以仁心温暖世人"——"中国肝胆外科之父"吴孟超

　　吴孟超,著名肝胆外科专家,中国科学院院士,中国肝脏外科的开拓者和主要创始人之一,被誉为"中国肝胆外科之父"。

　　当他为患者做体格检查时,会亲自为患者拉上屏风上的布帘,把双手搓热,轻轻摁住患者的腹部,轻声询问患者疼不疼。做完检查,他依然不会忘记弯腰把患者的鞋子摆到最适于患者下床的地方。90岁高龄的吴老总是反复强调,在保证疗效的前提下,哪种药便宜用哪种。在为患者做检查时,如果B超能解决问题,他决不会让患者去做CT或者核磁共振检查;如果患者带来的片子能够看清楚,他也决不会让他们再做第二次检查。每次手术结扎,他都是坚持用手、用线。他说:"我们要多用脑和手为患者服务,用一次缝合器械,'咔嚓'一声1 000多元就没了,那可是一个农村孩子几年的读书费用啊!我吴孟超用手缝线,分文不要。"

　　吴孟超作为一名医学界的泰斗级人物,以仁术享誉世界,以仁心温暖世人。他换位思考,以无微不至的爱心温暖他人;"斤斤计较",想尽办法为患者节省诊疗费用;勤勤恳恳,把一生奉献给他挚爱的手术台;勇于创新,不断破解肝脏外科医学难题。吴孟超前辈为广大医学生树立了前行的榜样,指引着新一代医学生成长为有温度、有责任、有仁术的医者。

三、体格检查的基本方法

　　体格检查的基本方法有视诊、触诊、叩诊、听诊、嗅诊五种。在检查身体的不同部位时,可有所侧重地选择使用或配合使用这些检查方法,其中以视诊、触诊、叩诊、听诊四种方法使用较多。

(一)视诊

　　检查者利用眼睛观察被检查者的全身或局部状态的检查方法称为视诊。视诊可分为一般视诊和局部视诊两种。一般视诊是指对被检查者一般状态的观察,如发育、营养、意识状态、面容、表情、步态、体位等;局部视诊是对被检查者身体的某一部位的细致观察,如舌、巩膜、甲状腺、咽及扁桃体等。对某些特殊部位进行局部视诊时需借助某些仪器,如用检耳镜观察鼓膜,用检眼镜观察眼底,用检鼻镜观察鼻腔。视诊时,被检查部位应尽量暴露,由于光线昏暗或灯光下较难辨出黄疸、轻度发绀和某些皮疹,因此光线应充足,最好在自然光线下进行。侧面来的光线观察搏动、肿物或脏器的轮廓较清楚。

(二)触诊

　　检查者通过手的感觉和被检查者的反应来判断所触部位有无异常的检查方法称为触诊。触诊可用于身体各部位(图3-1、图3-2),尤以腹部触诊最为重要。触诊可以进一步证实视诊所发现的体征,同时弥补视诊不能观察到的情况(如是否有肝脾大、心尖搏动位置变化等)。手的指腹和掌指关节的掌面最敏感,因此,触诊常用这两个部位进行。根据检查目的的不同和施加的压力不同,触诊可分为浅部触诊法和深部触诊法。

　　1. 浅部触诊法　检查者将手轻轻平放在被检部位上,运用掌指关节和腕关节柔和地进行滑动触摸;浅部触诊法适用于浅表动静脉、浅部淋巴结、皮肤、关节、软组织等表浅器官或病变

的检查。浅部触诊法所用力量较强,可触及的深度约为 1cm,一般不会引起被检查者痛苦,也不易引起肌肉紧张,故更有利于试验性检查腹部有无压痛、抵抗感、搏动、包块和某些肿大脏器等。

2. 深部触诊法　检查者用一手或两手重叠放于被检查部位,由浅入深,逐渐加压来感知内部的变化。深部触诊法多用于检查深部脏器和组织,尤其适用于腹部检查,所用力量较大,可触及的深度常在 2cm 以上,有时可引起被检查者不适。根据检查目的和手法不同分为深部滑行触诊法、双手触诊法、冲击触诊法和深压触诊法。

(1)深部滑行触诊法:检查者用一手或两手重叠平放于被检查部位,由浅入深,逐渐加压达深部,触及脏器或包块后,用并拢的示、中、环指腹面在脏器或包块表面作上、下、左、右的滑动触摸,若被检查的是肠道或条索状包块,则应做与其长轴相垂直方向的滑动触摸。此法常用于检查腹腔深部脏器及包块。

(2)双手触诊法:检查者右手置于被检查部位,左手置于被检查脏器或肿块的背部,左手将检查部位的脏器、肿块固定并推向右手方向,右手在脏器或肿块的体表触摸。此法常用于肝、脾、肾及肿块的检查。

(3)冲击触诊法:又称浮沉触诊法。检查者用并拢的示、中、环指指端与腹壁取 70°~90°,置于腹壁上相应的部位,进行快速和连续冲击。由于腹腔积液的浮力使脏器下移后随之浮起,使指端易于触及肿大的肝、脾或肿块等。此法适用于大量腹腔积液时触诊肿大的肝、脾,也可用于振水音的检查。冲击触诊法可能会使被检者感到不适,操作时应避免用力过猛。

(4)深压触诊法:检查者用一个或两个手指指端在腹壁上垂直地逐渐用力下压,探测腹腔深部病变的位置或确定腹腔压痛点,如胆囊、阑尾、输尿管压痛点等。检查反跳痛时,在触诊压痛的基础上,手指于该处停留片刻,然后迅速抬起,观察被检者是否出现痛苦表情,询问是否疼痛加重,若有,即可认为有反跳痛。

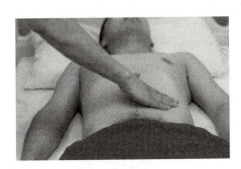
图 3-1　腹部浅触诊

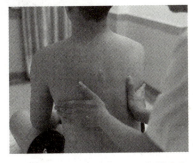
图 3-2　肺部触诊(语音震颤检查)

(三)叩诊

叩诊是用手指、手掌或空拳叩击身体某个部位,使之震动而发出音响,根据震动和音响的特点来判断被检部位内部脏器的状态,或根据是否出现疼痛来判断有无病变或病变程度的一种诊断方法。

1. 叩诊方法　根据叩诊的手法不同,分为间接叩诊法和直接叩诊法两种,间接叩诊法最常用。

(1)直接叩诊法:检查者右手中间三指并拢,用手指掌面直接拍击被检查部位,通过被查部位的震动感和声音来判断有无异常情况,适用于胸、腹部范围较大的病变,如大量胸腔积液或腹腔积液、气胸、胃肠高度胀气等。也可用于检查胸椎及腰椎,了解有无叩击痛。

(2)间接叩诊法:检查者将左手中指第 2 指节紧贴于被叩部位,其余四指微微抬起,避免与体表接触,右手各指自然弯曲,以中指指端垂直叩击左手中指第 2 指节指骨远端或末端指关节处。叩诊时,运用腕关节和掌指关节的力量,避免肘关节或肩关节参与活动,叩击动作要短促灵活、富有弹性；叩击后，右手中指立即抬起，以免影响震动的振幅与频率；叩击力量和间隔时间尽量均匀一致，以免影响音响的性质；不同的病灶或检查部位，可视具体情况运用不同的叩击力量，病灶小或位置表浅，宜取轻叩诊法，检查部位范围较大或位置较深时，则需采用中等力量叩诊，当病灶位置距体表深远时，则采用重叩诊法；同一部位可连续叩击 2～3 次（图 3-3、图 3-4）。

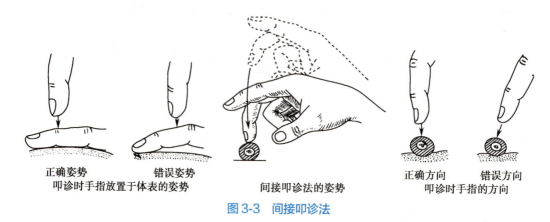

正确姿势　　错误姿势
叩诊时手指放置于体表的姿势　　间接叩诊法的姿势　　正确方向　　错误方向
叩诊时手指的方向

图 3-3　间接叩诊法

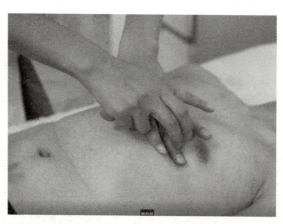

图 3-4　心脏叩诊

2. 叩诊音　由于被叩击的组织或器官致密度、弹性、含气量，以及与体表的间距不同，故叩击时可产生不同的音响，根据音响的强弱、长短和高低的差异，通常分为清音、鼓音、浊音、实音、过清音 5 种。

（1）清音：是一种音调较低、音响较强、震动持续时间较长的声音，是正常肺部的叩诊音。

（2）鼓音：如同击鼓声，是一种音律和谐的乐音，音响比清音更强，震动时间也较长。生理情况下，叩击含有大量气体的空腔脏器（如左下胸的胃泡区及腹部肠管区）时出现。病理情况下见于气胸、气腹、肺内大空洞等。

（3）浊音：是一种音调较高、音响较弱、震动时间较短的声音。生理情况下，叩击被少量含气组织覆盖的实质脏器产生，如心脏或肝脏被肺覆盖的部分；病理情况下，见于肺组织含气量减少的病变如大叶性肺炎等。

（4）实音：是一种比浊音音调更高、音响更弱、震动时间更短的声音。生理情况下，叩击肌肉、实质性脏器（如心脏、肝脏、脾脏等）时出现；病理情况下，见于大量胸腔积液、肺组织实变、胸膜肥厚等。

（5）过清音：是一种音调较清音低，音响较清音强，介于清音与鼓音之间的声音。正常成人不会出现，多因肺组织含气量增多、肺泡壁弹性减退所致，如肺气肿等。

(四)听诊

是直接用耳或借助听诊器间接在被检者体表听取身体各组织脏器活动时发出的声音,判断功能正常与否的一种诊断方法。

1. 直接听诊法　检查者用耳直接贴于被检者体表进行听诊。此方法简便、易行,但由于所听到的声音很微弱,辨识度低,且不方便,故临床上很少采用。

2. 间接听诊法　检查者用听诊器在被检查者体表某部位进行听诊的检查方法。此法对听诊音有放大作用,适用范围广泛,除心、肺、腹部以外,还适用于血管音、皮下捻发音、骨摩擦音等的听诊(图3-5、图3-6、图3-7)。

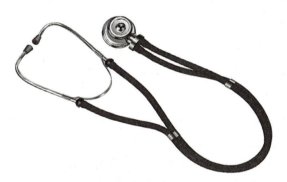

图3-5　听诊器实图

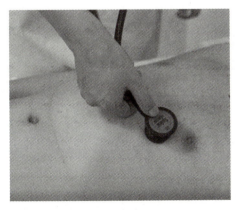

图3-6　心脏听诊

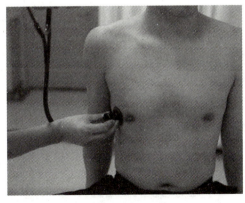

图3-7　呼吸音听诊

听诊的注意事项:①听诊应在安静、温暖的环境中进行,以免外界噪声和寒冷致肌肉震颤产生附加音;②切忌隔着衣服听诊,听诊器的体件要紧贴皮肤(体件过凉时可先用手捂热体件),但也不要加压，以免皮肤紧张影响声音传导；③听诊时要注意力集中，排除其他声音的干扰，如听心音时，要排除呼吸音与胃肠蠕动音的干扰；④指导被检查者采取合适体位；⑤正确使用听诊器。听诊器通常由耳件、体件、软管三部分组成，其长度应与检查者手臂的长度相适宜。听诊前注意耳件方向是否正确，硬管和软管的管腔是否通畅。体件有钟型和膜型两种，钟型适合听取低调声音，如二尖瓣狭窄的舒张期隆隆样杂音，膜型适合听取高调声音，如主动脉瓣关闭不全的舒张期叹气样杂音。

（五）嗅诊

嗅诊是检查者通过嗅觉判断被检者身体的异常气味与疾病之间关系的一种诊断方法。异常气味的来源主要是皮肤、黏膜、呼吸道、消化道、分泌物、渗出物、呕吐物、排泄物等。有时嗅诊能迅速为诊断提供重要线索。

1. 呼吸气味　糖尿病酮症酸中毒患者呼出的气体可有烂苹果味；尿毒症患者可有氨味；肝坏死患者有肝臭味；有机磷杀虫药中毒者呼气中有大蒜味。

2. 汗液气味　如特殊的狐臭，见于腋臭。

3. 呕吐物气味　低位肠梗阻呕吐物有粪臭味；幽门梗阻有酸臭味等。

4. 痰液气味　支气管扩张或肺脓肿患者有厌氧菌感染时，痰液有恶臭味。

5. 脓液气味　气性坏疽患者的伤口脓液有恶臭味。

6. 粪便气味　腥臭味见于细菌性痢疾；肝腥味见于阿米巴痢疾；粪便带有腐败性臭味见于消化不良或胰腺病变等。

7. 尿液气味　尿液氨味较重往往提示存在泌尿系统感染；糖尿病酮症酸中毒患者尿液可有烂苹果味。

第二节　一般检查

一般检查是整个体格检查的第一步，是对患者全身状态等的概括性检查，检查方法以视诊为主，必要时配合触诊等其他方法。

内容包括：性别、年龄、体温、脉搏、呼吸、血压、发育与营养状态、意识状态、面容与表情、体位、步态、皮肤和淋巴结等。其中生命体征（包括体温、脉搏、呼吸、血压）检查，是评价生命活动存在与否及其质量的指标，是一般检查的重要项目。

一、性　别

（一）检查方法

性别的判断主要根据性征观察，正常人的性征很明显，女性性征的发育受雌激素和雄激素的影响，雌激素刺激乳房、外阴、阴道、子宫、卵巢发育，雄激素刺激大阴唇、阴蒂发育，腋毛、阴毛生长；男性性征的发育受雄激素影响，出现睾丸、阴茎的发育，腋毛多，阴毛呈菱形分布，声音低而洪亮，皮脂腺分泌多等。但有些患者的性别不易辨认，需进行专科检查和细胞染色体核型分析才能确定。

（二）性别与疾病发生的关系

某些疾病的发生率与性别有关，如甲状腺疾病、系统性红斑狼疮等多见于女性，胃癌、食管癌、血友病 A（甲型血友病）等多见于男性；某些疾病会对性征造成影响，如肝硬化、肾上腺皮质肿瘤等可引起男性乳房发育及其他第二性征变化；肾上腺皮质肿瘤或长期使用肾上腺皮质激素、雄激素可使女性出现男性化。

二、年　龄

（一）检查方法

年龄的获知主要通过问诊和外貌观察，后者主要以皮肤的弹性与光泽、肌肉的状态、毛发的颜色与分布、面与颈部皮肤的皱纹、牙齿的状态等为依据。

（二）年龄与疾病发生的关系

年龄与疾病的发生、发展及预后有较大关系。如佝偻病、麻疹、白喉多见于幼儿与儿童；结核病、风湿热多见于青少年；高血压、动脉硬化性疾病、某些癌肿则多见于中、老年人。

三、体　温

（一）检查方法及正常范围

体温的常规测量方法有腋测法、口测法和肛测法，近年来还出现了耳测法和额测法。体温计包括水银体温计、电子体温计和红外线体温计。使用水银体温计时，测量前首先要把温度计的水银甩到35℃以下。

1. 腋测法　先要移除腋窝处致热或降温物品，并擦干腋下汗液，将体温计水银端放入腋窝深处，嘱被检查者夹紧，10分钟后读数，正常值为36～37℃。此法简便、安全，不易发生交叉感染，临床应用最为广泛。

2. 口测法　将消毒体温计的水银端置于患者的舌下，嘱其紧闭口唇，5分钟后读数，正常值为36.3～37.2℃。此方法测量结果较准确。神志不清者及婴幼儿不宜使用。

3. 肛测法　被检查者侧卧位，将肛门体温计的水银端涂上润滑剂，徐徐插入肛门，深达体温计的一半为止，5分钟后读数，正常值为36.5～37.7℃。此方法测值稳定，多用于婴幼儿及神志不清者。

（二）体温异常的临床意义

生理情况下，体温会有一定波动。清晨略低，下午略高，24小时内波动幅度一般不超过1℃；运动或进食后体温略高；老年人体温略低；月经期前或妊娠期体温略高。体温低于正常称为体温过低，见于休克、严重营养不良、甲状腺功能减退、低血糖昏迷等；体温高于正常称为发热，其临床意义详见第一章第一节。

四、脉　搏

检查方法及内容

脉搏检查一般检查桡动脉，也可查颞动脉、颈动脉、肱动脉、股动脉、腘动脉、足背动脉等。检查者以示指、中指和环指指腹平放于被检查者手腕桡动脉搏动处，压力大小以清楚触到脉搏为宜，计数1分钟，两侧均须触诊以作对比。在检查脉搏时，应注意脉搏脉率、节律、紧张度、强弱、波形，以及动脉壁弹性的情况。

1. 脉率　正常成人脉率为60～100次/min。老年人偏慢，女性稍快，儿童较快，<3岁的儿童多在100次/min以上。脉率影响因素一般类似心率，某些生理、病理情况或药物影响可使脉率增快或减慢。正常人脉率等于心率，某些心律失常如心房颤动、期前收缩等可出现脉率小于心率。

2. 脉律　正常人脉律规则，儿童、青少年和部分成年人由于窦性心律不齐，脉律可随呼吸改变，吸气时增快，呼气时减慢。心房颤动者脉律绝对不规则、脉搏强弱不等，以及脉率小于心率，后者称脉搏短绌；期前收缩呈二联律或三联律者，脉律不整，可出现二联脉、三联脉；房室传导阻滞者可有脉搏脱漏，即脱落脉。

3. 强弱 正常人脉搏呈中等强度，且每次强度相似，脉搏强弱取决于心搏出量、脉压和外周血管阻力，正常人之间脉搏强弱存在差异。每搏输出量增大、脉压增大、周围动脉阻力减低时，脉搏增强而振幅大，称洪脉，见于高热、甲状腺功能亢进、主动脉瓣关闭不全等；脉搏减弱而振幅低，称为细脉或丝脉，见于休克、心力衰竭等。

4. 紧张度与动脉壁状态 正常人动脉壁光滑、柔软，有弹性。检查时以两个手指指腹置于桡动脉上，近心端手指逐渐施压阻断血流，使远心端手指触不到脉搏，通过施加压力的大小及感觉到的血管壁弹性来判断脉搏紧张度。脉搏紧张度与动脉硬化的程度有关，如压紧桡动脉后，虽远心端手指触不到脉搏，但可触及硬而缺乏弹性似条索、迂曲或结节状的动脉，提示动脉硬化。

5. 脉波 用脉波仪描记脉搏搏动的情况，形成一定形态的曲线，称为脉搏的波形。通过仔细触诊，可发现各种脉波异常的脉搏。

（1）水冲脉：脉搏骤起骤降，犹如潮水涨落，故称水冲脉。检查者握紧被检查者手腕掌面，将其手臂高举过头部，可明显感知桡动脉犹如水冲的急促有力的脉搏。多为脉压差增大所致，见于主动脉瓣关闭不全、动脉导管未闭、甲状腺功能亢进及严重的贫血等。

（2）交替脉：指节律规则而强弱交替的脉搏。一般认为系左室收缩力强弱交替所致，为左心衰竭的重要体征之一，见于高血压性心脏病、急性心肌梗死及主动脉瓣关闭不全等。

（3）奇脉：指吸气时脉搏明显减弱或消失，是心脏压塞的重要体征之一，常见于心包积液或缩窄性心包炎。心脏压塞时，右心舒张受限，吸气时回心血量减少，右心排血量相应减少，使肺静脉回流入左房血量减少，最终致左室排血减少，形成脉搏减弱甚至无法扪及，故又称"吸停脉"。

（4）无脉：即脉搏消失，可见于严重休克及多发性大动脉炎（由于某一段动脉闭塞相应部位脉搏消失）。

五、呼　吸

（一）检查方法

静息状态下观察胸壁或腹壁的起伏，一吸一呼为一次。危重患者呼吸微弱时，可用棉花纤维置于患者鼻孔前，观察棉花纤维吹动次数。

（二）正常状态

正常成人静息状态下，呼吸节律规整，深浅适度，频率为 12～20 次 /min，呼吸与脉搏之比为 1:4。新生儿呼吸频率约为 44 次 /min，随年龄增长而逐渐减慢。

（三）常见呼吸异常及其临床意义

1. 呼吸频率变化

（1）呼吸过速：指呼吸频率超过 20 次 /min，见于发热、疼痛、贫血、甲状腺功能亢进症等。

（2）呼吸过缓：指呼吸频率低于 12 次 /min，见于麻醉剂或镇静剂过量、颅内压增高等。

2. 呼吸深度变化

（1）呼吸浅快：见于呼吸肌麻痹、严重鼓肠、大量腹腔积液，以及肺炎、胸膜炎、胸腔积液、气胸等。

（2）呼吸深快：见于剧烈运动、情绪激动或过度紧张等。严重代谢性酸中毒时，亦出现深而快的呼吸，是机体为排除过多的二氧化碳而采取的代偿反应，见于糖尿病酮症酸中毒或尿毒症酸中毒等。此种呼吸可伴有鼾音，又称库斯莫尔呼吸（Kussmaul respiration）。

3. 呼吸节律变化

（1）潮式呼吸：又称陈 - 施呼吸，表现为呼吸由浅慢逐渐变为深快，再由深快到浅慢，此期持续 30 秒至 2 分钟，随后经过 5 秒至 30 秒的呼吸暂停，又重复上述过程的周期样呼吸（图 3-8）。

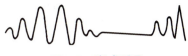

图 3-8　潮式呼吸

（2）间停呼吸：又称比奥呼吸，表现为有规律地呼吸几次后，突然停止几秒钟，又开始呼吸，如此周而复始（图 3-9）。

图 3-9　间停呼吸

以上两种呼吸均提示呼吸中枢的兴奋性降低。多发生于中枢神经系统疾病（如脑炎、脑膜炎、颅内压增高等）及某些中毒（如糖尿病酮症酸中毒、巴比妥中毒）等。间停呼吸较潮式呼吸更为严重，预后多不良，常为临终前表现。另外，某些老年人深睡时可出现潮式呼吸，提示有脑动脉硬化，呼吸中枢供血不足。

（3）抑制性呼吸：当胸部发生剧烈疼痛时吸气相突然中断所致，呼吸运动短暂地突然受到抑制，患者表情痛苦，呼吸较正常浅而快。常见于急性胸膜炎、胸膜恶性肿瘤、肋骨骨折及胸部严重外伤等。

（4）叹气样呼吸：患者常自觉胸闷，表现在一段正常呼吸节律中插入一次深大呼吸，并常伴有叹息声。多见于神经衰弱、精神紧张或抑郁症。

六、血　　压

血压通常指体循环动脉血压，是重要的生命体征。

（一）检查方法

血压的测量方法包括直接测量法（即经皮穿刺将导管送至周围动脉内，导管末端接监护测压系统，自动显示血压值）和间接测量法（即袖带加压法）。目前临床上广泛采用间接测量法，常用的血压计有汞柱式、弹簧式和电子血压计，常用汞柱式血压计和经过验证合格的电子血压计进行测量。

测量血压时，被检者半小时内禁烟、禁咖啡、排空膀胱，在安静环境下休息至少 5 分钟，取坐位（特殊情况下可取仰卧位或立位）。上肢裸露，伸直并轻度外展，肘部与心脏在同一水平。将袖带紧贴皮肤缠于上臂，使其下缘距肘窝横纹上方 2.5cm 左右，袖带气囊的中央对准肱动脉，触及肱动脉搏动后将听诊器体件放置在肱动脉处，向袖带内充气，边充气边听诊，充气至肱动脉搏动消失时，再升高 30 毫米汞柱后，缓慢放气（2～6mmHg/s），双眼平视汞柱表面，根据听诊结果读取血压值，当听到第一次声响时，血压计上的读数即为收缩压，继续放气，声音逐渐增强，然后突然减弱变为低沉，最终消失，声音消失时的读数为舒张压。血压至少应测量 2 次，间隔 1～2 分钟；如收缩压或舒张压 2 次读数相差 5mmHg 以上，应再次测量，以 3 次读数的平均值作为测量结果。血压记录用收缩压 / 舒张压表示，单位为毫米汞柱（mmHg）。

某些疾病尚须加测下肢血压。被检者取俯卧位，袖带缠于大腿部，其下缘距腘窝上方 3～4cm，其余步骤与判定方法同上。

（二）血压标准

根据中国高血压防治指南（2010 年修订版）的标准，规定如下（表 3-1）。

表3-1　血压水平的定义和分类（18岁以上成人）

类别	收缩压（mmHg）	舒张压（mmHg）
正常血压	<120	<80
正常高值	120～139	80～89
高血压	≥140	≥90
1级高血压（轻度）	140～159	90～99
2级高血压（中度）	160～179	100～109
3级高血压（重度）	≥180	≥110
单纯收缩期高血压	≥140	<90

注：如收缩压与舒张压不在同一级别时，以较高的级别为准；单纯收缩期高血压也可参照收缩压水平分为1、2、3级

（三）血压改变及其临床意义

1. **高血压**　安静、清醒和未使用降压药的条件下采用标准测量方法，至少3次非同日血压值达到或超过收缩压140mmHg和/或舒张压90mmHg，即可认为有高血压，若仅收缩压达到标准则称为单纯收缩期高血压。高血压绝大多数是原发性高血压，约5%为继发性高血压，常继发于慢性肾炎、肾动脉狭窄、肾上腺肿瘤等。情绪激动、紧张、恐惧、吸烟、疼痛等均可使血压上升。

2. **低血压**　血压低于90/60mmHg时称低血压。持续的低血压状态多见于严重病症，如休克、心肌梗死、急性心脏压塞等。低血压也可有体质的原因，如少部分正常人自诉一贯血压偏低，但一般无症状。

3. **双上肢血压差别显著**　正常双侧上肢血压差别为5～10mmHg，若超过此范围多见于多发性大动脉炎或先天性动脉畸形等。

4. **上下肢血压差异常**　正常下肢血压高于上肢血压20～40mmHg，如下肢血压低于上肢应考虑主动脉缩窄或胸腹主动脉型大动脉炎等。

5. **脉压改变**　脉压是指收缩压和舒张压之差，正常为30～40mmHg。若脉压≥60mmHg，结合病史，可考虑甲状腺功能亢进、主动脉瓣关闭不全和动脉硬化等；脉压<30mmHg，可见于主动脉瓣狭窄、心包积液及严重心力衰竭患者等。

七、发育与营养状态

（一）发育

发育正常与否，多以年龄、智力和体格成长状态（如身高、体重及第二性征）之间的关系来判断。

成人发育正常的指标有：①胸围约等于身高的1/2；②两上肢平展的长度约等于身高；③坐高约等于下肢的长度；④头部长度为身高的1/7～1/8。

生长发育情况与种族遗传、内分泌、营养代谢、生活条件、体育锻炼等相关。在青春期前，垂体功能亢进使生长激素分泌增多可致体格异常高大，称巨人症；生长激素分泌不足可致体格异常矮小，但智力正常，称生长激素缺乏性侏儒症（垂体性侏儒症）；小儿甲状腺激素分泌减少可致体格矮小，智力低下，称呆小病。

（二）体型

体型是身体各部发育的外观表现，包括骨骼、肌肉、脂肪的分布状态等。临床上将成人的体型分为三种：

1. 正力型（匀称型） 身体各部分匀称适中，腹上角 90° 左右，一般正常人多为此种类型。

2. 无力型（瘦长型） 身高体瘦，颈细长，肩窄下垂，胸廓扁平，腹上角小于 90°。

3. 超力型（矮胖型） 体型粗壮，颈部粗短，肩宽平，胸围增大，腹上角大于 90°。

（三）营养状态

营养状态取决于机体对营养物质摄取和利用的能力，与食物的摄入、消化、吸收和代谢等因素联系紧密，其状态可作为鉴定健康和疾病程度的标准之一。

1. 检查方法与正常状态

（1）根据体重与身高的关系判断营养状态。①标准体重（kg）=身高（cm）-105。实际体重在标准体重的 ±10% 范围内均属于正常；②体重指数（BMI）=体重（kg）/身高的平方（m²）。我国成人 BMI 的正常值为 $18.5 \sim 24 kg/m^2$。

（2）根据皮肤、毛发、皮下脂肪、肌肉的发育等综合判断。最简便而迅速的方法是检查皮下脂肪充实的程度，观察部位多为前臂屈侧或上臂背侧下 1/3 处。

2. 营养状态分级 临床上一般把营养状态分为良好、中等、不良三个等级。

（1）良好：皮肤光泽、弹性良好、黏膜红润，皮下脂肪丰满，肌肉结实，指甲、毛发润泽。

（2）不良：皮肤黏膜干燥、弹性减低，肌肉松弛，皮下脂肪较薄，毛发枯燥，指甲粗糙无光泽。肋间隙、锁骨上窝凹陷，肩胛骨和髂骨嶙峋突起。

（3）中等：介于良好与不良之间。

3. 常见的营养状态异常

（1）营养不良：由于摄食不足和/或消耗增多引起。体重低于标准体重的 10% 时或体重指数 $BMI < 18.5 kg/m^2$ 为消瘦，极度消瘦称恶病质。常见于：①摄食及消化障碍，如食管、胃肠道、肝、胆、胰腺病变；②消耗增多，如活动性结核病、恶性肿瘤、代谢性疾病、内分泌疾病和严重的神经精神因素影响等。

（2）营养过度：体内脂肪过多积聚引起体重增加，超过标准体重 20% 或体重指数 $\geq 30 kg/m^2$ [世界卫生组织（WHO）标准]、$\geq 28 kg/m^2$（中国标准）为肥胖。按病因可分为：①原发性肥胖，也称单纯性肥胖，为摄取热量过多引起，全身脂肪分布均匀，一般无异常表现，常有遗传倾向；②继发性肥胖，多由某些内分泌疾病引起，如下丘脑、垂体病变、库欣综合征、甲状腺功能减退症等。

八、意识状态

意识是大脑高级神经中枢功能活动的综合表现，是对周围环境和自身状态的认知与觉察能力。影响大脑功能活动的疾病，可引起不同程度的意识障碍，详见第一章第十九节。

（一）检查方法

多采用问诊，通过与患者交流了解其思维、表达、反应、情感、计算及定向力等方面的情况。对较重者可进行痛觉试验、瞳孔对光反射、角膜反射等检查以确定意识障碍程度。

（二）正常意识状态

正常人意识清晰、反应敏锐精确、思维和情感活动正常、语言清晰，语句流畅、描述恰当，表达自如，定向准确。

九、面容与表情

面容指面部呈现的状态，表情是在面部或姿态上思想情感的表现。通过视诊即可确定患者的面容和表情。健康人面容润泽，表情自如，神态安怡。常见异常面容有：

1. **急性病容** 面色潮红、兴奋不安、表情痛苦、鼻翼扇动或有口唇疱疹等。常见于急性感染性疾病，如肺炎球菌肺炎、疟疾、流行性脑脊髓膜炎等。

2. **慢性病容** 面容憔悴，面色苍白或晦暗，双目无神。多见于慢性消耗性疾病，如恶性肿瘤、严重结核病、肝硬化等。

3. **贫血面容** 面色苍白，唇舌色淡，表情疲惫。见于各种原因引起的贫血。

4. **肝病面容** 面色暗黄，额部、鼻部、双颊有褐色色素沉着。见于慢性肝脏疾病，如慢性肝炎、肝硬化、慢性血吸虫肝病。

5. **肾病面容** 面色苍白，双眼睑、颜面水肿，舌色淡。见于慢性肾脏疾病。

6. **二尖瓣面容** 面色晦暗，两颊紫红，口唇发绀。见于风湿性心脏病二尖瓣狭窄（图3-10）。

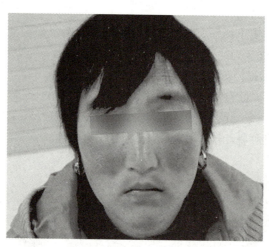

图3-10 二尖瓣面容

7. **甲状腺功能亢进面容** 眼裂增大，眼球突出，瞬目减少，目光炯炯，表情惊愕，兴奋不安，烦躁易怒。见于甲状腺功能亢进症（图3-11）。

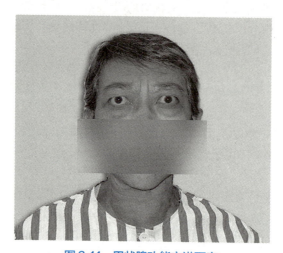

图3-11 甲状腺功能亢进面容

8. **黏液性水肿面容** 面色苍黄，颜面水肿，睑厚面宽，目光呆滞，反应迟缓，表情淡漠，毛发稀疏，见于甲状腺功能减退症。

9. **伤寒面容** 表情淡漠，反应迟钝，呈无欲状态。见于伤寒。

10. **肢端肥大症面容** 头颅增大，面部变长，下颌增大、向前突出，眉弓及两颧骨隆起，耳鼻增大，唇舌肥厚，见于肢端肥大症（图3-12）。

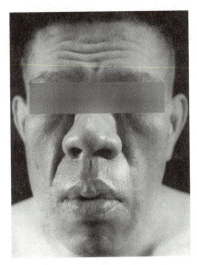

图 3-12 肢端肥大症面容

11. 满月面容　面如满月,皮肤发红,常伴有痤疮和毛发增多。见于库欣综合征及长期使用糖皮质激素者。

12. 苦笑面容　牙关紧闭,面肌痉挛,呈苦笑状。见于破伤风。

13. 面具面容　面部呆板无表情,似面具样,见于帕金森病、脑炎等。

十、体位与步态

(一)体位

体位指被检查者身体所处的状态。体位对某些疾病的诊断具有一定的意义。

1. 自主体位　身体活动自如,不受限制。见于正常人、病情较轻或疾病早期。

2. 被动体位　自己不能调整及变换身体的位置。见于瘫痪、极度衰弱或昏迷者。

3. 强迫体位　为减轻痛苦而被迫采取某种特殊的体位。

(1)强迫仰卧位:患者仰卧,双腿蜷曲,借以减轻腹肌紧张度。见于急性腹膜炎。

(2)强迫俯卧位:俯卧可减轻脊背肌肉紧张度。见于脊柱疾病。

(3)强迫侧卧位:卧向患侧以减轻疼痛,并有利于健侧代偿呼吸。见于一侧胸膜炎和大量胸腔积液。

(4)强迫坐位(端坐呼吸):平卧时感呼吸困难,胸闷不适,而被迫坐位,双下肢下垂,两手常扶持床边或置于膝关节处。此体位可增加肺通气量,减轻心脏负荷。见于较严重的心、肺功能不全。

(5)强迫蹲位:活动过程中感呼吸困难、心悸,采取蹲踞体位或膝胸位以缓解症状。见于先天性发绀型心脏病。

(6)角弓反张位:颈背肌肉强直,头部极度后仰,胸腹前凸,躯干呈弓形改变。见于破伤风及小儿脑膜炎。

(7)辗转体位:因疼痛辗转反侧,坐卧不安。见于胆石症、胆道蛔虫症、肾绞痛等。

(8)强迫停立位:行走时心前区疼痛突然发作,被迫站立,并以右手按抚心前区部位,待缓解后才能继续行走。见于心绞痛和下肢动脉炎患者。

(二)步态

步态指走路时所表现的姿态。健康人躯干端正,动作自如,步态稳健,但因年龄、机体状态或所受训练的影响而有不同表现。当患某些疾病时,可使步态发生很大改变,并且有一定的特征性。

1. 蹒跚步态 走路时身体左右摇摆似鸭行。见于佝偻病、大骨节病、进行性肌营养不良及先天性双侧髋关节脱位等。

2. 醉酒步态 行走时躯干重心不稳似醉酒状。见于小脑病变、酒精及巴比妥中毒。

3. 跨阈步态 踝部肌腱、肌肉弛缓，患足下垂，行走时必须抬高下肢才能起步。见于腓总神经麻痹。

4. 共济失调步态 行走时一脚高抬，骤然垂落，双目向下注视，两脚间距增宽，闭目时不能保持平衡。见于脊髓病变。

5. 慌张步态 起步后小步急速趋行，身体前倾，有难以止步之势。见于帕金森病。

6. 剪刀步态 由于双下肢肌张力增高，移步时下肢内收过度，双腿交叉呈剪刀状。见于脑性瘫痪与截瘫。

7. 间歇性跛行 行走时因下肢肌肉酸痛乏力被迫停止行进，稍停片刻后方能继续行走。见于高血压动脉硬化、多发性动脉炎等。

十一、皮　　肤

皮肤的检查主要通过视诊观察，必要时可配合触诊。

（一）颜色

正常人的皮肤颜色由于受种族、遗传、地域和工作环境等方面的影响有明显差异。临床常见的皮肤颜色改变如下：

1. 苍白 见于贫血、休克、寒冷等。四肢末端的局限性苍白，多由于局部动脉痉挛或闭塞所致，见于雷诺病、血栓闭塞性脉管炎等。

2. 发红 生理情况见于运动、饮酒、日晒等；病理情况见于发热性疾病（肺炎球菌肺炎、肺结核等）、阿托品中毒、一氧化碳中毒等。皮肤持续发红见于库欣综合征、真性红细胞增多症。

3. 发绀 皮肤呈青紫色，多见于口唇、面颊、耳郭及四肢末端。见于血液中还原血红蛋白增多或异常血红蛋白血症。

4. 黄染 指皮肤及黏膜发黄的现象。常见以下几种情况：

（1）黄疸：由于血中的胆红素增高所致，其特点是首先出现在巩膜软腭黏膜及硬腭后部，随血中胆红素浓度增高，则出现皮肤发黄；巩膜黄染是连续的，近角巩膜缘处颜色较浅，远角巩膜缘处较深。

（2）胡萝卜素增高：食用较多胡萝卜、南瓜、橘子等食物可使血中胡萝卜素增高，超过 2.5g/L 时，可出现皮肤发黄。其特点是以额部、手掌和足底较为明显；巩膜和口腔黏膜一般无黄染；血中胆红素不高；停食这些食物后黄染可逐渐消退。

（3）长期服用含黄色素的药物：如呋喃类、米帕林等。其特点是黄染较早出现在皮肤；严重者角巩膜缘处黄染较重，离角巩膜缘越远，黄染越轻，可与黄疸鉴别。

5. 色素沉着 表皮基底层黑色素增多使得皮肤色泽加深的现象称为色素沉着。正常情况下乳头、腋窝、外生殖器、肛门周围等处色素较深。病理状态下全身性色素沉着见于肾上腺皮质功能减退症、肝硬化、肝癌、肢端肥大症、黑热病。妊娠妇女乳头和乳晕及腹白线的色素加深，面部和额部可出现棕褐色对称性色素斑片，称为妊娠斑。老年人全身或面部也可出现散在的色素斑片，称为老年斑。

6. 色素脱失 因酪氨酸酶缺乏，使体内酪氨酸不能转化为多巴而黑色素合成减少所致。

（1）白癜风：为大小不等、形状不一的色素脱失斑片，可逐渐扩大，但进展缓慢，无自觉症状也不引起生理功能异常。见于白癜风患者，偶见于甲状腺功能亢进症、肾上腺皮质功能减退症及恶性贫血患者。

（2）白斑：为圆形或椭圆形色素脱失斑片，面积一般不大，常发生于口腔黏膜与女性外阴部，需警惕该部位白斑有时为癌前病变。

（3）白化症：为遗传性疾病，由先天性酪氨酸酶缺乏引起，全身皮肤和毛发色素脱失。

（二）湿度

皮肤湿度与皮肤排泄功能有关。在气温高、湿度大的环境里出汗增多是一种生理调节反应。病理性出汗增多见于甲状腺功能亢进症、风湿热及布鲁氏菌病等。夜间睡眠中出汗称盗汗，多见于结核病。手脚皮肤发凉而大汗淋漓称为冷汗，见于休克和虚脱患者。皮肤异常干燥见于维生素 A 缺乏症、干燥综合征、严重脱水及黏液性水肿等。

（三）弹性

皮肤弹性与年龄、营养状态、皮下脂肪及组织间隙所含液体量有关。儿童和青少年皮肤富有弹性；中年以后皮肤组织逐渐松弛；老年人弹性减退。检查方法：常取手背或上臂内侧皮肤，用拇指、示指将皮肤提起片刻后松开，正常人皱褶迅速平复称为弹性良好，缓慢平复者称弹性减弱，见于长期消耗性疾病或严重脱水患者。

（四）皮疹

皮疹是皮肤疾病和全身疾病的重要体征之一，常见于传染病、皮肤病、药物过敏等。检查时应注意皮疹出现的部位、出疹顺序、分布情况、形态大小、颜色、是否高出皮肤、有无痛痒、脱屑、压之是否褪色、持续及消退的时间等。

1. 斑疹　局部皮肤发红，一般不隆起皮面。见于斑疹伤寒、丹毒、风湿性多形性红斑等。

2. 丘疹　局部皮肤发红且隆起高出皮肤表面，见于药物疹、麻疹、猩红热、湿疹等。

3. 斑丘疹　在丘疹周围有皮肤发红的底盘称为斑丘疹。见于风疹、猩红热、药物疹等。

4. 玫瑰疹　为直径 2～3mm 的鲜红色圆形斑疹，因病灶周围血管扩张所致，压之褪色，松开时又复出现，多见于胸腹部皮肤，为伤寒、副伤寒的特征性皮疹。

5. 荨麻疹　又称风团，为稍隆起皮肤表面苍白色或红色的局限性水肿，大小不等，常伴瘙痒和灼痛，为速发性皮肤变态反应，见于各种过敏反应。

6. 疱疹　常由病毒感染引起，高出皮面、内含液体的局限性、腔隙性皮损。小于 1cm 的为小水疱，见于水痘、单纯疱疹等；大于 1cm 为大水疱，见于烫伤、磨损等；若出现感染称为脓疱，见于糖尿病足和烫伤等。

（五）皮下出血

皮下出血直径小于 2mm 称为瘀点，直径 3～5mm 为紫癜，直径 5mm 以上为瘀斑，片状出血伴皮肤隆起者为血肿。小的瘀点应与红色皮疹或小红痣鉴别，皮疹受压时可褪色或消失，瘀点和小红痣受压后不褪色，但小红痣稍高于皮肤表面，且表面光滑。皮肤下出血见于造血系统疾病、重症感染、某些血管损害性疾病，以及毒物或药物中毒等。

（六）蜘蛛痣与肝掌

蜘蛛痣是皮肤小动脉末端分支扩张所形成的血管痣，形似蜘蛛（图3-13）。多见于面、颈、手背、上臂、前胸及肩部等上腔静脉分布的区域，大小不一，检查时用棉签等按压蜘蛛痣的中心，其辐射状小血管网即褪色，移去压力后即复原。多认为蜘蛛痣的出现与肝脏对雌激素灭活作用减弱有关。常见于急、慢性肝炎或肝硬化，健康妇女在妊娠期间也可出现。

慢性肝病患者手掌大、小鱼际处常发红，加压后褪色，称为肝掌，发生机制和临床意义同蜘蛛痣。

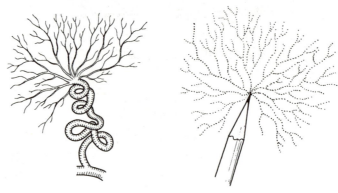

图 3-13 蜘蛛痣

（七）水肿

水肿是皮下组织的细胞内及组织间隙内液体潴留过多所致。根据水肿的范围和程度可分为三度。

1. 轻度 仅见于眼睑、胫前、踝部等皮下组织，指压后可见组织轻度凹陷，平复较快。
2. 中度 全身组织均可见水肿，指压后可出现明显的或较深凹陷，平复缓慢。
3. 重度 全身组织严重水肿，身体低位皮肤紧张发亮，甚至有液体渗出。胸腔、腹腔内可见积液，外阴部亦可有明显水肿。

（八）皮下结节

检查时注意其部位、大小、数目、硬度、压痛及活动度。风湿小结为位于关节及骨隆突附近圆形、无压痛、质硬、大小不一的小结节，见于风湿热、类风湿等；奥斯勒结节（Osler node）为指尖、足趾、大小鱼际肌肌腱部位的粉红色或蓝色有压痛的小结节，见于感染性心内膜炎；痛风结节（痛风石）位于耳郭、跖趾等部位，大小不一，黄白色，为尿酸盐结晶沉积，见于痛风。游走性皮下结节，见于肺吸虫病。

（九）毛发

毛发的多少、分布和颜色因种族、性别与年龄而有所不同，亦受遗传、营养和精神状态的影响。一般男性体毛较多，女性体毛较少，中年以后因毛发根部的血运和细胞代谢减退，头发可逐渐减少或色素脱失，可形成秃顶或白发。毛发的多少及分布变化可提示相关疾病。脂溢性皮炎、神经营养障碍甲状腺功能减退症、垂体功能减退症、应用某些抗癌药物等可出现病理性脱发；库欣综合征、长期使用肾上腺皮质激素及性激素者，毛发可异常增多，女性患者还可出现胡须。

十二、淋 巴 结

（一）正常状态

淋巴结分布于全身，体格检查时仅能检查身体浅表部位的淋巴结。正常淋巴结很小，直径多在0.2～0.5cm，质地柔软，表面光滑，与毗邻组织无粘连，不易触及，无压痛。表浅淋巴结分布如下：

1. 头颈部淋巴结
（1）耳前淋巴结：位于耳屏前方。
（2）耳后淋巴结：位于耳后乳突表面、胸锁乳突肌止点处，亦称乳突淋巴结。
（3）枕淋巴结：位于枕部皮下，斜方肌起点与胸锁骨乳突肌止点之间。
（4）颌下淋巴结：位于颌下腺附近，下颌角与颏部之间。
（5）颏下淋巴结：位于颏下三角内，下颌舌骨肌表面，两侧下颌骨前端中点后方。
（6）颈前淋巴结：位于胸锁乳突肌表面及下颌角处。
（7）颈后淋巴结：位于斜方肌前缘。

（8）锁骨上淋巴结：位于锁骨与胸锁乳突肌所形成的夹角处。

2. 上肢

（1）腋窝淋巴结：分为5群。①腋尖淋巴结群：位于腋窝顶部。②中央淋巴结群：位于腋窝内侧壁近肋骨及前锯肌处。③胸肌淋巴结群：位于胸大肌下缘深部。④肩胛下淋巴结群：位于腋窝后皱襞深部。⑤外侧淋巴结群：位于腋窝外侧壁。

（2）滑车上淋巴结：位于上臂内侧，内上髁上方3～4cm处，肱二头肌与肱三头肌之间的间沟内。

3. 下肢

（1）腹股沟淋巴结：分为上下两群。①上群：位于腹股沟韧带下方，与韧带平行排列。②下群：位于大隐静脉上端，沿静脉走向排列。

（2）腘窝淋巴结：位于小隐静脉和腘静脉汇合处。

（二）检查顺序及方法

1. 检查顺序　头颈部顺序一般为耳前、耳后（乳突）、枕部、颌下、颏下、颈前、颈后、锁骨上；上肢检查顺序为腋窝（腋尖群→中央群→胸肌群→肩胛下群→外侧群）、滑车上；下肢检查顺序为腹股沟（上群→下群）、腘窝。

2. 检查方法　应用视诊和触诊，主要是触诊。触诊时将示、中、环三指并拢，指腹紧贴检查部位，由浅入深滑行触诊。

检查颈部淋巴结时可站立在被检查者前面或背后，让其头稍低，或偏向检查侧，使皮肤或肌肉松弛以利于触诊。检查锁骨上淋巴结时，让被检者取坐位或卧位，头稍向前屈，用双手进行触诊，左手触诊右侧，右手触诊左侧，由浅部逐渐触摸至锁骨后深部。检查腋窝淋巴结时（图3-14），检查者用手扶住被检查者前臂并稍外展，以右手检查左侧，以左手检查右侧，由浅到深触诊腋窝各部。检查滑车上淋巴结时，以左（右）手托住被检者的左（右）前臂，用右（左）手在滑车上由浅到深地进行触摸。

3. 检查内容　发现肿大淋巴结时，应注意其部位、大小、数目、硬度、活动度、有无压痛及粘连，局部皮肤有无红肿、瘢痕、瘘管等。同时注意寻找引起淋巴结肿大的原发病灶。

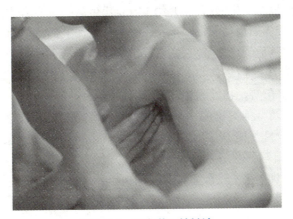

图3-14　腋窝淋巴结触诊

（三）淋巴结肿大的临床意义

1. 局部淋巴结肿大

（1）非特异性淋巴结炎：急、慢性炎症可引起引流区的淋巴结肿大。急性炎症时，肿大的淋巴结柔软、有压痛、表面光滑、无粘连，肿大到一定程度即停止；慢性炎症时，肿大的淋巴结较硬，炎症消退后可缩小或消退。如急性化脓性扁桃体炎、齿龈炎可引起颈部淋巴结肿大；下肢炎症可引起腘窝及腹股沟处淋巴结肿大。

（2）单纯性淋巴结炎：多发生于颈部淋巴结，为淋巴结本身的急性炎症，肿大淋巴结中等硬度、有触痛。

（3）淋巴结结核：以颈部较为多见，呈多发性，质地稍硬，大小不等，可与周围组织粘连，如发生干酪样坏死，可有波动感，破溃后形成瘘管，经久不愈，愈合后多有瘢痕形成。

（4）恶性肿瘤淋巴结转移：肿大淋巴结质地坚硬，或有橡皮样感，表面可光滑或突起，常与周围组织粘连，不易推动，多无压痛。肺癌多向右侧锁骨上或腋窝淋巴结转移；胃癌、食管癌多向左侧锁骨上淋巴结群转移，即菲尔绍淋巴结（Virchow lymph node）。

2. 全身淋巴结肿大

（1）感染性疾病：如传染性单核细胞增多症、艾滋病、布鲁氏菌病、麻风病、钩端螺旋体病、梅毒等。

（2）非感染性疾病：如白血病、淋巴瘤、系统性红斑狼疮、结节病等。

扫一扫，知操作
（一般检查）

第三节　头 部 检 查

一、头发和头皮

检查头发颜色、疏密度、脱发类型与特点等。头皮的检查需要分开头发观察头皮颜色、有无头皮屑、头癣、疖痈、外伤、血肿及瘢痕等。

二、头　颅

（一）检查方法与正常状态

头颅检查一般将视诊与触诊结合进行。通过视诊了解头颅的大小、外形及运动情况；通过触诊了解头颅有无压痛和异常隆起。头颅的大小以头围来衡量，测量时以软尺自眉间向后经枕骨粗隆绕头一周。头围在发育阶段的变化为：新生儿约34cm，出生后的前半年增加8cm，后半年增加3cm，第2年增加2cm，第3、4年内约增加1.5cm，4岁～10岁共增加1.5cm，到18岁可达53cm或以上，此后几乎无变化。矢状缝和其他颅缝大多在出生后6个月内骨化，骨化过早会影响颅脑的发育。

（二）头颅异常改变及其临床意义

1. 小颅　小儿囟门多在12～18个月内闭合，如过早闭合可形成小颅畸形，常伴智力发育障碍。

2. 巨颅　额、顶、颞及枕部突出膨大呈圆形，颈部静脉充盈，对比之下颜面显小。由于颅内压增高，压迫眼球，形成双目下视，巩膜上部外露的特殊表情，称落日现象，见于脑积水（图3-15）。

3. 尖颅　由于矢状缝与冠状缝过早闭合所致，头顶部尖突高起，与颜面比例失常。见于先天性尖颅并指（趾）畸形，即Apert综合征（图3-16）。

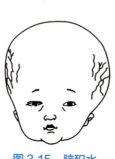

图3-15　脑积水

图3-16　尖颅

4. 方颅 前额左右突出，头顶平坦呈方形。见于小儿佝偻病或先天性梅毒。

5. 变形颅 多发生于中年人，以颅骨增大变形为特征，同时伴有长骨的骨质增厚与弯曲。见于畸形性骨炎。

6. 头部运动异常 头部活动受限，见于颈椎疾病；头部不随意的颤动，见于帕金森病；与颈动脉搏动一致的点头运动，见于严重主动脉瓣关闭不全。

三、眼

（一）眉毛

正常人眉毛的疏密不完全相同，一般内侧与中间部分比较浓密，外侧部较稀。外 1/3 眉毛稀疏或脱落，见于黏液性水肿、腺垂体功能减退症、麻风病等。

（二）眼睑

1. 眼睑水肿 因眼睑皮下组织疏松，水肿在眼睑易见。常见于肾炎、肾病综合征、营养不良、贫血、血管神经性水肿等。

2. 眼睑闭合障碍 双侧眼睑闭合障碍主要见于甲状腺功能亢进症；单侧眼睑闭合障碍见于面神经麻痹。

3. 上睑下垂 双侧上睑下垂见于先天性或重症肌无力；单侧上睑下垂提示动眼神经麻痹，多见于脑炎、脑脓肿、脑外伤、白喉等。

4. 倒睫、睑内翻 主要见于沙眼瘢痕收缩所致，亦可见于先天性发育异常。

（三）结膜

分为睑结膜、球结膜和穹窿结膜三部分。

1. 检查方法 观察睑结膜和穹窿结膜时，必须将眼睑翻转。下睑翻转法：以一手拇指或示指放在被检者下睑中央部睑缘稍下方往下牵拉下睑，同时嘱其向上看，下睑结膜和下穹窿结膜即可暴露。上睑翻转法：嘱被检者向下看，检查者将示指和拇指捏住上睑中外 1/3 交界处的边缘，动作轻柔地向前下方牵拉上睑，在示指向下轻压睑板上缘的同时，拇指将眼睑皮肤往上捻卷，上睑即可被翻转（图 3-17）。检查后，轻轻向前下牵拉上睑，同时嘱患者往上看，即可使眼睑恢复正常位置。

2. 常见异常改变及其临床意义 充血见于结膜炎、角膜炎；苍白见于贫血、休克；黄染见于黄疸；出血点见于败血症、亚急性感染性心内膜炎；颗粒滤泡见于沙眼等；水肿见于颅内压增高、肺性脑病、重症水肿等。

（四）巩膜

正常巩膜不透明，呈瓷白色。黄疸引起的巩膜发黄，分布均匀，无隆起。内眦部出现黄色斑块，分布不均，隆起，为脂肪沉着所致，多见于中老年人，特别是高脂血症患者。血液中其他黄色色素（如胡萝卜素等）增多时，一般黄染只出现于角膜周围。

（五）角膜

角膜表面有丰富的神经分布，感觉十分灵敏。检查时应注意其透明度，有无云翳、白斑、溃疡、软化、新生血管、色素沉着等。

严重沙眼可使角膜周围血管增生；营养不良、维生素 A 缺乏可引起角膜软化及夜盲症；老年人角膜边缘可出现灰白色混浊环，称老年环，是脂类沉着所致；铜代谢障碍可引起角膜边缘出现黄色或棕褐色环，环的外缘较清晰，内缘较模糊，称凯-弗环，见于肝豆状核变性。

（六）瞳孔

检查瞳孔时应注意其形状、大小，两侧是否等大、等圆，对光及集合反射等。

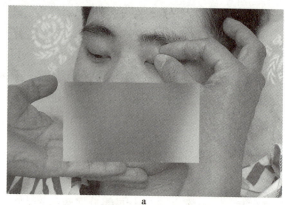

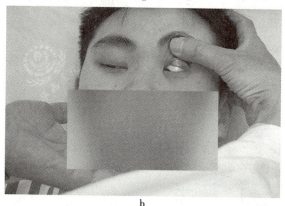

图 3-17   翻转眼睑观察上睑结膜

1. 瞳孔大小及形状   正常瞳孔为圆形，双侧等大、等圆，直径为 3～4mm。生理状态下，在强光下瞳孔缩小；在暗处或精神兴奋时瞳孔扩大。病理状态下，瞳孔缩小见于虹膜炎、有机磷农药中毒、毒蕈碱中毒、药物反应（毛果芸香碱、吗啡、氯丙嗪）等；瞳孔扩大见于外伤、颈交感神经刺激、青光眼、视神经萎缩、药物影响（阿托品、可卡因）等；瞳孔大小不等见于虹膜粘连、脑外伤、脑肿瘤、脑疝等。

2. 对光反射   分直接对光反射和间接对光反射。用手电筒光照射其一侧瞳孔，被照的瞳孔立即缩小，移除光照后快速复原，称直接对光反射灵敏；用手隔开两眼，光照一侧瞳孔时，另一侧瞳孔立即收缩，移除光照后迅速复原，称间接对光反射灵敏（图 3-18）。瞳孔对光反射迟钝或消失见于昏迷患者。

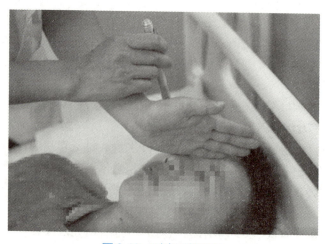

图 3-18   对光反射检查

3. 集合反射　嘱被检查者注视 1 米外的目标（通常是检查者的示指尖），然后将目标逐渐移向眼球（约 5～10cm 处），正常人双侧眼球内聚，瞳孔缩小，称为集合反射。集合反射消失，见于动眼神经功能损害时，睫状肌、双眼内直肌麻痹。

（七）眼球

应注意眼球外形、运动等。

1. 眼球突出　双侧眼球突出见于甲状腺功能亢进症。单侧眼球突出多由于外伤、局部炎症或眶内占位病变所致。

2. 眼球下陷　双侧眼球下陷见于严重脱水，单侧眼球下陷见于 Horner 综合征、眼球萎缩或眶尖骨折。

3. 眼球运动　将目标物（手指或棉签）置于被检查者眼前 30～40cm 处，嘱被检查者头部固定，眼球随目标物运动，一般先查左眼，后查右眼，按被检者的左→左上→左下，右→右上→右下 6 个方向的顺序进行，每个方向代表双眼的一对配偶肌的功能，若某一方向运动受限提示该对配偶肌功能障碍，并可伴复视。支配眼肌运动的神经核、神经或眼外肌本身器质性病变产生的斜视为麻痹性斜视，多见于颅脑外伤、脑炎、脑膜炎、脑脓肿、脑血管病等。嘱被检查者眼球随检查者手指所示方向（水平或垂直）运动数次，检查有无震颤。自发的眼球震颤见于小脑病变和耳源性眩晕等。

4. 眼压　有指测法和眼压计测量法。应用指测法时，先让被检者向下看（不能闭眼），检查者用两示指交替地轻按上睑眉弓与睑板上缘之间眼球的赤道部，其余手指放在额部及颞部。如发现眼球张力异常，则需用眼压计进一步测量。

眼压增高见于颅内压增高、青光眼等；眼压降低见于严重脱水、眼球萎缩等。

（八）眼功能

1. 视力　分为远视力和近视力，后者通常指阅读视力。视力检测需借助国际标准视力表。

（1）远视力检测：被检者距离视力表 5m，一般先右后左，先用干净的卡片或遮板遮盖左眼，不要压迫眼球，嘱被检查者从上至下指出“E”字形视标开口方向，其能看清的最小一行视力读数，即为该眼的远视力。能看清“1.0”行视标者为正常视力。检查左眼方法同前。

（2）近视力检测：在距近距离视力表 33cm 处，能看清“1.0”行视标者为正常视力。也可改变患者检查距离，即将视力表靠近或远离至患者能清晰辨认，以便测得最佳视力并估计其屈光性质与度数。

2. 视野　是眼球向正前方固视不动时所见的空间范围，相对中央心力而言，其为周围视力，用以检查黄斑中心凹以外的视网膜功能。手势对比检查法可粗略地测定视野，若对比检查法结果异常或怀疑有视野缺失，可利用视野计做精确的视野测定。

3. 色觉　色觉检查要在适宜的光线下进行，让被检者在 50cm 距离处读出色盲表上的数字或图像，如 5～10 秒内无法读出，则可按色盲表的说明判断为某种色盲或色弱。色盲为对某种颜色的识别能力丧失，先天性色盲是遗传疾病，以红、绿色盲最常见，后天性者多由视网膜病变、视神经萎缩等引起。色弱为对某种颜色的识别能力减低。色觉障碍患者不适于从事交通运输、服兵役、警察、美术、印染、医疗、化验等项工作。

四、耳

（一）外耳

1. 耳郭　注意耳郭的外形、大小、位置和对称性。缺损，见于先天性发育畸形和外伤。耳郭红肿伴局部热痛，常见于耳郭化脓性软骨膜炎。耳郭出现痛性黄白色结节，提示痛风石，见于痛风。

2. 外耳道　注意皮肤是否正常，有无溢液。有黄色油状物流出且无任何不适提示为油性耵聍。有脓液流出应考虑中耳炎、外耳道炎。有血液或脑脊液流出则考虑颅底骨折。外耳道内有局部红肿疼痛，并伴耳郭牵拉痛提示外耳道疖肿。

（二）中耳

观察骨膜是否穿孔，注意穿孔位置，如有溢脓并有恶臭，可能为胆脂瘤。

（三）乳突

外壳由骨密质组成，内腔为大小不等的骨松质小房，乳突内腔与中耳相连。化脓性中耳炎引流不畅时可引起乳突炎症，检查时可发现耳郭后方皮肤红肿，有压痛。

（四）听力

可先用粗略的方法了解被检者的听力。在静室内嘱被检查者闭目坐于椅子上，并用手指堵塞一侧耳道，检查者持手表（机械表）或以拇指与示指互相摩擦，自1m以外逐渐移近被检者耳部，直到被检者听到声音为止，测量其距离，以同样方法检查另一耳。比较两耳的测试结果并与检查者（正常人）的听力进行对照。一般在1m处可闻及机械表声或捻指声。

听力减退见于耳道耵聍或异物阻塞、听神经损害、局部或全身血管硬化、中耳炎、耳硬化等。必要时，可进一步用精确测试方法确定耳聋的原因。

五、鼻

（一）鼻外形

检查时注意其形态、皮肤颜色、有无鼻翼扇动等。鼻骨骨折鼻梁塌陷似马鞍状称鞍鼻；肥大性或多发性鼻息肉呈蛙状鼻；系统性红斑狼疮鼻梁皮肤呈蝴蝶形红斑；毛细血管扩张、痤疮者鼻尖和鼻翼皮肤发红、组织肥厚称酒渣鼻；高热和呼吸困难患者呼吸时可有鼻翼扇动。

（二）鼻腔

检查时注意有无鼻中隔偏斜、穿孔；鼻腔分泌物、黏膜有无肿胀、充血、鼻出血。

严重的高位鼻中隔偏曲可压迫鼻甲，引起神经性头痛，鼻中隔穿孔多为鼻腔慢性炎症、外伤等所致，可听到鼻腔中有哨声，用电筒照射一侧鼻孔，可见对侧有亮光透入。鼻腔内清稀无色的分泌物为卡他性炎症，多为病毒感染引起；黄色或绿色脓性分泌物多为细菌感染引起。单侧鼻出血常见于外伤、鼻腔感染、局部血管损伤、鼻咽癌、鼻中隔偏曲等；双侧出血多由全身性疾病引起，如某些发热性传染病（流行性出血热、伤寒等）、血液系统疾病（血小板减少性紫癜、再生障碍性贫血、白血病、血友病）、高血压病、重症肝炎、慢性肝炎、肝硬化、维生素K缺乏等。

（三）鼻窦

鼻窦为鼻腔周围含气的骨质空腔，共四对（图3-19），皆有窦口与鼻腔相通。当引流不畅时，易发生炎症而出现鼻塞、流涕、头痛和鼻窦压痛等。

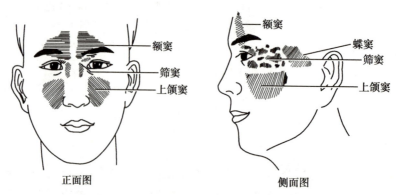

图3-19　鼻窦

检查者用双手拇指分别按压两侧鼻窦，其余四指置于两侧固定头部。检查额窦时，拇指置于眼眶上缘内侧用力向后向上按压；检查筛窦时，双手拇指置于鼻根与眼内眦之间向内向后按压，用力不宜过大;检查上颌窦时,双手拇指置于左右颧骨部用力向后按压;蝶窦由于解剖位置较深,不能在体表检查。

六、口

(一)口唇

检查时注意口唇颜色、有无疱疹、口角糜烂及歪斜。健康人口唇红润光泽。口唇苍白常见于贫血等;口唇发绀常见于心肺疾病等;口唇颜色深红,见于发热性疾病或一氧化碳中毒;口唇干燥并有皲裂,见于严重脱水;单纯疱疹为口唇黏膜与皮肤交界处发生的成簇半透明小水疱,在机体抵抗力降低时发生;口唇突然发生非炎症性、无痛性肿胀,见于血管神经性水肿;口唇肥厚增大见于黏液性水肿及肢端肥大症等;口角糜烂见于维生素 B_2 缺乏;口角歪斜见于面神经麻痹;唇裂见于先天性发育畸形。

(二)口腔黏膜

正常口腔黏膜光洁呈粉红色。出现蓝黑色色素沉着斑片多为肾上腺皮质功能减退症。如有大小不等的黏膜下出血点或瘀斑,见于出血性疾病、维生素 C 缺乏等。在第二磨牙的颊黏膜处出现帽针头大小白色斑点,周围有红晕,称麻疹黏膜斑,对麻疹有早期诊断价值。黏膜溃疡可见于慢性复发性口疮。鹅口疮(雪口病)见于衰弱的患者、长期使用广谱抗生素和抗癌药者。

(三)牙齿

检查时应注意有无龋齿、残根、缺牙和义齿等。若有牙齿疾患应按下列格式标明所在部位:

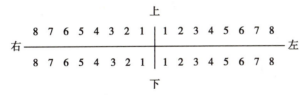

1. 中切牙　2. 侧切牙　3. 尖牙　4. 第一前磨牙　5. 第二前磨牙
6. 第一磨牙　7. 第二磨牙　8. 第三磨牙

如7|为左上第二磨牙病变;|1为右下中切牙病变;右上第一磨牙与左下第一前磨牙龋齿,则记录为: $\frac{6|}{|4}$ 龋齿。

正常牙齿为瓷白色。牙齿呈黄褐色称斑釉牙,为长期饮用含氟量过高的水所致。中切牙切缘呈月牙形凹陷且牙间隙分离过宽,称为哈钦森牙,为先天性梅毒的重要体征之一。单纯牙间隙过宽见于肢端肥大症。

(四)牙龈

正常牙龈呈粉红色,质坚韧且与牙颈部紧密贴合。检查时经压迫无出血及溢脓。牙龈缘出血多为口腔内局部因素引起,如牙石等,或为全身性疾病所致,如维生素 C 缺乏症、血液系统疾病等;挤压牙龈有脓液溢出,见于慢性牙周炎、牙龈瘘管等,慢性牙周炎还可有牙龈肿胀;牙龈的游离缘出现蓝灰色点线称为铅线,是铅中毒的特征,在铋、汞、砷等中毒时,也可出现类似的黑褐色点线状色素沉着,应注意结合病史对比鉴别。

(五)舌

检查时应注意舌质、舌苔及舌的活动状态。正常人舌质淡红,舌苔薄白,舌体柔软,活动自如,伸舌居中,无震颤。舌体肥大见于肢端肥大症和黏液性水肿;镜面舌(光滑舌),舌乳头萎缩,舌体变小,舌面光滑呈粉红色或红色,常见于缺铁性贫血、恶性贫血及慢性萎缩性胃炎;草莓舌,舌乳头肿胀突出呈鲜红色，形如草莓，见于猩红热；牛肉舌，舌面绛红，状如牛肉，见于叶酸或维生素 B_{12} 缺乏；毛舌，舌面敷有黑色或黄褐色毛，为舌背丝状乳头过度生长和延缓脱落形成，见于久病衰弱或长期使用广谱抗生素者；舌震颤，见于甲状腺功能亢进症；舌偏向一侧，见于舌下神经麻痹。

（六）咽部与扁桃体

咽部可分为鼻咽、口咽及喉咽三部分。咽部检查一般指检查口咽部。被检者取坐位，头略后仰，张口发"啊"音，检查者将压舌板放在其舌的前 2/3 与后 1/3 交界处迅速下压，此时软腭上抬，在良好照明的配合下，迅速观察其软腭、腭垂、软腭弓、扁桃体、咽后壁情况。

咽部黏膜急性充血、水肿，黏液分泌增多，提示急性咽炎；咽部黏膜慢性充血、表面粗糙，见簇状淋巴滤泡或颗粒，提示慢性咽炎；咽后壁向前隆起，见于咽后脓肿。扁桃体肿大，无充血，表面光滑，隐窝内清洁，提示扁桃体生理性肥大；扁桃体肿大充血，表面有白色或黄白色点状渗出物且易擦掉，提示扁桃体炎；若肿大扁桃体表面有灰白色苔片状假膜，不易剥离，若强行剥离，则易引起出血，提示咽白喉。

扁桃体肿大分为三度（图 3-20）：不超过咽腭弓者为Ⅰ度；超过咽腭弓者为Ⅱ度；达到或超过咽后壁中线者为Ⅲ度。

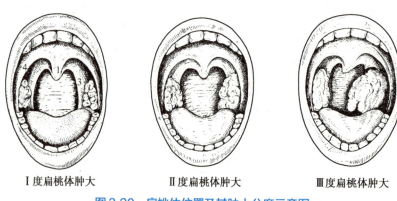

Ⅰ度扁桃体肿大　　Ⅱ度扁桃体肿大　　Ⅲ度扁桃体肿大

图 3-20　扁桃体位置及其肿大分度示意图

七、腮　　腺

腮腺是唾液腺中最大的腺体，位于耳屏、下颌角及颧弓所构成的三角区内，正常时腺体薄而软，触诊时摸不出腺体轮廓。腮腺导管开口于上颌第二磨牙相对的颊黏膜处，检查时应注意导管口有无分泌物。腮腺肿大时，可见到以耳垂为中心的隆起，并可触及边缘不明显清楚的包块。腮腺肿大见于急性流行性腮腺炎、急性化脓性腮腺炎和腮腺肿瘤等。

第四节　颈　部　检　查

检查颈部时，被检查者宜取舒适坐位，解开内衣，暴露颈部和肩部。若采取卧位也应尽量充分暴露被检查部位。头稍后仰，更易观察颈部包块、瘢痕及两侧是否对称。触诊手法要轻柔，尤其疑有颈椎疾病时。

一、颈部的分区

为了准确描述和标记颈部病变的部位，一般分为颈前三角和颈后三角两个区域。颈前三角为胸锁乳突肌内缘、下颌骨下缘与前正中线之间的区域；颈后三角为胸锁乳突肌后缘、锁骨上缘与斜方肌前缘之间的区域。

二、颈部的外形与活动

正常人颈部两侧对称，无偏斜。男性甲状软骨比较突出，女性则较平坦。坐位时颈部直立，伸屈自如，可自由转动，转动时可见胸锁乳突肌突起。检查时发现异常改变及其临床意义：

1. 头不能抬起　见于严重消耗性疾病的晚期、重症肌无力、进行性肌萎缩等。
2. 头向一侧偏斜　称为斜颈，见于颈肌外伤、瘢痕收缩及先天性斜颈等。
3. 颈部活动受限并伴有疼痛　见于软组织炎症、颈肌扭伤、颈椎结核或肿瘤等。
4. 颈部强直　为脑膜受刺激的特征性表现，见于各种脑膜炎、蛛网膜下腔出血等。

三、颈部皮肤与包块

（一）颈部皮肤
应注意有无蜘蛛痣、感染(疖、痈、结核)、瘢痕、瘘管、神经性皮炎、银屑病等。

（二）颈部包块
应注意其部位、数目、大小、质地、活动度、有无压痛、表面皮肤、与邻近器官的关系等。局部包块可能为淋巴结肿大，若质韧，轻度压痛，提示为非特异性淋巴结炎；若相互粘连、融合成团，破溃后流豆渣样或米汤样物，周围皮肤呈暗红色，提示颈淋巴结结核；若质硬，无压痛，且伴有纵隔、胸腔或腹腔病变的症状或体征，则应考虑恶性肿瘤的淋巴结转移；若为全身性、无痛性淋巴结肿大，多见于血液系统疾病。肿大的甲状腺或甲状腺来源的包块，可随吞咽动作上下移动，以此可与颈前其他包块鉴别。

四、颈 部 血 管

（一）颈静脉
正常人立位或坐位时，颈静脉常不显露，去枕仰卧时可稍见充盈，但充盈水平仅限于锁骨上缘与下颌角距离的下 2/3 以内且无搏动。若坐位或半坐位(身体与水平面呈45°)时，颈静脉明显充盈、怒张或搏动，提示静脉压增高，见于右心衰竭、心包积液、缩窄性心包炎或上腔静脉阻塞综合征等。颈静脉搏动提示三尖瓣关闭不全等。

（二）颈动脉
正常人安静状态下不出现颈动脉搏动，剧烈活动后可见微弱搏动。若在安静状态下出现明显颈动脉搏动多见于主动脉瓣关闭不全、高血压、甲状腺功能亢进症及严重贫血等。颈动脉搏动应注意与颈静脉搏动相鉴别：前者搏动强劲，为膨胀性，触诊时搏动感明显；后者搏动柔和，范围弥散，触诊时无搏动感。

听诊颈部血管，一般让被检查者取坐位，使用钟型听诊器，若在颈部大血管区听到血管性杂音，应考虑颈动脉或椎动脉狭窄。

五、甲 状 腺

甲状腺位于甲状软骨下方和两侧，表面光滑，柔软不易触及。

（一）检查方法
检查时注意甲状腺的大小、对称性、质地、有无结节、压痛及震颤等，甲状腺的检查方法包括视诊、触诊及听诊。

1. 视诊　正常人甲状腺外观不明显,女性在青春发育期可有轻度增大。嘱被检查者做吞咽动作,甲状腺可随吞咽动作向上移动;不易辨认时,可嘱其双手置于枕后,头稍后仰,再行观察。

2. 触诊　能进一步明确甲状腺的轮廓及病变的性质,是检查甲状腺的基本方法。

(1)甲状腺峡部:位于环状软骨下方,第2~4气管环前方。检查者站在被检查者前面,用拇指从胸骨上切迹向上触诊,也可站在其后面,用示指触诊,可触及气管前软组织,令其做吞咽动作配合,可感到此软组织在手下滑动,此为甲状腺峡部,应注意有无增厚和肿块。

(2)甲状腺侧叶:①前面触:一手拇指施压于一侧甲状软骨,将气管推向对侧,另一手示、中指在对侧胸锁乳突肌后缘向前推挤甲状腺,拇指在胸锁乳突肌前缘触诊,配合吞咽动作,重复检查,可触及被推挤的甲状腺(图3-21)。用同样方法查另一侧甲状腺。②后面触诊,一手示、中指施压于一侧甲状软骨,将气管推向对侧,另一手拇指在对侧胸锁乳突肌后缘向前推挤甲状腺,示、中指在其前缘触诊甲状腺,配合吞咽动作,重复检查(图3-22)。用同样方法查另一侧甲状腺。

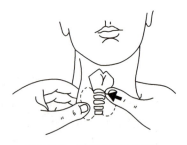 

图 3-21　甲状腺前面触诊　　　　　　　　图 3-22　甲状腺后面触诊

3. 听诊　触到肿大甲状腺后,用钟型听诊器放置其上,若能听到低调的连续性血管杂音,有助于诊断甲状腺功能亢进症。

(二)甲状腺肿大的分度及临床意义

甲状腺肿大分三度:不能看出肿大但能触及者为Ⅰ度;能看到又能触及肿大,但在胸锁乳突肌外缘以内者为Ⅱ度;肿大超过胸锁乳突肌外缘者为Ⅲ度。

甲状腺肿大常见于以下疾病:

1. 甲状腺功能亢进症　肿大甲状腺质地柔软,有震颤,由于血管增多、增粗及血流增速,可听到"嗡鸣"样血管杂音。

2. 单纯性甲状腺肿　腺体肿大突出,可为结节性,也可为弥漫性,不伴有甲状腺亢进体征。

3. 慢性淋巴性甲状腺炎　即桥本甲状腺炎,呈弥漫性或结节性肿大,质韧,常伴甲状腺功能亢进或减退。

4. 甲状腺癌　可触及结节感,包块不规则、质硬。一般发展缓慢,体积可不大,需与甲状腺腺瘤、颈前淋巴结肿大相鉴别。

六、气　管

正常人气管位于颈前正中部,气管检查的目的是确定气管有无移位。

(一)检查方法

被检查者取坐位或仰卧位,颈部处于自然直立状态,检查者将示指与环指指端分别固定于两侧胸锁关节上,中指远端在胸骨上窝处上下、左右触摸气管,触及后置于其上,据中指与示指、环指指端之间的距离是否等宽来判断气管有无偏移。

（二）偏移及其临床意义

1. 气管移向健侧　见于患侧大量胸腔积液、大量胸腔积气、纵隔肿瘤及患侧甲状腺肿大等。

2. 气管移向患侧　见于患侧肺不张、肺纤维化、广泛胸膜粘连等。

3. 气管牵曳　是指在主动脉弓动脉瘤时，由于心脏收缩时瘤体膨大将气管压向后下，因而每随心脏搏动可触到气管向下的拽动。

扫一扫，知操作
（颈部检查）

第五节　胸部检查

胸部指颈部以下和腹部以上的区域。胸廓由 12 个胸椎和 12 对肋骨、锁骨及胸骨组成。胸廓和横膈共同围成胸腔。胸部检查的内容主要包括胸廓外形、胸壁、乳房、胸壁血管、纵隔、支气管、肺、胸膜、心脏和淋巴结等。

一、胸部的体表标志与分区

为准确地描述和记录胸部病变的部位和范围，利用胸壁上骨骼标志、自然陷窝和人工划线等作为标志。

（一）骨骼标志

1. 胸骨角　又称路易斯角（Louis angle），胸骨柄与胸骨体交接处向前突起而成。其两侧分别与左右第 2 肋软骨连接，为计数肋骨和肋间隙顺序的主要标志。胸骨角还标志支气管分叉、心房上缘和上下纵隔交界及相当于第 4 或 5 胸椎的水平。

2. 第 7 颈椎棘突　是后正中线的标志。颈背部最突出处，其下部为胸椎的起点，为识别和计数胸椎的标志。

3. 肩胛下角　肩胛骨最下端，直立位，两上肢自然下垂时，该角平对第 7 肋或第 8 肋骨水平，或相当于第 8 胸椎水平，可作为后胸部计数肋骨和椎骨的标志。

4. 腹上角　为左右肋弓（由两侧的第 7～10 肋软骨相互连接而成）在胸骨下端会合处所形成的夹角，又称胸骨下角，相当于横膈的穹隆部。

5. 肋脊角　为第 12 肋骨与脊柱构成的夹角。其前为肾脏和输尿管上端所在的区域。

（二）自然陷窝和解剖区域

1. 自然陷窝

（1）胸骨上窝：为胸骨柄上方的凹陷部，正常时气管位于其后正中。

（2）锁骨上窝（左、右）：为锁骨上方的凹陷部，相当于两肺尖的上部。

（3）锁骨下窝（左、右）：为锁骨下方至第 3 肋骨下缘的凹陷部，相当于两肺尖的下部。

（4）腋窝（左、右）：为上肢内上缘与胸壁相连的凹陷部。

2. 解剖区域

（1）肩胛上区（左、右）：为肩胛冈以上的区域，相当于两肺尖的下部。

（2）肩胛下区（左、右）：为两肩胛下角连线与第 12 胸椎水平线之间的区域，后正中线将其分为左右两部分。

（3）肩胛区：肩胛冈以下、两肩胛下角连线以上、两肩胛骨内缘以外、腋后线以后的区域。

（4）肩胛间区（左、右）：两肩胛骨内缘之间的区域。后正中线将其分为左右两部分。

（三）线性标志

1. 前正中线　又称胸骨中线。为通过胸骨正中的垂直线。

2. 锁骨中线（左、右）　为通过锁骨的肩峰端与胸骨端两者中点的垂直线，即通过锁骨中点向下的垂直线。

3. 腋前线（左、右）　通过腋窝前皱襞的垂直线。

4. 腋后线（左、右）　通过腋窝后皱襞的垂直线。

5. 腋中线（左、右）　通过腋窝顶部的垂直线，即腋前线与腋后线等距离的平行线。

6. 肩胛线（左、右）　坐位两臂自然下垂时，通过肩胛下角的垂直线。

7. 后正中线　通过椎骨棘突的垂直线，即脊柱中线（图 3-23，图 3-24，图 3-25）。

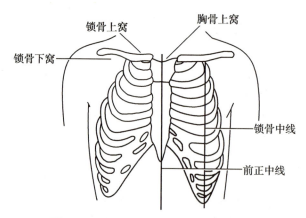

图 3-23　胸部体表标线与分区（正面图）

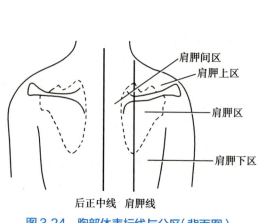

图 3-24　胸部体表标线与分区（背面图）

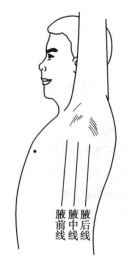

图 3-25　胸部体表标线与分区（侧面图）

二、胸壁、胸廓与乳房

（一）胸壁

检查胸壁时，除应注意营养状态、皮肤、淋巴结和骨骼肌发育的情况外，还应着重检查以下各项：

1. 胸壁静脉　正常胸壁静脉无明显显露。胸壁静脉明显显露、充盈及曲张见于上腔静脉或下腔静脉血流受阻建立侧支循环时。

2. 皮下气肿　指胸部皮下组织有气体积存。正常胸壁无皮下气肿。出现皮下气肿时，用手按压局部可有握雪感或捻发感，用听诊器听诊可听到类似捻头发的声音称为皮下气肿捻发音。皮下气肿是气体存积胸部皮下所致，提示肺、气管、支气管、食管、胸膜损伤或病变，亦可见于胸壁皮肤产气杆菌感染。

3. 胸壁压痛　正常胸壁无压痛。出现压痛见于肋间神经炎、肋软骨炎、胸壁软组织炎、肋骨骨折等。骨髓异常增生者,可出现胸壁压痛和胸骨叩击痛,如急性白血病。

(二)胸廓

检查胸廓时,被检查者取坐位或立位,暴露胸廓,平静呼吸,检查者从前、后、左、右对被检查者胸廓形态进行视诊检查,必要时可配合触诊,要两侧对比观察。

1. 正常状态 正常胸廓两侧大致对称,两肩平齐。成人胸廓前后径小于左右径,前后径与左右径之比为1:1.5,小儿和老年人胸廓前后径略小于左右径或相等。

2. 常见的胸廓外形改变及其临床意义

(1)扁平胸:胸廓的前后径小于左右径的一半或以上,常见于瘦长体型或慢性消耗性疾病。

(2)桶状胸:胸廓的前后径与左右径几乎相等,呈圆桶状,常见于严重慢性阻塞性肺疾病,亦可见于老年人或矮胖体型者。

(3)佝偻病胸:胸廓的前后径略长于左右径,其上下距离较短,胸骨下端向前突起,胸廓前侧壁肋骨凹陷,又称为鸡胸,见于佝偻病。佝偻病还可出现下列胸廓改变:佝偻病串珠,沿胸骨两侧各肋软骨与肋骨交界处隆起;肋膈沟,下胸部前面的肋骨外翻,沿膈附着的部位其胸壁向内凹陷形成沟状带;漏斗胸,胸骨剑突处显著内陷,形似漏斗。

(4)胸廓一侧或局部变形:胸廓一侧隆起多见于该侧大量胸腔积液、大量胸腔积气等。胸廓一侧凹陷见于该侧肺广泛纤维化、广泛胸膜肥厚粘连等。胸廓局部隆起见于心脏扩大、心包积液、主动脉瘤、胸壁肿瘤及肋软骨炎等。胸廓局部凹陷见于局限肺不张等。

(5)脊柱畸形引起的胸廓改变:表现为脊柱前凸、脊柱后凸、脊柱侧凸等,主要为胸椎病变造成,严重畸形可引起呼吸、循环功能障碍。常见于胸椎先天发育畸形、胸椎结核、胸椎肿瘤、胸椎外伤等(图3-26)。

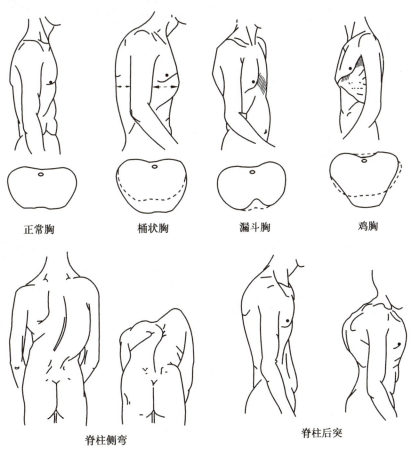

正常胸　　　桶状胸　　　漏斗胸　　　鸡胸

脊柱侧弯　　　　　　　脊柱后突

图3-26　胸廓外形的改变

（三）乳房

1. **检查方法**　检查乳房时，应充分暴露双侧乳房、前胸、颈部，双上臂要在同一水平上。被检者可取坐位或仰卧位。一般先做视诊，然后再做触诊。先健侧后患侧，不能仅检查患者叙述不适的部位，以免发生漏诊。除检查乳房外，还应包括引流乳房部位的淋巴结。

（1）视诊：观察双侧乳房的位置、大小、形态、对称性及有无溃疡、疤痕、色素沉着、水肿、过度角化等。必要时可嘱被检者采取前倾位观察，此时乳房下垂，如有乳房病变并与胸肌粘连，则可出现局部凹陷。同时还需观察双侧乳头是否对称、有无移位和回缩、有无分泌物。

（2）触诊：触诊乳房时，被检查者采取坐位，先两臂下垂，然后双臂高举超过头部或双手叉腰再行检查。当仰卧位检查时，可垫以小枕头抬高肩部使乳房能较对称地位于胸壁上，以便进行详细检查。①触诊顺序：为了检查和记录的方便，用通过乳头的水平线和垂直线将乳房分为外上、外下、内下、内上4个象限。检查时按外上（1）、外下（2）、内下（3）、内上（4）、乳头的顺序进行（图3-27）。②触诊要点及注意事项：触诊时，应手指平置，压力适中（以能触及肋骨而不引起疼痛为宜）；触诊时，手指掌面应做圆周运动或来回滑动；先触诊健侧，后触诊患侧；触诊时，必须注意乳房的硬度和弹性、有无压痛及包块。若触及包块须注意其部位、大小、形态、硬度、压痛及活动度。

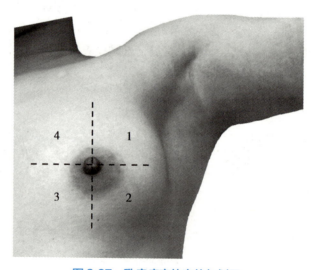

图3-27　乳房病变的定位与划区

2. **正常状态**　儿童及男性乳房不大，乳头一般位于第四肋间锁骨中线处。女性乳房在青春期逐渐长大。青年女性发育成熟的乳房呈半球形，乳头呈圆柱状，乳房的上界在第2或第3肋骨，下界在第6或第7肋骨，内界起自胸骨缘，外界止于腋前线。孕妇及哺乳期妇女乳房明显增大，向前突出或下垂，乳晕扩大，色素加深，可见浅表静脉扩张。正常乳房触诊呈模糊的颗粒感和柔韧感。青年女性质地均匀一致，老年女性略有不平，哺乳期妇女有结节感。正常乳房无压痛、无包块。

3. **常见异常改变及其临床意义**

（1）男性乳房异常：乳房增大常见于内分泌紊乱，如使用雌激素、肾上腺皮质功能亢进症及肝硬化等。

（2）女性乳房异常：①在腋窝与腹股沟连线上，出现多个乳头或乳房，称为副乳，为发育过程中退化不全所致；②乳房包块，初起为硬结，继之红、肿、热、痛，甚至出现波动感，提示为急性乳腺炎；③乳房包块，凸凹不平，质地坚硬，不易推动，表面皮肤呈"橘皮"或"猪皮"样或形成溃疡、易出血、有恶臭,提示为乳腺癌;④一侧或双侧乳房多个囊性包块,与周围乳腺组织分界明显,提示为纤维囊性乳腺病;⑤乳房单个质韧包块,位于外上象限,表面光滑,提示为乳房纤维腺瘤;⑥乳房乳晕区单个直径数毫米大小包块,伴乳头血性(亦可为暗棕色)溢液,提示为乳管内乳头状瘤;⑦非哺乳期乳头流出清淡乳汁,多伴有闭经、不育,提示为泌乳素瘤。

知识链接

泌乳素瘤

泌乳素瘤多为微腺瘤,病因与发病机制目前尚未明确。好发于 20～30 岁女性,临床表现主要由垂体的瘤体细胞分泌大量的泌乳素(PRL)引起,典型的临床表现为闭经、溢乳、不孕(育)三联征,瘤体大者可致垂体占位性表现。血液检查显示高泌乳素血症。首选药物治疗,常用药物为溴隐亭。目前多种新型多巴胺 D2 受体激动剂培高利特、喹高利特、卡麦角林等已问世。

三、肺 及 胸 膜

检查胸部时患者一般采取坐位或仰卧位,充分暴露胸部。室内环境要舒适温暖,光线良好。肺和胸膜的检查包括视、触、叩、听四个部分。

(一)视诊

1. 呼吸运动　健康人在静息状态下呼吸运动稳定而有节律。正常男性与儿童以腹式呼吸为主,主要表现为膈肌运动,即胸廓下部及上腹部的动度较大。女性以胸式呼吸为主,主要表现为肋间肌运动。实际上这两种呼吸运动同时存在。某些疾病可使胸、腹式呼吸运动发生改变,常见改变为:胸式呼吸减弱而腹式呼吸增强,可见于肋间神经痛、肋骨骨折、肺炎、肺不张、胸膜炎、气胸等;腹式呼吸减弱而胸式呼吸增强,见于大量腹腔积液、腹腔巨大肿瘤等;临床上当发生肺组织实变、肺气肿、肺肿瘤、肺空洞、胸腔积液、气胸、胸膜增厚或粘连等时,呼吸运动减弱或消失;发生代偿性肺气肿、酸中毒大呼吸时,呼吸运动增强。

2. 呼吸频率、深度及节律　见本章第二节一般检查。

(二)触诊

1. 胸廓扩张度　呼吸时,胸廓随之扩大和回缩,有一定运动度,即胸廓扩张度。正常两侧胸廓扩张度一致。检查方法:检查者将两手掌平放于被检者前胸下部两侧,拇指沿肋缘指向剑突,在深呼气末,拇指尖置于前正中线两侧对称部位,嘱其做深呼吸,观察两手动度是否一致(图3-28)。亦可于背部将两手掌贴于肩胛下区对称部位(约第 10 肋水平),两手拇指与后正中线平行,当被检者深呼吸时,观察两手动度是否一致。若一侧胸廓扩张度减弱,见于胸腔积液、气胸、肺不张及胸膜增厚等。

2. 语音震颤　被检者发自声门的语音产生声波振动,沿气管、支气管及肺泡传至胸壁共鸣引起的震动,可由检查者的手触及,故又称为触觉语颤。

(1)检查方法:检查者以双手掌或双手掌尺侧缘平置于被检者胸廓两侧对称部位,嘱其用同等的强度重复发低调长音"yi",此时检查者手掌可有振动感。检查顺序为自上到下,由内到外,双手交叉,左右对比。通过比较两侧相应部位的语音震颤的强弱,可判断胸内病变的性质。

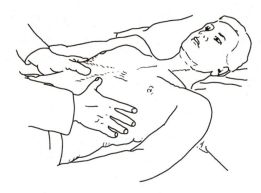

图 3-28　检查胸廓呼吸动度的方法

（2）正常状态及影响因素：语音震颤的强度受发音的强弱、音调的高低、胸壁的厚薄、邻近组织及器官等情况的影响，故正常人胸部的语音震颤与年龄、性别、体型及部位有关。①成人较儿童强；②男性较女性强；③瘦者较胖者强；④前胸上部较下部强；⑤后背下部较上部强，肩胛间区较强；⑥右胸上部较左胸上部强。

（3）异常改变及其临床意义：病理情况下，影响语音震颤强弱的主要因素有气管与支气管是否通畅、肺组织的密度、胸膜腔的病变、胸壁传导是否良好等。

1）语音震颤增强：主要见于①肺实变，肺泡内有炎性浸润，肺组织密度增高，声波传导良好，如大叶性肺炎实变期、大片肺梗死等；②肺空腔，肺内有接近胸壁的大空腔，且与支气管相通，声波在洞腔中产生共鸣，若空腔周围有炎性浸润或与胸壁粘连，更有利于声波传导，如慢性纤维性空洞型肺结核、肺脓肿等。

2）语音震颤减弱或消失：主要见于①支气管阻塞，声波传导受阻，如阻塞性肺不张；②肺内含气量增多，如慢性阻塞性肺疾病；③大量胸腔积液或气胸；④严重胸膜肥厚粘连；⑤胸壁皮下气肿。

3. 胸膜摩擦感　正常胸膜光滑，胸膜腔内有少量浆液起润滑作用，呼吸时不产生摩擦感。当胸膜发生炎症时，沉着其上的纤维蛋白使胸膜表面粗糙，呼吸时两层胸膜互相摩擦，触诊有似皮革相互摩擦的感觉，称为胸膜摩擦感，见于急性胸膜炎，在胸廓的下前侧部较易触及，呼气和吸气时均可出现，但吸气末更为明显。

（三）叩诊

1. 叩诊方法及注意事项

（1）叩诊方法：胸部叩诊的方法有间接和直接叩诊法两种，其中以间接叩诊法最为常用。

（2）注意事项：①体位。被检者可取坐位或仰卧位，放松肌肉，两臂垂放，呼吸均匀。叩诊前胸时，胸部稍向前挺；叩诊背部时，头稍低，上半身稍向前倾，两手交叉抱肘；叩诊侧胸时，上臂置于头部。②板指方向。叩诊前胸部时，板指平贴在肋间且与肋骨平行；叩诊肩胛间区时，板指与脊柱平行；至肩胛下角以下，板指仍需平贴于肋间并与肋骨平行。③顺序。叩诊时应自上而下，由前向后，两侧对比。④力度。叩击力量要均等，轻重须适宜。

2. 正常胸部叩诊音　正常胸部叩诊音呈清音。由于多种因素影响，存在生理性差异。如肺上叶的体积较下叶小，含气量较少，且上胸部肌肉较厚，故前胸上部较下部叩诊音相对稍浊；右肺上叶较左肺小，且惯用右手者右侧胸大肌较左侧为厚，故右肺上部叩诊音亦相对稍浊；背部肌肉、骨骼层次较多，故背部叩诊音较前胸部稍浊；心脏或肝脏被肺覆盖的区域呈浊音；左侧腋前线下方胃泡区呈鼓音；心脏或肝脏未被肺覆盖的区域呈实音（图3-29）。

3. 病理叩诊音　在正常肺部的清音区，若出现浊音、实音、过清音、鼓音，即为病理性叩诊音，提示肺、胸膜、胸壁有病理性改变。病理性叩诊音的性质和范围取决于病变的大小、性质及病变部位的深浅。一般病变部位深度距体表 5cm 以上,或病变范围直径小于 3cm 或少量胸腔积液,常不能分辨出叩诊音的改变。

(1)浊音:主要见于①肺部大面积含气量减少,如肺炎、肺不张、肺梗死及重度肺水肿等;②肺内不含气的病灶,如肺内肿物、未破溃的肺脓肿等。

(2)实音:主要见于胸腔积液、胸膜肥厚、胸壁水肿、胸壁肿瘤等。

(3)鼓音:接近胸壁的肺内大空腔,其直径大于 3~4cm 时,病变区叩诊呈鼓音,如肺脓肿、慢性纤维性空洞型肺结核、肺肿瘤或囊肿破溃形成的空洞;气胸时病侧呈鼓音。

(4)空瓮音:为兼有金属性回响的鼓音,见于张力性气胸或位置浅表、内壁光滑的巨大空洞。

(5)过清音:是由于肺泡含气量增加且弹力减弱所致,见于慢性阻塞性肺疾病。

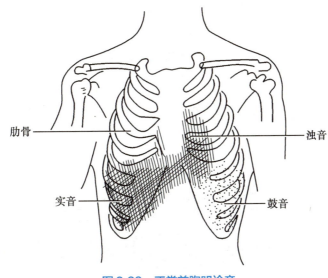

肋骨   浊音

实音   鼓音

图 3-29　正常前胸叩诊音

4. 肺界的叩诊

(1)肺上界:即肺尖的宽度。自斜方肌前缘中点开始向外叩,直至清音变为浊音,标记该点。然后再从上述中点向内侧叩,至清音变浊音,再标记该点。两点间的距离即为肺尖的宽度。正常宽度为 4~6cm,右侧较左侧稍窄。肺上界变窄或叩诊呈浊音,常见于肺结核;肺上界变宽,多见于慢性阻塞性肺疾病。

(2)肺下界:通常在两侧锁骨中线、腋中线和肩胛线上叩诊。正常人平静呼吸时,在上述 3 条线上,肺下界分别位于第 6、8、10 肋间,两侧肺下界大致相同。肺下界可因体型、发育的不同而有差异。如矮胖者肺下界可上升一肋间,瘦长者则可下降一肋间。病理情况下,肺气肿、腹腔脏器下垂等可使肺下界下移,肺萎缩、胸腔积液、腹腔积液、腹腔巨大肿瘤等可使肺下界上移。

(3)肺下界移动度:即相当于呼吸时膈肌的移动范围。叩诊方法是:首先在平静呼吸时,于肩胛线上叩出肺下界的位置,嘱受检者作深吸气后再屏住呼吸的同时,沿该线继续向下叩诊,当由清音变为浊音时,即为肩胛线上肺下界的最低点。待受检者恢复平静呼吸后,同样先于肩胛线上平静呼吸时的肺下界处,再嘱受检者作深呼气并屏住呼吸,然后由下向上叩诊,直至浊音变为清音时,即为肩胛线上肺下界的最高点。最高至最低两点间的距离即为肺下界的移动范围,正常人肺下界移动度范围为 6~8cm。移动度范围的多少与肋膈窦的大小有关,在腋中线及腋后线处移动度最大。肺下界移动度减弱见于肺气肿、肺不张、肺纤维化、肺炎和肺水肿。当胸腔大量积液、积气及胸膜广泛增厚粘连时,其移动度不能叩出(图 3-30)。

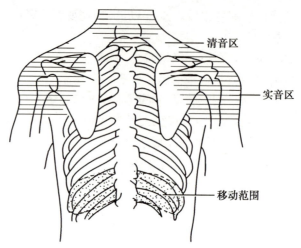

清音区

实音区

移动范围

图 3-30　正常肺尖宽度与肺下界移动度

（四）听诊

被检者取坐位或卧位。听诊由肺尖开始，自上而下，由前向后，两侧对比。听诊前胸部应沿锁骨中线和腋前线，侧胸部应沿腋中线和腋后线，背部应沿肩胛线，微张口作均匀呼吸，必要时做深呼吸或咳嗽。

1. 正常呼吸音

（1）支气管呼吸音：为口鼻吸入或呼出的气流在声门、气管及支气管形成湍流（旋涡）所产生的声音，类似将舌抬高，呼气时所发出的"ha"音。吸气是主动运动，吸气时声门增宽，气流通过较快；呼气是被动运动，声门变窄，气流通过较慢。①听诊部位：在喉部、胸骨上窝、背部、第 6、7 颈椎及第 1、2 胸椎附近听到；②听诊特点：呼气时相长于吸气时相；呼气音强于吸气音。

（2）肺泡呼吸音：吸气时，气流经过支气管进入肺泡，冲击肺泡壁，使肺泡由松弛变为紧张，呼气时肺泡由紧张变为松弛，肺泡弹性的变化和气流产生的振动，形成肺泡呼吸音。此音类似上牙咬住下唇，吸气时发出的"fu"音。①听诊部位：除支气管呼吸音及支气管肺泡呼吸音分布区域外，肺部的其余部位，均可听到肺泡呼吸音；②听诊特点：吸气时相长于呼气时相；吸气音强于呼气音。肺泡呼吸音的强弱与呼吸的深浅、胸壁的厚薄、肺组织的弹性，以及被检者体型、年龄、性别等有关。呼吸愈深愈快、肺泡呼吸音愈强；年龄愈小、胸壁愈薄、肺组织的弹性愈好，肺泡呼吸音则愈强。所以儿童强于成人，青、中年人强于老年人；男性强于女性，是因为男性呼吸运动力量较强，且皮下脂肪较少；肺组织较多，肌肉较薄的部位，如乳房下部、肩胛下区、腋窝下部肺泡呼吸音较强，肺尖、肺底较弱。

（3）支气管肺泡呼吸音：该呼吸音兼有支气管呼吸音和肺泡呼吸音二者的特点，故亦称混合性呼吸音。①听诊部位：正常在胸骨两侧第 1、2 肋间隙、肩胛间区 3、4 胸椎水平及肺尖前后部听到；②听诊特点：吸气时相与呼气时相大致相等；其吸气音近似肺泡吸气音，但音响较强，音调较高；呼气音近似支气管呼气音，但音响较弱，音调较低（图 3-31）。

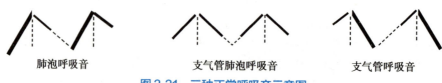

肺泡呼吸音　　　　　支气管肺泡呼吸音　　　　　支气管呼吸音

图 3-31　三种正常呼吸音示意图

升支为吸气时相，降支为呼气时相；线条粗细表示音响强弱，长短表示时相；
斜线与垂线的夹角表示音调高低，角度小为音调高，角度大为音调低

2. 异常呼吸音

（1）异常肺泡呼吸音：

1）肺泡呼吸音减弱或消失：与进入肺泡的空气量减少、气流速度减慢及呼吸音传导障碍有关。肺泡呼吸音减弱可出现于双侧、单侧或局部。常见原因有：①全身衰竭，呼吸无力；②胸廓活动受限，如胸痛、肋软骨骨化、肋骨切除等；③呼吸肌疾病，如重症肌无力、膈肌麻痹或痉挛等；④支气管阻塞，如慢性阻塞性肺疾病、支气管狭窄；⑤肺疾患，如肺气肿、肺炎早期及肺纤维化等；⑥胸膜疾病，如气胸、胸腔积液及胸膜肥厚等；⑦腹部疾病，如大量腹腔积液、腹腔内巨大包块等。

2）肺泡呼吸音增强：双侧肺泡呼吸音增强，与呼吸运动及通气功能增强使进入肺泡的空气量增多和/或进入肺泡的气流速度加快有关，见于运动后、发热、贫血及代谢性酸中毒等。一侧肺或胸膜疾病，则出现健侧代偿性肺泡呼吸音增强。

3）呼气延长：肺泡呼吸音呼气时相明显延长，因下呼吸道狭窄或部分阻塞，使呼气阻力增加，或肺泡壁弹性减弱，使呼气驱动力下降所致，见于慢性阻塞性肺疾病。

4）断续性呼吸音：由于肺内局部性炎症或支气管狭窄，使空气不能均匀地进入肺泡引起，因伴短促的不规则间歇，故又称齿轮呼吸音，常见于肺结核和肺炎等。但当寒冷、疼痛和精神紧张时，亦可听到断续性肌肉收缩的附加音，其与呼吸运动无关，应予鉴别。

5）粗糙性呼吸音：为支气管黏膜轻度水肿或炎症浸润造成不光滑或狭窄，使气流进出不畅所形成，见于支气管或肺部炎症的早期。

（2）异常支气管呼吸音：凡在肺泡呼吸音听诊区域内听到支气管呼吸音，即为异常支气管呼吸音，或称管状呼吸音。常见于以下病变：

1）肺组织实变：支气管呼吸音通过致密的实变部位，由于传导良好，在胸壁易于听到。实变范围愈大、愈浅，其声音愈强；反之则弱。见于大叶性肺炎实变期、肺梗死等。

2）肺内大空洞：当空洞较大与支气管相通，且其周围肺组织又有实变时，音响在空洞内产生共鸣，加之实变组织传导良好，故可在胸壁听到支气管呼吸音。见于肺脓肿、慢性纤维性空洞型肺结核等。

3）压迫性肺不张：肺组织受压，使肺膨胀不全，组织变致密，传导良好，在积液的上方可听到较弱的支气管呼吸音。见于胸腔积液等。

（3）异常支气管肺泡呼吸音：凡在正常肺泡呼吸音听诊区域内听到支气管肺泡呼吸音，即为异常支气管肺泡呼吸音。其产生机制是：①实变部位较深，被正常肺组织遮盖；②实变范围较小，且与正常肺组织相互混合存在。见于支气管肺炎、大叶性肺炎早期、肺结核等。

3. 啰音 啰音是指伴随呼吸音出现的附加音。在正常情况下无啰音。依据其性质的不同，分为干啰音和湿啰音两种。

（1）干啰音：

1）产生机制：气管、支气管及细支气管狭窄或部分阻塞，气流通过时，产生湍流或黏稠分泌物振动所产生的音响。病理基础：①炎症引起的呼吸道黏膜充血、肿胀、黏稠分泌物增多；②支气管平滑肌痉挛；③管腔内有包块、异物；④管壁被管外淋巴结或包块压迫。

2）分类：根据其音调高低分为两种。①鼾音：又称低调干啰音，音调低而响亮，类似熟睡时的鼾声，发生于气管或主支气管；②哨笛音：又称高调干啰音，音调高，似乐音，根据其性质常被描述为哮鸣音、飞箭音、咝咝音等，多发生于较小支气管或细支气管。两侧广泛的细小支气管强烈痉挛导致管腔狭窄通常出现哮鸣音。

3）听诊特点：①吸气与呼气均可听到，但在呼气末明显；②不稳定，强度、性质、部位和数量易发生改变；③音调较高，每个音响持续时间较长；④同一机体可同时听到两种干啰音。

4）临床意义：出现干啰音提示气管、支气管有病变。①局限性，部位较固定者，常见于支气管内膜结核、支气管肺癌、纵隔肿瘤等；②双侧肺部弥漫性干啰音，尤其是哮鸣音，常见于支气管哮喘、慢性支气管炎、心源性哮喘、支气管肺炎等；③发生在主支气管以上的干啰音，有时不用听诊器亦可听到，谓之痰鸣，见于昏迷或濒死状态的患者（无力咳出分泌物）。

（2）湿啰音：

1）产生机制：①呼吸过程中，气体通过气管、支气管及细支气管腔内的稀薄分泌物，如渗出液、痰液、血液及脓液等，形成的水泡破裂所产生的声音，故又称水泡音；②小支气管、细支气管管壁及肺泡因分泌物黏着而陷闭，吸气时突然被冲开，重新充气所产生的爆裂音。

2）分类：①大水泡音，又称粗湿啰音，产生于气管、主支气管或空洞内，于吸气早期出现；②中水泡音，又称中湿啰音，产生于中等口径的支气管，多发生于吸气中期；③小水泡音，又称细湿啰音，产生于小支气管和细支气管，多出现于吸气晚期；④捻发音，为一种极细而均匀一致的听诊音，似在耳边用手捻搓一束头发所发出的声音，故称捻发音，多于吸气末出现（图3-32）。

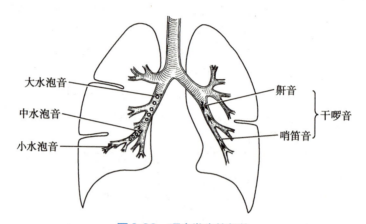

图 3-32　啰音发生的部位

3）听诊特点：①吸气与呼气均可听到，但在吸气末明显；②稳定，部位及性质等易变性小；③断续而短暂，一次连续多个出现；④同一机体可同时听到两种以上水泡音。

4）临床意义：出现湿啰音提示气管、支气管、肺实质有病变。①局限性湿啰音，多见于大叶性肺炎、肺结核、支气管扩张、肺脓肿、肺癌等；②两侧肺底的湿啰音，多见于肺淤血、支气管肺炎等；③两肺满布湿啰音，多见于急性肺水肿和严重支气管肺炎。

另外，捻发音是一种特殊的湿啰音。老年人或长期卧床患者，初次深呼吸时，可在肺底听到捻发音，经数次呼吸后消失，无临床意义。病理情况下，在细支气管和肺泡充血或炎症时可听到捻发音，见于肺炎早期、肺淤血早期等。

4. 语音共振　语音共振产生的机制与语音震颤基本相同。

（1）检查方法：嘱被检者用耳语音调发"一"或"一、二、三"的音，检查者用听诊器在胸部听诊。正常语音共振在气管及支气管附近较强，在肺底较弱。

（2）临床意义：语音共振改变的临床意义与语音震颤基本相同，但较语音震颤更为灵敏。减弱多见于胸腔积液、支气管阻塞、胸膜肥厚、肺气肿等。某些病理变化可使语音共振增强或性质发生变化，根据听诊音的差异，分为支气管语音、胸语音、羊鸣音和耳语音。支气管语音，语音共振增强且更加清晰，见于肺实变；胸语音，语音共振比支气管语音更强、更响亮、更清晰，见于大范围的肺实变，且有时出现在支气管语音之前；羊鸣音，似羊叫声，可在中等量积液上方肺受到压迫的区域或肺实变伴有少量积液的部位听到；耳语音，当被检查者用耳语音调发"一"时，正常在肺泡呼吸音的区域仅听到极微弱的声音，该音增强、调变高且清晰时称耳语音，常见于肺实变。

5. 胸膜摩擦音 胸膜摩擦音是胸膜发生炎症或纤维素渗出时,脏层和壁层胸膜随呼吸运动相互摩擦所产生的声音。这种声音颇似用一手掩耳,以另一手指在其手背上摩擦时所听到的声音,吸气或呼气时均可听到,但一般在吸气末或呼气初较为明显,屏气时即消失。胸膜摩擦音最易听到的部位是前下侧胸壁,即呼吸运动最大的部位,可随体位的改变而消失或复现。常发生于纤维素性胸膜炎、肺梗死、胸膜肿瘤及尿毒症,亦可见于严重脱水的患者。

(五)常见肺及胸膜病变(疾病)体征

肺及胸膜的常见病变有肺实变、肺不张、肺水肿、肺空洞、肺气肿、气胸、胸腔积液、胸膜增厚等,其体征见表3-2。

表3-2 常见肺及胸膜病变体征

常见病变	视诊	触诊	叩诊	听诊
肺实变	胸廓对称,患侧呼吸运动减弱	气管居中,局部语颤增强	局部浊音或实音	局部闻及支气管呼吸音、湿啰音,语音共振增强
慢性阻塞性肺疾病	患侧胸廓凹陷,呼吸运动减弱	气管移向患侧,患侧或局部语颤消失	患侧或局部浊音或实音	患侧或局部呼吸音消失,无啰音,语音共振消失或减弱
肺不张	胸廓不定,患侧呼吸运动减弱	气管不定,患侧或局部语颤增强	患侧或局部浊音或浊鼓音	患侧或局部闻及支气管呼吸音,无啰音,语音共振消失或减弱
肺水肿	胸廓对称,呼吸运动减弱	气管居中,语颤正常或减弱	双肺清音或浊音	双肺呼吸音减弱,闻及湿啰音,语音共振正常或减弱
支气管哮喘	桶状胸,呼吸运动减弱	气管居中,语颤减弱	双肺过清音	双肺呼气延长,闻及广泛哮鸣音
慢性阻塞性肺疾病	桶状胸,呼吸运动减弱	气管居中,语颤减弱	双肺过清音	双肺呼吸音减弱,呼气延长,无啰音,语音共振减弱
肺空洞	胸廓正常或局部凹陷,呼吸运动局部减弱	气管居中或移向患侧,局部语颤增强	局部鼓音、破壶音、空瓮音	局部闻及支气管呼吸音,湿啰音,语音共振增强
气胸	患侧胸廓饱满,呼吸运动减弱或消失	气管移向健侧,患侧语颤减弱	患侧鼓音	患侧呼吸音减弱或消失,无啰音,语音共振减弱或消失
胸腔积液	患侧胸廓饱满,呼吸运动减弱	气管移向健侧,患侧语颤减弱或消失	患侧实音	患侧呼吸音减弱或消失,无啰音,语音共振减弱或消失
胸膜增厚	患侧胸廓凹陷,呼吸运动减弱	气管移向患侧,患侧语颤减弱或消失	实音或浊音	患侧呼吸音减弱或消失,无啰音,语音共振减弱或消失

四、心 脏

进行心脏检查时,需要有一个安静、温暖、光线充足的环境,患者多取仰卧位,医师位于患者右侧,也可取坐位,必要时需取多个体位进行反复检查比较,按视、触、叩、听的顺序依次进行或反复交替进行,有时还需要患者的呼吸或运动来配合体检。

(一)视诊

心前区视诊时,被检者取仰卧位,检查者站在右侧,除一般观察胸廓轮廓外,必要时检查者视线应与被检查者的胸廓同高,以便更好地观察心前区有无隆起和异常搏动。

1. 胸廓畸形 正常人胸廓左右基本对称,检查时应着重注意与心脏有关的胸廓畸形情况。

（1）心前区隆起：胸骨下段及胸骨左缘第 3、4、5 肋间的局部隆起，多为先天性心脏病如法洛四联症、肺动脉瓣狭窄等在儿童生长发育完成前所致的右心室肥大所致，少数情况是儿童期风湿性二尖瓣狭窄所致的右心室肥大，或伴有大量积液的儿童期慢性心包炎所致。胸骨右缘第 2 肋间及其附近局部隆起，多为主动脉弓动脉瘤或升主动脉扩张所致，常伴有收缩期搏动。

（2）鸡胸、漏斗胸、脊柱畸形：一方面严重者有可能使心脏位置受到一定影响，另一方面这些畸形也提示存在某种心脏疾病的可能性。如脊柱后侧凸可引起肺源性心脏病，鸡胸可伴有马方综合征。

2. 心尖搏动　由心脏收缩时心脏摆动，心尖向前冲击前胸壁相应部位形成。

（1）正常心尖搏动：位于第 5 肋间，左锁骨中线内侧 0.5～1.0cm，搏动范围的直径约为 2.0～2.5cm。胸壁肥厚或女性乳房垂悬时心尖搏动不易看见。

（2）心尖搏动改变：

1）心脏本身的因素：①左心室肥大时，心尖搏动明显增强，搏动范围增大，心尖搏动向左下移位，如主动脉瓣关闭不全；②右心室肥大时，心尖搏动向左侧移位，如二尖瓣狭窄；③左右心室均肥大时，心尖搏动向左下移位，如扩张型心肌病；④先天性右位心，心尖搏动位于右侧胸壁。

2）心脏以外的因素：①生理性影响因素主要有体位、体型、年龄、妊娠。仰卧位时，心尖搏动可因膈肌较高而稍上移。左侧卧位时，心尖搏动可向左移 2～3cm。右侧卧位时，心尖搏动可向右移 1.0～2.5cm。矮胖体型、儿童、妊娠情况下，膈肌位置较高，心脏呈横位，心尖搏动可向外上移位至第 4 肋间左锁骨中线外。瘦长体型膈肌位置较低，心脏呈悬垂位，心尖搏动可向内下移至第 6 肋间。②病理性影响因素亦可影响膈肌或纵隔。如大量腹腔积液可使膈肌抬高，心尖搏动向外上方移位。肺气肿可使心尖向内下方移位达第 6 肋间，且搏动减弱或消失。一侧胸膜粘连、增厚或肺不张，可使心尖搏动向患侧移位。而一侧胸腔积液或气胸，可使心尖搏动向健侧移位。左侧的胸腔积液或气胸，还可使心尖搏动减弱或消失。③剧烈运动、情绪激动、甲状腺功能亢进、发热、严重贫血，可使心尖搏动增强且范围增大。胸廓畸形、胸壁厚度及乳房亦可影响心尖搏动。

3）负性心尖搏动：心脏收缩时心尖搏动内陷，称负性心尖搏动，见于粘连性心包炎或心包与周围组织广泛粘连时。亦可见于重度右心室肥厚使左心室向后移位时。尤其在严重的三尖瓣反流患者。

3. 心前区其他搏动　常见的搏动有：①胸骨左缘第 2 肋间的搏动，多见于肺动脉扩张或肺动脉高压；②胸骨右缘第 2 肋间的搏动，多见于主动脉弓动脉瘤或升主动脉扩张；③胸骨左缘第 3、4 肋间的搏动，多见于先天性心脏病所致右心室肥大，如房间隔缺损；④剑突下搏动，可见于肺源性心脏病右心室肥大或腹主动脉瘤。鉴别二者往往需要结合触诊，吸气时增强，则为右心室搏动，吸气时减弱，则为腹主动脉搏动。另外，消瘦者在剑突下亦可见到正常的腹主动脉搏动或垂位心的右心室搏动。

（二）触诊

1. 心尖搏动及心前区其他搏动　视诊未见心尖搏动时，可通过触诊确定，视诊已见心尖搏动时，可以进一步证实视诊的结果。其正常状态、异常改变及其临床意义同视诊。检查者先用右手全手掌置于心前区，确定需触诊的部位和范围，然后逐渐缩小到用手掌尺侧（小鱼际），或食指、中指及环指并拢同时触诊，必要时也可单指指腹触诊，以确定心尖搏动的位置、范围、强度。由于心尖外向搏动时即为心室收缩期的开始，故触诊有助于辨别心音，以及判断震颤及杂音出现的时期。心尖区抬举性搏动是指心尖区徐缓、有力的搏动，可使手指尖端抬起且持续到第二心音开始，同时心尖搏动范围也增大，为左心室肥厚的体征。胸骨左下缘收缩期抬举性搏动是右心室肥厚的可靠指征。

2. 震颤 震颤是触诊时手掌在心前区触及的一种微细的震动感。该感觉与用手在猫喉部摸到的呼吸震颤相似，因此也称"猫喘"。触诊时使用手掌尺侧小鱼际或手指指腹依次放置于5个心脏瓣膜听诊区（参见心脏听诊部分）。震颤为器质性心血管疾病的特征性体征之一。

（1）产生机制：血流紊乱形成湍流使心瓣膜、心腔壁或大血管壁发生震动，传至胸壁而被触及。震颤的强度与瓣膜狭窄的程度、血流速度及压力阶差大小有关。瓣膜狭窄程度越重，血流速度越快，压力阶差越大，胸壁越薄，震颤越强。但过度狭窄可因血流量过小而震颤消失。震颤与杂音有着类似的机制，但触觉对频率较低的振动比较敏感，听觉对高频的振动更为敏感，故音调较高或较弱的杂音常不伴震颤（瓣膜关闭不全时常是频率较高的振动，故往往仅在重度的瓣膜关闭不全时才触及震颤）。

（2）分类及临床意义：触到震颤的部位往往能闻及杂音（某些低频的振动杂音亦可不明显，如二尖瓣狭窄，用钟型体件可增强听诊效果），但听到杂音时，不一定能触及震颤。如能触及震颤，均可认为心脏有器质性病变。发现震颤后应确定其部位和时相。不同部位与时相的震颤的常见相关病变见表3-3。

表3-3 心前区震颤的临床意义

部位	时相	常见病变
胸骨右缘第2肋间	收缩期	主动脉瓣狭窄
胸骨左缘第2肋间	收缩期	肺动脉瓣狭窄
胸骨左缘第3、4肋间	收缩期	室间隔缺损
胸骨左缘第2肋间	连续性	动脉导管未闭
心尖区	舒张期	二尖瓣狭窄
心尖区	收缩期	重度二尖瓣关闭不全

3. 心包摩擦感 正常时心包腔内有少量的液体，以润滑壁层和脏层的心包膜。心包膜发生炎症时，纤维蛋白渗出致心包膜表面粗糙，心脏收缩时粗糙的脏壁两层心包膜摩擦产生的振动在心前区被触及即为心包摩擦感。心包摩擦感在胸骨左缘第3、4肋间较易触及（因心脏在此处不被肺遮盖，且接近胸壁），以收缩期、坐位稍前倾、呼气末更为明显。心包腔内渗液增多，将脏壁两层心包膜隔开后，心包摩擦感可消失。

（三）叩诊

心脏叩诊的目的在于确定心脏（包括所属大血管）的大小、形状及其在胸腔内的位置。

1. 叩诊方法

采用间接叩诊法。嘱被检者取仰卧位或坐位，平静呼吸。仰卧位时，指板与肋间平行，坐位时，指板可与肋间垂直。叩诊顺序是由外向内，先左后右（先叩左界后叩右界）。叩诊时，沿肋间自下而上，直至第2肋间。叩左界时，从心尖搏动外2~3cm处开始，从外向内叩诊，当叩诊音由清变浊时即为该肋间的心脏左界，做标记后，上移一个肋间用同样的方法叩诊并做标记，直至第2肋间；叩右界时，先沿右锁骨中线叩出肝上界，然后在肝上界的上一肋间由外向内叩诊，当叩诊音由清变浊时做标记，然后上移一个肋间用同样的方法叩诊，直至第2肋间并分别标记。测量各标记点与前正中线的垂直距离和锁骨中线至前正中线的距离。

2. 正常心脏浊音界 心脏的浊音界有绝对浊音界和相对浊音界（图3-33）。心脏及大血管为不含气器官，叩诊呈绝对浊音（实音）；而心脏被肺遮盖的部分叩诊呈相对浊音（浊音），心界是指心脏的相对浊音界,它反映心脏的实际大小。正常心右界各肋间几乎与胸骨右缘相合,仅在第4肋间处稍超过胸骨右缘;心左界在第2肋间几乎与胸骨左缘相合,其下一肋间直至第5肋间则逐渐左移并向左下形成向外凸起的弧形。正常人心脏左右相对浊音界与前正中线的平均距离见表3-4。正常成人左锁骨中线至前正中线的距离为8~10cm。

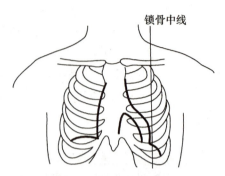

图 3-33　心脏绝对浊音界和相对浊音界

表 3-4　正常成人的心脏相对浊音界

右界(cm)	肋间	左界(cm)
2~3	Ⅱ	2~3
2~3	Ⅲ	3.5~4.5
3~4	Ⅳ	5~6
	Ⅴ	7~9

注:左锁骨中线距离前正中线8~10cm

心界各部的组成:心左界于第2肋间处相当于肺动脉段,第3肋间为左心耳,第4、5肋间为左心室,其中血管与左心交接处向内凹陷,称心腰。心右界于第2肋间相当于上腔静脉和升主动脉,第3肋间及以下为右心房(图3-34)。

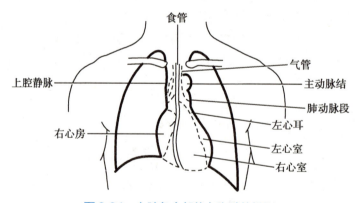

图 3-34　心脏各个部位在胸壁的投影

3. 心脏浊音界的改变及其临床意义　心脏浊音界改变受心脏本身因素和心脏以外因素的影响。

(1)心脏本身因素影响:

1)左心室增大:心脏左界向左下扩大,心腰加深,使心浊音界外形呈靴形(靴形心)。常见于主动脉瓣关闭不全和高血压性心脏病,又称主动脉瓣型心(图3-35)。

2）左心房与肺动脉段扩大：可使心腰部饱满或膨出，使心浊音界外形呈梨形（梨形心）。常见于二尖瓣狭窄，故又称二尖瓣型心（图3-36）。

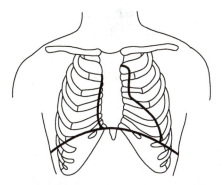

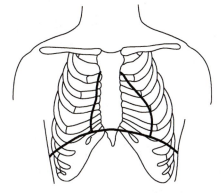

图 3-35　主动脉瓣关闭不全的心浊音界（靴形心）　　　图 3-36　二尖瓣狭窄的心浊音界（梨形心）

3）心包积液：心界向两侧扩大，心浊音界的外形随体位改变，坐位时心浊音界呈三角烧瓶形，平卧位时心底部浊音界增宽。见于心包积液，为其特征性体征之一。

（2）心脏以外因素影响：一侧大量胸腔积液或气胸时可使心界移向健侧，而在患侧叩不出；一侧胸膜增厚或肺不张则使心界移向患侧；大量腹腔积液或腹腔巨大肿瘤等可使膈肌抬高，心脏呈横位，心界向左扩大；肺气肿时心界变小或叩不出；肺浸润、肺实变、肺部肿瘤或纵隔淋巴结肿大时，因心浊音区与病变浊音区重叠在一起，使心界无法辨别。

（四）听诊

仔细的心脏听诊，常可获得极其重要的临床信息。注意不能隔着衣服听诊。听诊多个被检查者时要注意对体件做适当清洁，预防交叉感染。

心脏各瓣膜关闭与开放时产生的声音传导到前胸壁最易听清的部位，称为心脏瓣膜听诊区，与其瓣膜口在胸壁上的投影并不完全一致。通常有五个瓣膜听诊区（图3-37），按听诊先后顺序依次是：①二尖瓣区，位于心尖搏动最强处，也称心尖区。②肺动脉瓣区，胸骨左缘第2肋间。③主动脉瓣区，胸骨右缘第2肋间。④主动脉瓣第二听诊区，胸骨左缘第3肋间。⑤三尖瓣区，胸骨下端左缘，即胸骨左缘第4、5肋间。需要指出的是，这些通常的听诊区域是假定心脏结构和位置正常的情况下设定的。当心脏疾病导致心脏结构和位置发生改变时，可能需要适当移动听诊部位和扩大听诊范围。某些情况下尚可取特定的听诊部位，如颈部、左腋下、背部等。

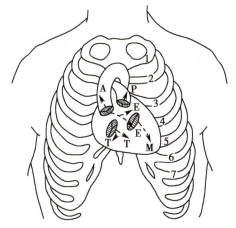

图 3-37　心脏瓣膜解剖部位与瓣膜听诊区位置

M：二尖瓣区　A：主动脉瓣区　E：主动脉瓣第二听诊区　P：肺动脉瓣区　T：三尖瓣区

心脏听诊的内容包括心率、心律、心音、额外心音、杂音及心包摩擦音。

1. 心率　指每分钟心搏次数。正常成人在安静、清醒的情况下心率范围是 60～100 次 /min。女性稍快，儿童偏快，老年人多偏慢。成人心率超过 100 次 /min，婴幼儿心率超过 150 次 /min，称为心动过速。成人心率低于 60 次 /min，称为心动过缓。心动过速与过缓，可由多种生理性、病理性或药物性因素引起。例如运动、激动时心率可增快，心动过缓可见于迷走神经张力过高、颅内高压、胆汁淤积性黄疸、甲状腺功能减退、病态窦房结综合征或服用某些药物。需注意的是不少健康者，尤其是运动员、长期从事重体力劳动者，静息时心率可低于 60 次 /min，但没有临床意义。

2. 心律　是指心脏跳动的节律。正常成人心脏跳动的节律是规整的。常见的心律不齐有：

（1）窦性心律不齐：表现为吸气时心率增快，呼气时心率减慢，屏气时均匀。一般无临床意义，可见于部分健康的儿童及青少年。

（2）期前收缩：是在规则心律基础上，突然提前出现一次心跳，其后有一较长间歇。如果期前收缩规律出现，可形成联律，例如连续每一次窦性搏动后出现一次期前收缩，称二联律；每两次窦性搏动后出现一次期前收缩则称为三联律，以此类推。需注意的是，听诊发现的期前收缩不能判断期前收缩的来源（房性、交界性、室性），必须借助于心电图进行判断。

（3）心房颤动：机制复杂，与心房快速冲动发放灶和多个微折返环有关。其听诊特点是：①心律绝对不规则；②第一心音强弱不等；③脉搏短绌，即心率大于脉率，产生的原因是过早的心室收缩（心室内仅有少量的血液充盈）不能将足够的血液输送到周围血管所致。心房颤动临床上常见于二尖瓣狭窄、高血压、冠状动脉粥样硬化性心脏病和甲状腺功能亢进症等。

3. 心音　按其在心动周期中出现的先后顺序，依次命名为第一心音（S_1）、第二心音（S_2）、第三心音（S_3）和第四心音（S_4）（图 3-38）。用听诊器听诊，通常只能听到 S_1 和 S_2，S_3 可在部分健康儿童和青少年身上闻及，闻及 S_4 通常均为病理性。

（1）第一心音（S_1）：出现在心室的等容收缩期，标志着心室收缩期的开始。①产生机制：主要是瓣膜关闭，瓣叶突然紧张产生的振动形成。②最响部位：心尖部。③与心尖搏动的关系：与心尖或颈动脉外向搏动同时或几乎同时发生。④听诊特点：与 S_2 相比，S_1 音调较低，强度较响，持续时间较长，约 0.1 秒。

（2）第二心音（S_2）：出现在心室的等容舒张期，标志着心室舒张期的开始。①产生机制：主要是半月瓣突然关闭和血流在主动脉与肺动脉内突然减速引起瓣膜振动所致。②最响部位：心底部。③与心尖搏动的关系：在心尖搏动之后出现。④听诊特点：与 S_1 相比，S_2 音调较高，强度较弱，持续的时间较短，约 0.08 秒。

（3）第三心音（S_3）：有时在舒张早期（自 S_2 开始后 0.12～0.18 秒）还可听到一个短（约 0.04 秒）、弱、低调的声音，称为 S_3。它是由于在心室的快速充盈期之末，血流自心房急速流入心室，冲击心室壁，使心室壁、房室瓣、腱索、乳头肌突然紧张、振动所致。通常在心尖部或其内上方听得较清楚，仰卧位、呼气时更为明显。见于部分健康儿童和青少年。

（4）第四心音（S_4）：出现在心室舒张晚期，S_1 前 0.1 秒（收缩期前）。主要是由于心房肌在克服心室舒张末压用力收缩时使房室瓣及其相关结构如瓣膜、瓣环、腱索、乳头肌突然紧张、振动所致。在心尖部及其内侧较明显，低调，沉浊而弱。正常人不能被听到，如能闻及均为病理性。

心脏听诊首先是要判定 S_1 和 S_2，并以此来判定额外心音或杂音所处的心动周期时相。通常情况下，S_1 与 S_2 的判断并无困难：① S_1 音调较 S_2 低，时限较长，强度较强，在心尖区最响；S_2 音调较高，时限较短，强度较弱，在心底部最响。② S_1 至 S_2 的距离较 S_2 至下一个 S_1 的距离短。但在心脏器质性疾病所致心音性质改变或心动过速时，往往需要借助下列两点进行判断：①器质性心脏病可使 S_1 和 S_2 失去原有性质，使得心尖部听诊难以区分两者，可试将听诊器先置于心底部听诊（因此处 S_1 和 S_2 可能更易于区分），再将体件逐步移向心尖部，同时默诵 S_1、S_2 节律，进而确定心尖部的 S_1 和 S_2；②听诊同时触诊颈动脉搏动，与颈动脉外向搏动几乎同时发生的即为 S_1。

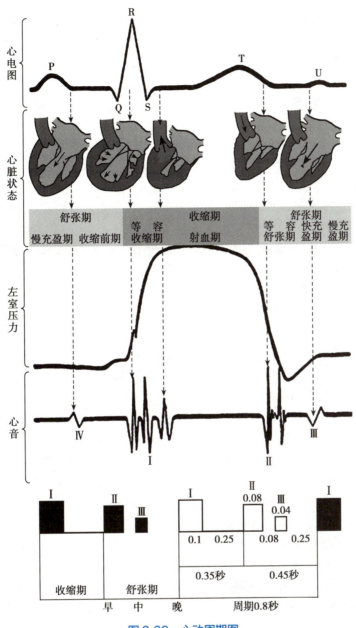

图 3-38　心动周期图

（5）心音的改变及其临床意义：

1）心音强度的改变：

S_1 强度的改变：① S_1 增强，见于二尖瓣狭窄、高热、贫血、甲状腺功能亢进等。二尖瓣狭窄时，心室充盈减慢减少，心室开始收缩时二尖瓣位置低垂，以及左心室充盈量较少，左心室内压力加速上升，致二尖瓣关闭时振动加强，因而 S_1 亢进。但如果狭窄的二尖瓣伴有明显的纤维化或钙化，使得瓣叶增厚、僵硬，瓣膜活动受限，则 S_1 反而减弱。② S_1 减弱，见于二尖瓣关闭不全、心肌炎、心肌病、心肌梗死、心力衰竭等。二尖瓣关闭不全时，左心室舒张期过度充盈，二尖瓣在心室收缩前位置较高，关闭时振幅较小，S_1 减弱。③ S_1 强弱不等，常见于心房颤动和完全性房室传导阻滞。心房颤动时，若两次心室搏动相近，则 S_1 增强，因其舒张期较短。心室充盈量较少；

相距较远，则 S_1 减弱。完全性房室传导阻滞时，心房和心室的搏动各不相关，形成房室分离，当心房、心室同时收缩时，心室充盈量最少，二尖瓣位置最低，则 S_1 极强，称"大炮音"。

S_2 强度的改变：S_2 有主动脉瓣部分（A_2）和肺动脉瓣部分（P_2），其强弱取决于体或肺循环阻力及半月瓣情况（瓣膜钙化或严重纤维化可使得 S_2 减弱）。①S_2 增强：A_2 增强，见于高血压、动脉粥样硬化等；P_2 增强，见于肺心病、左向右分流先心病、二尖瓣狭窄等所致的肺动脉高压。②S_2 减弱：A_2 减弱，常见于主动脉瓣狭窄或关闭不全；P_2 减弱，常见于肺动脉瓣狭窄或关闭不全。

S_1、S_2 同时增强见于胸壁薄或心脏活动增强时，如劳动、情绪激动、严重贫血等；同时减弱见于肥胖、胸壁水肿、左侧胸腔大量积液、肺气肿、心肌炎、心肌病、心肌梗死、心功能不全、休克、心包积液等。

2）心音性质的改变：当心肌有严重病变时，S_1 失去其原有性质且明显减弱，S_2 也减弱，两者极相似，可形成"单音律"。当心率增快，收缩期与舒张期的时限几乎相等时，听诊类似钟摆声，称"钟摆律"或"胎心律"，提示病情严重，常见于大面积急性心肌梗死、重症心肌炎等。

3）心音分裂：正常人左、右心室活动并非完全同步，左心室稍提前，故构成 S_1 和 S_2 的两个成分是左室成分（二尖瓣和主动脉瓣关闭）在前，右室成分（三尖瓣和肺动脉瓣关闭）在后。心室收缩时，二尖瓣关闭早于三尖瓣关闭约 0.02～0.03 秒。心室舒张时，主动脉瓣关闭早于肺动脉瓣关闭约 0.03 秒。但因时间差≤0.03 秒时，人耳是分辨不出来的，故听诊时二尖瓣和三尖瓣关闭为一个声音（S_1），主动脉瓣和肺动脉瓣关闭亦为一个声音（S_2）。若左、右心室活动的时间差拉大，两心室的瓣膜关闭的时间差>0.03 秒时，听诊时可将一个声音听成两个声音，称为心音分裂。

S_1 分裂：二尖瓣与三尖瓣关闭的时间差增大造成 S_1 分裂，在心尖区或胸骨左下缘听得较清楚。常见于完全性右束支传导阻滞、肺动脉高压等右室活动延迟，因右心室收缩明显晚于左心室，故三尖瓣关闭明显晚于二尖瓣。

S_2 分裂：临床较常见，以肺动脉瓣区明显，见于下列情况。①生理性分裂：见于无器质性心脏病者，多为青少年，由于深吸气时，胸腔负压增加，右心回心血量增加，右室排血时间延长，使肺动脉瓣关闭（P_2）明显晚于主动脉瓣关闭（A_2）。即 S_2 在深吸气时出现分裂，呼气时无分裂。②通常分裂：是最常见的 S_2 分裂，常见于某些右室排血时间延长使 P_2 推迟，如二尖瓣狭窄伴肺动脉高压、肺动脉瓣狭窄，也可见于左室射血时间缩短使 A_2 提前，如二尖瓣关闭不全，室间隔缺损。此种分裂在深吸气时变宽，更为明显，呼气时分裂变窄。③固定分裂：是指 S_2 分裂宽度不受呼吸的影响，见于先天性心脏病房间隔缺损。房间隔缺损可因右室容量负荷较大，排血时间延长而出现 S_2 分裂。吸气时，回心血量增加，左向右分流即减少；呼气时，右心房回心血量虽减少，但左向右分流增加。即通过房间隔的缺损，右室容量负荷基本不受呼吸影响，故分裂宽度亦不受呼吸影响。④反常分裂：又称逆分裂，可见于完全性左束支传导阻滞、主动脉瓣狭窄、重度高血压等，此时 A_2 延迟甚至在 P_2 之后（正常情况是 A_2 早于 P_2），且宽度超过 0.03 秒，即可闻及 S_2 分裂。此时若深吸气，使得 P_2 延迟向 A_2 靠拢，分裂宽度变窄；呼气则反之，变宽（图 3-39）。

呼吸运动影响回心血量的多少，从而影响右室收缩期长短，故呼吸影响 S_2 分裂。而 S_1 在收缩期开始时即出现，与收缩期长短无关，故呼吸一般不影响 S_1 分裂。

4. 额外心音　是指在原有的 S_1、S_2 之外听到的附加心音（图 3-40），多为病理性。大部分出现在 S_2 之后，即舒张期额外心音，与原有的 S_1 和 S_2 构成三音律；也可出现在 S_2 之前，即收缩期额外心音。少数可出现两个附加音，则构成四音律。

（1）舒张期额外心音：

1）奔马律：是一种额外心音发生在 S_2 之后的三音律，由于常同时存在心动过速，此三音律类似马奔跑时的蹄声，故称奔马律。按出现的时间早晚可分三种。①舒张早期奔马律：最常见，即病理性的 S_3，其听诊音调低，强度弱，又称第三心音奔马律。第三心音奔马律是由于心室舒张期负荷过重,心肌张力减低与顺应性减退,以致心室舒张时,血流充盈引起室壁振动造成(故也称室性奔马律)。它与生理性 S_3 的区别是后者见于健康人,尤其是儿童和青少年,在心率不快时易发现,生理性 S_3 与 S_2 的距离短于 S_1 与 S_2 的距离,左侧卧位和呼气末明显,且在坐位或立位时,生理性 S_3 容易消失。而病理性 S_3,因常有心率增快,使得 S_2 到病理性 S_3 的距离与 S_1 到 S_2 的距离相仿,一般不受体位影响,病理性 S_3 比生理性 S_3 听诊更明显。舒张早期奔马律见于心力衰竭、急性心肌梗死、重症心肌炎、扩张型心肌病等。根据奔马律的不同来源,又可分为左室奔马律和右室奔马律,左室多见,听诊部位分别在心尖区和三尖瓣区。②舒张晚期奔马律:又称收缩期前奔马律或房性奔马律,发生在 S_4 出现的时间,为增强的 S_4,听诊特点为音调较低,强度较弱,距 S_2 较远,较接近 S_1(在 S_1 前约 0.1 秒),在心尖区或稍内侧听诊最清楚。病理性 S_4 是由于心室舒张末期压力增高或顺应性减退,以致心房为克服心室的充盈阻力而加强收缩所产生的异常心房音。常见于高血压性心脏病、肥厚型心肌病、主动脉瓣狭窄等心室肥厚的情况。③重叠型奔马律:若舒张早期和晚期奔马律同时出现,则听诊为四音律。此时若同时伴随有心率增快,舒张期缩短,尤其合并 P-R 间期延长时,心房收缩落在心室快速充盈期内,即可让病理性 S_3 和 S_4 在舒张中期重叠变为三音律,且可明显增强,即重叠奔马律。重叠奔马律和舒张期四音律,常见于心肌病、心力衰竭。

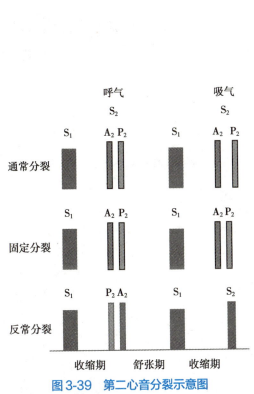

图 3-39　第二心音分裂示意图

S_1:第一心音　S_2:第二心音　A_2:第二心音主动脉瓣成分　P_2:第二心音肺动脉瓣成分

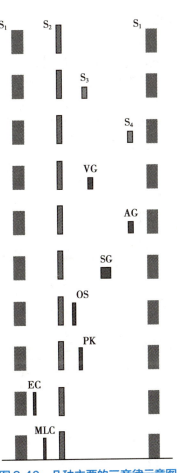

图 3-40　几种主要的三音律示意图

S_1:第一心音　S_2:第二心音　S_3:第三心音　S_4:第四心音　VG:室性奔马律　AG:房性奔马律　SG:重叠型奔马律　OS:开瓣音　PK:心包叩击音　EC:收缩早期喷射音　MLC:收缩中晚期喀喇音

2）开瓣音：又称二尖瓣开放拍击声，高调、清脆、响亮、短促，常位于 S_2 后 0.05～0.06 秒，见于二尖瓣狭窄而瓣膜尚柔软时。舒张早期血液自高压力的左房迅速流入左室，弹性尚好的瓣叶迅速开放后突然停止，产生的振动形成开瓣音，在心尖内侧听得较清楚。开瓣音的存在是二尖瓣狭窄但瓣叶弹性尚好的标志，可作为二尖瓣分离术适应证的重要参考条件。

3）心包叩击音：在 S_2 后约 0.09～0.12 秒出现的中频、较响而短促的额外声音，见于缩窄性心包炎。在胸骨左缘易闻及。

4）肿瘤扑落音：出现在 S_2 后 0.08～0.12 秒，在心尖部或其内侧胸骨左缘 3、4 肋间听得较清楚，音调较低，可随体位改变。见于心房黏液瘤。

（2）收缩期额外心音：

1）收缩早期喷射音：在 S_1 后 0.05～0.07 秒出现，又称收缩早期喀喇音，为高频爆裂样声音，短促而清脆，心底部听诊最清楚。主要由于扩大的主动脉或肺动脉的动脉壁在心室射血时振动形成，以及在主、肺动脉阻力增高的情况下，瓣膜用力开启，或狭窄的瓣膜在开启时突然受限产生振动所致。肺动脉收缩期喷射音常见于肺动脉高压、原发性肺动脉扩张、轻中度肺动脉瓣狭窄和房间隔缺损、室间隔缺损等。主动脉收缩期喷射音常见于高血压、主动脉瘤、主动脉瓣狭窄及主动脉缩窄等，瓣膜钙化时可消失。

2）收缩中、晚期喀喇音：在 S_1 后 0.08 秒出现称为收缩中期喀喇音，在 S_1 后 0.08 秒以上出现称为收缩晚期喀喇音。见于二尖瓣脱垂，为二尖瓣在收缩中、晚期脱入左房，引起瓣叶及其腱索突然紧张产生振动所致。由于二尖瓣脱垂可能造成二尖瓣关闭不全，故可同时伴有收缩晚期杂音。收缩中、晚期喀喇音合并收缩晚期杂音合称为二尖瓣脱垂综合征。

（3）医源性额外心音：常见的有两种，人工瓣膜音和人工起搏音，前者是植入人工瓣膜所致，后者是植入心脏起搏器所致。

5. 心脏杂音　是指在心音与额外心音之外，在心脏收缩期或舒张期发现的异常声音。

（1）杂音的产生机制：正常情况下血液流动呈层流状态。血流加速或其他情况使层流变为湍流而冲击心壁、大血管壁、瓣膜及腱索等使之振动产生杂音。具体机制如下（图 3-41）：

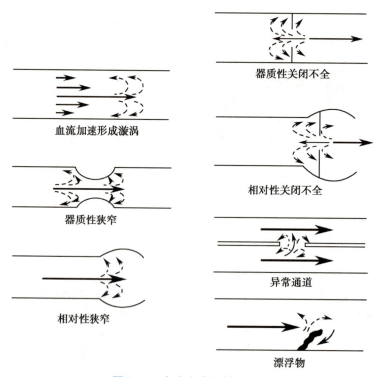

图 3-41　杂音产生机制示意图

1）血流加速：血流速度越快，越容易产生涡流，杂音也越响。如剧烈运动、严重贫血、高热、甲状腺功能亢进等。

2）瓣膜口狭窄：是形成杂音的常见原因，血流通过狭窄处产生湍流而形成杂音。如二尖瓣狭窄、主动脉瓣狭窄、肺动脉瓣狭窄等。

3）瓣膜关闭不全：血液反流经过关闭不全的部位会产生湍流而出现杂音，如主动脉瓣关闭不全、二尖瓣关闭不全、肺动脉瓣关闭不全等。

4）异常血流通道：在心腔内或大血管间存在异常通道，如房间隔缺损、室间隔缺损、动脉导管未闭等。

5）心腔内异常结构：心室内乳头肌、腱索断裂的残端漂浮可扰乱血液层流而出现杂音。

6）大血管瘤样扩张：如升主动脉瘤等。

（2）杂音的特性与听诊要点：

1）最响部位和传导方向：杂音最响部位常与病变部位有关。如杂音在心尖部位最响，提示二尖瓣病变；杂音在主动脉瓣区或肺动脉瓣区最响，提示主动脉瓣或肺动脉瓣病变；胸骨左缘第3、4肋间闻及响亮而粗糙的收缩期杂音，可考虑室间隔缺损；动脉导管未闭的杂音在胸骨左缘2肋间及附近最响。杂音可以较局限，也可以沿着产生杂音的血流方向向远处传导。如二尖瓣狭窄的舒张期杂音局限于心尖区；二尖瓣关闭不全的杂音多向左腋下及左肩胛部传导；主动脉瓣狭窄的杂音向颈部传导；主动脉瓣关闭不全的舒张期杂音在主动脉瓣第二听诊区最响，向心尖部传导。一般来说，传导越远，声音越弱，但性质不变。因此，在心前区两个听诊区听到同性质、同时期的杂音时，哪一听诊区最响，则提示该听诊区为病变区；若移动听诊部位，杂音逐渐减弱，而移近另一听诊区时杂音又增强但性质不同，则应考虑两个瓣膜或部位均有病变。

2）时期：按照杂音在心动周期中出现的时间可分为收缩期杂音（SM）、舒张期杂音（DM）、连续性杂音和双期杂音（收缩期与舒张期均出现，但不连续）。按杂音出现的早晚，可进一步分为早期、中期、晚期和全期杂音。一般认为，收缩期杂音可能是功能性或器质性的，而舒张期杂音、连续性杂音及双期杂音均是器质性的。

3）性质：是指杂音的频率不同表现出的音色与音调的不同。根据杂音音色可分为吹风样、隆隆样（雷鸣样）、机器样、喷射样、叹气样、乐音样和鸟鸣样杂音等。形容杂音音调的词为柔和和粗糙。病变性质不同，杂音的性质也不同。因此，临床上可根据杂音的性质推断病变的性质。如心尖区舒张期隆隆样杂音提示二尖瓣狭窄；心尖区粗糙的吹风样全收缩期杂音，提示二尖瓣关闭不全；主动脉瓣第二听诊区舒张期叹气样杂音主要见于主动脉瓣关闭不全；胸骨左缘2肋间及附近的连续机器样杂音主要见于动脉导管未闭；乐音样杂音（海鸥鸣样或鸽鸣样）常见于感染性心内膜炎、梅毒性主动脉瓣关闭不全等。一般说来，功能性杂音音调较柔和，器质性杂音音调较粗糙。

4）强度与形态：杂音的强度即杂音响度，杂音的形态即杂音强度在心动周期中的变化情况。收缩期杂音的强度一般采用 Levine 6 级分级法，见表 3-5。舒张期杂音的强度也可参照此标准，或分为轻、中、重度三级。杂音分级的记录方法：杂音级别为分子，6 为分母，如响度为 2 级的杂音，记为 2/6 级杂音。

一般 2 级以下的收缩期杂音为功能性的，无病理意义，3 级以上的多为器质性的，有病理意义。杂音的强度不一定与病变的严重程度成正比，病变较重时，杂音可较弱，相反，病变较轻时，杂音也可能较强。

常见的杂音形态（心音图记录）有 5 种：①递增型杂音，杂音由弱逐渐增强，如二尖瓣狭窄的舒张中晚期隆隆样杂音；②递减型杂音，杂音由较强逐渐减弱，如主动脉瓣关闭不全时的舒张早期叹气样杂音；③递增递减型杂音，又称菱形杂音，杂音由弱转强，再由强转弱，如主动脉瓣狭窄时的收缩期杂音；④连续型杂音，杂音由收缩期开始，逐渐增强，高峰在 S_2 处，舒张期开始渐减，直到下一心动周期的 S_1 前消失，如动脉导管未闭时的连续性杂音；⑤一贯型杂音，杂音强度大体保持一致，如二尖瓣关闭不全时的全收缩期杂音。

表3-5　杂音强度分级

级别	响度	听诊特点	震颤
1	很轻	很弱，易被初学者或缺少心脏听诊经验者忽略	无
2	轻度	能被初学者或缺少心脏听诊经验者听到	无
3	中度	明显的杂音	无
4	中度	明显的杂音	有
5	响亮	响亮的杂音	明显
6	响亮	响亮的杂音，即使听诊器稍离开胸壁也能听到	明显

5）体位、呼吸和运动对杂音的影响：

体位：二尖瓣狭窄的杂音在左侧卧位时明显；坐位前倾时主动脉瓣关闭不全的杂音更清楚；仰卧位时二尖瓣、三尖瓣、肺动脉瓣关闭不全的杂音更明显。此外，迅速改变体位，使回心血量增减也可影响杂音的强度，如从卧位或下蹲位迅速站立，使回心血量减少，从而使二尖瓣、三尖瓣、主动脉瓣关闭不全及肺动脉瓣狭窄与关闭不全的杂音均减弱，而梗阻性肥厚型心肌病的杂音可增强。

呼吸：深吸气时，胸腔负压增加，回心血量增多，可使与右心相关的杂音均增强，如三尖瓣或肺动脉瓣狭窄与关闭不全的杂音会增强，而与左心瓣膜相关的杂音强度大致不变（因扩张的肺循环容纳增多的回心血量，吸气不影响左心血流量）。同理，深呼气时，经右心瓣膜产生的杂音均减弱，经左心瓣膜产生的杂音亦大致不变。但如果做瓦尔萨尔瓦动作（深吸气后紧闭声门并用力呼气），使右心和左心血流量均减少，经所有瓣膜产生的杂音一般均减弱，而梗阻性肥厚型心肌病杂音增强。

运动：血流加速，杂音一般均增强。

（3）杂音的临床意义：根据杂音产生的部位有无器质性病变，可分为器质性杂音和功能性杂音，根据杂音的临床意义又可分为病理性杂音和生理性杂音。功能性杂音包括生理性杂音、相对性杂音（瓣膜相对狭窄或关闭不全产生的杂音）及全身性疾病导致的血流动力学改变（如甲亢引起的血流加速）产生的杂音。生理性与器质性收缩期杂音的鉴别见表3-6。

表3-6　生理性与器质性收缩期杂音的鉴别

鉴别点	生理性	器质性
年龄	儿童、青少年多见	不定
部位	肺动脉瓣区和/或心尖区	不定
性质	柔和，吹风样	粗糙，风吹样，常呈高调
持续时间	短促	较长，多为全收缩期
强度	≤2/6级	常≥3/6级
震颤	无	3/6级以上伴有震颤
传导	局限	沿血流方向传导较远
心脏大小	正常	有心房或心室增大

1）收缩期杂音：

二尖瓣区：①功能性杂音多见于运动、发热、贫血、妊娠及甲亢等。杂音柔和、吹风样、强度≤2/6 级、时间短、较局限，也见于部分青少年安静情况下。具有心脏病理意义的功能性杂音见于左心室增大引起的二尖瓣相对性关闭不全，如高血压性心脏病、冠心病、贫血性心脏病和扩张型心肌病等。杂音较粗糙、吹风样、强度 2/6～3/6 级、时间较长，可有一定传导。②器质性杂音见于风湿性二尖瓣关闭不全、二尖瓣脱垂综合征等。杂音粗糙、吹风样、高调、响亮、强度≥3/6 级、时限长，可占全收缩期，甚至遮盖 S_1，并向左腋下传导。

主动脉瓣区：①功能性杂音见于升主动脉扩张如高血压、主动脉硬化等。杂音柔和，常伴有 A_2 亢进。②器质性杂音见于主动脉瓣狭窄。杂音为喷射性，响亮且粗糙，递增递减型，并向颈部传导，常伴有震颤及 A_2 减弱。

肺动脉瓣区：①功能性杂音常见于儿童及青少年，柔和、吹风样、强度≤2/6 级、持续时间短。病理情况下的功能性杂音见于肺动脉扩张产生的相对性肺动脉瓣狭窄，多由肺淤血或肺动脉高压引起，杂音较响，P_2 亢进，如二尖瓣狭窄、房间隔缺损等。②器质性杂音见于肺动脉瓣狭窄。杂音为典型的收缩中期杂音，呈喷射性、粗糙、≥3/6 级，常伴震颤及 P_2 减弱。

三尖瓣区：①功能性杂音见于右心室扩大引起的三尖瓣相对性关闭不全，如二尖瓣狭窄、肺心病。杂音为吹风样、柔和，吸气时增强，强度≤2/6 级，随右室增大，杂音部位可向左移近心尖处，但杂音不向左腋下传导，借此可与二尖瓣关闭不全的杂音鉴别。②器质性杂音极少见，见于三尖瓣关闭不全，可伴颈静脉和肝脏收缩期搏动。

其他部位：①功能性杂音见于部分青少年，在胸骨左缘第 2、3、4 肋间可闻及生理性杂音，主要是由于左或右心室将血液排入主或肺动脉时产生的紊乱血流所致。杂音柔和、无传导、强度≤2/6 级，平卧位吸气时易闻及，坐位时减轻或消失。②器质性杂音：常见的有胸骨左缘第 3、4 肋间出现的响亮而粗糙的收缩期杂音伴震颤，有时呈喷射性，见于室间隔缺损或梗阻性肥厚型心肌病等。

2）舒张期杂音：

二尖瓣区：①功能性杂音主要见于中、重度主动脉瓣关闭不全时，因左室前负荷过高，二尖瓣基本处于半关闭状态，导致出现相对性二尖瓣狭窄的杂音，称奥斯汀·弗林特（Austin Flint）杂音，为柔和的递减型舒张中晚期杂音，无震颤，不伴有 S_1 亢进和开瓣音。应注意与器质性二尖瓣狭窄的杂音鉴别。②器质性杂音为风湿性二尖瓣狭窄引起，为低调粗糙的递增型舒张中晚期隆隆样杂音，不传导，常伴震颤和 S_1 亢进，可有开瓣音。

主动脉瓣区：各种原因引起的主动脉瓣关闭不全所致的器质性杂音，为舒张早期递减型，柔和，叹气样，可向心尖部传导，在主动脉瓣第二听诊区听得较清楚，坐位前倾、呼气末屏气更易听到。可见于风湿性主动脉瓣关闭不全、先天性主动脉瓣关闭不全、梅毒性升主动脉炎及马方综合征等。

肺动脉瓣区：器质性病变引起者少。多为肺动脉扩张导致相对性肺动脉瓣关闭不全，杂音为递减型、柔和、吹风样、吸气末增强、较局限，常伴 P_2 亢进，称为格雷厄姆·斯蒂尔（Graham Steel）杂音，常见于二尖瓣狭窄伴明显肺动脉高压者。

三尖瓣区：见于三尖瓣狭窄，极少见。局限于胸骨左缘第 4、5 肋间，低调隆隆样，深吸气末增强。

3）连续性杂音：多见于先天性心脏病动脉导管未闭。杂音粗糙、响亮，似机器转动样，持续整个收缩期与舒张期，掩盖 S_2，在胸骨左缘第 2 肋间稍外侧闻及，常伴震颤。此外，先天性心脏病主肺动脉间隔缺损、冠状动静脉瘘、冠状动脉窦瘤破裂等也可在相应部位出现连续性杂音。

6. 心包摩擦音　发生机制类似心包摩擦感。该音为粗糙、高调、类似纸张摩擦的声音，在心前区或胸骨左缘第 3、4 肋间最清楚，坐位前倾或呼气末更明显，屏气时仍存在。见于各种感染性心包炎、急性心肌梗死、尿毒症、心脏损伤后综合征和系统性红斑狼疮等。当心包积液增多达一定量后，摩擦音可消失。

（五）常见心脏病变（疾病）体征

见表3-7。

表3-7　常见心脏病变体征

	视诊	触诊	叩诊	听诊
二尖瓣狭窄	二尖瓣面容，心尖搏动向左移位	心尖左移，心尖部可触及舒张期震颤，右心室肥大时可有剑突下抬举样搏动	心浊音界早期向左、后再向右扩大，心腰部膨出，心浊音界呈梨形	心尖部 S_1 亢进，心尖部局限的隆隆样舒张中晚期递增型杂音，可伴开瓣音、P_2 亢进及分裂、肺动脉瓣区舒张期杂音。三尖瓣区收缩期杂音
二尖瓣关闭不全	心尖搏动向左下移位	心尖左下移位搏动有力，呈抬举性，重者可触及收缩期震颤	心浊音界向左下扩大，后期亦可向右扩大	心尖部 3/6 级以上粗糙的吹风样全收缩期一贯型杂音，范围广泛，向左腋部及左肩胛下角传导，并可掩盖 S_1，P_2 亢进、分裂，心尖部 S_1 减弱
主动脉瓣狭窄	心尖搏动向左下移位	心尖搏动局限，可呈抬举性，主动脉瓣区可触及收缩期震颤，脉搏细弱	心浊音界向左下扩大	主动脉瓣区响亮粗糙收缩期递增递减型杂音，向颈部传导，可 A_2 减弱、S_2 逆分裂。有时可闻及 S_4
主动脉瓣关闭不全	心尖搏动向左下移位，颈动脉搏动明显，并可随心脏收缩出现点头征	心尖部搏动弥散，可呈抬举性，向左下移位，伴有水冲脉	心浊音界向左下扩大，心腰明显凹陷，心浊音界呈靴形	主动脉瓣第二听诊区叹气样递减型舒张期杂音，向心尖部传导。心尖部可有柔和的隆隆样舒张期递减型杂音。可有股动脉枪击音及杜氏双重杂音，A_2 减弱
心包积液	心前区饱满，颈静脉怒张，心尖搏动减弱或消失	心尖搏动弱且不易触到，脉搏快而弱，奇脉，肝颈静脉回流征阳性	心浊音界向两侧扩大，呈烧瓶样，并可随体位改变而变化。	心音遥远，心率增快。早期可有心包摩擦音

五、血管检查

（一）脉搏

参见第三章第二节。

（二）血压

参见第三章第二节。

（三）血管杂音及周围血管征

1. 静脉杂音　由于静脉压力低，不易出现涡流，故杂音多不明显。如能听到静脉杂音，往往是在静脉血流量较大时才可闻及。如颈静脉营营声，在颈根部近锁骨处或锁骨下，尤其是右侧，可出现低调、柔和、连续性杂音，直立位时较明显，若用手指压迫颈静脉暂时中断血流，则杂音消失。此外，肝硬化门脉高压时，腹壁静脉扩张，血流加速，可在脐周或上腹部听到一种连续静脉营营声。

2. 动脉杂音　多见于周围动脉、肺动脉或动静脉瘘。如甲亢时，在甲状腺侧叶可闻及连续性杂音；多发性大动脉炎时，狭窄部位可闻及收缩期杂音；颈动脉、肾动脉、髂动脉等周围动脉粥样硬化时，在相应部位均可闻及收缩期杂音；肺动静脉瘘、外周动静脉瘘、冠状动静脉瘘时，亦可在相应部位闻及连续性杂音；在部分正常儿童及青年，锁骨上可有轻而短的递增递减型收缩期杂音，当双肩向后高度伸展时杂音可消失，该杂音发生原理尚不明确，可能来源于主动脉弓的头臂分支。

3. 周围血管征

脉压差增大，除可触及水冲脉外，还有以下体征：

（1）枪击音：在外周较大动脉表面，常选择股动脉，轻放听诊器钟型体件时可闻及与心跳一致短促如射枪的声音。

（2）杜氏双重杂音（Duroziez's murmur）：以听诊器钟型体件稍加压力于股动脉，并使体件开口方向稍偏向近心端，可闻及收缩期与舒张期双期吹风样杂音。

（3）毛细血管搏动征：用手指轻压患者指甲末端或以玻片轻压患者口唇黏膜，使局部发白，当心脏收缩和舒张时则发白的局部边缘发生有规律的红、白交替改变即为毛细血管搏动征。

凡体检时发现上述体征及水冲脉可统称周围血管征阳性，主要见于主动脉瓣重度关闭不全、甲状腺功能亢进和严重贫血等。

扫一扫，知操作
（胸部检查）

第六节　腹部检查

腹部主要由腹壁、腹腔和腹腔内脏器组成。腹部的范围上起横膈，下至骨盆；体表上起两侧肋弓下缘和剑突，下至两侧腹股沟韧带和耻骨联合，前面和侧面由腹壁组成，后面为脊柱和腰肌。腹部检查可采用视诊、触诊、叩诊、听诊，最主要的检查方法是触诊。为避免触诊和叩诊引起胃肠蠕动增加，影响肠鸣音检查，故腹部检查按视、听、叩、触的顺序进行，但记录时仍按视、触、叩、听的顺序记录。

一、腹部体表标志及分区

（一）体表标志

为了准确描记腹部脏器病变的部位和范围，需要借助腹部体表某些突起的骨骼、肌肉等作为标志，常用的体表标志（图 3-42）有：肋弓下缘、剑突、腹上角（两侧肋弓的交角）、腹直肌外缘、脐、髂前上棘、腹股沟韧带、肋脊角（背部两侧第 12 肋骨与脊柱的交角）、耻骨联合、腹中线（前正中线的延续）等。

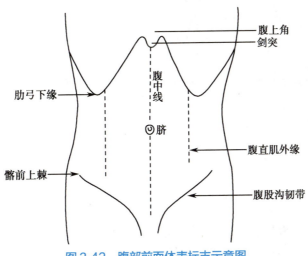

图 3-42　腹部前面体表标志示意图

（二）腹部分区

临床上常用的分区方法有四区分法和九区分法。

1. 四区分法   通过脐划一水平线与一垂直线，两线相交将腹部分为四区，即左、右上腹部和左、右下腹部。

2. 九区分法   用两条水平线和两条垂直线，将腹部分为九区。两条水平线分别为两侧肋弓下缘的连线和两侧髂前上棘的连线；两条垂线分别为通过左、右髂前上棘至腹中线连线的中点。四线相交将腹部划分为井字形九区，即左、右上腹部（季肋部），左、右侧腹部（腰部），左、右下腹部（髂部），上腹部，中腹部和下腹部（耻骨上部）（图3-43）。各区所包含的主要脏器如下：

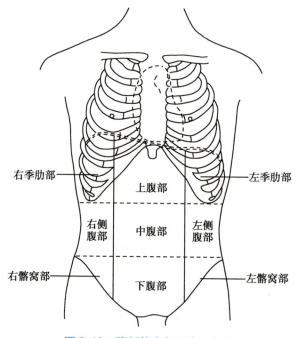

图 3-43　腹部体表九区法示意图

（1）右上腹部（右季肋部）：肝右叶、胆囊、结肠肝曲、右肾、右肾上腺。

（2）右侧腹部（右腰部）：升结肠、空肠、右肾。

（3）右下腹部（右髂部）：盲肠、阑尾、回肠末端、淋巴结，女性右侧卵巢及输卵管，男性右侧精索。

（4）上腹部：胃、肝左叶、十二指肠、胰头、胰体、横结肠、腹主动脉、大网膜。

（5）中腹部（脐部）：十二指肠、空肠、回肠、下垂的胃及横结肠、肠系膜、输尿管、腹主动脉、大网膜。

（6）下腹部（耻骨上部）：回肠、乙状结肠、输尿管、胀大的膀胱及女性增大的子宫。

（7）左上腹部（左季肋部）：脾、胃、结肠脾曲、胰尾、左肾、左肾上腺。

（8）左侧腹部（左腰部）：降结肠、空肠、回肠、左肾。

（9）左下腹部（左髂部）：乙状结肠、淋巴结，女性左侧卵巢及输卵管，男性左侧精索。

二、视　　诊

进行腹部视诊前，嘱被检者排空膀胱，取低枕仰卧位，两手自然置于身体两侧。充分暴露全腹，上自剑突，下至耻骨联合，躯体其他部分应遮盖，应注意保暖，以免腹部受凉引起不适。光线宜充足柔和,从前侧方射入视野,有利于观察腹部表面的轮廓、肿块、肠型及蠕动波等。检查者一般站在被检者的右侧,按自上而下顺序观察。

腹部视诊的主要内容包括腹部外形、呼吸运动、腹壁静脉、胃肠型和蠕动波,以及腹壁其他情况等。

(一)腹部外形

1. 正常状态　健康正常成年人平卧时,前腹壁大致处于肋缘与耻骨联合同一平面或略为低凹,称为腹部平坦;小儿及肥胖者前腹壁稍高于肋缘与耻骨联合的平面,称腹部饱满;老年人及消瘦者前腹壁稍低于肋缘与耻骨联合的平面,称腹部低平。

2. 腹部膨隆　平卧时,前腹壁明显高于肋缘与耻骨联合平面,称腹部膨隆。

(1)全腹膨隆:①大量腹腔积液。腹壁松弛,仰卧位,液体沉积于腹部两侧,呈蛙腹状,腹型随体位改变而改变。常见于肝硬化门静脉高压症、心力衰竭、缩窄性心包炎、腹膜转移癌、肾病综合征、结核性腹膜炎等。②腹内积气。腹部呈球形,转动体位,其形状无明显改变。胃肠道内积气常见于肠梗阻、肠麻痹。腹膜腔积气常见于胃肠穿孔、治疗性人工气腹。③腹内巨大包块。见于巨大卵巢囊肿、畸胎瘤等。当腹膜有炎症或肿瘤浸润时,腹部常呈尖凸状,称为尖腹。④其他,如晚期妊娠、肥胖症等。

当全腹膨隆时,为观察其程度和变化,常需测量腹围。让患者排尿后平卧,用软尺经脐绕腹一周,测得的周长即为腹围(脐周腹围),通常以厘米为单位,还可以测其腹部最大周长(最大腹围),同时记录。

(2)局部膨隆:多由于腹腔内脏器肿大、炎性包块、腹内肿瘤、胃肠胀气、腹壁上的肿物、疝等引起。例如,上腹中部膨隆常见于肝左叶肿大、胃癌、胃扩张、胰腺肿瘤或囊肿等;右上腹膨隆常见于肝大、胆囊肿大及结肠肝曲肿瘤等;左上腹膨隆常见于脾大、结肠脾曲肿瘤或巨结肠;腰部膨隆见于多囊肾、巨大肾上腺肿瘤、肾盂大量积水或积脓;脐部膨隆常因脐疝、腹部炎症性肿块引起;下腹膨隆常见于子宫增大、膀胱胀大,后者在排尿后可以消失;右下腹膨隆常见于回盲部结核或肿瘤、克罗恩病及阑尾周围脓肿等;左下腹膨隆见于降结肠及乙状结肠肿瘤,亦可因干结粪块所致。腹壁或腹膜后肿物如神经纤维瘤、纤维肉瘤等,一般不随体位而变动;膈下脏器或其肿块随呼吸移动。疝多在腹白线、脐、腹股沟、手术瘢痕区等部位,在腹压增加时出现膨隆,而降低腹压或卧位时消失。

3. 腹部凹陷　仰卧时前腹壁明显低于肋缘与耻骨联合平面,称腹部凹陷。

(1)全腹凹陷:见于极度消瘦和严重脱水。严重者前腹壁几乎贴近脊柱,肋弓、髂嵴和耻骨联合显露,使腹外形呈舟状,称舟状腹,见于恶病质,如慢性消耗性疾病的晚期(结核病、恶性肿瘤)、糖尿病等。

(2)局部凹陷:多由于手术后腹壁瘢痕收缩所致,当加大腹压或立位时凹陷更明显。吸气性呼吸困难时表现为上腹部在吸气时明显凹陷。

(二)呼吸运动

1. 正常状态　男性和小儿以腹式呼吸为主,成年女性以胸式呼吸为主。

2. 腹式呼吸改变

(1)腹式呼吸减弱或消失:常见于急性腹膜炎、膈肌麻痹、大量腹腔积液、腹腔内巨大肿物及晚期妊娠等。

(2)腹式呼吸增强:常见于癔症性呼吸、大量胸腔积液等。

(三)腹壁静脉

1. 正常状态　正常腹壁皮下静脉一般不显露,较瘦或皮肤白皙的人隐约可见,腹壁皮肤薄而松弛的老年人多易看出,但静脉较直,无迂曲。脐水平线以上的腹壁静脉血流自下而上经胸壁静脉和腋静脉进入上腔静脉;脐水平线以下的腹壁静脉血流自上而下经大隐静脉进入下腔静脉。

2. 腹壁静脉曲张　　腹壁静脉曲张是指腹壁静脉明显显露且迂曲变粗，为侧支循环形成引起，常见于门静脉高压、上腔静脉阻塞、下腔静脉阻塞。

（1）判断腹壁静脉血流方向的方法：选择一段没有分支的腹壁静脉，检查者将右手食指和中指并拢压在该段静脉上，一手指紧压不动，另一手指沿静脉紧压而向外移动，挤出该段静脉内血液，到一定距离后（约7.5～10cm）放松该手指，观察该段静脉是否充盈。如挤空的这一段静脉快速充盈，则血流方向是从放松手指一端流向紧压手指一端；如挤空的这一段静脉无充盈，则血流方向是从紧压手指一端流向放松手指一端（图3-44）。

（2）腹壁静脉血流方向对血管阻塞部位的判断：①门静脉高压，腹壁静脉曲张以脐为中心向四周伸展呈"水母头样"，血流方向与正常的血流方向相同；②下腔静脉阻塞，曲张的静脉分布在腹壁两侧，脐上脐下腹壁静脉血流方向均自下而上；③上腔静脉阻塞，曲张的静脉分布在腹壁两侧，脐上脐下静脉血流方向均自上而下。

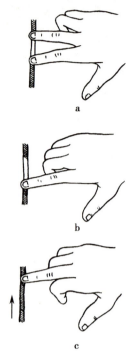

图3-44　判断静脉血流方向手法示意图

（四）胃肠型和蠕动波

胃和肠的轮廓分别称为胃型和肠型，胃肠蠕动时形成的推进性隆起称蠕动波。正常人腹部一般看不到胃肠型和蠕动波，腹壁松弛或菲薄的经产妇、老年人可能见到。

胃肠型和蠕动波多见于胃肠道梗阻。幽门梗阻时，可见胃型和胃蠕动波，胃蠕动波自左肋缘下开始，缓慢地向右推进，到达右腹直肌旁消失，称为正蠕动波，有时还可见到自右向左的逆蠕动波。肠梗阻时，可看到肠型和肠蠕动波，小肠梗阻所致的蠕动波多见于脐部。严重肠梗阻时，胀大的肠袢呈管状隆起，横行排列于腹中部，组成多层梯形肠型，并可见到明显蠕动波，方向不一致。出现肠麻痹时，则肠蠕动波消失。

（五）腹壁其他情况

1. 皮疹　　①玫瑰疹：淡红色斑丘疹，直径2～3mm，压之褪色，约2～4日消退，分批出现，见于伤寒；②带状疱疹：沿脊神经呈带状排列的粟粒至黄豆大小水疱，周围绕一红晕，多发生在腹部或腰部一侧，一般不超过正中线，见于带状疱疹。

2. 色素　　血液自腹膜后间隙渗到侧腹壁的皮下使左腰部皮肤呈蓝色所致格雷特纳征，见于重症急性胰腺炎、肠绞窄等；腹腔内大出血使脐周围或下腹壁皮肤发蓝所致卡伦征，见于异位妊娠破裂、重症急性胰腺炎等；腹部和腰部不规则的斑片状色素沉着，见于多发性神经纤维瘤；腹股沟及系腰带部位有褐色素沉着，见于肾上腺皮质功能减退；在脐与耻骨之间的中线上出现褐色素沉着，见于孕妇，分娩后可消失。

3. 腹纹　　多出现在下腹部和左、右下腹部。银白色条纹（腹壁真皮结缔组织因张力增高裂开所致），见于肥胖者、经产妇；妊娠纹，呈淡蓝色或粉红色，见于孕妇；紫纹，除下腹部外，尚出现在臀部、股外侧和肩背部，见于皮质醇增多症。

4. 瘢痕　　腹部瘢痕多为外伤、手术或皮肤感染的遗迹，特别是某些特定部位的瘢痕常提示手术史。

5. 疝　　腹部疝可分为腹内疝和腹外疝两大类，前者少见，后者较多见。为腹腔内容物经腹壁或骨盆壁的间隙或薄弱部分向体表凸出而形成。常见的疝有：脐疝，多见于婴幼儿，也可见于经产妇或大量腹腔积液患者；切口疝，见于手术瘢痕愈合不良者；股疝，位于腹股沟韧带中部，多见于女性；腹股沟斜疝，多见于男性，位于腹股沟区或下降至阴囊。

6. 脐　　正常脐清洁干燥。脐凹处出现浆液性或脓性分泌物，且有臭味，见于脐炎；脐凹处分泌物呈水样,且有尿臊味,见于脐尿管未闭;脐部溃疡坚硬、固定且突出,多见于癌肿。

7. 上腹部搏动　大多由腹主动脉搏动传导而来,可见于正常人较瘦者。腹主动脉瘤和肝血管瘤时,上腹部搏动明显。二尖瓣狭窄或三尖瓣关闭不全引起右心室增大,亦可见明显的上腹部搏动。

三、听　诊

腹部听诊时,将听诊器钟型体件置于腹壁上,全面听诊各区,尤其注意上腹部、中腹部、腹部两侧及肝、脾各区。听诊内容有:肠鸣音、血管杂音、摩擦音等。妊娠 5 个月以上还可在脐下方闻及胎心音。

(一)肠鸣音

肠管蠕动时,肠内的气体和液体随之而流动,产生一种断断续续的咕噜声(或气过水声),称为肠鸣音。

1. 正常状态　通常以右下腹部作为肠鸣音听诊点,在正常情况下,肠鸣音大约每分钟 4～5 次,其频率声响和音调变异较大,餐后频繁而明显,休息时稀疏而微弱,只有靠医生的经验来判断是否正常。

2. 临床意义

(1)肠鸣音活跃:肠鸣音每分钟达 10 次以上,但音调无明显改变,常见于急性胃肠炎、服泻药后、胃肠道大出血等。

(2)肠鸣音亢进:肠鸣音每分钟达 10 次以上,音调高亢、响亮,呈金属音,见于机械性肠梗阻。

(3)肠鸣音减弱或消失:肠鸣音减弱或数分钟才可听到 1 次,称肠鸣音减弱,见于胃肠动力不足、老年性便秘、电解质紊乱(低钾血症)等;如持续 2 分钟以上未听到肠鸣音,称肠鸣音消失,可见于麻痹性肠梗阻或急性腹膜炎等。

(二)血管杂音

腹部血管杂音对诊断某些疾病有一定的作用,听诊中不能忽视,血管杂音可分为动脉性和静脉性杂音。

1. 动脉性杂音　若在腹中部闻及收缩期吹风样杂音,提示腹主动脉瘤或腹主动脉狭窄,前者可触及一搏动性包块,后者搏动减弱,下肢血压低于上肢,重者足背动脉搏动消失。若在左、右上腹闻及收缩期吹风样杂音,提示肾动脉狭窄。若在下腹部两侧,提示髂动脉狭窄。

2. 静脉性杂音　在脐周或上腹部闻及连续柔和的嗡鸣音,尤其腹壁静脉曲张处,提示门静脉高压。

(三)摩擦音

在脾梗死致脾周围炎、肝周围炎或胆囊炎累及局部腹膜等情况下,可于深呼吸时,于各相应部位听到摩擦音,严重时可触及摩擦感。

四、叩　诊

通过腹部叩诊了解腹腔实质脏器的大小和部位有无变化及有无叩击痛、胃肠道充气状况、腹腔内有无积气或积液、胃与膀胱扩大的程度等。腹部叩诊一般采用间接叩诊法。

(一)腹部叩诊音

正常情况下,腹部大部分区域的叩诊音为鼓音,肝脏、脾脏、充盈的膀胱、增大的子宫占据的部位,以及两侧腹部近腰肌处为浊音或实音。肝、脾及其他脏器的极度肿大,腹腔内肿瘤或大量腹腔积液时,鼓音区范围缩小,病变部位可出现浊音或实音;胃肠高度胀气和胃肠穿孔致气腹时,鼓音区范围增大,鼓音也更明显。叩诊可从左下腹开始逆时针方向至右下腹部,再至脐部。

（二）肝脏叩诊

1. **肝脏的界限**　叩诊肝上界时，通常是沿右锁骨中线、右腋中线和右肩胛线，由肺区向下叩至肝区，由清音转为浊音时，即为肝上界，此处相当于被肺遮盖的肝顶部。正常肝上界位于右锁骨中线第5肋间，腋中线第8肋间，肩胛线第10肋间。矮胖体型者肝上下界均高一肋间，瘦长体型者则低一个肋间。继续向下叩，浊音转为实音，此处肝脏不被肺所遮盖，而直接贴近胸壁，称为肝绝对浊音界。确定肝下界，最好由腹部鼓音区沿右锁骨中线或正中线向上叩，由鼓音转为实音处即是。正常肝下界位于右季肋下缘。叩得的肝下界比触得的肝下缘一般高1~2cm，但若肝缘明显增厚，则两者接近。肝脏叩诊可以大致确定肝脏大小。沿右锁骨中线测量肝脏上缘至下缘的距离，成人正常约为9~11cm。

肝脏浊音界扩大见于肝癌、肝脓肿、肝炎、肝瘀血及多囊肝等；肝脏浊音界缩小见于暴发性肝衰竭、肝硬化和胃肠胀气等；肝浊音界消失代之以鼓音，多见于急性胃肠穿孔等。肝脏浊音界向上移位见于右肺纤维化、右下肺不张及气腹、鼓肠等；肝浊音界向下移位见于肺气肿、右侧张力性气胸等。膈下脓肿时，由于肝下移和膈升高，肝浊音区也扩大，但肝脏实际并未增大。

2. **肝区叩击痛**　检查者将左手掌置于被检者右季肋部肝脏表面，右手握拳，中等力量叩击左手背，正常无疼痛或轻度疼痛，出现较明显的疼痛时，称为肝区叩击痛。肝区叩击痛多见于肝炎、肝脓肿、肝癌和肝内胆管结石等。

（三）膀胱叩诊

膀胱叩诊在耻骨联合上方进行，自上向下叩。膀胱空虚时，叩不出膀胱的轮廓。当膀胱有尿液充盈时，耻骨上方叩出膀胱圆形浊音区。女性妊娠时的子宫增大、子宫肌瘤、卵巢囊肿，在该部位也叩出浊音，须加以鉴别。方法是让被检者排尿或导尿后复查，如浊音区转为鼓音，即为尿潴留所致膀胱增大。腹腔积液时，耻骨上方叩诊也有浊音区，但此区的弧形上缘凹向脐部，而膀胱肿大时，浊音区的弧形上缘凸向脐部。

（四）肋脊角叩击痛

被检者采取坐位或侧卧位，检查者用左手掌平放在其肋脊角处，右手握拳用中等强度的力量叩击左手背，正常时无叩击痛。肋脊角叩击痛常见于急性肾盂肾炎、肾结石、肾结核、肾周围炎等。

（五）移动性浊音

腹腔内有较多的液体存留时，由于重力的作用，液体潴积于腹腔的低处，故在此处叩诊呈浊音。被检者取仰卧位，腹中部因肠管内有气体，故在液面浮起，叩诊呈鼓音，两侧腹部因腹腔积液积聚，叩诊呈浊音。检查者自腹中部脐水平面开始向被检者左侧叩诊，发现浊音时，板指固定不动，嘱被检者右侧卧，再度叩诊，如呈鼓音，表明浊音移动。同样方法向右侧叩诊，叩得浊音后嘱患者左侧卧，核实浊音是否移动。这种因体位不同而出现浊音区变动的现象，称为移动性浊音。当腹腔内腹腔积液在1 000ml以上时，即可叩出移动性浊音。少量的腹腔积液可通过肘膝位叩出。让被检者取肘膝位，使脐部处于最低部位，由侧腹向脐部叩诊，如脐部由仰卧位时的鼓音转为浊音，则提示有120ml以上腹腔积液的可能，亦称水坑征。腹腔积液常见于肝硬化、心力衰竭、肾炎、急性腹膜炎等。

五、触　　诊

腹部触诊时，被检者应排尿后取低枕仰卧位，两手平放于躯干两侧，两腿屈起并稍分开，腹肌放松，作张口缓慢腹式呼吸。一般自左下腹开始逆时针方向至右下腹，再至脐部，依次检查腹部各区。原则应从健侧开始，逐渐移向病变区域。触诊过程中，注意与被检者交流，随时观察其表情反应。

（一）腹壁紧张度

正常腹壁柔软，触诊时腹肌有一定张力，但无抵抗力。若检查者触诊的手过凉或因被检者不习惯被触摸、怕痒导致的腹肌自主性痉挛，称肌卫增强，在适应、诱导或转移注意力后可消失，属于正常现象。

1. 腹壁紧张度增加　在某些病理情况下可引起全腹或局部腹壁紧张度增加。

（1）全腹腹壁紧张度增强：①腹部饱满。腹壁肌张力增加，但无肌痉挛，无压痛，主要由于腹腔内容物增加引起，见于肠胀气、气腹、大量腹腔积液等。②腹部柔韧感。腹壁柔韧且具抵抗力，不易压陷，见于结核性腹膜炎、腹膜转移癌。③腹壁高度紧张。腹肌痉挛，有强烈抵抗感，伴明显压痛、反跳痛，甚至强直硬如木板，称板状腹，见于急性弥漫性腹膜炎，多由急性胃肠道穿孔、脏器破裂所致。

（2）局部腹壁紧张度增强：多由腹腔内某一脏器炎症波及腹膜引起，如左上腹肌紧张，常见于急性胰腺炎；右上腹肌紧张，常见于急性胆囊炎；右下腹肌紧张，常见于急性阑尾炎。

2. 腹壁紧张度减低　检查时腹壁松软无力，无弹性，多见于慢性消耗性疾病、大量放腹腔积液后、经产妇、年老体弱及重度脱水等；重症肌无力、脊髓损伤所致腹肌瘫痪可使腹壁张力消失。

（二）压痛与反跳痛

正常腹部无压痛及反跳痛。由浅入深，按压腹壁时发生疼痛，称为压痛。在触诊腹壁出现压痛时，手指可在原处稍停留片刻，使压痛趋于稳定，然后迅速抬起手指，如此时被检者腹痛骤然加剧，并呈现痛苦表情或呻吟，称为反跳痛。

1. 压痛　当腹腔脏器出现炎症、淤血、肿瘤、破裂、扭转及腹膜受到各种刺激等，均可引起腹部压痛，压痛的部位常提示病变所在部位。临床常见压痛部位或压痛点位置见图3-45。阑尾压痛点位于右髂前上棘至脐连线的中 1/3 与外 1/3 交界处，称麦克伯尼点（简称：麦氏点），此点压痛主要见于阑尾炎。胆囊压痛点位于右锁骨中线与肋缘交界处，此点触痛主要见于胆囊炎。肾脏和尿路压痛点：①季肋点，在第 10 肋前端；②上输尿管点，在腹直肌外缘脐水平线上；③中输尿管点，在两髂前上棘连线与通过耻骨结节所作垂直线的相交点，相当于输尿管进入骨盆处；④肋脊点，在脊柱外缘和第 12 肋骨下缘所成的夹角处；⑤肋腰点，在第 12 肋骨下缘和腰肌外缘所成的夹角处。上述各点压痛，主要见于泌尿系感染或结石。

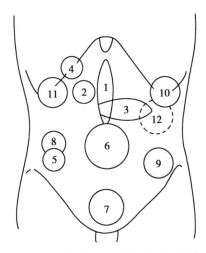

图 3-45　腹部常见压痛部位或压痛点

1. 胃炎、胃溃疡　2. 十二指肠溃疡　3. 胰腺炎　4. 胆囊炎　5. 阑尾炎　6. 小肠疾病
7. 膀胱炎或子宫病变　8. 回盲部炎症　9. 乙状结肠病变　10. 脾、结肠脾曲病变
11. 肝、结肠肝曲病变　12. 胰腺炎的腰部压痛点

2. 反跳痛　反跳痛是腹膜壁层已受炎症累及的征象,是腹内脏器病变累及邻近腹膜壁层的标志。疼痛也可发生在远离受试的部位,提示局部或弥漫性腹膜炎。

腹部压痛、反跳痛、腹肌紧张三者同时存在称为腹膜刺激征,是急性腹膜炎的可靠体征。

（三）液波震颤

腹腔内有大量游离液体时,用手叩击腹部,可感到液体波动的感觉,称液波震颤,又称波动感。

1. 检查方法　被检查者取仰卧位,检查者用一手掌面贴于被检查者一侧腹壁,另一手四指并拢屈曲,用指端叩击对侧腹壁,如贴于腹壁的手掌有被液体波动冲击的感觉,为有波动感。为防止腹壁本身的震动传到对侧腹壁,可让助手或被检查者将手掌尺侧缘或直尺压于脐部腹中线上,以阻止腹壁震动的传导。

2. 临床意义　触及波动感表示腹腔液体量已达 3 000～4 000ml 以上。大量腹腔积液常见于肝硬化、原发性肝癌、急性腹膜炎、右心衰竭等。

（四）腹部包块

腹部包块常由肿大或异位的脏器、肿瘤、囊肿或炎症性肿块等引起。

1. 正常可触及的结构　正常人,尤其是体质较瘦者,腹腔内某一器官可以被触及,应注意与病理性肿块鉴别。常可被触及的脏器有:右肾下极、腹直肌肌腹及腱划、腰椎椎体及骶骨岬、主动脉腹部(腹主动脉)、横结肠(上腹部触到的一个活动的稍向下弯的横条状物,如腊肠样粗细)、乙状结肠(左下腹腹沟韧带处触及的平滑、稍硬、腊肠样粗、无压痛的圆筒状物,有粪块潴留时,呈粗索条状物)、4～5 腰椎椎体、盲肠(在右下腹近腹股沟韧带处可触到的表面光滑、无压痛、中度活动性的圆柱状物)、充盈的膀胱(在耻骨联合上方触及的囊性物,排尿后立即消失)、子宫(妊娠 12 周后,可在耻骨联合上方触到)。

2. 异常包块　如在腹部触到上述内容以外的肿块,则应视为异常,多有病理意义。触到这些肿块时需注意下列各点。

(1)部位:从腹部各区的脏器分布,即可联想到其可能起源的脏器。如上腹中部的包块,多来源于胃或胰腺;右肋下的包块,常来源于肝脏和胆囊。

(2)大小:凡触及包块,都要准确量取纵径、横经和前后经的大小,以利动态观察。为了形象化,亦可用公认的大小实物比喻,如黄豆、蚕豆、核桃、鸡蛋、拳头等。

(3)形态:包块的形态如何,轮廓是否清楚,表面是否光滑,边缘是否规则,有无切迹等均应注意触察。如右肋缘下触到边缘光滑的卵圆形包块应考虑胆囊肿大;左肋缘下触到有明显切迹的包块主要考虑脾大。

(4)质地:质地一般可分软、韧、硬三种程度。包块质地柔软,见于囊肿、脓肿等,如卵巢囊肿、多囊肾等;质地韧可见于慢性肝炎;质地坚硬可见于肝癌等。

(5)压痛:炎性包块多有明显压痛,如右下腹包块的压痛,常见于阑尾周围脓肿、肠结核;右上腹肝大且有压痛常见于肝炎、肝脓肿等,淤血性肝大压痛多不明显。

(6)移动性:包块随呼吸上下移动,主要见于肝、脾、胃、肾或其肿物,胆囊因附在肝下,横结肠借助胃结肠韧带与胃相连,故其肿物也随呼吸而上下移动。肝脏、胆囊及带蒂的肿物或游走的脏器移动度大,局部炎性包块或脓肿及腹腔后壁的肿瘤,一般不移动。

(7)搏动:如果在腹腔触到搏动性包块,则应考虑腹主动脉瘤的可能,但腹主动脉附近的包块,可因传导而触及搏动感,应加以鉴别。前者向四面扩散,后者只向一个方向传导。

（五）肝脏触诊

1. 触诊方法

(1)单手触诊法:检查者将右手四指并拢,掌指关节伸直,与肋缘大致平行地放在右上腹部(或脐右侧)估计肝下缘的下方,随被检者呼气时,手指压向腹壁深部,吸气时,手指缓慢抬起朝肋缘向上迎触下移的肝缘,如此反复进行,手指逐渐向肋缘移动,直到触及肝缘或肋缘为止。需在右锁骨中线及前正中线上分别触诊肝缘，并测量其与肋缘或剑突根部的距离。

（2）双手触诊法：是常用的触诊方法，检查者位于被检者的右侧，左手托住被检者右腰部，拇指张开置于肋部，左手稍向上推以固定肝脏，右手手法同单手触诊，在右锁骨中线及前正中线上，分别触诊肝下缘并测量其与肋缘及剑突根部的距离，以厘米表示（图3-46）。触诊时应注意：①主要以食指前桡侧指腹接触肝脏，因该部位最敏感；②对腹直肌发达者，右手应放在腹直肌外缘稍向外，否则肝缘易被其掩盖；③应配合呼吸运动，吸气时手指上抬速度要落后于腹壁的抬起速度，呼气时手指应在腹壁下陷前提前下压，这样才易触到肝脏；④对肝脏巨大的被检查者，检查者右手食指应从髂前上棘平面开始，逐渐上移直至触到肝缘；⑤对有腹腔积液的患者，应用冲击触诊法。

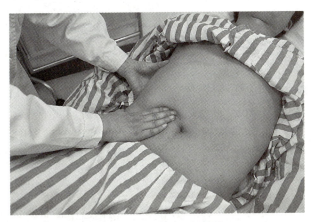

图 3-46 肝脏双手触诊法

2. 触诊内容

（1）大小：正常人的肝脏，在右肋缘下一般触不到。腹壁松软或体瘦的人，于深吸气末，可于右肋弓下触及肝下缘，在 1cm 内，在剑突下可触及肝下缘，多在 3cm 内，在腹上角较锐的瘦高者剑突根部下可达 5cm，但不应超过剑突根部至脐距离的 1/3。触及超过正常范围的肝脏见于肝大或肝下移。两者可用叩诊肝界的方法鉴别，如肝上界降低，且肝上下径正常，则为肝下移；如肝上界正常或升高则提示肝大。

肝脏下移常见于内脏下垂，肺气肿、右侧胸腔大量积液导致膈肌下降。

肝大可分为弥漫性和局限性肝大。弥漫性肝大常见于肝炎、脂肪肝、肝淤血、肝硬化早期、白血病、血吸虫病、华支睾吸虫病等。局限性肝大常见于肝脓肿、肝囊肿、肝肿瘤等。

（2）质地：临床上常将肝脏的质地分为三级，即质软、质韧、质硬。正常肝脏质地柔软如触口唇；慢性肝炎及肝淤血时，肝脏质韧如触鼻尖；肝硬化、肝癌质硬如触前额。肝脓肿或肝囊肿有液体时，呈囊性感，大而表浅者可触到波动感。

（3）表面形态和边缘：正常肝脏表面光滑，边缘整齐，且厚薄一致。肝边缘钝圆见于脂肪肝或肝淤血。肝表面不光滑，呈不均匀的小结节状，边缘不整齐且薄厚也不一致，见于肝癌、肝硬化、多囊肝和肝包虫病。肝表面呈大块状隆起，见于巨块型肝癌或肝脓肿。肝表面分叶似香蕉状，见于肝梅毒。

（4）压痛：正常肝脏无压痛。当肝包膜有炎性反应或因肝大受到牵拉时，则出现肝压痛。轻度弥漫性压痛见于肝炎、肝淤血等；剧烈局限性压痛常见于较表浅的肝脓肿。

当右心衰竭引起肝淤血肿大时，用手压迫肝脏可使颈静脉怒张更明显，称为肝颈静脉回流征阳性。

（5）搏动：正常肝脏及炎症、肿瘤等引起的肝大并不伴有搏动。触到肝脏搏动，应注意分清是单向性的还是扩张性的。单向性常为传导性搏动，是肝脏传导了其下面的腹主动脉的搏动引起的，故置于肝脏表面的手掌有被向上推动的感觉。扩张性搏动见于三尖瓣关闭不全，是右心室收缩时的搏动通过右心房、下腔静脉而传导至肝脏引起的,将两手掌分别置于肝脏左右叶上面,即可感到两手被推向两侧。

(6)肝区摩擦感:检查者将右手掌面轻贴于肝区,让被检者做腹式呼吸运动,正常时触不到摩擦感。肝表面和邻近的腹膜因有纤维素性渗出物而变得粗糙时,二者相互摩擦产生的振动被触知,称为肝区摩擦感,见于肝周围炎。

(7)肝震颤:正常肝脏触诊无震颤。检查需用浮沉触诊法。当手压下时,如感到一种微细的震动感,称为肝震颤,见于肝棘球蚴病,因包囊中的多数子囊浮动,撞击囊壁而形成震颤。

(六)胆囊触诊

1. 胆囊肿大　可用单手滑行触诊法或钩指触诊法。正常胆囊一般不能触及。当胆囊肿大时,在右肋缘下腹直肌外缘可触到一卵圆形或梨形、张力较高的包块,随呼吸运动上下移动,质地视病变性质不同。触之囊性感而无压痛见于壶腹周围癌。触之有囊性感和明显压痛见于急性胆囊炎。触之有实体感见于胆囊结石或胆囊癌。由于胰头癌压迫胆总管导致胆道阻塞,黄疸进行性加深,胆囊也显著肿大,但无压痛,称库瓦西耶征(Courvoisier sign)阳性。

2. 胆囊触痛及墨菲征(Murphy sign)　检查者以左手掌平放于被检查者右胸下部,将左手大拇指指腹勾压于胆囊点处,嘱被检查者缓慢深吸气。在吸气过程中,发炎的胆囊下移时碰到用力按压的拇指,可引起疼痛,此为胆囊触痛,因剧烈疼痛而使吸气停止,称墨菲征阳性(图3-47)。胆囊触痛及墨菲征阳性提示急性胆囊炎。

(七)脾脏触诊

1. 触诊方法　脾脏明显肿大而位置又较表浅时,可用右手单手触诊法,如肿大的脾脏位置较深,则应用双手触诊法。被检者取仰卧位,两腿稍屈曲,检查者左手绕过被检者腹前方,手掌置于其左胸下部第9～11肋处,试将脾脏从后向前托起,右手掌平放于脐部,与左肋弓大致成垂直方向,用弯曲的手指末端轻轻压向腹部深处,配合腹式呼吸运动,迎触脾尖,直到触及脾缘或左肋缘为止。当脾脏轻度肿大而仰卧位不易触到时,可嘱被检者改用右侧卧位,右下肢伸直,左下肢屈曲,此时用双手触诊法则容易触到脾脏。

正常脾脏不能被触及,触及脾脏时应注意其大小、质地、表面情况、有无压痛及摩擦感等。

2. 脾大的测量方法　多采用三线测量法,以厘米表示。①第1线(甲乙线)测量:指左锁骨中线与左肋缘交点至脾下缘的距离。脾脏轻度肿大时,可仅作第1线测量。②第2线(甲丙线)测量:指左锁骨中线与左肋缘交点至脾脏最远点的距离。③第3线(丁戊线)测量:是指脾右缘与前正中线的距离。如脾脏向右增大超过前正中线时,以"+"表示;未超过前正中线则以"−"表示(图3-48)。

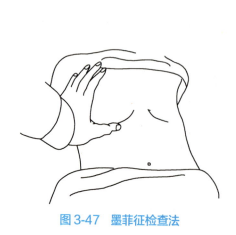

图3-47　墨菲征检查法

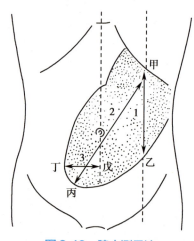

图3-48　脾大测量法

　　3. 脾大的分度及临床意义　正常脾脏不能触及。临床上通常将肿大的脾脏分为轻度、中度和高度三种程度。深吸气时，脾脏在肋下不超过 2cm 者为轻度肿大，常见于急性或慢性肝炎、粟粒型结核、伤寒、急性疟疾、感染性心内膜炎、败血症等，一般质地柔软；超过 2cm 至脐水平线以上，为中度肿大，常见于肝硬化、慢性淋巴细胞性白血病、慢性溶血性黄疸、淋巴瘤、系统性红斑狼疮、疟疾后遗症等，一般质地较硬；超过脐水平线或前正中线则为高度肿大，又称巨脾。脾表面光滑，常见于慢性粒细胞性白血病、黑热病、慢性疟疾和骨髓纤维化症等；表面不光滑且有结节，则见于恶性组织细胞病、淋巴肉瘤；脾脏表面有囊性肿物多见于脾囊肿。脾压痛见于脾脓肿、脾周围炎和脾梗死，由于脾包膜有纤维素渗出，并累及壁腹膜，故脾脏触诊时有摩擦感并有明显压痛。

（八）振水音

　　振水音是指胃内气体与液体相互撞击而发出的声音。正常人喝进较多液体后可听到振水音，但空腹或饭后 6～8 小时以上则无振水音。

　　1. 检查方法　被检者取仰卧位，检查者将听诊器体件置于被检者上腹部，或用耳凑近此处，然后用稍弯曲的手指连续迅速地冲击上腹部，仔细听诊有无振水音。

　　2. 临床意义　空腹或饭后 6～8 小时以上听到振水音，表示胃内有液体潴留，见于幽门梗阻、急性胃扩张、胃液体分泌过多。

六、常见腹部病变（疾病）体征

　　腹部的常见病变有腹腔积液、幽门梗阻、胃肠胀气、气腹、急性腹膜炎、急性胆囊炎、急性阑尾炎等，其体征见表 3-8。

扫一扫，知操作
（腹部检查）

表 3-8　常见腹部病变体征

病变	视诊	触诊	叩诊	听诊
腹腔积液	腹部隆起，呈蛙腹，可有脐疝、腹壁静脉曲张，腹式呼吸减弱或消失	大量腹腔积液可有液波震颤	大量腹腔积液可叩出移动性浊音	肠鸣音减弱或消失
幽门梗阻	可见到胃型及胃蠕动波		空腹时可叩到振水音	可闻及气过水声
肠梗阻	呈痛苦重病面容，腹式呼吸减弱，腹部膨胀，可见到肠型和肠蠕动波	腹肌紧张且伴压痛，绞窄性肠梗阻还可出现反跳痛	有渗液时可出现移动性浊音	机械性肠梗阻肠鸣音亢进；麻痹性肠梗阻则减弱或消失
急性腹膜炎	急性危重病容，表情痛苦，强迫仰卧位，双下肢屈曲，呼吸浅快、腹式呼吸减弱或消失，腹部膨隆	腹肌紧张、腹部压痛和反跳痛，重者呈板状腹	鼓音，可出现移动性浊音，叩诊肝浊音界缩小或消失	肠鸣音减弱或消失
急性阑尾炎	急性病容，表情痛苦	右下腹阑尾点局限压痛、反跳痛和腹肌紧张，有时右下腹可触及一压痛性包块		可出现肠鸣音减弱或消失
急性胆囊炎	急性病容，表情痛苦	右上腹肌紧张，墨菲征阳性，有时可触及一囊性包块	胆囊区可有叩击痛	

第七节　生殖器、肛门与直肠检查

生殖器、肛门与直肠检查由于部位比较特殊,被检查者存在紧张、不好意思、可能不配合,甚至拒绝检查情况,故检查者要有爱伤意识,向被检查者说明检查目的、方法和重要性,同时尊重其权利,保护其隐私。

一、生殖器检查

(一)男性生殖器检查

男性生殖器包括阴茎、阴囊、前列腺等。检查时应让被检查者充分暴露下身,双下肢取外展位,先检查外生殖器阴茎及阴囊,后检查内生殖器、前列腺及精囊。

1. 阴茎　呈圆柱体,分头、体、根三部分,由3个海绵体(两个阴茎海绵体,一个尿道海绵体)构成。

(1)包皮:阴茎的皮肤在冠状沟前向内翻转覆盖于阴茎表面称为包皮,成人包皮不应掩盖尿道口,翻起后应露出阴茎头。若翻起后仍不能露出尿道口或阴茎头称为包茎,多为先天性包皮口狭窄或炎症、外伤后粘连所致。包皮超过阴茎头,但翻起后能露出阴茎头和尿道口,称为包皮过长,易引起炎症或包皮嵌顿,甚至可诱发阴茎癌。

(2)阴茎头与阴茎颈:阴茎前端膨大的部分称为阴茎头,俗称龟头。在阴茎头、颈交界部位有一环形浅沟,称为阴茎颈或阴茎头冠。检查时将包皮上翻暴露出全部阴茎头及阴茎颈,观察其表面的色泽、有无充血、水肿、分泌物及结节。正常阴茎头红润光滑,质地柔软。出现硬结并伴有暗红色溃疡、易出血或融合为菜花状,应考虑阴茎癌。阴茎颈部出现单个椭圆形硬质溃疡称为下疳,愈后留有瘢痕,提示梅毒。阴茎头部如出现淡红色小丘疹融合成蕈样,呈乳突状突起,提示尖锐湿疣。

(3)尿道口:检查时用食指置于龟头上拇指置于龟头下,轻轻挤压将尿道口分开,仔细观察有无红肿、分泌物及溃疡。正常尿道口黏膜红润、清洁、无分泌物。尿道口红肿,附着分泌物或有溃疡,且有触痛,多见于尿道炎。尿道口狭窄见于先天性畸形或炎症粘连。尿道口位于阴茎腹面称为尿道下裂。

(4)阴茎大小:成人阴茎过小呈婴儿型见于垂体功能或性腺功能不全。儿童阴茎过大呈成人型,见于性早熟,如促性腺激素过早分泌,假性性早熟见于睾丸间质细胞瘤。

2. 阴囊　为腹壁的延续部分,囊壁由多层组织构成。阴囊内有一隔膜将其分为左右两个囊腔,各含精索、睾丸和附睾。

(1)检查方法:采用视诊与触诊。被检者取立位或仰卧位,两腿分开。先观察阴囊皮肤及外形,后进行阴囊触诊。触诊时,检查者将双手拇指置于阴囊前面,其余四指放在阴囊后面,双手同时触诊。触睾丸时,应注意其大小、形状、硬度、有无触痛及缺如,并注意两侧的对比。

(2)阴囊外观:正常阴囊皮色深暗多皱褶,外有少量阴毛,富有汗腺及皮脂腺。视诊时注意观察皮肤有无皮疹、脱屑等损害,观察阴囊外形有无肿胀。常见异常改变及其临床意义:①阴囊肿大见于阴囊水肿、睾丸鞘膜积液、阴囊疝或睾丸肿瘤。睾丸鞘膜积液与阴囊疝或睾丸肿瘤可通过阴囊透光试验鉴别,前者阴囊透光试验阳性,后者阴囊透光试验阴性。②阴囊象皮肿,阴囊皮肤水肿粗糙、增厚如象皮样,多为血丝虫病引起的淋巴管炎或淋巴管阻塞所致。

(3)精索:由输精管、提睾肌、血管及淋巴管等组成,位于附睾上方,呈柔软的索条状,无压痛。常见异常改变及其临床意义:①精索呈串珠样肿胀,见于输精管结核;②精索触及蚯蚓团样感,为精索静脉曲张;③靠近附睾的精索有结节,常由血丝虫病引起;④精索有挤压痛且局部皮肤红肿,多见于精索的急性炎症。

(4)睾丸:睾丸呈椭圆形,表面光滑柔韧,两侧大小基本一致。常见异常改变及其临床意义:①睾丸急性肿痛且压痛明显,见于外伤、流行性腮腺炎、淋病等。②睾丸慢性肿痛多由结核引起。③单侧睾丸肿大、质硬并有结节,应考虑睾丸肿瘤或白血病细胞浸润。④睾丸过小常为先天性或内分泌疾病引起,如肥胖性生殖无能症等;睾丸萎缩见于流行性腮腺炎或外伤后遗症及精索静脉曲张。⑤睾丸未降入阴囊内而在腹股沟管内或阴茎根部、会阴部等处,称为隐睾症,一侧多见。⑥未触及睾丸,应考虑先天性无睾症。后两者影响生殖器官和第二性征的发育。

(5)附睾:是贮存精子和促进精子成熟的器官,位于睾丸后外侧,上端膨大为附睾头,下端细小如囊锥状为附睾尾,正常无结节,无压痛。常见异常改变及其临床意义:①附睾呈结节状硬块,并伴有输精管增粗且呈串珠状,多为附睾结核。结核灶可与阴囊皮肤粘连,破溃后形成瘘管不易愈合。②急性炎症时肿痛明显,常伴有睾丸肿大,附睾与睾丸分界不清。③慢性附睾炎时,附睾肿大且有轻压痛。

3. 前列腺

(1)正常状态:前列腺位于膀胱下方,耻骨联合后约 2cm 处,是包绕尿道根部的实质性附属性腺,尿道从前列腺中纵向穿过,排泄管开口于尿道前列腺部。正常前列腺质韧而有弹性,左、右两叶之间可触及中间沟。

(2)检查方法:被检者取肘膝位或右侧卧位。检查者食指戴指套,涂以润滑剂,徐徐插入肛门,向腹侧触诊。触诊时,注意前列腺大小、质地、表面情况、压痛、中间沟是否消失等。

(3)常见异常改变及其临床意义:①前列腺肿大且有明显压痛,见于急性前列腺炎;②前列腺肿大,中间沟消失但表面光滑、质硬、无压痛及粘连,见于良性前列腺肥大症;③前列腺肿大、质硬,并可触及结节,应考虑前列腺癌。

(二)女性生殖器检查

女性生殖器包括内外两部分,一般情况下女性被检查者的生殖器不做常规检查,全身性疾病疑有局部表现时或怀疑生殖系统疾病时对女性生殖器进行检查。检查时被检查者应排空膀胱,暴露下身,仰卧于检查台上,两腿外展、屈膝,检查者戴无菌手套进行。检查采用视诊与触诊。触诊包括双合诊、三合诊、肛腹诊。未婚女性一般行肛腹诊。特别提示:男性医护人员检查女性被检查者时,须有女医务人员或被检查者家属在场。

1. 外生殖器

(1)阴阜:位于耻骨联合前面,此处因皮下脂肪丰富而柔软丰满。性成熟后皮肤有阴毛,呈倒三角形分布,为女性第二性征。常见异常改变及其临床意义:①若阴毛先浓密后脱落而明显稀少或缺如,见于性功能减退症或希恩综合征;②阴毛明显增多,呈男性分布,多见于肾上腺皮质功能亢进。

(2)大阴唇与小阴唇:大阴唇为一对纵行长圆形隆起的皮肤皱襞,皮下组织松软,富含脂肪及弹力纤维,性成熟后表面有阴毛。未生育妇女两侧大阴唇自然合拢遮盖外阴;经产妇两侧大阴唇常分开;老年人或绝经后常萎缩。小阴唇位于大阴唇内侧,为一对较薄的皮肤皱襞,两侧小阴唇常合拢遮盖阴道外口。小阴唇表面光滑、呈浅红色或褐色,前端融合后包绕阴蒂,后端彼此会合形成阴唇系带。常见异常改变及其临床意义:①小阴唇炎症时常有红肿热痛;②局部色素脱失见于白斑症;③有结节、溃烂应考虑癌变可能;④有乳头状或蕈样突起见于尖锐湿疣。

(3)阴蒂:阴蒂为两端小阴唇前端会合处与大阴唇前连合之间的隆起部分,外表为阴蒂包皮。常见异常改变及其临床意义:①阴蒂过小见于性功能发育不全;②阴蒂肥大主要见于两性畸形。

(4)阴道前庭:阴道前庭为两侧小阴唇之间的菱形裂隙,前部有尿道口,后部有阴道口。前庭大腺分居于阴道口两侧,如黄豆粒大,开口于小阴唇与处女膜的沟内。常见异常改变及其临床意义：①尿道口两侧红肿、疼痛并有脓液流出，提示有炎症；②尿道口两侧肿大明显而压痛轻，可见于前庭大腺囊肿。

2. 内生殖器

（1）阴道：阴道为生殖通道，平常前后壁相互贴近，内腔狭窄，但富于收缩和伸展性。受性刺激时阴道前 1/3 产生收缩，分娩时可高度伸展。检查时，用拇、食指分开两侧小阴唇，在前庭后部可见阴道外口，其周围有处女膜。正常阴道黏膜呈浅红色，柔软、光滑。观察时应注意其紧张度，有无肿块、分泌物、出血等。

（2）子宫：正常宫颈表面光滑，妊娠时质软呈紫色，成年未孕子宫约 7.5cm×4cm×2.5cm 大小。触诊子宫使用双合诊法，应注意宫颈有无充血、糜烂、肥大及息肉。正常产后妇女子宫增大，触之较韧，光滑无压痛；子宫体积匀称性增大见于妊娠；非匀称性增大见于各种肿瘤。

（3）输卵管：正常输卵管表面光滑、质韧无压痛，不易触及。常见异常改变及其临床意义：①输卵管肿胀、增粗或有结节，弯曲或僵直，且常与周围组织粘连、固定，明显触压痛者，多见于急、慢炎症或结核；②明显肿大可为输卵管积脓或积水。③双侧输卵管病变，管腔变窄或梗阻，则难以受孕。

（4）卵巢：卵巢为一对扁椭圆形性腺，具有生产卵子、分泌性激素的功能。成年女子的卵巢约 4cm×3cm×1cm 大小，表面光滑、质软。绝经后萎缩变小、变硬。常见异常改变及其临床意义：①增大伴压痛常见于卵巢炎症；②卵巢不同程度肿大常提示卵巢囊肿。

二、肛门与直肠检查

直肠全长约 12～15cm，上接乙状结肠，下连肛管，肛管下端在体表的开口为肛门。肛门与直肠的检查方法以视诊、触诊为主，辅以内镜检查。可根据检查目的不同，让被检者采取不同的体位。

（一）常用体位

1. 肘膝位　被检者两肘关节屈曲，置于检查台上，胸部尽量靠近检查台，两膝关节屈曲成直角跪于检查台上，臀部抬高。此体位最常用于检查前列腺、精囊和内镜检查（图3-49）。

图3-49　肘膝位

2. 左侧卧位　被检查者向左侧卧位，右腿向腹部屈曲，左腿伸直，臀部靠近检查台右边。适用于病重、年老体弱或女性患者。

3. 仰卧位或截石位　被检者仰卧，臀部垫高，两腿屈曲、抬高并外展。适用于病重体弱者、膀胱直肠窝的检查和进行直肠双合诊（即右手示指在直肠内，左手在下腹部，双手配合，以检查盆腔脏器）。

4. 蹲位　被检者蹲成排大便时的姿势，屏气向下用力。适用于检查直肠脱出、内痔及直肠息肉等。

肛门与直肠检查结果及其病变部位应按时钟方向进行记录，并注明检查时的体位。肘膝位时肛门后正中点为12点钟位,截石位时则与此相反,为6点钟位。

（二）视诊

1. 视诊方法 检查者用手分开被检者臀部,观察肛门及周围皮肤颜色及皱褶。正常颜色较深,皱褶自肛门向外周呈放射状,让被检者收缩肛门括约肌时皱褶更明显,做排便动作时皱褶变浅。另外,还应注意观察肛门周围有无脓血、黏液、肛裂、瘢痕、外痔、瘘管口、溃疡、脓肿等。

2. 常见异常改变及其临床意义 ①肛门闭锁与狭窄,多见于新生儿先天性畸形,因感染、外伤、手术引起的肛门狭窄,可在肛周发现瘢痕。②肛门周围红肿及压痛,常见于肛门周围脓肿或炎症。③肛裂为肛管下段(齿状线以下)深达皮肤全层的纵行及梭形裂口或感染性溃疡,排便时疼痛,粪便周围附有少量鲜血,触诊时有明显触压痛。④痔是直肠下端黏膜下或肛管边缘皮下的内痔静脉丛或外痔静脉丛扩大和曲张所致的静脉团,常表现为大便带血、痔块脱出、疼痛或瘙痒感。痔可分为外痔、内痔和混合痔。⑤肛门直肠瘘,简称肛瘘,是直肠、肛管(内口)与肛门皮肤(外口)相通的瘘管,多为肛管或直肠周围脓肿与结核所致,不易愈合。肛瘘可在肛门周围皮肤处发现瘘管开口,有时可见脓性分泌物流出,在直肠或肛管内可见内口或伴有硬结。⑥直肠脱垂,又称脱肛,是指肛管、直肠、乙状结肠下端的肠壁部分或全层向外翻出而脱出于肛门外,肛门外见到柔软紫红色包块。

（三）触诊

1. 触诊方法 肛门和直肠的触诊称为肛门指诊或直肠指诊。被检者可采取肘膝位、左侧卧位或仰卧位,检查者右手示指戴指套或手套,涂适量润滑剂,将示指置于肛门外口轻轻按摩,待被检者肛门括约肌放松后,再徐徐插入肛门、直肠内(图3-50)。指诊时注意有无触痛、波动感、包块,黏膜是否光滑,指套上是否有异常物质,如黏液、脓液、血液等。

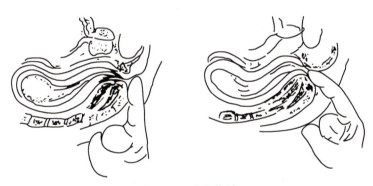

图 3-50 直肠指诊

2. 常见异常改变及其临床意义 ①剧烈触痛,见于肛裂或感染;②触痛伴有波动感,见于肛门、直肠周围脓肿;③触及柔软、光滑而有弹性的包块,多为直肠息肉;④触及坚硬、凹凸不平的包块,应考虑直肠癌;⑤指诊后指套表面带有黏液、脓液或血液,提示直肠炎或直肠癌。

第八节 脊柱与四肢检查

一、脊柱检查

脊柱是支撑体重、维持躯体各种姿势的重要支柱,也是躯体完成各项活动的枢纽。脊椎病变主要表现为疼痛、姿势或形态异常,以及活动受限等。脊柱检查应注意其弯曲度、有无畸形、活动是否受限、有无压痛及叩击痛等。

（一）脊柱的弯曲度

1. 检查方法　被检查者站立位或坐位，从侧面观察有无过度的前后弯曲，从后面观察脊柱有无侧弯，用手指沿脊柱棘突，以适当压力从上向下划过，划压后皮肤出现一条红色充血痕，以此痕为标准观察脊柱有无侧弯。

2. 生理性弯曲　正常人直立时，脊柱从侧面观察有四个生理性弯曲，即颈段稍向前凸、胸段稍向后凸、腰椎明显向前凸、骶椎明显向后凸。

3. 脊柱畸形

（1）脊柱后凸：脊柱胸段过度向后弯曲称脊柱后凸，也称驼背。脊柱后凸时，前胸凹陷，头颈部前倾。常见于①佝偻病：多见于儿童，坐位时胸段呈明显均匀性向后弯曲，仰卧位时弯曲可消失。②脊柱结核：多见于青少年，病变常在胸椎下段及腰段，由于椎体的破坏、压缩，棘突明显向后凸出，形成特征性的成角畸形，常伴有其他部位的结核病如肺结核等。③强直性脊柱炎：多见于成年人脊柱胸段呈弧形或弓形向后凸，常伴脊柱强直性固定，仰卧位时亦不能伸直。④脊椎退行性变性：多见于老年人，病变部位多在脊柱胸段上半部。由于骨质退行性变性，胸椎椎体被压缩而造成胸椎明显后凸。⑤其他：外伤所致脊椎压缩性骨折、脊椎骨软骨炎、发育期姿势不良。

（2）脊柱前凸：脊柱过度向前弯曲称为脊柱前凸。病变多发生在腰椎。检查时发现患者腹部明显向前突出，臀部明显向后突出。多见于晚期妊娠、大量腹腔积液、腹腔巨大肿瘤、髋关节结核及先天性髋关节后脱位。

（3）脊柱侧凸：脊柱离开后正中线向左或右偏曲称脊柱侧凸。根据侧凸发生的部位不同，可分为胸段侧凸、腰段侧凸及胸腰段联合侧凸；根据侧凸的性状不同，分为姿势性侧凸和器质性侧凸。①姿势性侧凸：姿势性侧凸时，脊柱无结构异常。主要见于儿童发育期坐、立姿势不良，一侧下肢明显短于另一侧而引起代偿性侧凸，椎间盘突出等所致坐骨神经痛引起的侧凸，脊髓灰质炎后遗症等。②器质性侧凸：改变体位不能使侧凸得到纠正。主要见于慢性胸膜肥厚或胸膜粘连、肩部或胸廓畸形、先天性脊柱发育不全、佝偻病等。

（二）脊柱活动度

1. 检查方法　被检查者取直立位，将其骨盆固定，嘱做前屈、后伸、侧弯、旋转等动作，以观察脊柱的情况及有无变形，已有脊柱外伤、可疑骨折或关节脱位的患者，应避免脊柱活动，以防止损伤脊髓。

2. 正常活动范围　正常脊柱有一定活动度，但各部位的活动范围明显不同。颈椎和腰椎的活动范围最大，胸椎的活动范围很小，骶椎几乎不活动。正常人直立时，在骨盆固定的条件下，颈段、胸段、腰段的活动范围参考值见表3-9。

表3-9　颈、胸、腰椎及全脊椎活动范围

	前屈	后伸	左右侧弯	旋转度（一侧）
颈椎	35°～45°	35°～45°	45°	60°～80°
胸椎	30°	20°	20°	35°
腰椎	45°	30°	35°	45°
全脊柱	128°	125°	73.5°	115°

3. 活动受限的临床意义

（1）颈椎活动受限：颈椎及软组织有病变时，活动常不能达到以上范围，否则有疼痛感，严重时出现僵直。主要原因是：①颈部肌纤维质炎及韧带劳损；②颈椎病；③结核或肿瘤浸润；④颈椎外伤、骨折或关节脱位。

（2）腰椎活动受限：检查时应注意询问病史，观察局部有无肿胀变形等。主要原因是：①腰部肌纤维质炎及韧带受损；②腰椎椎管狭窄；③椎间盘突出症；④腰椎结核或肿瘤；⑤腰椎骨折或脱位。

（三）脊柱压痛与叩击痛

1. 压痛　检查脊柱有无压痛时，嘱被检者取端坐位，身体稍向前倾。检查者以右手拇指从枕骨粗隆开始，自上而下逐个按压脊椎棘突、棘突韧带及椎旁肌肉。正常均无压痛。若有压痛，则提示该部位的脊椎或肌肉可能有相应的病变。常见的病变有脊椎结核、椎间盘突出症、脊椎外伤或骨折、棘上韧带剥离，棘间韧带损伤、腰肌纤维炎或劳损等。另外，落枕时，斜方肌中点处有压痛，颈肋综合征及前斜角肌综合征，锁骨上窝和颈外侧三角区内有压痛。

2. 叩击痛

（1）检查方法：常用直接叩击法和间接叩击法。直接叩击法：用叩诊锤或手指直接叩击各椎体的棘突。此法多用于检查胸椎与腰椎。间接叩诊法：嘱被检查者取端坐位，检查者将左手掌面置于其头顶，右手半握拳，以小鱼际肌部位叩击左手背，观察被检查者脊柱各部位有无疼痛。

（2）临床意义：正常人脊柱各部位无叩击痛。出现叩击痛的部位即为病变处，颈椎病变或颈椎间盘脱出症，间接叩诊时可出现上肢的放射性疼痛。叩击痛阳性见于脊柱结核、脊椎骨折及椎间盘突出症等。

（四）脊柱的特殊试验

1. 颈椎特殊试验

（1）后仰位椎间孔挤压试验（Jackson 压头试验）：被检查者取端坐位，检查者双手重叠放于其头顶部，向下加压，如患者出现颈痛或上肢放射痛即为阳性。见于颈椎病及颈椎间盘突出症。

（2）旋颈试验：被检查者取坐位，头略后仰，并向左、右做旋转动作。如被检查者出现头痛、头昏、视力模糊等症状，提示椎动脉型颈椎病。主要因为转头时椎动脉受到扭曲，加重了椎基底动脉供血不足，头部停止转动，症状便可消失。

（3）前屈旋颈试验（Fenz 征）：嘱被检查者头颈部前屈，并左右旋转，如颈椎处感到疼痛，则为阳性，多见于颈椎小关节退行性变性。

（4）颈静脉加压试验（压颈试验）：被检查者仰卧位，检查者以双手指按压被检查者两侧颈静脉，如其颈部及上肢疼痛加重，为神经根型颈椎病。此试验也常用于下肢坐骨神经痛患者的检查，颈部加压时若下肢症状加重，则提示其下肢的疼痛症状源于腰椎管内病变，即根性坐骨神经痛。

2. 腰骶椎特殊试验

（1）拾物试验：多用于腰部前屈运动的检查。被检查者站立，嘱其拾起地上物品，腰椎正常者两膝能伸直，腰部弯曲将物品拾起，腰椎僵硬者，则一手扶膝、蹲下，腰部挺直的屈膝下蹲拾物，称为拾物试验阳性。多见于腰椎间盘突出症、腰肌外伤或炎症。

（2）摇摆试验：被检查者平卧，屈膝屈髋，双手抱于膝前。检查者手扶被检查者双膝，左右摇摆，如腰部疼痛为阳性。多见于腰骶部病变。

（3）屈颈试验：被检查者可取仰卧位、端坐位或直立位，检查者一手置于被检查者胸前，另一手置于其枕后，将被检查者头部前屈，若出现腰痛及下肢放射痛即为阳性，主要是因为屈颈时，硬脊膜上移，脊神经根受到牵拉，加重了突出的椎间盘对神经根的压迫，出现下肢的放射痛。常见于腰椎间盘突出症。

二、四 肢 检 查

四肢的检查以视诊和触诊为主，两者互相配合，注意观察四肢及其关节的形态，肢体的位置、活动度或运动情况。正常人四肢与关节左右对称，形态正常，无肿胀，活动自如。

（一）检查方法

1. 双上肢长度　嘱被检者双上肢向前手掌并拢比较其长度，也可用带尺测量肩峰至桡骨茎突或中指指尖的距离为全上肢长度。上臂长度则从肩峰至尺骨鹰嘴的距离。前臂长度测量是从鹰嘴突至尺骨茎突的距离。双上肢长度正常情况下等长，长度不一见于先天性短肢畸形，骨折重叠和关节脱位等。

2. 肩关节　检查外形嘱被检者取坐位，观察双肩的外形有无改变。正常双肩对称呈弧形。检查运动时嘱被检者做自主运动，观察有无活动受限。肩关节外展可达 90°，内收 45°，前屈 90°，后伸 35°，旋转 45°。肩关节外展开始即痛，但仍可外展，见于肩关节炎。关节各方向的活动均受限，称冻结肩，见于肩关节周围炎。

3. 肘关节　正常肘关节双侧对称，伸直时肘关节轻度外翻约 5°～15°，称携物角。此角 >15° 为肘外翻，<15° 为肘内翻。检查肘关节时应注意双侧及肘窝是否饱满、肿胀。肘关节积液和滑膜增生常出现肿胀。肘关节活动正常时屈 135°～150°，伸 10°，旋前旋后均为 80°～90°。触诊时要注意肘关节周围皮肤温度，有无肿块，肱动脉搏动，桡骨小头是否压痛，滑车淋巴结是否肿大。

4. 腕关节及手　手的功能位为腕背伸 30° 并稍偏尺侧，拇指外展时掌屈曲位，其余各指屈曲。手的自然休息姿势呈半握拳状。腕关节局部无肿胀、隆起、畸形。

5. 下肢检查　下肢包括臀、大腿、膝、小腿、踝和足。检查下肢时应充分暴露以上部位，双侧对比，先做一般外形检查，观察双下肢长度是否一致，双下肢外形是否对称，有无静脉曲张和肿胀。一侧肢体缩短见于先天性短肢畸形、骨折或关节脱位。一侧肢体肿胀见于深层静脉血栓形成，肿胀并有皮肤灼热、发红肿胀，见于蜂窝织炎或血管炎。观察双下肢皮肤有无出血点、皮肤溃疡及色素沉着，下肢慢性溃疡时常有皮肤色素沉着。然后作下肢各关节的检查：①髋关节：视诊有无髋关节疾病所致异常步态、髋关节周围有无肿胀、肌肉萎缩、肿块、窦道等改变；触诊有无压痛、波动感；有无活动障碍。②膝关节：视诊双脚并拢直立时，两膝及双踝均能靠拢，膝关节周围无发红、灼热、窦道形成。③踝关节与足部：一般嘱被检者取站立或坐位进行，观察足弓是否正常、过高或消失，踝关节有无肿胀；触诊时应注意有无压痛点、跟腱张力、足底内侧跖筋膜有无挛缩，足背动脉搏动有无减弱。

（二）肢体的形态异常

1. 指关节变形

（1）梭形关节：指间关节增生，肿胀呈梭状畸形，为双侧对称病变。早期出现局部红肿及疼痛，晚期可见手指关节明显僵直，活动受限，手腕及手指向尺侧偏斜。多见于类风湿性关节炎（图 3-51）。

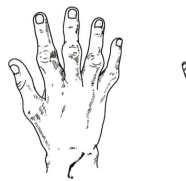
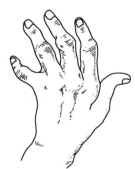

图 3-51　梭形关节

（2）爪形手：手指关节呈鸡爪样变形。常见于进行性肌萎缩、脊髓空洞症及麻风等。第 4、5 指爪形手则见于尺神经损伤。

（3）其他：单个指关节出现梭形肿胀见于骨结核或内生软骨瘤，指间关节侧方肿胀见于手指侧副韧带损伤。

2. 杵状指（趾）　手指或足趾末端肥厚、增生，指甲从根部到末端拱形隆起，呈杵状膨大，称杵状指（趾）。其发生与肢体末端慢性缺氧、代谢障碍及中毒性损害有关。常见于：①呼吸系统疾病，如支气管肺癌、支气管扩张、慢性肺脓肿；②心血管疾病，如亚急性细菌性心内膜炎、发绀型先天性心脏病；③营养障碍性疾病，如肝硬化；④其他，如锁骨下动脉瘤可引起同侧杵状指（图3-52）。

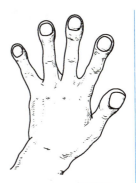

图3-52　杵状指

3. 匙状甲　又称反甲，表现为指甲中央凹陷，边缘翘起，指甲变薄，表面粗糙、有条纹。主要原因是缺铁或某些氨基酸代谢紊乱所致营养障碍。见于缺铁性贫血、高原病，偶见于风湿热及甲癣。

4. 肩关节畸形　常见的肩关节畸形有①方肩：肩关节弧形轮廓消失，肩峰突出，常见于肩关节脱位或三角肌萎缩。②耸肩：两侧肩关节一高一低，颈短耸肩，多见于先天性肩胛高耸症及脊柱侧弯。③肩章状肩：锁骨骨折，远端下垂，使该侧肩下垂，肩部突出畸形，如戴肩章状，多见于外伤性肩锁关节脱位、锁骨外端过度上翘（图3-53）。

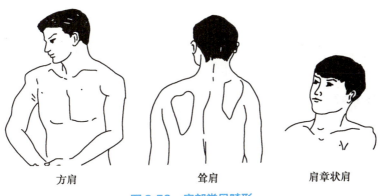

方肩　　　　　耸肩　　　　　肩章状肩

图3-53　肩部常见畸形

5. 扁平足　足弓塌陷，足前部外展，足底与跟底外翻，内踝加大，外踝缩小，足跟变宽，跟腱止点外移。

6. 足内、外翻畸形　①足内翻：足外侧负重，跟骨内旋，前足内收，足纵弓高度增加，站立时足不能踏平，呈固定形内翻、内收位，多见于先天性畸形或脊髓灰质炎后遗症；②足外翻：足内侧负重，跟骨外旋，前足外展，足纵弓塌陷，足呈固定形外翻、外展位，多见于胫前、胫后肌麻痹。

7. 马蹄内翻足　踝关节跖屈，前半足触地，足不能背屈，多取旋后及内收位，多与内翻足并存，称马蹄内翻足，也称作"马蹄足"。多见于跟腱挛缩或腓总神经麻痹。

8. 膝内、外翻畸形　正常双脚并拢直立时，两膝与两内踝都可同时靠拢。如双内踝靠拢时，两侧膝关节分离，呈"O"形弯曲，称"O"形腿。如两侧膝关节靠拢时，两内踝分离，呈"X"形弯曲，称"X"形腿。多见于佝偻病。

（三）肢体的试验检查

1. 搭肩试验　嘱被检查者用患侧手掌平放于对侧肩关节前方，如不能搭上而前臂不能自然贴紧胸壁，即为阳性，提示肩肱关节或肩锁骨关节脱位。

2. 浮髌试验　被检查者采取平卧位，下肢伸直放松，医生左手拇指与其余四指分开固定在肿胀关节上方，并加压压迫髌上囊，右手拇指与其余四指分开固定在肿胀关节下方，使关节液集中于髌骨平面，然后用右手食指垂直按压髌骨并迅速抬起，按压时髌骨与关节面有碰触感，松手时髌骨浮起,即为浮髌试验阳性,提示有中等量(50ml)以上的关节积液(图3-54)。

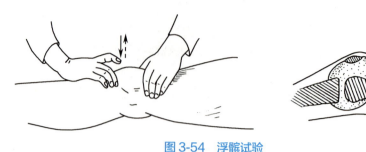

图 3-54 浮髌试验

3. 侧方加压试验 被检者取仰卧位,膝关节伸直,检查者一手握住踝关节向外侧推抬,另一手置于膝关节外上方向内侧推压,使内侧副韧带紧张度增加,如膝关节内侧疼痛为阳性,提示内侧副韧带损伤,如向相反方向加压,外侧膝关节出现疼痛,提示外侧副韧带损伤。

第九节 神经系统检查

神经系统检查包括脑神经、运动功能、感觉功能、神经反射及自主神经检查等。本节主要介绍脑神经、感觉功能、运动功能、神经反射检查。检查时,应使被检者充分配合,检查者要耐心细致,尽可能避免遗漏体征。

一、脑神经检查

(一)嗅神经

检查前先确定被检者鼻孔是否通畅、鼻黏膜是否有无病变。嘱被检者闭目,先按压住一侧鼻孔,检查者取检测气味用的物品靠近被检者另一侧开放的鼻孔,嘱其深吸气,然后让其说出所闻到的气味;用同样方法检查另一侧鼻孔,双侧比较。检测气味常用的物品有:香皂、杏仁、香烟、咖啡、牙膏等。检查时应注意测试物的气味应为被检者熟悉且无刺激性,刺激性大的物品如甲醛、酒精、氨水等不宜采用。嗅觉功能障碍排除鼻黏膜病变后,常见于同侧嗅神经受损。

(二)视神经

主要是视力检查,检查方法与临床意义见本章第三节头部检查。

(三)动眼神经、滑车神经、展神经

1. 检查方法 ①外观:主要观察眼裂有无增大或缩小,眼球有无突出或内陷,眼球有无偏斜,眼睑有无下垂,瞳孔状况。②眼球运动:嘱其向上、向下、向内、向外转动运动,观察有无眼球运动障碍,眼球有无偏斜。③对光反射(直接与间接)与调节反射。

2. 临床意义 ①出现眼球运动向内、向上、向下运动障碍,上睑下垂,瞳孔散大,出现复视,调节反射消失,均提示动眼神经麻痹;②单纯出现眼球向下及向外运动障碍,提示滑车神经麻痹;③出现眼球向外运动障碍及伴有麻痹性内斜视,提示展神经麻痹。

(四)三叉神经

三叉神经感觉纤维分布于面部皮肤及眼、鼻、口腔黏膜;运动纤维支配咀嚼肌、颞肌和翼状内外肌的运动。

1. 检查方法 ①面部感觉:嘱被检者闭眼,依次进行触觉、痛觉、温觉等的检查,检查时,应

注意仔细观察被检者的反应,两侧对比,如有异常,确定其病变区域(眼支分布于眼裂以上的皮肤,上颌支分布于眼裂与口裂之间,下颌支分布于口裂与下颌底之间)。②角膜反射(详见本节神经反射检查)。③运动功能:检查者用双手分别按压被检者两侧的颞肌、咀嚼肌并嘱其做咀嚼动作,比较两侧肌力,嘱其做张口或露齿动作,比较下颌有无歪斜。

2. 临床意义 ①感觉功能障碍:某支分布区域或一侧面部触觉、痛觉、温觉减退或消失,提示该支或同侧三叉神经损害,常见于三叉神经痛、脑桥小脑脚肿瘤、延髓空洞症。②运动功能障碍:一侧咀嚼肌肌力减弱、下颌偏向病侧,提示该侧三叉神经运动纤维受损,常见于龋齿、颅脑损伤或肿瘤等。

(五)面神经

1. 检查方法 ①运动功能:首先观察被检者双侧额纹、睑裂、鼻唇沟、口角有否改变,然后嘱其做皱额、闭眼、露齿、微笑、鼓腮、吹口哨等动作,并作两侧对比。②味觉功能:让被检者伸舌,检查者依次取少量酸(醋)、甜(糖)、苦(奎宁溶液)、咸(盐)测试物品用棉棒蘸取涂在被检者一侧舌前部,嘱被检者用手指出或写出某个预定的符号(酸、甜、苦、咸),不能讲话、吞咽和缩舌,分别测试两侧。注意每测一种测试物后应用清水漱口,以免发生干扰。

2. 临床意义 ①一侧额纹变浅或消失、眼裂增大、鼻唇沟变浅,不能皱额、闭眼、鼓腮或吹口哨漏气,露齿或微笑时口角歪向健侧,提示该侧面神经周围性瘫痪,常见于面神经炎等;②双侧额纹正常、眼裂正常、能皱额、能闭眼,但一侧鼓腮或吹口哨漏气,露齿或微笑口角歪向患侧,提示该侧中枢性瘫痪,常见于脑血栓形成、脑出血、脑肿瘤、脑炎等;③舌前2/3味觉消失,提示面神经在面神经管内损伤,常见于面神经炎。中枢性面瘫与周围性面瘫的鉴别见表3-10。

表3-10 中枢性面瘫和周围性面瘫的鉴别

项目	中枢性面瘫	周围性面瘫
受损部位	核上组织受损(皮质、皮质脑干纤维、内囊、脑桥等)	面神经核或面神经受损
病因	脑血管疾病、脑肿瘤、脑炎等	受寒、耳部或脑膜感染、神经纤维瘤等
面肌	病灶对侧颜面下部肌肉麻痹,不能露齿、鼓腮、吹口哨	病灶同侧面肌麻痹,不能露齿、鼓腮、吹口哨
角膜反射	存在	消失
鼻唇沟	变浅	变浅
口角	示齿时口角偏向病侧	示齿时口角偏向病灶对侧
味觉功能	无障碍	舌前2/3味觉障碍

(六)前庭蜗神经(位听神经)

1. 检查方法 ①听力:可先用粗略的方法了解被检者的听力,详见第三节头部检查。听力精确测试是使用规定频率的音叉或电测听设备进行测试;②前庭神经:询问患者有无眩晕和平衡障碍,检查有无自发性眼球震颤,通过旋转试验、外耳道灌注冷水及热水试验,观察有无前庭功能障碍所致的眼球震颤反应减弱或消失。

2. 临床意义 ①耳聋:传导性耳聋常见于耵聍栓塞、外耳道异物、中耳炎、鼓膜穿孔或破裂等。感音性耳聋常见于药物损害、噪音损害、听神经炎、多发性硬化等;②平衡障碍:平衡障碍表现为眩晕,伴恶心、呕吐及眼球震颤,常见于梅尼埃病、迷路炎、椎基底动脉供血不足、前庭神经元炎等。

(七)舌咽神经与迷走神经

1. 检查方法 ①运动功能:嘱被检者做张口动作,首先观察两侧软腭高度是否一致、悬雍垂是否居中,然后,嘱其发"啊"音,注意观察软腭上提及悬雍垂偏移情况;②感觉功能:用棉签轻触两侧软腭和咽后壁,观察感觉。另外味觉功能检查,注意将测试物涂于舌后 1/3 处;③咽反射:嘱被检者做张口动作,用压舌板轻触咽后壁,正常出现咽部肌肉收缩并诱发恶心反射。

2. 临床意义　一侧舌咽神经与迷走神经核及核以下损害,出现声音嘶哑及带鼻音,吞咽困难及呛咳,患侧软腭不能上抬,咽反射消失,悬雍垂偏向对侧;双侧舌咽神经与迷走神经核及核以下损害(周围性延髓麻痹),出现声音嘶哑及带鼻音,吞咽困难及呛咳,两软腭不能上抬,咽反射消失,常伴舌肌萎缩,又称延髓麻痹;双侧舌咽神经与迷走神经核上损害(中枢性延髓麻痹),出现声音嘶哑及带鼻音,吞咽困难及呛咳,但咽反射亢进,无舌肌萎缩,又称假性延髓麻痹。延髓麻痹与假性延髓麻痹的鉴别见表 3-11。

表 3-11　延髓麻痹与假性延髓麻痹的鉴别

项目	延髓麻痹	假性延髓麻痹
受损部位	延髓的舌咽、迷走神经或其核	双侧上运动神经元病损(主要是运动皮质及其发出的皮质脑干束)
病因	脑炎、脊髓灰质炎、多发性神经炎等	两侧脑血管病及脑炎等
表现	双侧受损时表现为声音嘶哑、吞咽困难、咽部感觉丧失、咽反射消失、常伴舌肌萎缩;一侧受损时表现为病侧软腭不能上举、悬雍垂偏向健侧、病侧咽反射消失	声音嘶哑、吞咽困难、咽部感觉存在、咽反射亢进、无舌肌萎缩,伴有下颌反射和掌颏反射亢进
锥体束征	阴性	阳性

(八)副神经与舌下神经

1. 副神经　副神经支配胸锁乳突肌与斜方肌。检查方法:让被检者做转头与耸肩动作,观察动作情况,检查者给予一定阻力,并做两侧对比。临床意义:副神经受损时,向对侧转头及同侧耸肩无力或不能,同侧胸锁乳突肌及斜方肌萎缩。

2. 舌下神经　舌下神经支配舌肌。检查方法:让被检者伸舌,观察有无伸舌偏斜、舌肌萎缩及肌束颤动。临床意义:舌尖偏向一侧,伴舌肌萎缩,提示同侧舌下神经损伤;舌不能伸出,提示双侧舌下神经损伤。

二、运动功能检查

运动是指骨骼肌的活动,可分为随意运动和不随意运动。随意运动受大脑皮质运动区支配,主要由锥体束完成;不随意运动主要由锥体外系和小脑支配完成。

(一)肌力检查

1. 检查方法　肌力是指肌肉运动时最大的收缩力量。嘱被检者做肢体伸屈动作,检查者施以相反的力,测试被检者对阻力的克服力量。注意两侧比较。

2. 肌力分级　肌力采用 0～5 级六级分类法。

0 级　完全瘫痪,肌肉无收缩。

1 级　肌肉可收缩,但不能产生动作。

2 级　肢体可在床面移动,但不能抬起。

3 级　肢体能抗地心引力抬离床面,但不能克服阻力。

4 级　肢体能对抗阻力,但力量较弱。

5 级　正常肌力。

3. 临床意义　肌力减弱或丧失即瘫痪。根据病变部位不同,瘫痪分为上运动神经元性瘫痪

（中枢性瘫痪）和下运动神经元性瘫痪（周围性瘫痪），二者鉴别见表 3-12。不同部位或不同组合的瘫痪可分别命名为①单瘫：单一肢体瘫痪，多见于脊髓灰质炎。②偏瘫：为一侧肢体瘫痪，常伴有同侧脑神经损害，多见于颅内病变或脑卒中。③交叉性偏瘫：为一侧肢体瘫痪及对侧脑神经损害，多见于脑干病变。④截瘫：为双侧下肢瘫痪，是脊髓横贯性损伤的结果，见于脊髓外伤、炎症等。

表 3-12　上、下运动神经元瘫痪鉴别

	上运动神经元瘫痪	下运动神经元瘫痪
瘫痪分布	整个肢体为主	肌群为主
肌张力	增强	减弱或消失
腱反射	增强或亢进	减弱或消失
病理反射	有	无
肌萎缩	无	有
肌束颤动	无	可有

（二）肌张力检查

1. 检查方法　肌张力是指静止状态下的肌肉紧张度和被动运动时遇到的阻力。检查时嘱被检者肌肉放松，检查者根据触及肌肉的硬度及伸屈肢体时感知肌肉对被动伸屈的阻力作出判断。

2. 临床意义

（1）肌张力增高：①肌肉坚实，肢体被动伸屈阻力大呈折刀现象（起始阻力大，终末突然减弱），提示锥体束损害；②肌肉坚实，肢体被动伸屈阻力大呈铅管样（阻力均匀一致变大），提示锥体外系损害；③在铅管样改变的基础上发生震颤，可形成齿轮样强直，见于帕金森病等。

（2）肌张力降低：肌肉松软，肢体被动伸屈阻力减退，关节活动范围增大，提示下运动神经元病变、小脑病变、肌源性病变。

（三）不自主运动检查

不自主运动是指患者意识清醒的情况下，随意肌不自主收缩产生的一些不受主观意识支配、无目的的异常动作。多为提示锥体外系损害表现。

1. 震颤　是指两组拮抗肌交替收缩所产生的不自主动作，可有以下几种类型：①静止性震颤，静止时表现明显，动作如同"搓丸"样，而在运动时减轻，睡眠时消失，伴肌张力增高，见于帕金森病；②意向性震颤，又称动作性震颤。震颤在休息时消失，动作时发生，愈近目的物愈明显，见于小脑疾病。

2. 舞蹈样运动　为面部肌肉及肢体快速、不规则、无目的、不对称的不自主运动，表现为做鬼脸、转颈、耸肩、手指间断性伸屈、摆手和伸臂等舞蹈样动作，睡眠时可减轻或消失，多见于儿童期风湿性舞蹈病、遗传性舞蹈病，以及服用抗精神病药物者。

3. 手足徐动　为手指或足趾的一种缓慢而持续的伸展扭曲动作，见于脑性瘫痪、肝豆状核变性、脑基底节变性。

（四）共济运动检查

机体完成某一动作时，某一肌群协调一致的运动称为共济运动。共济运动主要由小脑维持完成，前庭神经系统、视神经、深感觉、锥体外系等也参与其中。常用的检查有：

1. 指鼻试验　嘱被检者手臂外展伸直，以示指接触距其前方 0.5m 检查者的示指，再用示指触指自己的鼻尖，先慢后快，先睁眼后闭眼，先做一侧，再做另一侧。正常人指鼻准确。一侧指鼻不准确、动作缓慢提示同侧小脑半球病变。睁眼时指鼻准确,闭眼时不准确,则为感觉性共济失调。

2. 跟-膝-胫试验   嘱被检者取仰卧位,将一侧足跟部放在另一肢体膝盖下端,嘱其足跟沿胫骨前缘下移,先睁眼、再闭眼重复进行。正常人整个动作过程流畅、准确。一侧动作稳,提示同侧小脑半球病变。睁眼时动作准确,闭眼时动作不准确,则为感觉性共济失调。

3. 轮替动作   嘱被检者伸直手掌并以前臂做快速的旋前旋后动作,或一手用手掌、手背连续交替拍打对侧手掌,先做一侧,再做另一侧。正常人整个动作过程流畅、准确。一侧动作笨拙,缓慢而不协调,提示同侧小脑半球病变。

4. 闭目难立征   嘱被检者双足跟并拢直立,向前平伸双手,先睁眼做,再闭眼做,观察其站立情况。正常人睁闭眼站立均平稳。睁闭眼均站立不平稳,提示小脑半球病变。睁眼时站立平稳,闭眼时,出现身体晃动或倾斜,则为感觉性共济失调。

三、感觉功能检查

感觉是作用于各个感受器的各种形式刺激在人脑中的直接反映。感觉功能检查必须在被检者意识清醒及精神状态正常时进行。检查时应让被检者了解检查的目的与方法,以取得充分合作。嘱被检者闭目,充分暴露被测部位,将刺激物由感觉障碍区移向正常区,或由正常区移向感觉过敏区,注意两侧对比、上下对比及远、近端对比。对意识不清的被检者或小儿,可根据面部表情、肢体回缩动作及哭叫等反应,粗略估计感觉功能有无障碍。避免暗示性提问,必要时重复进行。

(一)浅感觉检查

1. 检查方法   检查触觉用棉花捻触皮肤或黏膜,检查痛觉用别针的针头均匀地轻刺皮肤,检查温度觉用装热水(40~50℃)或冷水(5~10℃)的试管接触皮肤。嘱被检者闭目,依次进行触觉、痛觉、温度觉的检查,检查时,应注意仔细观察被检者的反应,两侧对比,如有异常(感觉过敏、减退或消失),确定其区域。

2. 临床意义   痛觉、温度觉异常,提示脊髓丘脑侧束损害。触觉异常,提示脊髓丘脑前束和后索受损。

(二)深感觉检查

1. 检查方法   被检者闭眼,依次检查运动觉、位置觉、振动觉,并做两侧对比。检查运动觉时,检查者用手轻捏被检者的手指或足趾上下移动,让其描述移动的方向;检查位置觉时,检查者将被检者的肢体摆成一定姿势置,让其描述其所摆姿势或用对侧肢体模仿;检查振动觉时,检查者用震动着的音叉(128Hz)柄放在被检者肢体突起处如内外踝、桡骨茎突、尺骨鹰嘴、髌骨等,询问有无震动及震动持续时间。

2. 临床意义   正常人能正确表达检查时的运动觉、位置觉、振动觉。一侧深感觉障碍或消失,提示同侧脊髓后索受损。

(三)复合感觉(皮质感觉)检查

1. 检查方法   被检者闭眼,依次检查皮肤定位觉、两点辨别觉、实体觉和体表图形觉,并作两侧对比。检查皮肤定位觉时,用棉签轻触被检者皮肤,让其说出所触部位;检查两点辨别觉时,用钝角分规轻刺被检者两点皮肤,逐渐缩小距离,直至感觉为一点时为止(正常:手指的辨别间距为2mm,舌是1mm,脚趾是3~8mm,手掌是8~12mm,后背是40~60mm);检查实体觉时,将硬币、笔、火柴盒等日常熟悉的物品让被检者用单手触摸,并说出物品的名称;检查体表图形觉时,检查者在被检者皮肤上画简单图形如三角形、圆形或方形,然后让其说出是何图,须双侧对照。

2. 临床意义   复合感觉障碍,提示大脑皮质病变。

四、神经反射检查

神经反射检查对神经系统疾病的定位诊断具有重要价值。反射是通过反射弧(感受器、传入神经元、中枢、传出神经元和效应器)完成的。反射弧中任何一个环节发生病变,都能影响反射活动,表现为反射减弱或消失。同时,反射又受高级神经中枢控制,锥体束以上发生病变时,则可使反射活动失去抑制,而出现反射亢进。

(一)生理反射

根据刺激的部位,可将生理反射分为浅反射和深反射。刺激皮肤或黏膜引起的反射称为浅反射,刺激肌腱、骨膜引起的反射称为深反射。

1. 浅反射

(1)角膜反射:嘱被检者眼睛向内侧注视,用捻成细束的棉絮尖从视野外侧轻触被检者角膜外缘,观察眼睑闭合情况,同侧眼睑闭合称为直接角膜反射,对侧眼睑闭合称为间接角膜反射。临床意义:正常反应为双侧眼睑迅速闭合。直接与间接角膜反射均消失见于患侧三叉神经病变;直接反射消失,间接反射存在,见于患侧面神经瘫痪;角膜反射完全消失,见于深昏迷。

(2)腹壁反射:被检者仰卧,双下肢稍屈曲,使腹壁松弛,检查者用钝头竹签分别沿肋弓下缘(胸髓7~8节段)、平脐水平(胸髓9~10节段)及腹股沟上缘(胸髓11~12节段)平行方向,由外向内轻划两侧腹壁皮肤,分别称为上、中、下腹壁反射。正常反应受刺激部位腹肌收缩,即腹壁反射存在(图3-55)。腹壁反射的传入、传出神经均为肋间神经。上、中或下部反射消失分别见于上述不同平面的胸髓病损。一侧腹壁反射减弱或消失见于同侧锥体束病损。双侧腹壁反射完全消失见于深昏迷、急性腹膜炎、肥胖者、老年人及经产妇等。

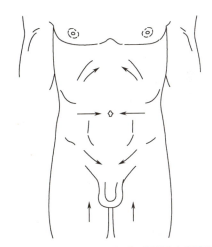

图3-55 腹壁反射和提睾反射检查示意图

(3)提睾反射:用钝头竹签由下而上轻划男性被检者股内侧上方皮肤,观察睾丸上提情况。正常反应为同侧提睾肌收缩,睾丸上提(图3-55)。其传入和传出神经皆为生殖股神经,中枢为腰髓1~2节段。双侧反射消失见于腰髓1~2节段损害;一侧反射消失见于同侧锥体束损害。此外,腹股沟疝、阴囊水肿、睾丸炎等局部病变亦可使该反射减弱或消失。

(4)跖反射:嘱被检者仰卧,下肢伸直,检查者握住被检者踝部,用钝头竹签划足底外侧,由足跟向前至近小趾跖关节处转向拇趾侧,正常反应为足跖屈曲,即巴宾斯基征(Babinski sign)阴性。反射消失为骶髓1~2节病损。

(5)肛门反射:用大头针轻划肛门周围皮肤,引起肛门外括约肌收缩。反射障碍为骶髓4~5节或肛尾神经受损。

2. 深反射

(1)肱二头肌反射:检查者左手托住被检者屈曲的肘部,拇指置于肱二头肌肌腱上,右手持叩诊锤叩击左手拇指,正常反应为肱二头肌收缩,前臂快速屈曲。反射中枢在颈髓5~6节段(图3-56)。

(2)肱三头肌反射:被检者上臂外展,肘部半屈,检查者左手托住被检者前臂,右手用叩诊锤直接叩击鹰嘴上方的肱三头肌肌腱,正常肱三头肌收缩,前臂伸展。反射中枢在颈髓7~8节段(图3-57)。

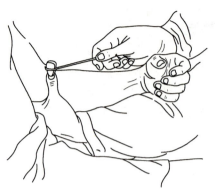

图 3-56　肱二头肌反射检查示意图

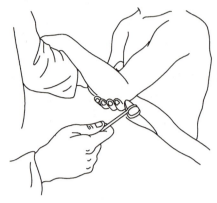

图 3-57　肱三头肌反射检查示意图

（3）桡骨膜反射：被检者前臂置于半屈半旋前位，检查者左手托住其腕部，并使腕关节自然下垂，以叩诊锤叩桡骨茎突，正常肱桡肌收缩，屈肘和前臂旋前。反射中枢在颈髓5～6节。

（4）膝反射：被检者取坐位时，小腿完全放松下垂，取仰卧位时，检查者左手托起膝关节使之屈曲约120°，右手用叩诊锤叩击髌骨下方股四头肌肌腱，正常反应为股四头肌收缩，小腿伸展。反射中枢在腰髓2～4节段（图3-58）。

图 3-58　膝腱反射检查示意图

（5）跟腱反射：被检者仰卧，髋及膝关节屈曲，下肢取外展外旋位，检查者左手托被检者足掌，使足部背屈成直角，右手持叩诊锤叩击跟腱，正常反应为腓肠肌收缩，足向跖面屈曲。反射中枢在骶髓1～2节段（图3-59）。

（6）阵挛：锥体束以上病变导致深反射亢进时，用力使相关肌肉处于持续紧张状态，该组肌肉则发生节律性收缩，称为阵挛。①髌阵挛：被检者仰卧，下肢伸直，检查者用拇指和食指控住髌骨上缘，用力向下方快速推动并维持用力，髌骨出现节律性的上下运动为髌阵挛阳性。②踝阵挛：被检者仰卧，髋关节稍屈曲，检查者一手托被检者腘窝，一手持被检者足掌前端，突然用力推其踝关节背屈并继续维持适当用力。踝关节出现节律性伸屈运动，为踝阵挛阳性。

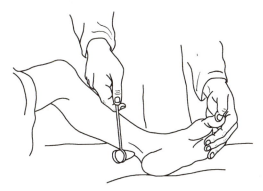

图 3-59　跟腱反射检查示意图

深反射改变的临床意义：①深反射减弱和消失。常见于下运动神经元瘫痪，如周围神经炎、神经根炎、脊髓前角灰质炎等；肌肉疾患，如重症肌无力、周期性瘫痪等；脑或脊髓的急性损伤，如急性脊髓炎、脑出血早期；深昏迷、深度麻醉等。被检查者精神紧张或注意力集中于被测部位，可出现可疑性减弱或消失。②深反射亢进。常见于锥体束损害，如脑血栓形成、脑出血等。此外，也见于神经症、甲状腺功能亢进症等。

（二）病理反射

病理反射是指锥体束受损时，大脑失去了对脑干和脊髓的抑制作用而出现的异常反射。阳性常见于脑血栓形成、脑出血、脑炎等。1.5 岁以内的婴幼儿由于神经系统发育尚未发育完善，也可出现这种反射，不属于病理性。临床常用的病理反射有：

1. 巴宾斯基征（Babinski sign）　取位同检查跖反射，检查者用钝头竹签由后向前划足底外侧缘，至小趾根部再转向内侧，正常反应为足趾均不动或向跖面屈曲。阳性反应为拇指背伸，其余四趾呈扇形展开（图 3-60）。

2. 奥本海姆征（Oppenheim sign）　检查者用示指及中指或拇指沿被检者胫骨前缘自上而下用力滑压，阳性反应同巴宾斯基征（图 3-60）。

3. 戈登征（Gordon sign）　检查者将拇指和其余四指分置于被检者腓肠肌处，以适度力量挤捏，阳性反应同巴宾斯基征（图 3-60）。

4. 查多克征（Chaddock sign）　检查者用钝头竹签沿被检者足背外侧从外踝下方由后向前划至趾跖关节处，阳性反应同巴宾斯基征（图 3-60）。

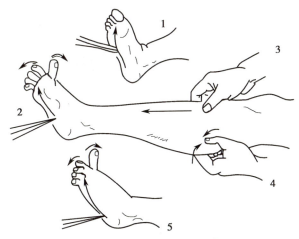

图 3-60　几种病理反射示意图

1. 巴宾斯基征阴性　2. 巴宾斯基征阳性　3. 奥本海姆征阳性
4. 戈登征阳性　5. 查多克征阳性

以上4种病理反射以巴宾斯基征最典型,最常用,价值也最大。

5. 霍夫曼征(Hoffmann sign) 检查者左手持被检者腕部,右手中指与示指夹住被检者中指,稍向上提,使腕部处于轻度过伸位,然后以拇指迅速弹刮被检者中指指甲。正常五指均不动,阳性反应为其余四指轻微掌屈。(图3-61)。

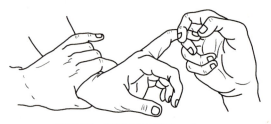

图 3-61 霍夫曼征检查示意图

(三)脑膜刺激征

脑膜刺激征是脑膜受激惹的体征。见于脑膜炎、脑炎、蛛网膜下腔出血、颅内压增高等。

1. 颈强直 被检者去枕仰卧,双下肢伸直,检查者右手置于被检者胸前,左手托其枕部并使其做被动屈颈动作。正常颈部柔软易屈,若颈有抵抗或下颏不能前屈并有痛苦表情,提示为颈强直。

2. 克尼格征(Kernig sign) 被检者仰卧,检查者托起被检者一侧大腿,使髋、膝关节各屈曲成直角,然后一手置于其膝关节前上方固定膝关节,另一手托其踝部,将被检者小腿抬高尽量使其膝关节伸直。正常膝关节可伸达135°以上。阳性表现为伸膝受限与屈肌痉挛(图3-62)。

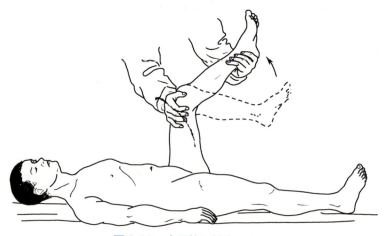

图 3-62 克尼格征检查示意图

3. 布鲁津斯基征(Brudzinski sign) 被检者仰卧,下肢伸直,检查者用一手托被检者枕部,另一手置于被检者胸前,使头前屈。正常表现双下肢不动,阳性表现为双侧膝关节和髋关节同时屈曲(图3-63)。

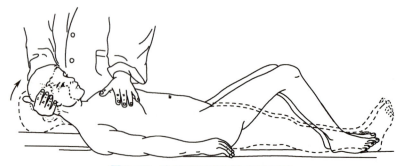

图 3-63 布鲁津斯基征检查示意图

（四）拉塞格征

拉塞格征为神经根或坐骨神经受刺激引起。常见于坐骨神经炎、腰椎间盘突出症或腰骶神经根炎等造成的坐骨神经痛。被检者仰卧，双下肢伸直，检查者一手置于被检者膝关节上，另一手将其下肢抬起。正常人伸直的下肢可抬高 70° 以上，抬高小于 30° 以下并出现自上而下的放射性疼痛为阳性（图 3-64）。

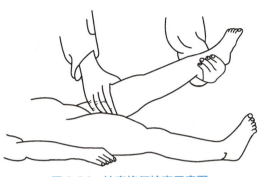

图 3-64　拉塞格征检查示意图

第十节　全身体格检查

全身体格检查是对住院患者和健康人群全身各个部位进行的全面系统的体格检查。它是医学生和临床医生必备的基本功，也是评价和考核临床医师临床技能的重要指标。医学生在分段学习了各器官和系统的检查之后，必须能够融会贯通，综合运用，顺序、流畅、合理、全面、系统地完成全身体格检查。

一、全身体格检查的基本要求

1. 检查前准备要充分　全身体格检查前，检查者要充分做好准备工作。①要穿戴工作衣帽，服装大方整洁；②要剪短指甲，双手清洗干净；③要清点好检查所需要的器械（如听诊器、叩诊锤、体温计等）；④向被检者自我介绍并告知检查目的，以取得对方合作。

2. 检查时顺序要合理　全身体格检查应遵循先整体后局部、先外后内、从头到脚分段进行的原则，合理的顺序不仅可以提高检查的效率，而且能尽最大可能减少体位变动，减轻被检查者的不适，同时也能避免检查项目的遗漏和方便检查记录。

3. 检查时内容要全面　全身体格检查的目的是对全身的健康状况进行全面细致的筛查，因此，要力求内容全面，收集尽可能完整的客观资料，完成病历特别是住院病历的各项信息要求。

4. 检查时操作要规范　在分段体格检查中，已详细学习了体格检查的基本方法和身体各部位、各重要器官的检查手法，在全身体格体检时应严格按照各项体格检查项目的要求，步骤清晰，手法精细，动作准确，操作规范。只有这样才能获得有价值的体检结果。

5. 检查时要注意原则性和灵活性的统一　进行全身体格检查时，既要遵守检查的基本原则，而又不拘泥于检查的基本原则，尽可能做到原则性与灵活性完美的统一。主要做到：①在全身体格检查中，应与被检查者有适度的沟通与交流，边查边问，边查边想，边查边分析，边查边判断；②在全身体格检查中，应根据问诊的提示，对罹患的脏器和系统有所侧重；③在全身体格检查中，对急诊和危重患者，不能按常规进行，在必要的检查后先抢救，其余检查待病情稳定后再行补充；④在全身体格检查中，对体位受限的患者，某些检查如外生殖器、肛门、直肠检查等，应根据具体病情确定是否检查,如需检查应有第三者在场,并注意保护被检查者隐私。

6. 检查后处理要完善　全身体格检查后,要注意做到:①向被检查者致谢,并交代检查后应注意的事项;②整理好检查的器械,收拾干净弃用的物品(如棉球、竹签、废纸片)并带走;③及时记录检查结果。

二、全身体格检查的一般顺序

进行全身体格检查时,总的原则是要尽量减少被检查者的体位变动,因而检查的顺序常因体位不同而不同。以被检者初始体位是卧位为例,检查的一般顺序如下:一般情况→生命体征→头部检查→颈部检查→前、侧胸部(心、肺)检查→(被检者取坐位)背部检查(包括肺、脊柱、肾区、骶部)→(被检者取卧位)腹部检查→上肢检查→下肢检查→肛门与直肠→(必要时)外生殖器→(被检者取站立位)神经系统检查。以被检者初始体位是坐位为例,检查的一般顺序如下:一般情况→生命征→上肢→头颈部→背部(包括肺、脊柱、肾区、骶部)→(被检者取卧位)前胸部、侧胸部(心、肺)→腹部→下肢→肛门与直肠→外生殖器→神经系统(最后站立位)。

三、全身体格检查的检查要点

检查的基本项目根据上述要求拟定,遵循这一基本内容和逻辑顺序,有利于初学者养成良好的职业习惯和行为规范。这些看似机械、烦琐的项目是全身筛查必不可少的,也有利于完成入院记录规定的各项要求。医学生按此条目学习,经过反复实践可以熟能生巧,应用自如,面对具体情况也能根据临床工作要求合理取舍。

1. 一般情况　观察发育是否正常,与年龄、智力、体格成长是否相称;体型(无力型、超力型、正力型);营养状态(良好、中等、不良);意识状态(清晰、模糊、嗜睡、昏睡、谵妄、昏迷);面容与表情状态(安静、忧虑、烦躁、痛苦、急、慢性病容或特殊面容);体位状态(自主、被动、强迫)。

2. 生命体征

(1) 体温:测量体温(腋温 10 分钟)。

(2) 桡动脉:触诊桡动脉测脉搏至少 30 秒,检查桡动脉搏动的强度、频率、节律;双手同时触诊双侧桡动脉,检查两侧是否对称。

(3) 呼吸:观测呼吸至少 30 秒,检查呼吸的频率、节律及深度。

(4) 血压:测右上肢血压 2 次,取平均值。

3. 头部检查　尽量在自然光线下进行检查。

(1) 观察头部外形有无异常、有无异常运动;毛发色泽及分布是否均匀;触诊头皮有无损伤、包块、压痛。

(2) 检查双眼的近视力是否正常。

(3) 观察眉毛分布是否均匀、有无脱落。

(4) 观察眼睑有无内翻、水肿、上睑有无下垂。

(5) 观察眼球外形、有无突出或下陷。

(6) 检查上、下睑结膜、球结膜有无充血和出血点;巩膜有无黄染;泪囊有无红肿和异常分泌物。

(7) 检查面神经运动功能(皱额、闭目是否正常)。

(8) 检查眼球六个方位的运动功能是否正常、有无眼球震颤。

(9) 检查瞳孔形状及大小,双侧是否等大同圆,直接对光反射和间接对光反射、调节和集合反射是否存在。

（10）观察双侧耳郭有无畸形、结节，外耳道有无溢液，检查乳突有无压痛，触诊颞颌关节及其运动。

（11）检查双耳听力是否正常。

（12）检查外鼻皮肤、外形有无异常改变；鼻骨或软骨有无骨折或移位；鼻中隔有无偏曲。

（13）检查双侧鼻腔是否通气、有无异常分泌物。

（14）检查鼻窦（额窦、筛窦和上颌窦）有无压痛、叩击痛。

（15）观察口唇颜色、有无唇裂、干燥或皲裂；牙齿排列是否整齐，有无龋齿、残根、缺齿、义齿等；牙龈有无红肿、出血或溢脓；口腔黏膜有无溃疡、出血或瘀斑；悬雍垂是否居中；扁桃体有无肿大及其肿大的程度；咽后壁有无充血、红肿；舌质、舌苔及伸舌运动等有无异常。

（16）检查面神经运动功能（露齿、鼓腮、吹口哨）有无异常。

（17）检查三叉神经功能运动功能、感觉功能有无异常。

4. 颈部检查

（1）观察颈部外形是否对称、直立；皮肤状况是否正常；颈静脉是否充盈。

（2）分别触诊双侧颈动脉有无异常搏动。

（3）触诊颈部淋巴结（按顺序由浅入深触诊耳前→耳后→枕后→颌下→颏下→颈前→颈后→锁骨上淋巴结）。注意淋巴结的大小、数目、硬度、压痛、活动度、有无粘连、局部皮肤有无改变等。

（4）触诊甲状软骨、甲状腺峡部、甲状腺侧叶（配合吞咽动作），注意甲状腺的轮廓、大小、质地、表面情况、有无结节、肿块和震颤。

（5）听诊颈部血管、甲状腺有无杂音。

（6）触诊气管位置是否居中。

（7）检查颈椎前屈、后伸、左右侧弯、旋转动作有无异常。

（8）检查副神经（耸肩及对抗头部旋转运动有无异常）。

5. 前、侧胸部检查

（1）观察胸廓外形是否对称；肋间隙宽度、胸部皮肤是否正常；胸壁有无静脉曲张；呼吸运动有无异常。

（2）检查双侧乳房，注意双侧乳房大小、对称性、乳头位置、有无异常分泌物、皮肤有无改变、有无结节及包块，男性有无乳房增生。

（3）触诊双侧腋窝淋巴结（由浅入深触诊腋尖淋巴结群、中央淋巴结群、胸肌淋巴结群、肩胛下淋巴结群、外侧淋巴结群），注意其部位、大小、数目、硬度、压痛、活动度、有无粘连、局部皮肤有无改变等。

（4）检查胸壁弹性、有无皮下气肿、压痛、胸骨有无压痛。

（5）检查双侧胸廓扩张度是否对称。

（6）检查触觉语颤，注意双侧对比，是否对称、有无增强或减弱。

（7）触诊有无胸膜摩擦感。

（8）叩诊双肺（按自上而下，由外向内，双侧对比的原则依次叩诊肺尖、前胸和侧胸），注意叩诊音分布，叩出肺尖宽度及锁骨中线、腋中线、肩胛线上肺下界的位置。

（9）听诊双肺（按自上而下，由外向内，双侧对比的原则依次听诊肺尖、前胸和侧胸），注意比较对称部位两侧呼吸音有无异常、有无啰音。

（10）检查语音共振双侧有无增强和减弱。

（11）观察心尖搏动位置、心前区有无异常隆起、凹陷和搏动。

（12）触诊心尖搏动、心前区有无震颤。

（13）触诊有无心包摩擦感。

（14）叩诊心脏相对浊音界。按规定格式记录心脏左界和右界。

（15）听诊心脏（依次听诊心脏各瓣膜听诊区），记录心率、心律、心音、额外心音杂音、心包摩擦音。

6. 背部检查　请受检者坐起，充分暴露背部。

（1）观察脊柱、胸廓有无形态异常；呼吸运动是否对称。

（2）检查脊柱有无侧弯、压痛、叩击痛。

（3）检查双侧肋脊点、肋腰点有无压痛。

（4）检查双侧肾区有无叩击痛。

（5）检查胸廓活动度、对称性。

（6）检查双侧触觉语颤是否对称。

（7）叩诊双侧后胸部有无异常叩诊音。

（8）叩诊双侧肺下界移动度（肩胛线）。

（9）听诊双侧后胸部有无异常呼吸音和啰音。

（10）检查双侧语音共振有无增强和减弱。

7. 腹部检查　请受检者取仰卧位，正确暴露腹部。请受检者屈膝放松腹肌，双上肢置于躯干两侧，平静呼吸。

（1）观察腹部外形、对称性、皮肤、脐及腹式呼吸等。

（2）听诊肠鸣音至少1分钟。注意肠鸣音次数及音调。

（3）听诊腹部有无血管杂音。

（4）叩诊全腹，注意叩诊音有无异常。

（5）叩诊肝脏上、下界（在右锁骨中线上）。

（6）检查肝脏有无叩击痛。

（7）检查是否存在移动性浊音。

（8）浅触诊全腹部。注意腹肌紧张程度。

（9）深触诊全腹部。注意有无压痛与反跳痛，有无包块及包块状态。

（10）在右锁骨中线上单手法触诊肝脏（配合加深的腹式呼吸）。

（11）在右锁骨中线上双手法触诊肝脏（配合加深的腹式呼吸）。

（12）在前正中线上双手法触诊肝脏（配合加深的腹式呼吸）。

（13）检查肝颈静脉回流征。

（14）检查胆囊点有无压痛、墨菲征阳性或阴性。

（15）双手法触诊脾脏。注意大小、质地、边缘、表面情况。

（16）双手法触诊肾脏。注意位置、有无压痛及肿块。

（17）检查麦氏点有无压痛与反跳痛。

（18）检查腹部触觉、痛觉是否存在。

（19）检查腹壁反射是否存在。

8. 上肢检查

（1）观察上肢皮肤、关节、双手及指甲等有无异常。

（2）触诊指间关节和掌指关节有无畸形。

（3）检查指关节运动是否灵活。

（4）检查上肢远端肌力是否正常。

（5）触诊腕关节有无结节、包块。

（6）检查腕关节运动是否受限。

（7）触诊双肘鹰嘴和肱骨髁（肱骨内上、外上髁）有无结节、压痛。

（8）触诊滑车上淋巴结有无肿大。

（9）检查肘关节运动是否灵活。

（10）检查屈肘、伸肘的肌力是否正常。

（11）视诊肩部外形有无畸形。

（12）触诊肩关节及其周围有无异常。

（13）检查肩关节运动是否受限。

（14）检查上肢触觉、痛觉是否正常。

（15）检查肱二头肌反射是否存在，两侧是否对称。

（16）检查肱三头肌反射是否存在，两侧是否对称。

（17）检查桡骨膜反射是否存在，两侧是否对称。

（18）检查霍夫曼征是否引出。

9. 下肢检查

（1）观察双下肢外形、皮肤、趾甲等有无异常及异常状态。

（2）触诊腹股沟区有无肿块、疝等有无肿块、疝。

（3）触诊腹股沟淋巴结横组有无肿大及状态。

（4）触诊腹股沟淋巴结纵组有无肿大及状态。

（5）触诊股动脉有无异常搏动，听诊有无血管杂音。

（6）触诊双足背动脉有无异常搏动。

（7）检查有无水肿。判断水肿为凹陷性或非凹陷性。

（8）检查下肢触觉（或痛觉）是否灵敏。

（9）检查髋关节屈曲、内旋、外旋运动有无受限。

（10）检查双下肢近端肌力（屈髋）是否正常及异常状态。

（11）检查膝关节有无红肿；检查浮髌试验是否为阳性。

（12）检查膝关节屈曲运动是否受限。

（13）检查膝腱反射是否灵敏，两侧是否对称；髌阵挛是否存在。

（14）触诊踝关节及跟腱有无异常。

（15）检查踝关节背屈、跖屈活动是否受限。

（16）检查双足背屈、跖屈肌力是否受限。

（17）检查踝关节内翻、外翻运动是否受限。

（18）检查屈趾、伸趾运动是否正常。

（19）检查跟腱反射是否灵敏，双侧是否对称；踝阵挛是否存在。

（20）检查巴宾斯基征、查多克征、奥本海姆征、戈登征是否引出。

（21）检查克尼格征、布鲁津斯基征是否引出。

（22）检查拉塞格征是否引出。

10. 肛门、直肠检查（必要时检查） 嘱受检者左侧卧位，右腿屈曲。

（1）观察肛门、肛周、会阴区有无结节、肛裂、炎症、皮疹等。

（2）戴上手套，示指涂以润滑剂行直肠指诊。注意进指是否容易、有无直肠触痛、穹窿有无肿物、指套上有无分泌物或出血。

11. 外生殖器检查（必要时检查） 向患者解释检查的必要性，消除顾虑，注意保护隐私。被检查者取仰卧位，确认膀胱已经排空。

（1）男性生殖器检查：

1）视诊阴毛分布类型、有无缺如或稀少；检查阴茎、冠状沟、龟头、包皮大小形态有无异常，有无硬结和溃疡。

2）检查阴囊、尿道外口有无触痛或排泄物。

3）必要时检查提睾反射是否存在。

4）检查双侧睾丸形状大小是否一致，有无肿物和触痛；检查附睾位置是否正常、有无增大、肿块和触痛、精索有无肿胀及静脉曲张。

（2）女性生殖器检查：

1）视诊阴毛分布类型、有无缺如或稀少；阴阜、大阴唇、小阴唇、阴蒂有无畸形、水肿、炎症、溃疡、赘生物或肿块。

2）视诊尿道口及阴道口有无畸形、充血、出血、溃疡、瘢痕、肿块，有无异常分泌物等。

3）触诊阴阜、大阴唇、小阴唇。

4）触诊尿道旁腺、前庭大腺。

12. 共济运动、步态与腰椎运动检查   被检查者在站立状态下进行。

（1）闭目难立试验（注意做保护动作）。检查是否平稳。

（2）指鼻试验（睁眼、闭眼）是否准确。

（3）快速轮替动作是否灵活。

（4）观察有无异常步态。

（5）检查腰椎前屈、后伸、左右侧弯、旋转动作是否受限。

（蒲永莉　刘　彬　方　宇　徐泽宇　杨丹阳）

扫一扫，测一测

？ 复习思考题

1. 深部触诊法有哪几种方法？简述其触诊方法及其临床意义。
2. 试述气管移位的检查方法及临床意义。
3. 试述干啰音与湿啰音的听诊特点及临床意义。
4. 如何判定第一心音和第二心音？
5. 急性弥漫性腹膜炎的患者可出现哪些腹部阳性体征？

第四章　实验诊断

PPT课件

知识导览

实验诊断是以实验室检查结果或数据为依据,结合其他临床资料,经过综合分析,应用于临床诊断、鉴别诊断、病情观察、疗效监测和预后判断的一种临床诊断方法。实验诊断的内容包括:临床血液学检查、临床生物化学检查、临床免疫学检查、临床病原学检查、体液与排泄物检查、染色体分析等。

第一节　临床血液学检查

血液由细胞成分(红细胞、白细胞和血小板)和血浆组成,临床常根据血液成分变化诊断和协助诊断血液系统疾病及相关系统疾病。

一、血液一般检查

血液一般检查包括血液常规检查(简称血常规)、有形成分形态学观察、红细胞沉降率检查等。

(一)红细胞的检查和血红蛋白的测定

单位体积每升(L)全血中红细胞计数(RBC)和其主要内容物血红蛋白(Hb)的测定,可反映机体生成红细胞能力并能协助诊断与红细胞有关的疾病。

1. 参考值

人群	红细胞数	血红蛋白
成年男性	$(4.0 \sim 5.5) \times 10^{12}/L$	$120 \sim 160g/L$
成年女性	$(3.5 \sim 5.0) \times 10^{12}/L$	$110 \sim 150g/L$
新生儿	$(6.0 \sim 7.0) \times 10^{12}/L$	$170 \sim 200g/L$

2. 临床意义

(1)红细胞和血红蛋白增多:经多次检查,成年男性红细胞$>6.0 \times 10^{12}/L$,血红蛋白$>170g/L$;成年女性红细胞$>5.5 \times 10^{12}/L$,血红蛋白$>160g/L$时,即认为增多。

1)相对性增多:因血浆容量减少引起血液浓缩所致,见于严重吐泻、大面积烧伤、大量出汗、甲状腺功能亢进危象、糖尿病酮症酸中毒等。

2）绝对性增多：临床上称为红细胞增多症，按发病原因可分为继发性和原发性两类。

继发性红细胞增多症：①红细胞生成素代偿性增加。因血氧饱和度减低引起。生理情况下见于胎儿、新生儿及高原地区居民；病理情况下见于慢性心、肺疾患，如发绀型先天性心脏病、肺源性心脏病等。②红细胞生成素非代偿性增加。见于某些肿瘤或肾脏疾患，如肝细胞癌、卵巢癌、子宫肌瘤、肾癌、肾盂积水、多囊肾等。

原发性红细胞增多症：见于原因不明的骨髓增殖性疾病，如真性红细胞增多症。

（2）红细胞和血红蛋白减少：

1）生理性减少：见于 3 个月至 15 岁以前的儿童、妊娠中晚期的孕妇、老年人等。

2）病理性减少：见于各种原因引起的贫血，如再生障碍性贫血、缺铁性贫血、溶血性贫血等。临床上根据血红蛋白减少的程度将贫血分为四级：轻度，血红蛋白低于参考值的低限至 90g/L；中度，90～60g/L；重度，60～30g/L；极重度，低于 30g/L。

（3）红细胞形态改变：正常红细胞为淡红色双凹圆盘形，大小较一致，直径 6～9μm，中央淡染区的大小相当于细胞直径的 1/3～2/5。

1）形态异常：①球形红细胞，常见于遗传性球形细胞增多症，涂片中此种细胞常超过 25%，自身免疫性溶血性贫血可见少量；②椭圆形红细胞，主要见于遗传性椭圆形红细胞增多症，可达 15% 以上；③口形红细胞，常见于遗传性口形红细胞增多症，可高于 10%，少量可见于弥散性血管内凝血及酒精中毒；④靶形红细胞，常见于珠蛋白生成障碍性贫血、异常血红蛋白病等，可达 20% 以上；⑤镰状细胞，见于镰状细胞贫血；⑥泪滴状红细胞，呈泪滴状，见于骨髓纤维化、珠蛋白生成障碍性贫血、溶血性贫血等；⑦棘形红细胞，主要见于棘形红细胞增多（先天性 β- 脂蛋白缺乏症），也可见于脾切除后、脂质代谢异常、脂肪吸收不良、视网膜色素变性等；⑧裂细胞，见于弥散性血管内凝血、血栓性血小板减少性紫癜等；⑨红细胞缗钱状排列，常见于多发性骨髓瘤、淋巴浆细胞淋巴瘤的特殊类型巨球蛋白血症。

2）大小异常：①小红细胞，直径 <6μm，多见于小细胞低色素性贫血，如缺铁性贫血。②大红细胞，直径 >10μm，见于溶血性贫血、急性失血性贫血等；③巨红细胞，直径 >15μm，常见于巨幼细胞贫血；④红细胞大小不均，直径相差可达 1 倍以上。见于增生性贫血如缺铁性贫血、某些溶血性贫血、慢性失血性贫血等贫血达中度以上时，而在巨幼细胞贫血时尤为明显。

3）着色异常：①低色素性，红细胞染色过浅，中央苍白区扩大，提示血红蛋白含量明显减少。常见于缺铁性贫血、珠蛋白生成障碍性贫血、铁粒幼细胞贫血，也可见于某些血红蛋白病。②高色素性，红细胞着色深，中央淡染区消失，其平均血红蛋白含量增高。常见于巨幼细胞贫血，球形细胞也呈高色素性。③嗜多色性，红细胞呈淡灰蓝或紫灰色，是一种刚脱核的网织红细胞，体积较正常红细胞稍大，称嗜多色性红细胞或多染色性红细胞。正常人外周血中约占 1%。其增多见于增生性贫血，尤以溶血性贫血时为最多见。

（二）白细胞的检查

1. 白细胞计数

（1）参考值：

人群	白细胞计数
成人	(4～10)×10⁹/L
新生儿	(15～20)×10⁹/L
6 个月～2 岁	(11～12)×10⁹/L

（2）临床意义：成人白细胞总数高于 $10×10^9/L$ 称白细胞增多，低于 $4×10^9/L$ 称白细胞减少。白细胞总数的增多或减少主要受中性粒细胞数量的影响，淋巴细胞数量上的较大改变也会引起白细胞总数的变化，其他白细胞一般不会引起白细胞总数大的变化。

2. 白细胞分类　百分数和绝对值：见表 4-1。

表 4-1　白细胞分类的百分数和绝对值

细胞分类	百分数(%)	绝对值(×10⁹/L)
中性粒细胞（N）		
杆状核（st）	0～5	0.04～0.5
分叶核（sg）	50～70	2～7
嗜酸性粒细胞（E）	0.5～5	0.05～0.5
嗜碱性粒细胞（B）	0～1	0～0.1
淋巴细胞（L）	20～40	0.8～4
单核细胞（M）	3～8	0.12～0.8

（1）中性粒细胞（N）：外周血中可见中性杆状核粒细胞和中性分叶核粒细胞两类。

1）中性粒细胞增多：常伴随白细胞总数的增多。

生理性增多：见于妊娠后期及分娩时、剧烈运动或劳动后、饱餐或淋浴后、高温或严寒等。

病理性增多：①急性感染，特别是急性化脓性球菌感染为最常见的原因。应注意，在某些极重度感染时，白细胞总数不但不高，反而减低。②严重的组织损伤及大量血细胞破坏，如严重外伤、大面积烧伤、较大手术后、急性心肌梗死及严重的血管内溶血后 12～36 小时。③急性大出血，急性大出血后 1～2 小时内可增多，特别是内出血时，白细胞总数可高达 20×10⁹/L。④急性中毒，代谢紊乱所致的代谢性中毒（如糖尿病酮症酸中毒、尿毒症等）、急性化学药物中毒（如铅、汞、安眠药中毒等）、生物性中毒（如昆虫、蛇、毒蕈等）等。⑤白血病、其他恶性肿瘤、骨髓增殖性肿瘤等。

2）中性粒细胞减少：当中性粒细胞绝对值低于 $1.5×10⁹/L$，称为粒细胞减少症，低于 $0.5×10⁹/L$ 时称为粒细胞缺乏症。中性粒细胞减少见于①感染：某些革兰氏阴性杆菌感染（如伤寒、副伤寒杆菌等）、某些病毒感染（如流感、病毒性肝炎、水痘等）、某些原虫感染（如疟疾、黑热病等）时白细胞可减少。②血液系统疾病：再生障碍性贫血、部分巨幼细胞贫血、严重缺铁性贫血、阵发性睡眠性血红蛋白尿症等。③物理、化学因素损伤：如 X 线、γ 射线等物理因素和苯、铅、汞、氯霉素、抗肿瘤药等化学因素损伤骨髓。④单核巨噬细胞系统功能亢进：如门静脉性肝硬化、部分淋巴瘤等引起脾大及其功能亢进。⑤自身免疫性疾病：如系统性红斑狼疮等，产生自身抗体导致。

3）中性粒细胞的核象变化：中性粒细胞核象是指粒细胞的分叶状况。正常，外周血中性粒细胞核以 3 叶居多，杆状核与分叶核之比为 1:13。①核左移：外周血液中出现不分叶核中性粒细胞（包括杆状核粒细胞、晚幼粒、中幼粒或早幼粒细胞等）的百分率增高（超过 5%）时，称为核左移。常见于感染，尤其是急性化脓性球菌所致的感染、急性中毒、急性溶血、急性失血等。杆状核粒细胞>5% 为轻度核左移；杆状核粒细胞>10%，并伴有少数晚幼粒细胞为中度核左移；杆状核粒细胞>25%，并出现更幼稚的粒细胞为重度核左移。后者常见于粒细胞白血病或中性粒细胞型类白血病反应。②核右移：外周血液中若中性粒细胞核出现 5 叶或更多分叶，其百分率超过 3% 称为核右移。主要见于巨幼细胞贫血及造血功能衰退、应用抗代谢药物后、炎症恢复期等，如在疾病进展期突然出现核右移，则表示预后不良。

4）中性粒细胞形态异常：①中性粒细胞的中毒性改变：主要出现细胞大小不均、中毒颗粒（胞质中出现粗大、分布不均、深紫或紫黑色颗粒）、空泡形成、核变性（出现核固缩、溶解及碎裂）等改变。多见于严重感染、急性中毒及大面积烧伤等。②巨多分叶核中性粒细胞：多见于巨幼细胞贫血或应用抗代谢药物治疗后。③与遗传有关的中性粒细胞形态异常。

（2）嗜酸性粒细胞（E）：

1）嗜酸性粒细胞增多：见于①过敏性疾病：如支气管哮喘、药物过敏、食物过敏等。②寄生虫病：如蛔虫病、钩虫病、血吸虫病等。③皮肤病：如湿疹、剥脱性皮炎、天疱疮、银屑病等。④血液病：如慢性粒细胞白血病、嗜酸粒细胞白血病等。⑤某些恶性肿瘤：如某些肺癌、淋巴瘤等。⑥某些传染病：猩红热等。⑦其他：风湿性疾病、肾上腺皮质功能减退症等。

2）嗜酸性粒细胞减少：见于伤寒或副伤寒初期、应激状态（大手术、烧伤等）、长期应用肾上腺皮质激素后等，其临床意义不大。

（3）嗜碱性粒细胞（B）：

1）嗜碱性粒细胞增多：见于①过敏性疾病：如过敏性结肠炎、药物及食物过敏等。②血液病：如慢性髓系白血病、嗜碱性粒细胞白血病等。③恶性肿瘤：特别是转移癌。④传染病，如流感、水痘、结核病等。

2）嗜碱性粒细胞减少：无临床意义。

（4）淋巴细胞（L）：

1）淋巴细胞增多：

生理性增多：婴儿出生时淋巴细胞约占35%，粒细胞占65%。4～6天后淋巴细胞可达50%，与粒细胞比例大致相等。4～6岁时，淋巴细胞比例逐渐降低，粒细胞比例增加，逐渐达正常成人水平。

病理性增多：主要见于①感染，如麻疹、风疹、水痘、流行性腮腺炎、传染性单核细胞增多症、病毒性肝炎等病毒感染，也可见于百日咳杆菌、结核分枝杆菌、布鲁氏菌、梅毒螺旋体、弓形体等感染；②恶性肿瘤，如淋巴细胞性白血病、淋巴瘤等；③急性传染病的恢复期；④移植排斥反应。

2）淋巴细胞减少：主要见于应用肾上腺皮质激素、烷化剂、抗淋巴细胞球蛋白等的治疗，以及放射线损伤、免疫缺陷性疾病、丙种球蛋白缺乏症等。

（5）单核细胞（M）：

1）单核细胞增多：①生理性增多：见于婴幼儿及儿童。②病理性增多：见于疟疾、黑热病、活动性肺结核、急性感染的恢复期、单核细胞白血病、多发性骨髓瘤、恶性组织细胞病、淋巴瘤、骨髓增生异常综合征等。

2）单核细胞减少：无临床意义。

（三）网织红细胞测定

网织红细胞（Ret）是指晚幼红细胞脱核后到完全成熟的红细胞之间的过渡型细胞。

1. 参考值

人群	百分数	绝对值
成人	0.5%～1.5%	$(24～84)×10^9/L$
新生儿	3%～6%	$(25～75)×10^9/L$

2. 临床意义

（1）网织红细胞增多：提示骨髓红细胞系增生旺盛。常见于溶血性贫血、急性失血性贫血、缺铁性贫血、巨幼红细胞贫血及某些患者补充铁或维生素 B_{12} 及叶酸后。

（2）网织红细胞减少：提示骨髓造血功能低下。见于再生障碍性贫血，典型病例常低于0.5%，其绝对值小于 $15×10^9/L$，该检验结果为再生障碍性贫血的诊断标准之一；也见于恶性贫血、骨髓病性贫血等。

（四）血小板的检查

1. 血小板计数（PC 或 PLT）

（1）参考值：$(100～300)×10^9/L$。

（2）临床意义：正常人血小板数随时间和生理状态变化：午后高于早晨；冬季高于春季；高原居民高于平原居民；月经前减低，月经后增高；运动、饱餐后增高；妊娠中晚期增高。静脉血比毛细血管血高 10%。

1）血小板减少：指血小板数低于 100×10^9/L。见于①血小板生成障碍：如再生障碍性贫血、急性白血病等。②血小板破坏或消耗过多：如上呼吸道感染、免疫性血小板减少症、免疫性血小板减少症、系统性红斑狼疮、弥散性血管内凝血（DIC）等。③其他：脾大，如肝硬化，输入大量库存血或血浆等。

2）血小板增多：指血小板超过 400×10^9/L。原发性增多：见于骨髓增殖性疾病，如真性红细胞增多症、原发性血小板增多症、原发性骨髓纤维化早期、慢性髓系白血病等。反应性增多：见于急性感染性疾病、急性溶血、某些癌症患者等。

2. 血小板平均容积和血小板分布宽度测定

（1）血小板平均容积（MPV）：代表单个血小板的平均容积。

1）参考值：7～11fl。

2）临床意义：增加见于：①血小板破坏增加而骨髓代偿功能良好者；②造血功能抑制解除后（MPV 增加是造血功能恢复的首要表现）。减低见于：①白血病患者；②骨髓造血功能不良或骨髓造血功能衰竭。

（2）血小板分布宽度（PDW）：反映血小板容积大小的离散度，用所测单个血小板容积大小的变异系数（CV%）表示。

1）参考值：5%～17%。

2）临床意义：减少表明血小板的均一性高。增高表明血小板大小悬殊，见于急性髓系白血病、巨幼细胞贫血、慢性髓细胞性白血病、脾切除后、巨大血小板综合征、血栓性疾病等。

（五）红细胞沉降率测定

红细胞沉降率（ESR）是指红细胞在一定条件下沉降的速率，简称血沉，是静止情况下，红细胞受地球引力、血浆浮力及血液组成相互作用的结果。

1. 参考值　男性 0～15mm/1h；女性 0～20mm/1h。

2. 临床意义　白蛋白带有负电荷具有抑制红细胞聚集、减缓下沉的作用；纤维蛋白原、球蛋白、免疫复合物等带有正电荷具有促进红细胞聚集、加快下沉的作用，尤以纤维蛋白原为促进血沉最有力的物质。另外，红细胞数量多时，阻力大，下沉慢；红细胞数量少时，阻力小，下沉快。

（1）血沉增快：

1）生理性增快：见于 12 岁以下儿童、60 岁以上老人、妇女月经期、妊娠 3 个月以上的孕妇等。

2）病理性增快：见于①炎症性疾病：感染是血沉增快最常见的原因，如风湿热、结核病等。②组织损伤及坏死：如急性心肌梗死时血沉增快，心绞痛时则无改变。③恶性肿瘤：迅速增长的恶性肿瘤血沉增快，恶性肿瘤手术切除后或治疗较彻底，血沉可趋正常，复发或转移时又可增快；良性肿瘤血沉多正常。④高球蛋白血症：如系统性红斑狼疮、多发性骨髓瘤、慢性肾炎、肝硬化、巨球蛋白血症等。⑤贫血：部分贫血患者的血沉可轻度加快。⑥高胆固醇血症：动脉粥样硬化、糖尿病、肾病综合征、黏液性水肿等高胆固醇血症的患者血沉可加快。

（2）血沉减慢：一般无意义。

（六）血细胞比容测定和红细胞有关参数的应用

1. 血细胞比容测定　血细胞比容（HCT），又称红细胞压积（PCV），是指在一定条件下，经离心沉淀后压紧的红细胞在全血标本中所占体积的比值。

（1）参考值：

人群	温氏法（Wintrobe 法）	微量毛细管法（微量法）
成年男性	0.40～0.50L/L	（0.467±0.039）L/L
成年女性	0.37～0.48L/L	（0.421±0.054）L/L

（2）临床意义：

1）血细胞比容增高：见于①各种原因引起的血液浓缩，致血细胞比容相对性增高，如大量呕吐、严重腹泻、大面积烧伤、大手术后，临床上测定脱水患者血细胞比容，了解血液浓缩程度，作为计算补液参考；②真性红细胞增多症引起血细胞比容增高，可高达 0.60L/L 以上，甚至达 0.80L/L。

2）血细胞比容减低：见于各种原因引起的贫血。但不同种类贫血，血细胞比容减低的程度并不与红细胞计数完全一致。因此必须将红细胞数、血红蛋白量和血细胞比容三者结合起来，计算红细胞各项平均值才更有参考意义。

2. 红细胞平均值的计算

红细胞的 3 种平均值包括：平均红细胞容积（MCV）、平均红细胞血红蛋白量（MCH）、平均红细胞血红蛋白浓度（MCHC）。

（1）参考值：

项目	血液分析仪法	手工法
MCV	80～100fl	82～92fl
MCH	27～34pg	27～31pg
MCHC	320～360g/L	320～360g/L

（2）临床意义：分析 MCV、MCH、MCHC 三项红细胞平均值，可进行贫血的形态学分类，见表 4-2。

表 4-2　贫血的形态学分类

贫血类型	MCV（fl）	MCH（pg）	MCHC（%）	病因
正细胞性贫血	80～100	27～34	32～36	再生障碍性贫血、急性溶血性贫血、急性失血性贫血、白血病等
大细胞性贫血	>100	>34	32～36	恶性贫血、巨幼细胞性贫血
小细胞低色素性贫血	<80	<27	<32	缺铁性贫血、铁粒幼细胞性贫血、珠蛋白生成障碍性贫血
单纯小细胞性贫血	<80	<27	32～36	慢性感染及中毒引起的贫血

二、溶血性贫血的实验室检查

（一）红细胞渗透脆性试验

红细胞渗透脆性试验是测定红细胞对不同浓度低渗氯化钠的抵抗力。在低渗氯化钠溶液中，红细胞逐渐膨胀甚至破裂而溶血。将患者的红细胞加入按比例配制的不同浓度低渗氯化钠溶液中观察其溶血情况，开始溶血时氯化钠溶液的浓度为红细胞最小抵抗力，完全溶血时氯化钠溶液的浓度为红细胞最大抵抗力。

1. 参考值　开始溶血：0.42%～0.46%（4.2～4.6g/L）NaCl 溶液。

完全溶血：0.28%～0.34%（2.8～3.4 g/L）NaCl 溶液。

2. 临床意义

（1）脆性增高：指在>0.50%NaCl 溶液中开始溶血、在>0.38%NaCl 溶液中完全溶血。主要见于遗传性球形红细胞增多症、温抗体型自身免疫性溶血性贫血、遗传性椭圆形红细胞增多症。

（2）脆性减低：主要见于地中海贫血、缺铁性贫血等。

（二）酸化血清溶血试验（Ham试验）

阵发性睡眠性血红蛋白尿症（PNH）的患者存在对补体敏感性增高的红细胞，在pH6.6～6.8的血清中，经37℃孵育，易发生溶血。

1. 参考值　阴性。

2. 临床意义　阳性：主要见于阵发性睡眠性血红蛋白尿症，某些自身免疫性溶血性贫血（AIHA）发作严重时也可阳性。

知识链接

阵发性睡眠性血红蛋白尿症

阵发性睡眠性血红蛋白尿症是一种后天获得性造血干细胞基因突变引起的溶血性疾病。发病年龄多在20～40岁，主要临床表现为慢性血管内溶血、栓塞、全血细胞减少、血红蛋白尿等。确诊试验为酸化血清溶血试验、蛇毒因子试验等。常规治疗主要是使用右旋糖酐、碳酸氢钠、肾上腺皮质激素等控制溶血发作和使用雄激素刺激血细胞生成。

（三）抗球蛋白试验（Coombs试验）

人球蛋白抗体是完全抗体，可与多个不完全抗体的Fc段相结合，导致红细胞凝集现象，称为抗人球蛋白试验阳性。直接Coombs试验阳性说明患者红细胞表面上包被有不完全抗体，而间接Coombs试验阳性则说明患者血清中存在着不完全抗体。

1. 参考值　直接、间接抗人球蛋白试验：阴性。

2. 临床意义　①直接Coombs试验阳性见于新生儿溶血病、自身免疫性溶血性贫血、系统性红斑狼疮、类风湿关节炎、恶性淋巴瘤、甲基多巴及青霉素等引起的药物性溶血反应；②间接Coombs试验主要用于Rh或ABO妊娠免疫性新生儿溶血病母体血清中不完全抗体的检测。

（四）血浆游离血红蛋白检查

1. 参考值　<50mg/L。

2. 临床意义　血管内溶血时血浆游离血红蛋白明显增高，自身免疫性溶血性贫血、珠蛋白生成障碍性贫血可轻度增高，血管外溶血时正常。

三、血栓与止血检查

（一）出血时间

将皮肤刺破后，血液自然流出到自然停止所需要的时间。试验前患者须停用阿司匹林等抗血小板药物。出血时间的长短反映血小板的数量、功能，以及血管壁的通透性、脆性的变化；也反映血小板生成的血栓烷A_2与血管壁生成的前列环素的平衡关系；某些血液因子（血管性血友病因子和纤维蛋白原等）缺乏也可致出血时间延长。

1. 参考值　（6.9±2.1）分钟，超过9分钟为异常。

2. 临床意义

（1）出血时间延长：见于①血小板明显减少，如血小板减少性紫癜；②血小板功能异常，如血小板无力症、巨大血小板综合征；③凝血因子严重缺乏，如血管性血友病、弥散性血管内凝血；④血管壁异常，如遗传性出血性毛细血管扩张症；⑤药物影响，如应用阿司匹林、肝素等。

（2）出血时间缩短：本试验敏感度和特异性均差，又受诸多因素干扰，故临床价值有限。

（二）凝血时间

是指离体静脉血发生凝固所需要的时间。它反映内源性凝血系统的功能状态，是内源性凝血系统的筛选试验之一。

1. **参考值**   普通试管法：4～12 分钟；硅管法：15～32 分钟；塑料管法：10～19 分钟。

2. **临床意义**

（1）凝血时间延长：见于①血友病 A、血友病 B；②纤维蛋白原缺乏，如纤维蛋白原缺乏血症、弥散性血管内凝血等；③凝血酶原、因子 V、X 等重度减少，如肝硬化晚期、肝癌晚期、重症肝炎等严重肝脏疾病；④药物影响，如应用肝素等抗凝剂等。

（2）凝血时间缩短：见于血液高凝状态、血栓性疾病，但敏感性差。

（三）毛细血管脆性试验

毛细血管脆性试验又称为束臂试验，是通过物理加压来检查毛细血管壁柔韧性和完整性的一种方法，当毛细血管本身的结构和功能、血小板的质和量，以及体液因子有缺陷或受到某些化学物质、物理因素的作用时，毛细血管的脆性和通透性增加。

1. **检查方法**   在前臂屈侧肘弯下 4cm 处划一直径 5cm 的圆圈，并标出原有出血点。按常规测量血压方法绑缚袖带，给予上臂加压 8 分钟，使压力维持在 80～120mmHg。解除袖带 5 分钟后观察圈内新出血点数。

2. **参考值**   男性<5 个；女性及儿童<10 个。

3. **临床意义**   超过正常范围高限值为该试验阳性。见于①血管壁的结构和 / 或功能缺陷：如遗传性出血性毛细血管扩张症、过敏性紫癜、单纯性紫癜，以及其他血管性紫癜。②血小板数量和功能异常：原发性和继发性血小板减少症、血小板增多症，以及遗传性和获得性血小板功能缺陷症等。③血管性血友病。④其他：如高血压、糖尿病、败血症、维生素 C 缺乏症、尿毒症、肝硬化，和某些药物的副作用或对药物过敏等。由于本试验在某些正常儿童和成年人中也可阳性，且试验结果受多种因素干扰，故临床价值有限。

（四）血浆凝血酶原时间测定

指在受检血浆中加入组织因子（或组织凝血活酶）和 Ca^{2+} 后血浆凝固所需要的时间。此为外源性凝血系统的筛选试验，可同时报告凝血酶原比值和国际正常化比值。

1. **参考值**

（1）不同方法、不同试剂的检测结果有较大差异，本试验须设正常对照值。测定值超过正常对照值 3 秒以上为异常。

（2）凝血酶原比值（PTR）：1.0±0.15。

（3）国际正常化比值（INR）：INR=PTR^{ISI}，其参考值依国际灵敏度指数（ISI）不同而异，ISI 越小，组织凝血活酶的灵敏度越高。血浆凝血酶原时间检测时必须使用标有 ISI 值的组织凝血活酶试剂。

2. **临床意义**

（1）血浆凝血酶原时间延长：见于先天性凝血因子 I（纤维蛋白原）、II（凝血酶原）、V、VII、X 缺乏；获得性凝血因子缺乏，如严重肝病、维生素 K 缺乏、纤溶亢进、弥散性血管内凝血、使用抗凝药物（如口服抗凝剂）等。

（2）血浆凝血酶原时间缩短：见于血液高凝状态和血栓性疾病，如弥散性血管内凝血早期、心肌梗死、脑栓塞、多发性骨髓瘤、药物影响（如长期口服避孕药）等，但敏感性和特异性差。

（3）口服抗凝剂的监测：PTR 及 INR 是首选指标，WHO 推荐用 INR，国人的 INR 以 2.0～2.5 为宜，一般不要大于 3.0。

（五）活化部分凝血活酶时间测定

活化部分凝血活酶时间是指在受检血浆中加入部分凝血活酶磷脂悬液和 Ca^{2+} 后血浆凝固所需要的时间。此为内源性凝血系统较为灵敏和最常用的筛选试验，又是监测肝素治疗的首选指标。

1. 参考值   30～42 秒,较正常对照值延长 10 秒以上为异常。

2. 临床意义

(1) 活化部分凝血活酶时间延长:见于因子Ⅻ、Ⅺ、Ⅸ、Ⅷ、Ⅹ、Ⅴ、Ⅱ、激肽释放酶原、高分子量激肽原和纤维蛋白原缺乏,尤其用于 FⅧ、Ⅸ、Ⅹ 缺乏,以及它们的抗凝物质增多。

(2) 活化部分凝血活酶时间缩短:见于血栓性疾病和血栓前状态,但灵敏度和特异度差。

四、血型鉴定与交叉配血试验

血型是人类的一种遗传性状,与人类输血关系密切的是 ABO 血型系统,其次是 Rh 血型系统。

(一) 血型鉴定

1. ABO 血型系统鉴定

(1) ABO 血型系统的抗原与抗体:ABO 血型系统分类是根据红细胞表面是否具有 A 或 B 抗原,血清中是否存在抗 A 或抗 B 抗体,分为四型,红细胞表面含有某种抗原,则血清中就不会存在相对应的天然抗体,因此将血型分为 A 型、B 型、O 型、AB 型 4 型,见表 4-3。

表 4-3 ABO 血型系统分型

血型	红细胞表面抗原	血清中抗体
A	A	抗 B
B	B	抗 A
O	无	抗 A 与抗 B
AB	A 与 B	无

(2) ABO 血型的鉴定:进行 ABO 血型鉴定时,采用标准的抗 A 及抗 B 血清以鉴定被检者红细胞上的抗原,同时用标准的 A 型及 B 型红细胞鉴定被检者血清中的抗体。只有被检者红细胞上的抗原鉴定和血清中的抗体鉴定所得结果完全相符时才能肯定其血型类别,见表 4-4。

表 4-4 ABO 血型系统定型试验结果判定

血型	标准血清 + 被检红细胞(正向定型)			标准红细胞 + 被检血清(反向定型)		
	抗 A(B 型血清)	抗 B(A 型血清)	抗 AB(O 型血清)	A 型红细胞	B 型红细胞	O 型红细胞
A	+	−	+	−	+	−
B	−	+	+	+	−	−
O	−	−	−	+	+	−
AB	+	+	+	−	−	−

2. Rh 血型鉴定   人类血型系统中,Rh 血型在临床上的重要性仅次于 ABO 血型系统。1940 年,有人证明人的红细胞上有与恒河猴红细胞相同的抗原,于是将这种抗原命名为 Rh 抗原。含有此种抗原者称为 Rh 阳性,不含有此种抗原者称为 Rh 阴性。

(1) Rh 血型系统的抗原与抗体:目前认定人类红细胞上的 Rh 抗原有 5 种,按抗原性的强弱依次为 D、E、C、c、e,因 D 抗原的抗原性最强,故其临床意义最大。Rh 血型相应的抗体也有 5 种,即抗 D、抗 E、抗 C、抗 c、抗 e,抗 D 抗体是其中最重要的抗体。由于大多数 Rh 血型不合的输血反应和新生儿溶血都是抗 D 抗体引起,所以粗略地称含 D 抗原的红细胞为 Rh 阳性,不含 D

抗原的红细胞为 Rh 阴性，Rh 血型鉴定也仅做 D 抗原的鉴定。凡是抗 D 血清阳性，即为 Rh 抗原阳性。我国汉族人口 99% 以上为 Rh 抗原阳性。

（2）Rh 血型的鉴定：Rh 抗原中抗原性最强、出现频率最高、临床意义较大的是 D 抗原，故临床实验室一般只做 D 抗原鉴定，根据 D 抗原存在与否，分为 Rh 阳性及阴性。鉴定所采用的方法依抗体的性质而定，如系完全抗体可用生理盐水凝集试验；如系不完全抗体则应用胶体介质法、木瓜酶（或菠萝蛋白酶）法或抗人球蛋白法。

（二）交叉配血试验

1. 概念　配血试验是检查供、受血者中是否含有不相合的抗原、抗体成分。供血者红细胞与受血者血清的反应称主侧，供血者血清与受血者红细胞的反应称次侧，两者合称为交叉配血。在输血前必须进行交叉配血试验，目的是：①进一步验证 ABO 血型鉴定的正确性，防止血型鉴定错误导致的输血后严重溶血反应；②发现不规则凝集素；③发现 ABO 血型以外的其他血型抗体。目前以聚凝胺配血法较好，不仅能检出 IgM、IgG 抗体外，还能发现引起溶血性输血反应的大多数抗体。交叉配血试验常用试管法进行。

2. 结果判定　同型血交叉配血时，主侧管、次侧管均无凝集反应、无溶血，表示血型相合，可以输血；异型配血时（指供血者为 O 型，受血者为 A 型或 B 型），如主侧管无凝集、无溶血，次侧管有凝集、无溶血，但凝集较弱，效价低于 1∶200，可以少量输血（一般不超过 200ml）；不论何种原因导致主侧管凝集，绝对不可输用。

3. 临床意义

（1）避免溶血性输血反应：由于 ABO 血型抗体多是 IgM 型天然抗体，首次血型不合即可引发严重的输血反应。Rh 系统一般不存在天然抗体，故在第一次输血时，往往不会发现 Rh 血型不合。Rh 阴性的受血者接受了 Rh 阳性血液输入后便可产生免疫性抗 Rh 抗体，如再次输入 Rh 阳性血液时，即出现溶血性输血反应。因此，输血前必须进行血型鉴定和交叉配血试验，完全相配时才能输血。

（2）避免新生儿溶血病：新生儿溶血病是指母亲血型与胎儿血型不合引起的一种溶血性疾病。①ABO 血型溶血病，是因 IgG 型抗体能通过胎盘，在母亲和胎儿血型不合时发生溶血，病情一般较轻，多发生于 O 型血母亲孕育 A 型或 B 型血胎儿时，与胎次无关；②母亲与胎儿的 Rh 血型不合时，典型的病例为胎儿之父为 Rh 阳性（DD 或 Dd），母为 Rh 阴性（dd），胎儿为 Rh 阳性（Dd）。胎儿的红细胞如有一定数量经胎盘进入母体，即可刺激母体产生抗 Rh 抗体。此抗体可以通过胎盘进入胎儿体内，与胎儿红细胞表面的抗原结合，即可引起胎儿红细胞破坏而造成溶血。第 1 胎时因产生的抗 Rh 抗体很少，故极少发生溶血。但第 2 次妊娠后，再次受到抗原的刺激，产生的抗体增多而常引起新生儿溶血病。若孕妇曾有输 Rh 阳性血液史或第一胎妊娠前曾有流产史，则第 1 胎也可发病。Rh 溶血病发病率高低与群体中 Rh 阴性者的发生率多少有关。我国汉族中，Rh 阴性者仅占 0.4%，因此汉族人的 Rh 溶血病较为少见。但在有些少数民族中，Rh 阴性的发生率较高，应予重视。

（3）提高器官移植的成功率：ABO 抗原为强移植原，血型不合时加速对移植物的排斥，导致移植失败，特别是皮肤和肾脏移植，肾脏移植时，ABO 血型不合者失败率达 46%，而血型相合者失败率为 9%。

（4）其他：ABO 血型检查还可用于亲缘鉴定、法医学鉴定及某些相关疾病的调查。

附　血液分析仪简介

血液分析仪（HA）是目前临床血液一般检查最常用的检测仪器，常用的有三分群与五分群两大类仪器，主要有两大功能：细胞计数和细胞分类，一般能检测 20 多项参数，功能较全的仪器最多的能检测 40 多项参数。三分群血液分析仪测定项目与参考值，见表 4-5。

表4-5　三分群血液分析仪测定项目与参考值

测定项目	男性	女性	单位
白细胞计数（WBC）	3.9～9.7	3.5～9.1	$\times 10^9/L$
淋巴细胞群（LYM）	18.7～47	18.7～47	%
中间细胞群（MID）	3.5～7.9	3.5～7.9	%
粒细胞群（GRAN）	46.0～76.5	46.0～76.5	%
淋巴细胞群绝对值（LYM）	1.0～3.3	1.0～3.3	$\times 10^9/L$
中间细胞群绝对值（MID）	0.2～0.7	0.2～0.7	$\times 10^9/L$
粒细胞群绝对值（GRAN）	1.8～6.4	1.8～6.4	$\times 10^9/L$
红细胞计数（RBC）	4.3～5.9	3.9～5.2	$\times 10^{12}/L$
血红蛋白（HGB）	137～179	116～155	g/L
血细胞比容（HCT）	0.4～0.52	0.37～0.47	L/L
红细胞平均容积（MCV）	83～101	80～101	fl
红细胞平均血红蛋白量（MCH）	27.2～34.7	27.2～34.3	pg
红细胞平均血红蛋白浓度（MCHC）	329～360	329～340	g/L
红细胞体积分布宽度（RDW）	<14.5	<14.5	%
血小板计数（PLT）	98～302	98～302	$\times 10^9/L$
血小板平均体积（MPV）	7.6～13.2	7.6～13.2	fl
血小板体积分布宽度（PDW）	14.8～17.2	14.8～17.2	%

第二节　尿液检查

尿液是血液经过肾小球滤过、肾小管和集合管重吸收和排泌所产生的终末代谢产物,尿液的组成和性状可反映机体的代谢状况,并受机体各系统功能状态的影响。尿液检查结果可为临床疾病诊断、药物治疗监测和预后判断提供依据。

一、标 本 采 集

（一）采集方法

一般通过自然排出方式收集尿液,如果排尿有困难,可以采用导尿或者耻骨上膀胱穿刺方式取得。

1. 晨尿　清晨首次尿,适用于蛋白质、细菌、有形成分的镜检、妊娠试验及尿本周蛋白测定。

2. 随机尿　随时留取的尿液标本,适合于门诊或急诊患者的临时化验。

3. 3小时尿　上午6～9点时段内采集,用于1小时尿有形成分排泄率检查。

4. 12小时尿　晚上8时排尿弃去,此后开始收集至次日上午8时最后一次排出的全部尿液,用于 12 小时尿有形成分计数,但其检查结果变化较大,已较少应用。

5. 24 小时尿　上午 8 时排尿弃去,此后开始收集至次日上午 8 时最后一次排出的全部尿液,用于化学成分定量检查,如肌酐、尿总蛋白、17- 羟皮质类固醇、17- 酮类固醇、电解质、儿茶酚胺等,以及结核分枝杆菌检查。

6. 餐后尿　通常收集午餐后 2 小时尿,用于病理性糖尿、蛋白尿或尿胆原检测。

7. 清洁中段尿　清洗外阴后,不间断排尿,弃去前、后时段的尿液,采集中间时段的尿液于无菌容器内,用于微生物培养。

(二)尿液标本保存

尿液标本采集后应及时送检,并在 1 小时内完成检查(最好在 30 分钟内)。如有特殊情况不能及时检查或需进行特殊检查时,可将尿液标本冷藏保存或在尿液标本中加入防腐剂。

二、尿液一般性状检查

(一)尿量

正常成人 24 小时尿量一般为 1 000～2 000ml。

1. 多尿　成人 24h 尿量超过 2 500ml 称为多尿。儿童 24 小时尿量大于 3 000ml 称为多尿。①生理性多尿:见于饮水过多、应用利尿剂、静脉输液过多等;②病理性多尿:见于糖尿病、尿崩症、慢性肾炎早期、急性肾衰竭多尿期及代谢性疾病等患者。

2. 少尿或无尿　24 小时尿量少于 400ml 或每小时尿量少于 17ml,称少尿;24h 尿量少于 100ml,称无尿。少尿或无尿根据病因可分为肾前性、肾性和肾后性。①肾前性:是肾脏血流量减少或不足造成的少尿或无尿,见于休克、严重脱水、心力衰竭、肾动脉栓塞等。②肾性:是肾脏实质病变特别是肾单位病变造成的少尿或无尿,见于急性肾炎、肾小管坏死、肾衰竭等。③肾后性:是指尿路梗阻造成的少尿或无尿,见于泌尿系结石、膀胱肿瘤、良性前列腺肥大症等。

(二)外观

正常新鲜尿液多呈淡黄色,清晰透明。尿液颜色受尿色素、盐类沉淀、食物、药物、尿量等影响较大,尿液透明度与尿液酸碱度、温度、盐类结晶、放置时间有关。病理性尿液外观可见于下列情况:

1. 红色　是最常见的尿液颜色变化。①血尿:最多见,指含有一定量红细胞的尿液,1 000ml 尿液内含血量超过 1ml 即可出现淡红色。主要见于泌尿系统感染、肿瘤、结石、结核、外伤等,亦可见于出血性疾病如血小板减少性紫癜、血友病等。②血红蛋白尿:呈暗红色、棕红色甚至酱油色,见于蚕豆病、阵发性睡眠性血红蛋白尿症、血型不合的输血反应、阵发性寒冷性血红蛋白尿(PCH)、行军性血红蛋白尿、免疫性溶血性贫血等。③肌红蛋白尿:粉红色或暗红色。见于肌肉组织广泛损伤、变性,如挤压综合征、急性心肌梗死、大面积烧伤等,偶见于正常人剧烈运动后。

2. 深黄色　最常见的是胆红素尿,尿中含有大量结合胆红素,尿液为深黄色豆油样,振荡后泡沫亦呈黄色且不易消失。见于胆汁淤积性黄疸及肝细胞性黄疸。另外,某些食物和药物也可使尿液外观呈黄色,如维生素 B、利福平、呋喃唑酮等。

3. 白色　见于①乳糜尿和脂肪尿:呈乳白色、乳状浑浊或脂肪小滴,乳糜尿见于丝虫病及肾周围淋巴管梗阻,脂肪尿见于脂肪挤压损伤、骨折和肾病综合征等。②脓尿和菌尿:呈白色浑浊或云雾状,见于泌尿系统化脓性感染,如肾盂肾炎、膀胱炎等。

4. 黑褐色　见于重症血尿、变性血红蛋白尿,也可见于酪氨酸病、酚中毒、黑尿酸症或黑色素瘤等。

5. 淡绿色　见于铜绿假单胞菌感染，以及服用吲哚美辛、亚甲蓝、阿米替林等药物后。

6. 混浊尿　新鲜尿液发生浑浊可由盐类结晶、红细胞、白细胞、脓细胞、细菌、乳糜等引起。

（三）气味

正常新鲜尿液呈微弱芳香气味，并受食物影响。新鲜尿即有氨臭味，见于慢性膀胱炎、尿潴留等；烂苹果味见于糖尿病酮症酸中毒；蒜臭味见于有机磷农药中毒；鼠尿味见于苯丙酮尿症。

（四）酸碱度

正常尿液 pH 波动在 4.5～8.0，平均约 6.5。尿液酸碱度受膳食结构影响较大，以肉食为主尿液偏酸性，以素食为主尿液偏碱性。

1. 尿 pH 降低　见于酸中毒、糖尿病、痛风、服用某些药物（氯化铵、维生素 C 等）、低钾性代谢性碱中毒（排酸性尿为其特征之一）等。

2. 尿 pH 增高　见于碱中毒、膀胱炎、肾小管性酸中毒、尿潴留、服用噻嗪类利尿剂等。

3. 药物干预　尿 pH 可作为用药的一个指标，用氯化铵酸化尿液，可促使碱性药物从尿中排出；而用碳酸氢钠碱化尿液，可促使酸性药物从尿中排出。

（五）尿比密

是指在 4℃ 条件下尿液与同体积纯水的重量之比。正常成人为 1.015～1.025。晨尿一般大于 1.020，婴幼儿偏低。

1. 高比重尿（高渗尿）　比重大于 1.025 的尿液，见于肾前性少尿、急性肾小球肾炎、糖尿病、肾病综合征等。

2. 低比重尿（低渗尿）　比重小于 1.015 的尿液，见于大量饮水、慢性肾衰竭、慢性肾小球肾炎、尿崩症等。尿比重固定于 1.010±0.003，提示肾脏浓缩稀释功能丧失。

三、化 学 检 查

（一）尿糖

1. 参考值　定性试验：阴性。定量：0.56～5.0mmol/24h。

2. 临床意义　尿糖定性为阳性，称为糖尿。当血糖浓度超过 8.88mmol/L 时，尿液中开始出现葡萄糖，这时的血糖浓度称为肾糖阈。肾小球滤过率降低可致肾糖阈增高，而肾小管重吸收率降低则可致肾糖阈降低。

（1）血糖增高性糖尿：见于糖尿病、嗜铬细胞瘤、库欣综合征（Cushing syndrome）、肢端肥大症、肝硬化、胰腺炎、胰腺癌等，以糖尿病最常见。

（2）血糖正常性糖尿：因肾小管重吸收葡萄糖的能力减退，肾糖阈下降而出现的糖尿，又称肾性糖尿。常见于慢性肾炎、肾病综合征、间质性肾炎和家族性糖尿病等。

（3）暂时性糖尿：见于饮食性糖尿、精神性糖尿、妊娠期糖尿、应激性糖尿、新生儿糖尿和药物性糖尿等。

（4）其他糖尿：因进食或体内代谢失调可出现乳糖、半乳糖、果糖、甘露糖及戊糖等非葡萄糖糖尿。

（5）假性糖尿：尿中某些物质具有还原性，如维生素 C、尿酸、葡萄糖醛酸或一些随尿液排出的药物如异烟肼、链霉素、水杨酸、阿司匹林等，可使尿糖定性试验出现假阳性反应。

（二）尿蛋白

1. 参考值　定性试验：阴性。定量：0～80mg/24h。

2. 临床意义　蛋白质定性试验阳性或定量试验>150mg/24h（或>100mg/L）称蛋白尿。

（1）生理性蛋白尿：见于发热、严重受寒、精神紧张、剧烈活动后、长期站立后等。尿蛋白定性一般不超过一个（+），定量不超过 0.5g/24h。

（2）病理性蛋白尿：①肾小球性蛋白尿。为最常见的一种蛋白尿。各种原因导致肾小球滤过膜通透性及电荷屏障受损，血浆蛋白大量滤入原尿，超过肾小管重吸收能力所致。常见于急性肾炎、慢性肾炎、慢性肾盂肾炎、肾病综合征等。②肾小管性蛋白尿。炎症或中毒等因素引起近曲小管对低分子量蛋白质的重吸收减弱所致。常见于肾盂肾炎、间质性肾炎、肾小管损伤（汞、镉、砷、苯、四氯化碳、庆大霉素、多黏菌素等）及肾移植术后。③混合性蛋白尿。肾脏病变同时累及肾小球和肾小管而产生的蛋白尿。常见于系统性红斑狼疮、糖尿病等。④溢出性蛋白尿。血液中异常增多的低分子蛋白质，超过肾小管的重吸收能力随尿排出。见于溶血性贫血（血红蛋白尿）、挤压综合征（肌红蛋白尿）、多发性骨髓瘤、轻链病及浆细胞病（凝溶蛋白尿）等。⑤组织性蛋白尿。炎症或药物刺激肾小管分泌蛋白质增多或肾组织被破坏引起的蛋白尿。⑥假性蛋白尿。由于尿内混有血液、脓液、黏液、阴道分泌物等而导致蛋白定性试验阳性。

知识链接

多发性骨髓瘤

多发性骨髓瘤是一种恶性浆细胞瘤，其肿瘤细胞起源于骨髓中的浆细胞，而浆细胞是 B 淋巴细胞发育到最终功能阶段的细胞。目前 WHO 将其归为 B 细胞淋巴瘤的一种，称为浆细胞骨髓瘤 / 浆细胞瘤。其特征为骨髓浆细胞异常增生伴有单克隆免疫球蛋白或轻链（本周蛋白）过度生成。主要临床表现为贫血、骨痛、肾功能不全、出血、神经症状、高钙血症等，由于正常免疫球蛋白生成受抑制，易继发各种细菌性感染。主要治疗措施为化学治疗、造血干细胞移植、放射治疗及输血、抗感染等支持疗法。

（三）酮体

是脂肪氧化代谢过程中的中间代谢产物，包括乙酰乙酸、β-羟丁酸和丙酮。健康人血液中有少量酮体，当肝脏内酮体产生的速度超过肝外组织利用的速度时，血液酮体浓度增高，称为酮血症，过多的酮体从尿液排出形成酮尿。尿液酮体检查主要用于糖代谢障碍和脂肪不完全氧化的判断与评价。

1. 参考值　阴性。

2. 临床意义

（1）糖尿病酮症酸中毒：酮体呈阳性，尿液酮体对诊断糖尿病酸中毒或昏迷有极高的价值，并能与低血糖、心脑血管疾病的酸中毒或高血糖渗透性糖尿病昏迷相鉴别（尿液酮体一般不高）。

（2）非糖尿病性酮症：感染性疾病（肺炎、伤寒、败血症、结核等）、严重呕吐、腹泻、禁食、全身麻醉后等亦可出现酮尿。

（四）尿液胆红素与尿胆原

主要用于黄疸的鉴别。

1. 溶血性黄疸　尿胆原强阳性，尿胆素阳性，尿胆红素阴性。

2. 肝细胞性黄疸　尿胆原阳性，尿胆素阳性，尿胆红素阳性。

3. 胆汁淤积性黄疸　尿胆原阴性，尿胆素阴性，尿胆红素阳性。

四、显微镜检查

（一）细胞

1. 红细胞　正常尿沉渣镜检 0～3 个 /HPF，超过 3 个 /HPF 而外观无改变称镜下血尿。常见于急性肾炎、慢性肾炎、肾结核、肾结石、肾肿瘤、肾盂肾炎、急性膀胱炎、血友病等。

2. 白细胞和脓细胞　正常尿沉渣镜检 0～5 个 /HPF。尿液中的白细胞主要是中性粒细胞，在新鲜尿液中其形态与血液白细胞一致；在炎症过程中被破坏或死亡的白细胞称为脓细胞。尿液中白细胞超过 5 个 /HPF，称为镜下脓尿。白细胞大量出现常见肾盂肾炎、膀胱炎、肾移植排斥反应、阴道炎和宫颈炎等。

3. 上皮细胞　正常尿液中可见到少量上皮细胞。上皮细胞大量出现常见于泌尿系感染、损伤、肿瘤等。

（二）管型

管型是蛋白质、细胞或碎片在肾小管、集合管中凝固而成的圆柱形蛋白聚体。尿液中可见到各种管型见图 4-1。

1. 透明管型　正常 0～偶见 /HPF。剧烈运动、重体力劳动、麻醉、发热等可一过性增多；急性肾炎、慢性肾炎、急性肾盂肾炎、恶性高血压及心力衰竭等增多。

2. 颗粒管型　见于急性肾炎、慢性肾炎、肾盂肾炎、肾小管损伤等。

3. 细胞管型　上皮细胞管型常见于肾小管损伤，肾移植手术后发生排斥反应也易见到此种管型；红细胞管型常见于急性肾炎、慢性肾炎等；白细胞管型常见于肾盂肾炎、间质性肾炎等。

4. 脂肪管型　常见于肾病综合征、慢性肾小球肾炎急性发作及其他肾小管损伤性疾病。

5. 蜡样管型　出现常提示有严重的肾小管坏死。

6. 肾衰竭管型　提示肾脏有实质性损伤，尤其是肾小管有器质性病变，常见于急性或慢性肾炎、肾盂肾炎、慢性铅中毒及肾移植的急性排斥反应等；肾衰竭管型，见于肾衰竭。

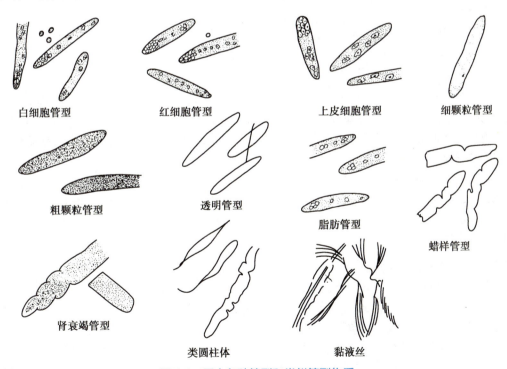

白细胞管型　　红细胞管型　　上皮细胞管型　　细颗粒管型

粗颗粒管型　　透明管型　　脂肪管型　　蜡样管型

肾衰竭管型

类圆柱体　　黏液丝

图 4-1　尿中各种管型和类似管型物质

（三）结晶

尿沉渣在显微镜下正常可观察到各种形态的盐类结晶，如草酸钙结晶、磷酸盐结晶等，一般无临床意义。若出现大量草酸钙结晶，并伴有较多红细胞时，有患泌尿系结石的可能。疾病或药物代谢异常可出现病理性结晶，如胆红素结晶、胱氨酸结晶、亮氨酸结晶、酪氨酸结晶、胆固醇结晶和药物结晶等。

（四）病原体

清洁中段尿经培养后，找到大肠埃希菌（旧称大肠杆菌）等细菌，见于泌尿系化脓性感染；找到结核分枝杆菌，见于泌尿系结核；找到淋球菌，见于淋病。

五、尿液其他检查

（一）本周蛋白（尿凝溶蛋白）

凝溶蛋白是免疫球蛋白的轻链，能自由通过肾小球滤过膜，当浓度超过近曲小管重吸收的极限时可自尿中排出。该蛋白在 pH4.9±0.1 条件下加热至 $40\sim60℃$ 时可发生凝固，温度升高至 $90\sim100℃$ 时又可溶解，温度下降至 $56℃$ 左右时又发生凝固，故称凝溶蛋白。

1. 参考值　阴性。

2. 临床意义　阳性：主要见于多发性骨髓瘤，尿液异常可以是其首发的甚至唯一的临床表现，肾盂肾炎、慢性肾炎、肾癌、肾病综合征等患者尿液中偶可检出。

（二）人绒毛膜促性腺激素

人绒毛膜促性腺激素（hCG）是由胎盘绒毛膜滋养层细胞分泌的一种具有促性腺发育的糖蛋白激素，在妊娠早期 hCG 分泌量增高极快，至妊娠 $8\sim10$ 周达到分泌高峰，持续 $1\sim2$ 周以后迅速减低，维持至分娩后。除正常妊娠外，葡萄胎、绒毛膜上皮癌、睾丸畸胎瘤等滋养细胞肿瘤也可分泌大量 hCG。

1. 标本采集　留取清晨第一次尿液或新鲜尿液 $10\sim20ml$ 于洁净容器内及时送检。

2. 参考值

（1）定性（用于常规妊娠检查）：阴性。

（2）定量（用于 hCG 非常规检查）：男性、女性（未妊娠）$<5U/L$。

3. 临床意义

（1）诊断早期妊娠：受孕 1 周后，血清 hCG 浓度约为 50U/L，妊娠 $22\sim24$ 天尿液 hCG 浓度大于 $1\,000U/L$；$60\sim70$ 天达最高峰（$8\,000\sim320\,000U/L$）；120 天时降为 $5\,000\sim20\,000U/L$。双胎妊娠的孕妇血清 hCG 比单胎增加 1 倍以上。正常妊娠期间尿液 hCG 定性检查持续阳性、分娩 $5\sim6$ 天后变为阴性。

（2）其他疾病的诊断及治疗观察：异位妊娠 hCG 浓度增高不如正常妊娠，葡萄胎、侵蚀性葡萄胎、绒毛膜上皮细胞癌及睾丸畸胎瘤等患者尿液 hCG 明显高于正常孕妇。葡萄胎清除术或绒毛膜上皮癌手术后 3 周，hCG 浓度降低，$8\sim12$ 周呈阴性，如不降低或不转阴性，提示治疗不彻底或病情复发。

附　尿液分析仪简介

干化学尿分析仪又称尿液分析仪，是用干化学法检测尿中某些成分的自动化仪器，该仪器将已使用的尿试纸条应用现代光 - 电技术检测其有无成色反应及成色程度，并用微电脑控制检测过程和处理结果。其基本组成包括试条及传送装置、光 - 电系统、微电脑三部分。尿自动分析仪常使用 $8\sim11$ 种检测组合试验，8 项检测项目包括蛋白、葡萄糖、酸碱度（Ph）、酮体、胆红素、尿胆原、隐血和亚硝酸盐；9 项检测项目在 8 项基础上增加了尿白细胞检查；10 项检测项目在 9 项基础上增加了尿比密检查；11 项检测项目在 10 项检测增加了维生素 C 检查。干化学尿分析仪具有同时自动完成多项检测、操作简易、标本用量少、检测速度快等优点，但影响因素多，易出现假阳性或假阴性结果，因此本法一般仅用于做初诊患者或健康体检的筛选试验。11 种检测项目及参考值见表 4-6。

表 4-6　尿自动分析仪检测项目及参考值

项目及代码	参考值
酸碱度（pH）	5～7
蛋白（PRO）	阴性（<0.1g/L）
葡萄糖（GLU）	阴性（<2mmol/L）
酮体（KET）	阴性
隐血（BLD）	阴性（<10 个红细胞 /µl）
胆红素（BIL）	阴性（1mg/L）
尿胆原（UBG）	阴性或弱阳性
亚硝酸盐（NIT）	阴性
白细胞（LEU）	阴性（<15 个白细胞 /µl）
比密（SG）	1.015～1.025
维生素 C（VC）	阴性（<10mg/L）

第三节　粪 便 检 查

一、标 本 采 集

1. 用洁净干燥的容器留取新鲜标本，不得混有尿液或其他物质，如作细菌学检查应将标本盛于加盖无菌容器内立即送检。

2. 粪便标本有脓血时，应当挑取脓血及黏液部分涂片检查，外观无异常的粪便要多点取样检查。

3. 对某些寄生虫及虫卵的初筛检测，应采取三送三检，因为许多肠道原虫和某些蠕虫卵都有周期性排出现象。

4. 从粪便中检测阿米巴滋养体等寄生原虫，应在收集标本后 30 分钟内送检，并注意保温。

5. 粪便隐血检测，患者应素食 3 天，并禁服铁剂及维生素 C，否则易出现假阳性。

二、一般性状检查

（一）量
正常成人多每日排便一次，其量约 100～300g，因饮食习惯、食物种类、食量等不同有较大差异。慢性胰腺炎等疾病引起的消化不良粪便量增多。

（二）颜色与性状
正常成人为黄褐色圆柱状软便，婴儿粪便呈黄色或金黄色糊状。常见病理改变有：

1. 稀糊状或水样便　见于各种感染性或非感染性腹泻。小儿粪便呈绿色稀糊状提示肠炎；大量黄绿色稀汁样便（3 000ml 或更多）并含有膜状物应考虑伪膜性肠炎；副溶血性弧菌食物中毒排洗肉水样便;出血坏死性肠炎排红豆汤样便。

2. 米泔样便 呈白色淘米水样,量大,含有黏液片块。见于霍乱、副霍乱。

3. 黏液便 正常粪便中含少量黏液,因与粪便均匀混合不易看见。小肠炎症时,增多的黏液均匀地混于粪便中;大肠及直肠病变时,增多的黏液附着于粪便表面,常见于过敏性结肠炎、慢性细菌性痢疾等。

4. 脓性及脓血便 常见于痢疾、溃疡性结肠炎、结肠或直肠癌等。阿米巴痢疾以血为主,呈暗红色果酱样,血中带脓;细菌性痢疾,以黏液及脓为主,脓中带血。

5. 鲜血便 鲜红色,滴落于排便之后或附在粪便表面,常见于痔疮、直肠息肉、直肠癌及肛裂等。

6. 柏油样便 稀薄、黏稠、漆黑、发亮的黑色粪便呈柏油状。多见于上消化道出血,如消化性溃疡、胃癌、钩虫病等。但食用较多动物血、肝或口服铁剂等也可使粪便呈黑色,隐血试验亦可为阳性,应注意鉴别。

7. 白陶土样便 见于胆汁淤积性黄疸。钡餐造影术后粪便可呈黄白色。

8. 细条状便 提示直肠狭窄,多见于直肠癌。

9. 乳凝块便 婴儿粪便中见有黄白色乳凝块,亦可见蛋花汤样便,常见于婴儿消化不良、婴儿腹泻。

(三)气味

正常粪便因含吲哚、硫化物及粪臭素等而有臭味。慢性肠炎、慢性胰腺炎、直肠癌溃烂继发感染出现恶臭味,阿米巴肠炎粪便有腥臭味。

(四)寄生虫和结石

可在粪便中见到的寄生虫虫体有:蛔虫、蛲虫及绦虫等较大虫体或其片段。粪便中可发现胆石、粪石、胰石和肠结石等,最多见的是胆石。

三、显微镜检查

(一)细胞

1. 白细胞 正常粪便中无或偶见。小肠炎症,白细胞一般少于15个/HPF。细菌性痢疾可见大量白细胞或脓细胞。过敏性肠炎、肠道寄生虫病(尤其是钩虫病及阿米巴痢疾)粪便中可见到较多的嗜酸性粒细胞。

2. 红细胞 正常粪便中无。出现红细胞见于细菌性痢疾、阿米巴痢疾、溃疡性结肠炎、结肠癌等。

3. 巨噬细胞 正常粪便中无。主要见于细菌性痢疾等。

4. 上皮细胞 正常粪便中无。常见于结肠炎、伪膜性肠炎等。

5. 肿瘤细胞 粪便中找到成堆的肿瘤细胞见于乙状结肠癌、直肠癌等。

(二)食物残渣

正常粪便中的食物残渣均系已充分消化后的无定形细小颗粒,仅可偶见淀粉颗粒和脂肪小滴等。淀粉颗粒增多见于慢性胰腺炎、腹泻;脂肪小滴增多见于急性或慢性胰腺炎、胰腺癌、消化不良综合征等;结缔组织主要见于蛋白酶缺乏症;肌肉纤维、植物纤维及植物细胞在肠蠕动亢进、腹泻时增多。

(三)寄生虫和寄生虫卵

肠道寄生虫病,可在粪便中查到相应虫体及虫卵。特别是虫卵检查,对诊断肠道寄生虫病具有决定性价值(图4-2)。

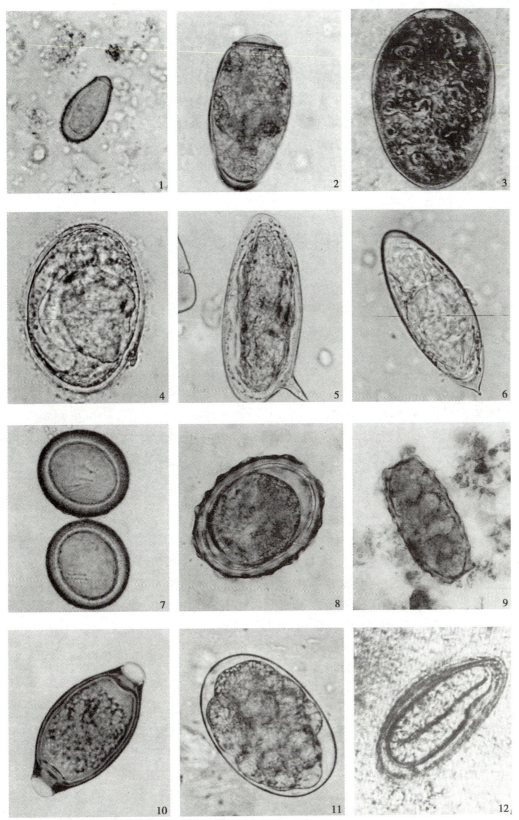

1. 华支睾吸虫卵　2. 卫氏并殖吸虫卵　3. 布氏姜片虫卵　4. 日本血吸虫卵
5. 曼氏血吸虫卵　6. 埃及血吸虫卵　7. 带绦虫卵　8. 受精蛔虫卵
9. 未受精蛔虫卵　10. 鞭虫卵　11. 钩虫卵　12. 蛲虫卵

图 4-2 常见肠道寄生虫虫卵

四、粪便隐血试验

消化道出血量较少时红细胞已被消化分解,粪便外观无血色,且显微镜检查也未发现红细胞者为隐血。采用化学方法或免疫学方法检查粪便微量出血的试验称为粪便隐血试验,是粪便检查最常用的筛查项目,可作为消化道恶性肿瘤普查的一个筛查指标。

1. 参考值 阴性。
2. 临床意义 连续检查对早期发现结肠癌、胃癌等恶性肿瘤有重要的价值。消化性溃疡呈间断性阳性、消化道恶性肿瘤呈持续阳性。

第四节 肝脏病常用的实验室检查项目

肝脏是人体最大的外分泌腺,具有许多重要的功能,其主要的功能有:①调节糖、蛋白质和脂肪的代谢;②调节胆红素的代谢;③解毒功能;④灭活激素(雌激素、抗利尿激素等);⑤合成某些重要的因子(凝血因子、红细胞生成素原、血管紧张素原等)。

一、标 本 采 集

采集空腹(禁食8小时)静脉血进行肝功能检查,全项检查需抽血5~10ml,单项检查2ml。标本采集时应注意:①血液标本盛放于干燥洁净的试管内,防止溶血;②检验血清胆红素用的标本避免阳光直射;③酶学检查的血液标本应抗凝,抗凝剂一般选择肝素。

二、蛋白质代谢功能检查

(一)血清总蛋白和白蛋白、球蛋白及其比值的测定

血清总蛋白(STP)主要包括白蛋白(A)和球蛋白(G)。全部的白蛋白均由肝细胞合成,球蛋白的主要成分是免疫球蛋白、补体等,免疫球蛋白由肝脏和肝脏以外的单核吞噬细胞系统产生,肝脏或肝脏以外慢性炎症刺激单核吞噬细胞系统,血清球蛋白增加。

1. 参考值(成人) 血清总蛋白:60~80g/L
   白蛋白:40~55g/L
   球蛋白:20~30g/L
   A/G:(1.5~2.5):1

2. 临床意义

(1)血清总蛋白及白蛋白降低:①合成减少,见于肝细胞损害(慢性肝炎、肝硬化、肝癌等)、合成原料不足(蛋白摄入不足、消化吸收不良、慢性消耗性疾病等);②蛋白丢失过多,见于肾病综合征、严重烧伤等;③消耗增加,见于慢性消耗性疾病,如重症结核、甲状腺功能亢进及恶性肿瘤等;④血清水分增加,如水钠潴留或静脉补充过多的晶体溶液。

(2)血清总蛋白及白蛋白增高:见于各种原因引起的血液浓缩(严重脱水,休克,饮水量不足),总蛋白量并未增加。

(3)血清总蛋白及球蛋白增高:血清总蛋白>80g/L或球蛋白>35g/L,分别称为高蛋白血症或高球蛋白血症。总蛋白增高主要是因球蛋白增高,其中又以γ球蛋白增高为主。见于①慢性肝脏疾病,如慢性肝炎、肝硬化等;②M球蛋白血症,如多发性骨髓瘤、原发性巨球蛋白血症等;

③自身免疫性疾病，如系统性红斑狼疮、风湿热等；④其他慢性感染，如结核病、疟疾、黑热病、麻风病及慢性血吸虫病等。

（4）血清球蛋白降低：较少见。①生理性减少，见于 3 岁以下的婴幼儿；②免疫功能抑制，见于长期应用肾上腺皮质激素或免疫抑制剂；③先天性低 γ 球蛋白血症。

（5）A/G 倒置：白蛋白降低和 / 或球蛋白增高均可引起 A/G 倒置，见于严重肝功能损伤及 M 蛋白血症，如慢性中度以上持续性肝炎、肝硬化、原发性肝癌、多发性骨髓瘤、原发性巨球蛋白血症等。

（二）血清蛋白电泳

血清蛋白电泳是利用血清蛋白的电性质不同，检测血清中不同的蛋白质占血清总蛋白的含量。在碱性环境中，血清蛋白质均带负电，在电场中向阳极泳动，因血清中各种蛋白质的等电点及电荷量不同，它们在电场中的泳动速度也不同。白蛋白分子量小、所带负电荷相对较多，在电场中泳动速度最快；γ 球蛋白分子量最大，泳动速度最慢。通过电泳可区分为白蛋白、α_1 球蛋白、α_2 球蛋白、β 球蛋白和 γ 球蛋白五个区带。

1. 参考值

醋酸纤维素膜法　　白蛋白：0.62～0.71（62%～71%）

α_1 球蛋白：0.03～0.04（3%～4%）

α_2 球蛋白：0.06～0.10（6%～10%）

β 球蛋白：0.07～0.11（7%～11%）

γ 球蛋白：0.09～0.18（9%～18%）

2. 临床意义

（1）肝脏疾病：轻型及急性肝炎电泳结果多无异常。慢性肝炎、肝硬化、肝癌合并肝硬化，α_1、α_2、β 球蛋白减少，γ 球蛋白增加，慢性活动性肝炎和失代偿的肝硬化 γ 球蛋白增加尤为显著。

（2）M 球蛋白血症：多发性骨髓瘤、原发性巨球蛋白血症，白蛋白降低，γ 球蛋白明显升高，β 球蛋白亦可升高，大部分患者在 γ 区带、β 区带或 β 区带与 γ 区带之间可见结构均一、基底窄、峰高尖的 M 蛋白。

（3）其他：肾病综合征、糖尿病肾病，α_2 及 β 球蛋白（脂蛋白的主要成分）增高，白蛋白及 γ 球蛋白降低。

三、胆红素代谢检查

血清中的总胆红素（TB）包括结合胆红素（CB）和非结合胆红素（UCB）。前者溶于水，能被肾小球滤过进入尿中。后者不溶于水，不能被肾小球滤过进入尿中。

（一）血清总胆红素测定

1. 参考值　新生儿　0～1 天：34～103μmol/L

1～2 天：103～171μmol/L

3～5 天：68～137μmol/L

成人　3.4～17.1μmol/L

2. 临床意义　增高见于各种原因引起的黄疸。溶血性黄疸通常<85.5μmol/L；肝细胞性黄疸在 17.1～171μmol/L；不完全性梗阻为 171～265μmol/L，完全性梗阻通常>342μmol/L。17.1～34.2μmol/L，为隐性黄疸；34.2～171μmol/L，为轻度黄疸；171～342μmol/L，为中度黄疸；>342μmol/L，为重度黄疸。

（二）血清结合胆红素和非结合胆红素测定

1. 参考值　结合胆红素：0～6.8μmol/L。
　　　　　　　非结合胆红素：1.7～10.2μmol/L。

2. 临床意义　单纯血清非结合胆红素增高主要提示溶血性黄疸，单纯血清结合胆红素增高主要提示胆汁淤积性黄疸，血清非结合胆红素和结合胆红素均增高主要提示肝细胞性黄疸。

（三）尿液胆红素及尿胆原检查

详见第四章第二节。

四、血清酶及同工酶检查

（一）血清氨基转移酶及其同工酶测定

1. 血清氨基转移酶　氨基转移酶简称转氨酶，用于检查肝功能的主要是丙氨酸氨基转移酶（ALT）和天门冬氨酸氨基转移酶（AST）。ALT 主要分布在肝脏，其次在骨骼肌、肾脏、心肌等；AST 主要分布在心肌，其次在肝脏、骨骼肌和肾脏。在肝细胞中，ALT 主要存在于非线粒体中，而大约80% 的 AST 存在于线粒体内，由上可知 ALT 与 AST 均为非特异性细胞内功能酶，正常时血清含量很低，但当细胞受损时，细胞膜通透性增加，胞浆内的 ALT 与 AST 释放入血液，血清中 ALT 与 AST 活性升高。中度肝细胞损伤时，ALT 漏出率远大于 AST 且半衰期较长，因此 ALT 反映肝细胞损伤的灵敏度较 AST 为高，但严重肝细胞损伤时，线粒体膜亦损伤，可导致线粒体内 AST 的释放，血清中 AST/ALT 比值升高。

（1）参考值：　　终点法（赖氏法）　　　　速率法（37℃）
　　　　　　ALT　5～25 卡门单位　　　　5～40U/L
　　　　　　AST　8～28 卡门单位　　　　8～40U/L
　　　　　　AST/ALT：1.15。

（2）临床意义：①急性病毒性肝炎，ALT 与 AST 均显著升高，以 ALT 升高更明显，ALT/AST>1；②慢性病毒性肝炎，ALT 与 AST 轻度上升，ALT/AST>1，若 AST 升高较 ALT 显著，即 ALT/AST<1，提示慢性肝炎进入活动期；③酒精性肝病、药物性肝炎、脂肪肝、肝癌等，转氨酶轻度升高或正常，且均 ALT/AST>1，肝癌时 ALT/AST≥3；④肝内、外胆汁淤积，转氨酶可轻度升高；⑤肝硬化，转氨酶活性取决于肝细胞进行性坏死程度，ALT/AST≥2，终末期肝硬化转氨酶活性正常或降低；⑥急性心肌梗死以 AST 升高为主，见于急性心肌梗死、心肌炎等；⑦其他细胞损害，见于皮肌炎、进行性肌萎缩、肺梗死等，转氨酶轻度升高。

2. AST 同工酶　在肝细胞中有两种 AST 同工酶，存在于胞浆组分者称为上清液 AST（ASTs）；存在于线粒体中者称为线粒体 AST（ASTm）。正常血清中大部分为 ASTs，ASTm 仅占10% 以下；当肝细胞受到轻度损害，线粒体未遭破坏，血清中 ASTs 漏出增加，而 ASTm 正常，见于轻、中度急性肝炎。如肝细胞严重损害，线粒体遭到破坏，此时血清中 ASTm 升高，因此 ASTm 升高表明肝细胞坏死严重，见于重症肝炎、急性重型肝炎、酒精性肝病时。妊娠脂肪肝、肝动脉栓塞术后及心肌梗死时 ASTm 也升高。

（二）γ-谷氨酰转移酶及同工酶测定

1. γ-谷氨酰转移酶（GGT）　在肾脏、肝脏和胰腺含量丰富，但血清中的 GGT 主要来自肝胆系统。GGT 在肝脏中广泛分布于肝细胞的毛细胆管一侧和整个胆管系统，因此当肝内合成亢进或胆汁排出受阻时，血清中 GGT 增高。

（1）参考值：γ-谷氨酰-3-羧基-对硝基苯胺法（37℃）：男性为11～50U/L，女性为7～32U/L。

（2）临床意义：升高见于：①胆道阻塞性疾病，原发性胆汁性肝硬化、硬化性胆管炎等；②肝癌（GGT 明显升高,可达参考值上限的 10 倍以上）；③病毒性肝炎、肝硬化；④酒精性肝病及药物性肝炎；⑤其他,见于胰腺炎、胰腺肿瘤、前列腺肿瘤等。

2. GGT 同工酶   血清中 GGT 同工酶有三种形式,但还缺少理想方法加以测定。GGT1（高分子质量形式）存在于正常血清、胆道阻塞及恶性浸润性肝病中。GGT2（中分子质量形式）由两种成分组成,主要成分存在于肝脏疾病中,据报道 GGT2 对肝癌的敏感性与特异性均较高,在 AFP 阴性肝癌中其阳性率为 86.4%,若与 AFP 联合检测使肝癌诊断正确率达 94.4%；另一种成分存在于胆道阻塞性疾病。GGT3 为低分子质量复合物,尚无重要意义。也有人认为 GGT 的这些不同形式是蛋白质翻译后的变体,而非通常意义上的同工酶。

知识链接

酒精性肝病

酒精性肝病是由于长期大量饮酒导致的肝脏疾病。初期通常为脂肪肝,进一步发展成酒精性肝炎、肝纤维化和肝硬化,统称为酒精性肝病。主要临床表现为恶心、呕吐、黄疸、肝脏肿大和压痛,可并发上消化道出血和肝功能衰竭。肝功能检查天冬氨酸氨基转移酶（AST）和 γ- 谷氨酰转移酶（GGT）明显升高,禁酒后明显下降。治疗的关键措施是戒酒。在戒酒的基础上,提供高蛋白、低脂饮食,并注意补充维生素 B、维生素 C、维生素 K 及叶酸,可加用甘草酸、水飞蓟宾、辅酶 Q 等肝细胞保护药物。

（三）碱性磷酸酶及其同工酶测定

1. 碱性磷酸酶（ALP）   主要分布在肝脏、骨骼、肾、肠及胎盘中,血清中的 ALP 大部分来源于肝脏与骨骼。

（1）参考值：磷酸对硝基苯酚速率法（37℃）

男性：45～125U/L

女性：20～49 岁   30～100U/L

50～79 岁   50～135U/L

（2）临床意义：生理情况下,ALP 活性增高主要与骨生长、妊娠、脂肪餐后分泌等相关。病理情况下见于：

1）肝胆系统疾病：各种肝内、外胆管梗阻性疾病,如胰头癌、胆道结石引起的胆管阻塞、原发性胆汁性肝硬化、肝内胆汁淤积等,ALP 明显升高,且与血清胆红素升高相平行；累及肝实质细胞的肝胆疾病（如肝炎、肝硬化）,ALP 轻度升高。

2）黄疸的鉴别诊断：ALP 和血清胆红素、转氨酶同时测定有助于黄疸鉴别诊断。①胆汁淤积性黄疸,ALP 和血清胆红素明显升高,转氨酶仅轻度增高；②肝细胞性黄疸,血清胆红素中等程度增加,转氨酶活性很高,ALP 正常或稍高；③肝内局限性胆道阻塞（如原发性肝癌、转移性肝癌、肝脓肿等）,ALP 明显增高,ALT 无明显增高,血清胆红素大多正常。

3）骨骼疾病：如纤维性骨炎、佝偻病、骨软化症、成骨细胞瘤及骨折愈合期,血清 ALP 升高。

4）其他：营养不良、严重贫血、重金属中毒、胃、十二指肠损伤,结肠溃疡等时,ALP 也有不同程度的升高。

血清 ALP 活性降低比较少见,主要见于呆小病,ALP 过少症,维生素 C 缺乏症。

2. 碱性磷酸酶同工酶   碱性磷酸酶同工酶根据琼脂凝胶电泳分析、热抑制反应（56℃,15 分钟）及其抗原性不同区分为 6 种：ALP1 至 ALP6。根据其来源不同,ALP2、ALP3、ALP4、ALP5 分别称为肝型、骨型、胎盘型和小肠型,ALP1 是细胞膜组分和 ALP2 的复合物,ALP6 是 IgG 和 ALP2 复合物。

（1）参考值：①正常人血清中以 ALP2 为主，占总 ALP 的 90%，出现少量 ALP3；②发育中儿童 ALP3 增多，占总 ALP 的 60% 以上；③妊娠晚期 ALP4 增多，占总 ALP 的 40% 至 65%；④血型为 B 型和 O 型者可有微量 ALP5。

（2）临床意义：①在胆汁淤积性黄疸，尤其是癌性梗阻时，100% 出现 ALP1，且 ALP1>ALP2；②急性肝炎时，ALP2 明显增加，ALP1 轻度增加，且 ALP1<ALP2；③ 80% 以上的肝硬化患者，ALP5 明显增加，可达总 ALP 40% 以上。但不出现 ALP1。

第五节　常用肾脏功能实验室检查

肾是机体重要的器官之一，其主要功能有：①生成尿液，以调节机体水、电解质蛋白质和酸碱平衡，维持机体内环境稳定；②排出体内的毒物、废物、代谢产物；③内分泌功能，产生肾素、红细胞生成因子、活性维生素 D 等，实现调节血压、钙磷代谢和红细胞生成的功能。

一、肾小球功能检查

（一）血尿素氮测定

血尿素氮（BUN）测定是用来反映血液中的尿素含量的。尿素是蛋白质代谢的最终产物，血液中的尿素习惯上用尿素氮的浓度来表示。机体中的尿素主要经肾排出（约占 90%），尿素经肾小球滤过后，正常情况下，有 30%～40% 被肾小管重吸收，肾小管有少量排泌。肾小球滤过率降低时，尿素排出减少，其在血液中浓度增高。

1. 参考值　　　　成人　　　　　　　婴儿及儿童

　　　　　　　　3.2～7.1mmol/L　　 1.8～6.5mmol/L

2. 临床意义　增高见于①器质性肾功能损害，见于慢性肾炎、严重肾盂肾炎、肾动脉硬化症、肾结核和肾肿瘤晚期等；②肾前性少尿，见于严重脱水、休克、心力衰竭等；③蛋白质分解或摄入过多，见于急性传染病、上消化道大出血、大面积烧伤、大手术后、甲状腺功能亢进症、高蛋白饮食等；④血 BUN 作为肾衰竭透析充分性指标。

（二）血肌酐测定

血液中的肌酐包括内生肌酐（体内肌肉中的肌酸分解而来，生成量恒定，产生的速度为 1mg/min，不受食物成分影响）和外源性肌酐（来源于摄入的鱼类、肉类食物）。一般说，空腹血肌酐水平较稳定，外源性肌酐不足以影响清晨空腹血肌酐的测定。肌酐只从肾小球滤过并以同样速度清除（肾小管基本不吸收也不排泌）。当肾小球滤过功能下降时，其清除肌酐的速度低于内生肌酐的产生速度，血肌酐浓度上升。

1. 参考值

人群	全血	血清
男性	88.4～176.8μmol/L	53～106μmol/L
女性	88.4～176.8μmol/L	44～97μmol/L

2. 临床意义

（1）评价肾小球滤过功能：血 Cr 增高见于各种原因引起的肾小球滤过功能减退，如急性或慢性肾衰竭。

（2）鉴别肾前性和肾实质性少尿：①器质性肾衰竭，血 Cr 常超过 200μmol/L；②肾前性少尿，如心力衰竭、脱水、肝肾综合征、肾病综合征等所致的有效血容量下降，使肾血流量减少，血 Cr 浓度上升多不超过 200μmol/L。

（3）BUN/Cr（单位为 mg/dl）比值：①器质性肾衰竭，BUN 与 Cr 同时增高，因此 BUN/Cr≤10∶1；②肾前性少尿，肾外因素所致的氮质血症，BUN 可较快上升，但血 Cr 不相应上升，此时 BUN/Cr 常>10∶1。

（三）内生肌酐清除率测定

是检查肾小球滤过功能较为有效的方法。肌酸存在于肌肉中，肌酐（Cr）是肌酸的代谢产物，由肾脏排出。在严格控制饮食条件和肌肉活动相对稳定的情况下，内源性肌酐的生成量较恒定。肌酐主要从肾小球滤过，且不被肾小管重吸收，排泌量很少。故肾单位时间内将若干毫升血液中的内在肌酐全部清除出去，称为内生肌酐清除率（Ccr）。

1. 参考值　成人 80～120ml/min。

2. 临床意义

（1）判断肾小球损害的敏感指标：成人 Ccr 50ml/min 时，血清尿素氮、肌酐仍在正常范围，故是较早反映肾小球滤过功能下降的敏感指标。

（2）评估肾功能的损害程度：Ccr 在 51～70ml/min，为轻度损害；Ccr 在 31～50ml/min，为中度；Ccr<30ml/min，为重度。

（3）指导治疗：性肾衰竭 Ccr<30～40ml/min，应限制蛋白质摄入；Ccr<30ml/min，噻嗪类利尿剂治疗常无效，不宜应用；Ccr<10ml/min，应结合临床进行透析治疗或肾移植术。

根据血尿素氮、血肌酐、内生肌酐清除率可将肾功能分为四期，见表4-7。

表4-7　肾功能分期

项目	1 期（代偿期）	2 期（失代偿期）	3 期（肾衰竭期）	4 期（尿毒症期）
Ccr（ml/min）	51～80	20～50	10～19	<10
Cr（μmol/L）	<178	178～445	445～707	>707
BUN（mmol/L）	<9	9～20	20～28.6	>28.6

二、肾小管功能检查

（一）近端肾小管功能检查

1. **β2- 微球蛋白（β2-M）测定**　是人体有核细胞特别是由淋巴细胞产生的一种小分子球蛋白，人体内浓度非常稳定，容易被肾小球滤过，但 99.9% 被肾小管摄取，因此正常尿中极少。肾小管损害时，摄取减少，尿中增多。

（1）参考值：成人尿<0.3mg/L 或以尿肌酐校正<0.2mg/g 肌酐。

（2）临床意义：①尿 β2-M 增多，提示近端肾小管重吸收功能损害，见于如肾小管 - 间质性疾病、药物或毒物所致早期肾小管损伤等。②血 β2-M 增多，提示肾小球滤过功能下降；③血、尿 β2-M 均增多，见于恶性肿瘤、IgG 肾病等。

2. **α1- 微球蛋白（α1-MG）测定**　为肝细胞和淋巴细胞产生的一种小分子糖蛋白，在血浆中以游离和结合两种形式存在，游离形式的 α1-MG 可被肾小球自由滤过，但在原尿中 99% 被近曲小管重吸收并分解，故仅有极少量从尿中排泄。

（1）参考值：成人尿<15mg/24h；血清 10～30mg/L。

（2）临床意义：①尿 α1-MG 增多，提示近端肾小管功能损伤，特异性较高。②血清 α1-MG 增多，提示肾小球滤过功能下降；血清 α1-MG 减少，见于重症肝炎等严重肝细胞坏死。

3. 视黄醇结合蛋白（RBP）测定　为维生素 A 转运蛋白，由肝细胞合成，广泛存在于人体血液、尿液及其他体液中，游离的 RBP 由肾小球滤过后大部分被近曲小管重吸收并分解利用，仅有少量从尿中排泄。

（1）参考值：尿（0.11±0.07）mg/L；血清 45mg/L。

（2）临床意义：①尿 RBP 增多，提示早期近端肾小管功能损伤；②血清 RBP 增多，提示肾小球滤过功能下降。

（二）远端肾小管功能检查

1. 昼夜尿比密试验　昼夜尿比密试验又称莫氏试验，是用来检测肾脏浓缩稀释功能的一项试验。在复杂的神经体液（特别是抗利尿激素）的调节下，肾远曲小管和集合管等根据体内对水分的需求保留或排出水分。当体内水分增多时，尿排出增多，比密减低；当体内水分不足时，尿排出减少，比密升高。肾小管损害后，肾脏浓缩稀释功能减退，可通过昼夜尿量和尿比密反映出来。

（1）参考值：正常成人 24 小时尿量为 1 000～2 000ml；昼尿量与夜尿量之比为（3～4）:1；夜尿量<750ml；夜尿或昼尿中至少 1 次尿比密>1.018；昼尿中最高与最低尿比密之差>0.009。

（2）临床意义：

1）浓缩功能早期受损：夜尿>750ml 或昼夜尿量比值降低，而尿比密值及变化率仍正常，可见于间质性肾炎、慢性肾小球肾炎、高血压肾病和痛风性肾病早期。

2）浓缩 - 稀释功能严重受损：若夜尿增多及尿比密无 1 次>1.018 或昼尿比密差值<0.009 可提示。

3）浓缩 - 稀释功能丧失：每次尿比密均固定在 1.010～1.012 的低值，称为等渗尿，表明肾浓缩 - 稀释功能完全丧失而只有滤过功能。

4）肾小球病变：尿量少而比密增高、固定在 1.018 左右（差值<0.009），多见于急性肾小球肾炎及其他降低肾小球滤过率的情况，因此时原尿生成减少而浓缩 - 稀释功能相对正常所致。

5）尿崩症：典型表现为尿量明显增多（超出 4L/24h）而尿比密均低于 1.006。

2. 尿渗量（尿渗透压）测定　是指尿液中具有渗透活性的全部溶质微粒的总数量。

（1）参考值：禁饮 8 小时后尿渗量 600～1 000mOsm/（kg·H_2O），平均 800mOsm/（kg·H_2O）；血浆 275～350mOsm/（kg·H_2O），平均 300mOsm/（kg·H_2O）；尿 / 血浆渗量（3～4.5）:1。

（2）临床意义：禁饮 8 小时后，尿渗量<600mOsm/（kg·H_2O），且尿渗量与血浆渗量比值≤1，提示肾浓缩功能减退。

三、血尿酸检查

尿酸（UA）为核蛋白和核酸中嘌呤的代谢产物，可来自体内或食物中嘌呤的分解代谢。多数尿酸从肾排泄，可自由透过肾小球，进入原尿的尿酸 90% 左右在肾小管重吸收回到血液中。血尿酸浓度受肾小球滤过功能和肾小管重吸收功能的影响。

1. 参考值　成人酶法血清（浆）尿酸浓度男性 150～416μmol/L，女性 89～357μmol/L。

2. 临床意义　检查前严格禁食含嘌呤丰富食物 3 天，排除外源性尿酸干扰。

（1）血尿酸浓度升高：见于：①肾小球滤过功能损伤：反映早期肾小球滤过功能损伤上较血肌酐和尿素氮灵敏；②体内尿酸生成异常增多：常见于遗传性酶缺陷所致的原发性痛风，以及多种血液病、恶性肿瘤等因细胞大量破坏所致的继发性痛风。此外，亦见于长期使用利尿剂及抗结核药吡嗪酰胺、慢性铅中毒、长期禁食者。

（2）血尿酸浓度降低：各种原因致肾小管重吸收尿酸功能损害，以及肝功能严重损害尿酸生成减少，如暴发性肝衰竭、肝豆状核变性等，使用磺胺及大剂量糖皮质激素等。

第六节 脑脊液检查与浆膜腔积液检查

一、脑脊液检查

脑脊液（CSF）存在于脑室及蛛网膜下腔内和脊髓中央管内的一种无色透明液体。主要来自脑室系统内脉络丛的超滤和分泌，通过蛛网膜绒毛回收入静脉。正常成人脑脊液的总量为90～150ml，新生儿为10～60ml。脑脊液检查对神经系统疾病的诊断具有重要意义。

（一）标本采集

1. 适应证与禁忌证　见表4-8。

表4-8　脑脊液检查的适应证和禁忌证

适应证	禁忌证
有脑膜刺激症状，如脑膜感染性疾病	凝血酶原时间延长，血小板≤50×10⁹/L
疑有颅内出血，如蛛网膜下腔出血	休克、衰竭或濒危状态者
疑有脑膜白血病	衰竭或濒危状态；颅后窝有占位性病变
原因不明的剧烈头痛、昏迷、抽搐或瘫痪等	颅内压显著增高者（必须做眼底检查，如有明显视盘水肿或有脑疝先兆者，禁忌穿刺）
中枢神经系统需椎管内给药治疗及手术前麻醉、造影等	穿刺局部皮肤有炎症者；开放性颅脑损伤

2. 采集方法　脑脊液标本一般由腰椎穿刺取得，特殊情况下可采用小脑延髓池或脑室穿刺术。穿刺成功后先作压力测定，然后将脑脊液分别收集于三支无菌试管内，每管1～2ml。第一管供化学或免疫学检查；第二管供细菌学检查；第三管供细胞学检查。如疑为恶性肿瘤则另留一管供脱落细胞学检查。采集标本后常规检查应1小时内完成，以免放置过久导致细胞破坏或变形、葡萄糖分解、病原微生物破坏或溶解。

（二）脑脊液一般性状检查

脑脊液一般性状检查可提供许多有助于诊断的信息，因此要注意观察脑脊液的外观和性状，识别脑脊液异常颜色与浑浊，并注意观察人的状态。

1. 参考值　见表4-9。

表4-9　脑脊液一般性状检查的指标与参考值

指标	参考值
颜色	无色或淡黄色
透明度	清澈透明
凝固性	无凝块、无沉淀（放置24小时不形成薄膜）
比重（腰椎穿刺）	1.006～1.008
压力	80～180mmH₂O

2. 临床意义

（1）颜色：正常脑脊液为无色水样液体。病理性改变有：①红色提示脑脊液中混有血液，主要见于蛛网膜下腔出血、脑室出血。如为穿刺损伤出血，一般仅最初数滴脑脊液为血性，随后颜色逐渐变淡。②黄色为变性血红蛋白、蛋白增高所致，主要见于陈旧性脑室或蛛网膜下腔出血、脊髓肿瘤等。③乳白色多因白细胞增加所致，见于化脓性脑膜炎。④淡绿色见于铜绿假单胞菌感染所致的脑膜炎、肺炎链球菌、甲型链球菌引起的脑膜炎。⑤褐色或黑色见于脑膜黑色素瘤。

（2）透明度：正常脑脊液清晰透明。病毒性脑炎、流行性乙型脑炎等，脑脊液中细胞数轻度增加，脑脊液多清晰或微混；结核性脑膜炎，细胞数中度增加，可呈毛玻璃样混浊；化脓性脑膜炎，细胞数显著增加，可呈乳白色混浊。

（3）凝固性：正常脑脊液不含纤维蛋白原，静置24小时不会凝固。急性化脓性脑膜炎，脑脊液静置1~2小时即可出现凝块或沉淀物；结核性脑膜炎，脑脊液静置12~24小时后可在液面形成纤细的薄膜，取薄膜涂片检查结核分枝杆菌阳性率极高。若脑脊液同时有胶冻状凝结、黄变症及蛋白-细胞分离现象（蛋白明显增加而细胞数轻度增多），称为弗鲁安氏综合征，提示脊髓受压、蛛网膜下腔梗阻，见于脊髓肿瘤等。

（4）压力升高：提示颅内压升高，有以下几种可能。①中枢神经系统炎症，见于流行性脑脊髓膜炎、其他化脓性脑膜炎等；②出血，见于脑出血、蛛网膜下腔出血；③脑肿瘤；④脑寄生虫病；⑤其他，见于各种原因引起的脑水肿等。

（5）压力降低：提示颅内压降低，可见于①脊髓与蛛网膜下腔阻塞；②脱水与循环衰竭；③脑脊液漏。

（三）化学检查

1. 蛋白质测定

（1）参考值：定性试验　　阴性

　　　　　　　定量试验　　0.2~0.4g/L

（2）临床意义：脑脊液中蛋白增加：①中枢神经系统的感染，如化脓性脑膜炎显著增加，结核性脑膜炎中度增加，病毒性脑膜炎轻度增加；②脑或蛛网膜下腔出血轻度增加；③中枢神经系统肿瘤，显著增加；④椎管内梗阻，脊髓肿瘤、蛛网膜下腔粘连等常显著增加；⑤其他，见于内分泌及代谢疾病、药物中毒、慢性炎症性脱髓鞘性多发性神经根炎等。

2. 葡萄糖测定

（1）参考值：2.5~4.4mmol/L

（2）临床意义：化脓性脑膜炎，葡萄糖可显著减少或缺如；结核性脑膜炎可减少；脑肿瘤、神经梅毒等也可降低。

3. 氯化物测定

（1）参考值：120~130mmol/L

（2）临床意义：减少见于结核性脑膜炎、化脓性脑膜炎，尤前者的氯化物明显减少。增高见于尿毒症、肾炎、心力衰竭、病毒性脑膜炎或脑炎。

4. 乳酸脱氢酶及其同工酶测定　　乳酸脱氢酶（LDH）由5种同工酶形成，即LDH_1~LDH_5。

（1）参考值：成人8~32U

（2）临床意义：①细菌性脑膜炎脑脊液中LDH多增高，同工酶以LDH_4、LDH_5为主，有利于与病毒性脑膜炎鉴别；②脑血管疾病LDH多明显增高；③脑肿瘤、脱髓鞘病的进展期脑脊液中LDH活性增高，缓解期下降。

（四）显微镜检查

1. 细胞计数

（1）参考值：无红细胞；成人白细胞$(0\sim8)\times10^6/L$，有核细胞分类多为淋巴细胞及单核细胞（7：3）；偶见内皮细胞。

（2）临床意义：

1）红细胞增加：见于脑室出血或蛛网膜下腔出血。

2）白细胞增加：①中枢神经系统感染性疾病。化脓性脑膜炎，白细胞可达数千$\times10^6/L$以上，以中性粒细胞为主；结核性脑膜炎，多不超过$500\times10^6/L$，早期以中性粒细胞为主，以后淋巴细胞增多；病毒性脑炎、脑膜炎，白细胞数轻度增加，以淋巴细胞为主；新型隐球菌性脑膜炎，白细胞数增加，以淋巴细胞为主；寄生虫感染，白细胞数可增加，以嗜酸性粒细胞为主。②脑膜白血病，白细胞数增加，可见原始及幼稚白细胞。

2. 细菌学检查 疑为化脓性脑膜炎，革兰染色后镜检；疑为结核性脑膜炎，抗酸染色后镜检；疑为新型隐球菌性脑膜炎，墨汁染色后镜检。

二、浆膜腔积液检查

人体的胸膜腔、腹膜腔、心包腔及关节腔等统称为浆膜腔。正常腔内仅含少量液体起润滑作用。病理状态下，腔内液体增多，称为浆膜腔积液。因积液形成的原因及性质不同，可分为漏出液和渗出液两类。

通过浆膜腔穿刺后采集中段液体于无菌容器内送检。

（一）一般性状检查

1. 颜色 漏出液多为淡黄色。渗出液因病因不同可呈不同颜色，淡红、红色或暗红色（血性）多见于恶性肿瘤、结核病急性期、风湿性疾病等；黄色脓性见于化脓性球菌感染；绿色常见于铜绿假单胞菌感染等。

2. 透明度 漏出液多透明，渗出液呈不同程度的混浊。

3. 比密 漏出液比密多<1.015；渗出液比密多>1.018。

4. 凝固性 漏出液中纤维蛋白原含量甚微，一般不凝固；渗出液则易凝固。

（二）化学检查

1. 黏蛋白定性试验 漏出液多为阴性反应；渗出液多为阳性反应。

2. 蛋白定量试验 漏出液蛋白总量多在25g/L以下；渗出液蛋白总量多在30g/L以上。

3. 葡萄糖测定 漏出液中葡萄糖含量与血糖近似；渗出液中葡萄糖可被某些细菌分解而减少。化脓性炎症，葡萄糖含量明显降低，甚至无糖；结核性炎症，葡萄糖含量降低。

4. 乳酸脱氢酶（LDH） 胸腔积液中LDH活性以脓性积液最高，可达正常血清的30倍，其次为癌性积液，结核性积液略高于正常血清。漏出液中LDH活性与正常血清相近。

（三）显微镜检查

1. 细胞计数及分类 漏出液细胞较少，常低于$100\times10^6/L$，主要为间皮细胞及淋巴细胞。渗出液细胞较多，常高于$500\times10^6/L$。①中性粒细胞为主：多见于急性化脓性感染或结核性感染早期。②淋巴细胞为主：多见于慢性感染，如结核病、梅毒等。③嗜酸性粒细胞增多：多见于过敏性疾病、寄生虫病。

2. 脱落细胞学检查 浆膜腔积液中检出肿瘤细胞，是诊断原发性或转移性恶性肿瘤的重要依据。

3. 细菌学检查 将浆膜腔积液离心沉淀，取沉淀物涂片染色后镜检，查找病原菌，必要时可进行细菌培养或动物接种。

（四）渗出液与漏出液的鉴别

鉴别积液性质对某些疾病的诊断和治疗有重要意义。两者鉴别见表4-10。

表4-10　渗出液与漏出液的鉴别

检查项目	漏出液	渗出液
原因	非炎症性	炎症、肿瘤、化学或物理性刺激
外观	淡黄、浆液性	不定，可为血性、黄色、脓性、乳糜性
透明度	透明或微混	多混浊
比密	<1.018	>1.018
凝固	不自凝	能凝固
黏蛋白定性	阴性	阳性
蛋白定量	<25g/L	>30g/L
葡萄糖定量	与血糖相近	常低于血糖水平
细胞计数	$<100\times10^6/L$	$>500\times10^6/L$
细胞分类	以淋巴细胞、间皮细胞为主	根据病因不同，分别以中性粒细胞、淋巴细胞等为主，肿瘤可找到肿瘤细胞
细菌学检查	阴性	可找到病原菌
LDH	<200IU	>200IU

第七节　临床常用生物化学检查

一、标 本 采 集

血生化检查多需要采集空腹静脉血，血液气体分析需要采集动脉血。血标本采集后应立即送检。

二、血清电解质检查

（一）血钾测定

血清钾测定的是细胞外液钾离子的浓度。钾由肠道吸收，正常情况下，约90%的钾经肾脏随尿排出，10%左右由粪便排出，少量则由汗腺排出。钾的生理功能是维持肌肉、神经的应激性，既能增强神经肌肉兴奋性，又能降低心肌兴奋性。机体对钾的调节主要依靠肾脏的调节和钾的跨细胞转运，当某些因素影响肾脏排泄及钾的跨细胞分布时即可引起钾的代谢障碍。

1. 参考值　3.5～5.5mmol/L

2. 临床意义

（1）增高：血清钾超过5.5mmol/L时称为高钾血症。见于①摄入过多，如高钾饮食、输入大量库存血液、静脉输注大量钾盐等；②排出减少，见于急性肾衰竭少尿期、长期使用保钾利尿剂、肾上腺皮质功能减退症等；③细胞内钾外移增多，见于严重溶血或组织损伤、酸中毒或组织缺氧、家族性高血钾麻痹等；④代谢性酸中毒。

（2）降低：血清钾低于 3.5mmol/L 时称为低钾血症。见于①钾摄入不足，如长期低钾饮食、禁食、厌食、吸收障碍等；②钾丢失过多，如严重呕吐、长期腹泻、胃肠引流、大剂量应用排钾利尿剂、肾上腺皮质功能亢进症、醛固酮增多症等；③细胞外钾内移，见于大剂量应用胰岛素、碱中毒、低钾性周期性麻痹、棉籽油中毒等；④代谢性碱中毒。

（二）血钠测定

血清钠主要以氯化钠形式存在。机体摄入的钠几乎全部由小肠吸收，钠主要经肾脏随尿排出，汗液也可排出少量的钠。当摄入、吸收和排泄发生障碍时可引起钠的代谢紊乱。

1. 参考值 135～145mmol/L

2. 临床意义

（1）增高：血清钠超过 145mmol/L，并伴有血液渗透压过高者，称为高钠血症。见于①摄入过多，进食过量钠盐或输注大量高渗盐水等；②水分摄入不足或丢失过多，如进食困难、水源断绝、大量出汗等；③其他，见于肾上腺皮质功能亢进症、原发性醛固酮增多症等。

（2）降低：血清钠低于 135mmol/L 称为低钠血症。见于①摄入不足，如营养不良、长期低钠饮食、不恰当输液等；②丢失过多，如严重呕吐、反复腹泻、胃肠造瘘术后、大剂量应用排钠利尿剂、大面积烧伤、大量放腹腔积液等；③其他，如抗利尿激素分泌过多、使用甘露醇、慢性肾功能不全、肝硬化失代偿期等。

（三）血氯测定

氯是细胞外液的主要阴离子，但在细胞内外均有分布。血氯的调节是被动的，与钠的水平有关，血氯检测的适应证：①酸碱平衡紊乱；②水钠平衡紊乱；③重症监护患者出现危险情况时。

1. 参考值 95～105mmol/L

2. 临床意义

（1）增高：血清氯含量超过 105mmol/L 称为高氯血症。见于①摄入过多，如高盐饮食、静脉输入大量氯化钠等；②排泄减少，见于急性或慢性肾衰竭、尿路梗阻、心力衰竭等；③呼吸性碱中毒。

（2）降低：血清氯含量低于 95mmol/L 称为低氯血症。见于①丢失过多，如严重的呕吐、腹泻、胃肠造瘘、慢性肾上腺皮质功能减退症、长期应用噻嗪类利尿剂等；②摄入不足，见于长期饥饿、无盐饮食等。

（四）血钙测定

血钙含量很少，仅占人体钙含量的 1%，体内 99% 的钙存在于骨骼中。血液中的钙有游离钙和结合钙两大类，其中游离钙具有生理活性。钙主要来自膳食，由小肠上段吸收，其吸收程度受肠道 pH 及钙溶解度影响。钙主要随粪、尿而排出体外。钙的代谢主要受维生素 D 及甲状旁腺激素的调节。钙的吸收、调节、排泄发生障碍，均可引起血清钙的异常。

1. 参考值 2.25～2.58mmol/L

2. 临床意义 临床上血清钙降低较血清钙增高多见。

（1）增高：血清总钙超过 2.58mmol/L 称为高钙血症。见于静脉输入钙过多、甲状旁腺功能亢进症、多发性骨髓瘤、骨肉瘤、肺癌、肾癌、白血病、大剂量应用维生素 D 治疗。

（2）降低：血清总钙低于 2.25mmol/L 称为低钙血症。见于①钙或维生素 D 摄取不足或吸收不良，如长期低钙饮食、腹泻、胆汁淤积性黄疸等；②成骨作用增强，如甲状旁腺功能减退症、恶性肿瘤骨转移等；③其他，见于急性坏死性胰腺炎、肾衰竭、肾病综合征、肾性佝偻病等。

（五）血磷测定

血清磷与血清钙有一定的浓度关系，即正常人的钙、磷浓度乘积为36～40。人体中70%～80%的磷以磷酸钙的形式沉积于骨骼中，只有少部分存在于体液中。血磷水平受年龄和季节影响，新生儿与儿童的生长激素水平较高，故血磷水平较高。另外，夏季紫外线的影响，血磷的含量也较冬季为高。血液中的磷有无机磷和有机磷两种形式，临床检测的磷为无机磷。

1. 参考值   0.97～1.61mmol/L

2. 临床意义

（1）增高：①内分泌疾病，见于原发性或继发性甲状旁腺功能减退症；②排出障碍，肾功能不全；③维生素D过多，见于摄入过多的维生素D；④其他，见于多发性骨髓瘤、骨折愈合期等。

（2）减低：①摄入不足，见于饥饿、恶病质、活性维生素D缺乏等；②丢失过多，见于大量呕吐、血液透析、腹泻等；③其他，见于糖尿病酮症酸中毒、甲状旁腺功能亢进症等。

（六）血清铁测定

血清铁（serumiron）即与转铁蛋白结合的铁，其含量不仅取决于血清中铁的含量，还受转铁蛋白的影响。

1. 参考值   男性：11～30μmol/L

女性：9～27μmol/L

2. 临床意义

（1）增高：见于再生障碍性贫血、溶血性贫血、白血病、急性肝炎、慢性活动性肝炎及反复输血等。

（2）降低：见于缺铁性贫血、消化性溃疡、恶性肿瘤、慢性炎症、月经过多、长期缺铁饮食，以及生理状态下机体需铁增加时。

三、血清脂质和脂蛋白检查

（一）血清总胆固醇测定

血清总胆固醇（TC）来源于食物及体内的合成或转化，其水平受年龄、家族、性别、遗传、饮食、精神等多种因素影响，且男性高于女性，体力劳动者低于脑力劳动者。因此，很难制定统一的标准值。根据胆固醇高低及其引起心、脑血管疾病的危险性分为合适水平、边缘升高和升高水平。

1. 参考值   合适水平：<5.20mmol/L

边缘水平：≥5.20mmol/L且<6.20mmol/L

升高水平：≥6.20mmol/L

2. 临床意义

（1）增高：见于动脉粥样硬化症、冠状动脉粥样硬化性心脏病、脑血管疾病、高脂血症、甲状腺功能减退症、肾病综合征、类脂性肾病、胆汁淤积性黄疸、长期高脂饮食、精神紧张、妊娠期、长期吸烟及饮酒、药物影响（使用糖皮质激素、避孕药、环孢素A、阿司匹林）等，特别对动脉粥样硬化、冠状动脉粥样硬化性心脏病的诊断有重要意义。

（2）降低：见于暴发性肝衰竭、肝硬化、甲状腺功能亢进症、贫血、营养不良、恶性肿瘤、药物影响（使用雌激素、甲状腺激素、钙拮抗剂）等。

（二）血清甘油三酯测定

甘油三酯（TAG）是血中脂类的主要成分，甘油三酯来源于膳食及体内肝脏、脂肪组织和小肠的合成。它直接参与胆固醇及胆固醇酯的合成，是动脉粥样硬化的危险因素之一。

1. 参考值　0.56~1.70mmol/L

2. 临床意义

（1）增高：见于冠状动脉粥样硬化性心脏病、原发性高脂血症、动脉粥样硬化症、肥胖症、糖尿病、肾病综合征、高脂饮食、胆汁淤积性黄疸等。

（2）减低：见于严重的肝脏疾病、吸收不良、甲状腺功能亢进症、低 β- 脂蛋白血症、无 β- 脂蛋白血症等。

（三）血清乳糜微粒测定

乳糜微粒（CM）是体内最大的脂蛋白，乳糜微粒脂质含量高达 98%，蛋白质含量少于 2%，其主要功能是运输外源性甘油三酯。由于乳糜微粒在血液中代谢快，半衰期短，食物消化需要 4~6 小时，故正常空腹 12 小时后血清中不应有乳糜微粒。

1. 参考值　阴性

2. 临床意义　阳性见于 I 型和 V 型高脂蛋白血症。

（四）血清高密度脂蛋白和血清低密度脂蛋白测定

高密度脂蛋白（HDL）的作用主要是运输内源性胆固醇至肝脏处理，可以阻止游离胆固醇在动脉壁和其他组织中积聚，故 HDL 被认为是抗动脉粥样硬化因子。低密度脂蛋白（LDL）是富含胆固醇的脂蛋白，向组织及细胞内运输胆固醇，促进动脉壁形成动脉粥样硬化斑块，故 LDL 为致动脉粥样硬化因子。临床上一般检测 HDL 胆固醇（HDL-C）和 LDL 胆固醇（LDL-C）的含量来反映 HDL 及 LDL 水平。

1. 参考值

（1）高密度脂蛋白胆固醇（HDL-C）：

合适水平：>1.04mmol/L

降低：<1.0mmol/L

（2）低密度脂蛋白胆固醇（LDL-C）：

理想水平：<2.6mmol/L

合适水平：<3.4mmol/L

边缘升高：≥3.4mmol/L 且 <4.1mmol/L

升高水平：≥4.1mmol/L

2. 临床意义

（1）HDL-C 增高：对防止动脉粥样硬化、预防冠状动脉粥样硬化性心脏病的发生有重要作用。HDL-C 增高还可见于绝经前女性、慢性肝炎、原发性胆汁性胆管炎等。

（2）HDL-C 减低：常见于动脉粥样硬化症、糖尿病、肾病综合征、慢性肾衰竭、急性感染、药物影响（使用雄激素、β- 受体阻滞剂和孕酮）等。

（3）LDL-C 增高：促进冠状动脉粥样硬化性心脏病的发生。另外，可见于遗传性高脂蛋白血症、甲状腺功能减退症、肥胖症、肾病综合征、胆汁淤积性黄疸、药物影响（使用雄激素、β- 受体阻滞剂、糖皮质激素）等。

（4）LDL-C 减低：常见于甲状腺功能亢进症、无 β- 脂蛋白血症、吸收不良、肝硬化、长期运动及长期低脂饮食等。

（五）血清脂蛋白（a）测定

脂蛋白（a）[LP（a）]可以携带大量的胆固醇结合于血管壁上，有促进动脉粥样硬化的作用。同时，LP（a）与纤溶酶原有同源性，可以与纤溶酶原竞争结合纤维蛋白位点，从而抑制纤维蛋白水解作用，促进血栓形成。因此，LP（a）是动脉粥样硬化和血栓形成的重要独立危险因子。

1. 参考值　0~300mg/L

2. 临床意义　LP（a）增高：作为动脉粥样硬化的单项预报因子确定是否存在冠心病，还可见于 1 型糖尿病、肾脏疾病等。

（六）血清载脂蛋白 A-Ⅰ 测定

载脂蛋白 A（apoA）是 HDL 的主要结构蛋白，分为 apoAⅠ 和 apoAⅡ，apoAⅠ 可催化卵磷脂 - 胆固醇酰基转移酶，将组织多余的 CE 转至肝脏处理。因此 apoA 具有清除组织中的脂质和抗动脉粥样硬化的作用。apoAⅠ 的意义最明确，且在组织中的浓度最高，因此，apoAⅠ 为临床常用的检测指标。

1. 参考值　男性：（1.42±0.17）g/L

女性：（1.45±0.14）g/L

2. 临床意义

（1）增高：apoAⅠ 可直接反映 HDL 水平，因此，apoAⅠ 与 HDL 一样可以预测和评价冠状动脉粥样硬化性心脏病的危险性，但 apoAⅠ 较 HDL 更精确，更能反映脂蛋白状态。apoAⅠ 水平与冠状动脉粥样硬化性心脏病的发病率呈负相关，因此 apoAⅠ 是诊断冠状动脉粥样硬化性心脏病较灵敏的一项指标。

（2）apoAⅠ 减低：见于家族性 apoAⅠ 缺乏症、家族性 a 脂蛋白缺乏症、急性心肌梗死、糖尿病等。

（七）血清载脂蛋白 B 测定

载脂蛋白 B（apoB）是 LDL 含量最多的蛋白质，apoB 与外周细胞膜上 LDL 受体结合，介导 LDL 进入细胞内，故 apoB 具有调节肝脏内外细胞表面 LDL 受体与血浆 LDL 之间平衡的作用，对肝脏合成极低密度脂蛋白有调节作用。

1. 参考值　男性：（1.01±0.21）g/L

女性：（1.07±0.23）g/L

2. 临床意义

（1）增高：① apoB 可直接反映 LDL 水平，因此，其水平增高与动脉粥样硬化、冠心病的发生率呈正相关，也是冠心病的危险因素，可用于评价冠心病的危险性和降脂治疗效果等，在其预测冠心病的危险性方面优于 LDL 和 CHO；②还可见于高 β- 载脂蛋白血症、糖尿病、甲状腺功能减退症、肾病综合征等。

（2）减低：见于低 β- 脂蛋白血症、无 β- 脂蛋白血症、apoB 缺乏症、恶性肿瘤等。

四、血糖及相关检查

（一）空腹血糖测定

血液中的葡萄糖简称血糖。正常情况下，血糖的浓度受肝脏、胰岛素、内分泌激素和神经因素的调节，使空腹血糖（FBG）保持基本稳定，当上述调节因素发生紊乱时可引起血糖升高或降低。FBG 是诊断糖代谢紊乱的最常用和最重要的指标。

1. 参考值　葡萄糖氧化酶法：3.9～6.1mmol/L

2. 临床意义

（1）FBG 增高：FBG 增高而又未达到诊断糖尿病的标准时，称为空腹血糖受损（IFG）；FBG 增高超过 7.0mmol/L 时称为高糖血症。生理性增高见于餐后 1～2 小时、高糖饮食、剧烈运动、情绪激动等，病理性增高见于各型糖尿病、甲状腺功能亢进症、巨人症、肢端肥大症、肾上腺皮质功能亢进症、嗜铬细胞瘤、妊娠呕吐、全身麻醉、脱水、颅内高压症、颅脑外伤、心肌梗死、肝硬化、胰腺炎、药物影响（使用噻嗪类利尿剂、强的松、避孕药）等，其中以糖尿病最常见。

（2）FBG 降低：FBG 低于 3.9mmol/L 时为血糖减低，当 FBG 低于 2.8mmol/L 时称为低血糖症。生理性减低见于妊娠期、哺乳期、饥饿及长期剧烈运动或体力劳动等。病理性减低见于胰岛细胞瘤或腺癌、胰岛素注射过量、肾上腺皮质功能减退症、暴发性肝衰竭、急性乙醇中毒、药物影响（如降糖药、磺胺药）、消耗性疾病、特发性低血糖等。

（二）糖化血红蛋白测定

糖化血红蛋白（GHb）是在红细胞生存期间，血红蛋白 A（HbA）与己糖（主要是葡萄糖）缓慢、连续的非酶促反应的产物。由于 HbA 所结合的成分不同，又分为 HbA_1a（与磷酰葡萄糖结合）、HbA_1b（与果糖结合）、HbA_1c（与葡萄糖结合），其中 HbA_1c 含量最高，是目前临床最常检测的部分。GHb 的代谢周期与红细胞的寿命基本一致，故 GHb 水平反映了近 2～3 个月的平均血糖水平。

1. 参考值　HbA_1c：4%～6%，HbA_1：5%～8%

2. 临床意义

（1）评价糖尿病控制程度：HbA_1c 是糖尿病长期控制的良好观察指标。$HbA_1c<7\%$ 说明糖尿病控制良好，HbA_1c 增高提示 2～3 个月来糖尿病控制不良，HbA_1c 愈高，血糖水平愈高，病情愈重。

（2）预测血管并发症：长期 HbA_1c 增高，可引起组织缺氧而发生血管并发症。$HbA_1c>10\%$，提示并发症严重，预后较差。

（3）鉴别高血糖：糖尿病高血糖的 HbA_1c 水平增高，而应激性高血糖则正常。

（三）血清胰岛素测定

胰岛素是胰岛 β 细胞分泌的调节血糖浓度的主要激素之一。糖尿病时，由于胰岛 β 细胞功能障碍和胰岛素生物学效应不足，出现血糖增高和胰岛素降低的分离现象。

1. 参考值　空腹胰岛素：10～20MU/L

2. 临床意义

（1）糖尿病：1 型糖尿病空腹胰岛素明显降低，2 型糖尿病空腹胰岛素可正常、稍高或减低。

（2）胰岛 β 细胞瘤：胰岛 β 细胞瘤常出现高胰岛素血症，胰岛素呈高水平，但血糖降低。

（3）其他：肥胖、肝功能受损、肾功能不全血清胰岛素水平增高；腺垂体功能低下、肾上腺皮质功能不全血清胰岛素减低。

（四）血清 C- 肽测定

C- 肽是胰岛素原在蛋白水解酶的作用下分裂而成的与胰岛素等分子的肽类物。其生成不受外源性胰岛素影响，检测 C- 肽也不受胰岛素抗体的干扰，因此，C- 肽可以更好地评价胰岛 β 细胞功能。

1. 参考值

（1）空腹 C- 肽：0.3～1.3mmol/L。

（2）C- 肽释放试验：口服葡萄糖后 0.5～1 小时出现高峰，其峰值为空腹 C- 肽的 5～6 倍。

2. 临床意义

（1）增高：见于胰岛 β 细胞瘤、肝硬化等。

（2）减低：见于糖尿病、外源性高胰岛素血症等。

（3）C- 肽释放试验：口服葡萄糖后 1 小时血清 C- 肽水平降低，提示胰岛 β 细胞储备功能不足。释放曲线低平提示 1 型糖尿病；释放延迟或呈低水平见于 2 型糖尿病。

（五）口服葡萄糖耐量试验（OGTT）

正常人口服或注射一定量的葡萄糖后血糖会暂时升高，促使胰岛素分泌增加，使血糖在较短的时间内降至空腹水平，此为糖耐量现象。当糖代谢紊乱时，口服一定量的葡萄糖后血糖急剧升高或升高不明显，但短时间内不能降到空腹水平（或原来水平），此为糖耐量异常或降低。这一指标较血糖测定对诊断糖代谢异常更为敏感。采用葡萄糖75g溶于200～300ml温开水中嘱患者一次饮完，分别检测空腹血糖和口服葡萄糖后0.5小时、1小时、2小时及3小时的血糖和尿糖。

1. 参考值　空腹血糖3.9～6.1mmol/L；口服葡萄糖后0.5～1小时，血糖达高峰（一般在7.8～9.0mmol/L），峰值<11.1mmol/L；2小时血糖<7.8 mmol/L；3小时血糖降至空腹水平。各检测时间点尿糖均为阴性。

2. 临床意义

（1）诊断糖尿病：临床上有以下条件者，即可诊断糖尿病。①具有糖尿病症状，空腹血糖>7.0mmol/L。②OGTT，餐后2小时血糖≥11.1mmol/L。③具有临床症状，随机血糖≥11.1mmol/L，且伴有尿糖阳性者。临床症状不典型者，需要另一天重复检测。

（2）判断糖耐量减低（IGT）：空腹血糖<7.0mmol/L，2小时血糖为7.8～11.1mmol/L，且血糖到达高峰时间延长至1小时后，血糖恢复正常的时间延长至2～3小时以后，同时伴有尿糖阳性者为IGT。IGT长期随诊观察，大约1/3能恢复正常，1/3仍为IGT，1/3最终转为糖尿病。IGT常见于2型糖尿病、肢端肥大症、甲状腺功能亢进症等。

（3）鉴别低血糖：①功能性低血糖患者，空腹血糖正常，口服葡萄糖后出现高峰时间及峰值均正常，但2～3小时后出现低血糖，见于特发性低血糖症。②肝源性低血糖者，空腹血糖低于正常，口服葡萄糖后血糖高峰提前并高于正常，但2h血糖仍处于高水平，且尿糖阳性。常见于广泛肝损伤、病毒性肝炎等。

五、内分泌激素检查

（一）血清甲状腺激素测定

甲状腺激素包括甲状腺素（T_4）和三碘甲状腺原氨酸（T_3）。T_4以与蛋白质结合的结合型甲状腺素和游离的游离型甲状腺素（FT_4）的形式存在，结合型T_4和FT_4之和为总T_4（TT_4）。T_4在肝脏和肾脏中经过脱碘后转变为T_3，结合型T_3和游离型T_3（FT_3）之和为总T_3（TT_3）。只有FT_4和FT_3才能进入细胞内发挥生理作用，故FT_4和FT_3比TT_4和TT_3更敏感。甲状腺激素合成受下丘脑、垂体及血液中甲状腺激素浓度的调节。

1. 参考值　　TT_4：65～155nmol/L

　　　　　　　FT_4：10.3～25.7pmol/L

　　　　　　　TT_3：1.6～3.0nmol/L

　　　　　　　FT_3：6.0～11.4pmol/L

2. 临床意义

（1）TT_4增高：见于甲状腺功能亢进症（甲亢）、先天性甲状腺素结合球蛋白增多症、原发性胆汁性胆管炎、甲状腺激素不敏感综合征、妊娠，以及口服避孕药或雌激素等。另外，也可见于严重感染、心功能不全、肝脏疾病、肾脏疾病等。

（2）TT_4减低：见于甲状腺功能减退症（甲减）、缺碘性甲状腺肿、慢性淋巴细胞性甲状腺炎、低甲状腺素结合球蛋白血症等、甲亢的治疗过程中、糖尿病酮症酸中毒、恶性肿瘤、心力衰竭等。

（3）FT_4增高：对诊断甲亢的灵敏度明显优于TT_4。另外还可见于甲亢危象、多结节性甲状腺肿等。

（4）FT_4减低：主要见于甲减，应用抗甲状腺药物、糖皮质激素、苯妥英钠、多巴胺等、肾病综合征等。

（5）TT_3增高：是诊断甲亢最灵敏的指标，其升高早于临床典型症状及TT_4，可作为甲亢复发的先兆指标。同时监测 TT_3、TT_4 可作为评价甲亢治疗效果的依据。

（6）TT_3 减低：甲减时 TT_3 减低不明显，有时甚至轻度增高。其减低可见于肢端肥大症、肝硬化及肾病综合征等。

（7）FT_3 增高：诊断甲亢非常灵敏，T_3 型甲亢时明显升高，毒性弥漫性甲状腺肿（Graves 病）的患者早期 FT_4 处于临界值，而 FT_3 已明显增高。

（8）FT_3 减低：见于低 T_3 综合征、慢性淋巴细胞性甲状腺炎晚期、应用糖皮质激素等。

（二）血清反三碘甲状腺原氨酸测定

反三碘甲状腺原氨酸（rT_3）由 T_4 在外周组织脱碘而生成。生理情况下，rT_3 含量极少，其活性仅为 T_4 的 10%，作为机体的一种调节机制，rT_3 的量随 T_4 量的变化而变化，故也是反映甲状腺功能的一个指标。

1. 参考值 0.2～0.8nmol/L。

2. 临床意义

（1）增高：主要见于甲状腺功能亢进症，亦可见于心肌梗死、肝硬化、糖尿病、脑血管病、心力衰竭、药物影响（使用普萘洛尔、地塞米松）等。甲状腺功能亢进症，诊断符合率为 100%，且比 T_3、T_4 灵敏。

（2）降低：主要见于甲状腺功能减退症，亦可见于慢性淋巴细胞性甲状腺炎（提示发生甲状腺功能减退）、药物影响（使用抗甲状腺药物、地塞米松、普萘洛尔）等。

（三）血清甲状旁腺素测定

甲状旁腺素（PTH）是甲状旁腺主细胞分泌的一种肽类激素，其主要的靶器官有肾脏、骨骼、肠道。PTH 的主要生理作用是拮抗降钙素、动员骨钙释放、加快磷酸盐的排泄和维生素 D 活化等。

1. 参考值 1～10pmol/L

2. 临床意义

（1）增高：是诊断甲状旁腺功能亢进症的主要依据。也可见于肺癌、肾癌等。

（2）减低：主要见于甲状腺或甲状旁腺手术后、特发性甲状旁腺功能减退症等。

（四）血清皮质醇测定

皮质醇主要为肾上腺皮质束状带细胞分泌。由于皮质醇的分泌有昼夜节律性变化，一般检测上午 8 时和午夜 2 时的血清皮质醇浓度表示其峰浓度和谷浓度。血清皮质醇测定是筛检肾上腺皮质功能异常的首选指标。

1. 参考值 上午 8 时，140～630nmol/L；午夜 2 时，55～165nmol/L；昼夜皮质醇浓度比值＞2。

2. 临床意义

（1）增高：常见于肾上腺皮质功能亢进症、双侧肾上腺皮质增生或肿瘤等。此外，慢性肝病、妊娠时也可增高。

（2）减低：主要见于肾上腺皮质功能减退症、腺垂体功能减退症等。

（五）血浆睾酮测定

睾酮是男性最重要的雄激素，脱氢异雄酮和雄烯二酮是女性的主要雄激素。血浆睾酮可反映睾丸的分泌功能，睾酮分泌具有昼夜节律性变化，上午 8 时为分泌高峰。因此，测定上午 8 时的睾酮浓度对评价男性睾丸分泌功能具有重要价值。

1. 参考值

（1）男性：

　　青春期（后期）：100～200ng/L

　　成人：300～1 000ng/L

（2）女性：

  青春期（后期）：100～200ng/L

  成人：200～800ng/L

  绝经后：80～350ng/L

2. 临床意义

（1）增高：主要见于睾丸间质细胞瘤、男性性早熟、先天性肾上腺皮质增生、肾上腺皮质功能亢进症等。

（2）减低：主要见于原发性小睾丸症、睾丸不发育症，也可见于睾丸炎症、肿瘤、外伤等。

（六）血浆孕酮测定

孕酮由黄体和卵巢所分泌。卵巢大量分泌孕酮是在排卵后的黄体期，又称黄体酮。孕酮的生理作用是使经雌激素作用的已处于增殖期的子宫内膜继续发育增殖、增厚肥大、松软和分泌黏液，为受精卵着床做准备，这对维持正常月经周期及正常妊娠有重要作用。

1. 参考值

时间	早期	晚期
卵泡期	$(0.7\pm0.1)\mu g/L$	$(0.4\pm0.1)\mu g/L$
排卵期	$(1.6\pm0.2)\mu g/L$	$(1.6\pm0.2)\mu g/L$
黄体期	$(11.6\pm1.5)\mu g/L$	$(5.7\pm1.1)\mu g/L$

2. 临床意义

（1）增高：主要见于葡萄胎、妊娠期高血压疾病、原发性高血压、卵巢肿瘤等。

（2）减低：主要见于黄体功能不全、多囊卵巢综合征、胎儿发育迟缓、死胎等。

（七）血黄体生成素测定

黄体生成素（LH）是垂体前叶分泌的一种糖蛋白激素。LH 在月经中期（黄体生成素高峰期）促成排卵；LH 在男性主要刺激睾丸间质细胞产生睾酮，又协同垂体促性腺激素促进精子的成熟。与垂体促性腺激素同时测定，有助研究下丘脑 - 垂体 - 性腺轴的功能状态。

1. 参考值

男性	女性	
5～25IU/L	卵泡期	2～15IU/L
	排卵期	30～100IU/L
	黄体期	4～10IU/L
	绝经期	20～80IU/L

2. 临床意义 ①可以估计排卵时间及了解排卵情况，有助于不孕症的治疗及避孕作用机制的研究。②当黄体生成素与促卵泡激素的比值大于 3，提示多囊卵巢综合征。③闭经患者如果黄体生成素水平低于正常，提示闭经原因在垂体及其以上的部位，可做垂体兴奋试验（注射黄体生成激素释放激素，比较注射前后血中黄体生成素的含量，如注射后 15～45 分钟，黄体生成素值较注射前增高 3 倍或以上时，表示垂体功能正常，病变在其上部；如注射前后黄体生成素值变化不大，可再重复一次试验，结果仍相同，可认为闭经的原因在垂体本身）。

（八）血生长激素测定

生长激素（GH）是由腺垂体分泌的一种多肽激素。GH 释放受下丘脑的生长激素释放激素和生长激素释放抑制激素的控制。由于 GH 分泌具有脉冲式节律，每 1～4 小时出现 1 次脉冲峰，睡眠后 GH 分泌增高，约在熟睡后 1 小时后达高峰。因而宜在午夜采血测定 GH，且单项测定意义有限，应同时进行动态检测。

1. 参考值 儿童：<20μg/L

     男性：<2μg/L

     女性：<10μg/L

2. 临床意义

（1）增高：最常见于垂体肿瘤所致的巨人症或肢端肥大症，也可见于外科手术后、低血糖症、糖尿病等。

（2）减低：主要见于垂体性侏儒症、垂体功能减退症等。此外高血糖、皮质醇增多症也可使 GH 减低。

（九）血抗利尿激素测定

抗利尿激素（ADH）或称为血管升压素（VP）是下丘脑的视上核神经元产生的一种肽类激素，其主要生理作用是促进肾远曲小管和集合管对水的重吸收，即具有抗利尿作用，从而调节有效血容量、渗透压及血压。

1. 参考值　1.4～5.6pmol/L

2. 临床意义

（1）增高：常见于抗利尿激素分泌异常综合征、肾性尿崩症、脱水等。

（2）减低：常见于中枢性尿崩症、肾病综合征、输入大量等渗液体等。

（十）血促肾上腺皮质激素测定

促肾上腺皮质激素（ACTH）是腺垂体分泌的一种多肽激素。ACTH 的分泌受促肾上腺皮质激素释放激素（CRH）的调节，并受血清皮质醇浓度的反馈调节。另外，ACTH 分泌有昼夜节律性变化，上午 6～8 时为分泌高峰，午夜 22～24 时为分泌低谷。

1. 参考值　上午 8 时：25～100ng/L

午夜 2 时：10～80ng/L

2. 临床意义

（1）增高：常见于原发性肾上腺皮质功能减退症、先天性肾上腺皮质增生、异源性 ACTH 综合征等。此外，测定 ACTH 还可作为异源性 ACTH 综合征的疗效观察、预后判断及转归的指标。

（2）减低：常见于腺垂体功能减退症、原发性肾上腺皮质功能亢进症等。

六、心肌酶和心肌蛋白检查

（一）心肌酶检测

1. 血清乳酸脱氢酶测定　乳酸脱氢酶（LDH）是一种糖酵解酶，广泛存在于机体的各种组织中，其中以心肌、骨骼肌和肾脏含量最丰富，其次为肝脏、脾脏、肿瘤组织。当以上组织受损时 LDH 即可入血。

（1）参考值（速率法）：120～250U/L

（2）临床意义：LDH 活性升高常见于急性心肌梗死、骨骼肌损伤、恶性肿瘤、急性肝炎、肝硬化、胆汁淤积性黄疸、贫血等。对急性心肌梗死诊断价值较大。

2. 血清乳酸脱氢酶同工酶测定　LDH 是由 H 亚基和 M 亚基组成的四聚体，根据亚基组合不同形成 5 种同工酶：即 LDH_1、LDH_2、LDH_3、LDH_4、LDH_5。其中 LDH_1、LDH_2 主要来自心肌，LDH_3 来自肺、脾组织，LDH_4、LDH_5 主要来自肝脏，其次为骨骼肌。由于 LDH 同工酶的组织分布特点，其检测具有病变组织定位作用，且其意义较 LDH 更大。

（1）参考值：LDH_1　（32.7±4.60）%

LDH_2　（45.10±3.53）%

LDH_3　（18.50±2.96）%

LDH_4　（2.90±0.89）%

LDH_5　（0.85±0.55）%

LDH_1/LDH_2　<0.7

（2）临床意义

1）急性心肌梗死（AMI）：心肌梗死后 12～24 小时有 50% 的患者、48 小时有 80% 的患者 LDH_1、LDH_2 明显升高，且 LDH_1 升高更为明显，$LDH_1/LDH_2 > 1.0$。

2）肝脏疾病：肝脏实质性损害（肝细胞损害），如病毒性肝炎、肝硬化、原发性肝癌时，LDH_5 升高，且 $LDH_5 > LDH_4$。此外，恶性肿瘤肝转移时 LDH_4、LDH_5 均增高。

3）肿瘤：生殖细胞恶性肿瘤和肾脏肿瘤以 LDH_1、LDH_2 增高为主，白血病以 LDH_3、LDH_4 增高为主。

4）其他：骨骼肌疾病血清 $LDH_5 > LDH_4$；肌萎缩早期 LDH_5 升高，晚期 LDH_1、LDH_2 也可增高；肺部疾病 LDH_3 可增高。

3. 血清肌酸激酶测定　肌酸激酶（CK），又称肌酸磷酸激酶（CPK），主要存在于胞质和线粒体中，以骨骼肌、心肌含量最多，其次是脑组织和平滑肌。当心肌、骨骼肌或脑组织损伤时，大量 CK 释放入血，使血液中该酶活性增高。

（1）参考值（速率法）：男性 50～310U/L，女性 40～200U/L。

（2）临床意义：CK 增高常见于 AMI、心肌炎和肌肉疾病（多发性肌炎、进行性肌营养不良、重症肌无力等），对急性心肌梗死诊断价值较大。

4. 血清肌酸激酶同工酶测定　CK 是由 2 个亚单位组成的二聚体，形成 3 个不同的亚型：①CK-BB（CK_1）主要存在于脑、前列腺、肺、肠等组织中。②CK-MB（CK_2），主要存在于心肌中。③CK-MM（CK_3），主要存在于骨骼肌和心肌中，又分为 MM_1、MM_2、MM_3 亚型，MM_3 是 CK-MM 在骨骼肌细胞中的主要存在形式。正常人血清中以 CK-MM 为主，CK-MB 较少，CK-BB 含量甚微。检测 CK 的不同亚型对鉴别 CK 增高的原因有重要意义。

（1）参考值：　CK-MM　94%～96%

　　　　　　　　CK-MB　<5%

　　　　　　　　CK-BB　极少或无

（2）临床意义：

1）CK-MB 增高：①AMI，CK-MB 对 AMI 早期诊断的灵敏度明显高于总 CK，其阳性检出率达 100%，且具有高度的特异性，CK-MB 一般在发病后 3～8 小时增高，9～30 小时达高峰，48～72 小时恢复到正常水平。②其他心肌损害，如病毒性心肌炎、风湿性心肌炎。③骨骼肌疾病，如肌营养不良、肌萎缩等。

2）CK-MM 增高：见于 AMI、重症肌无力、肌萎缩等。CK-MM 亚型对诊断早期急性心肌梗死较为敏感。$CK\text{-}MM_3/CK\text{-}MM_1$ 一般为 0.15～0.35，其比值大于 0.5，即可诊断为急性心肌梗死。

3）CK-BB 增高：见于脑梗死、脑出血、脑膜炎、恶性肿瘤等。

（二）心肌蛋白检测

心肌蛋白对于急性心肌梗死、心绞痛、心肌损伤等的诊断均有较高的特异性和灵敏度，是诊断心肌损伤或坏死的确定性标志物。

1. 心肌肌钙蛋白 T 测定　心肌肌钙蛋白（cTn）是肌肉收缩的调节蛋白。心肌肌钙蛋白 T（cTnT）有快骨骼肌型、慢骨骼肌型和心肌型。当心肌细胞损伤时，cTnT 便释放到血液中。

（1）参考值：0.02～0.13μg/L；>0.2μg/L 为临界值；>0.5μg/L 可以诊断 AMI。

（2）临床意义：一般认为>0.2μg/L 为临界值，升高见于：①急性心肌梗死（AMI）：cTnT 是诊断 AMI 的确定性标志物，>0.5μg/L 可以确诊。②不稳定性心绞痛（UAP）：UAP 患者常发生微小心肌损伤（MMD），此种心肌损伤只有检测 cTnT 才能确诊。③其他原因造成的心肌损伤：病毒性心肌炎、风湿性心肌炎、肾衰竭患者反复血液透析引起的心肌损伤等。

2. 心肌肌钙蛋白 I 测定　心肌肌钙蛋白 I（cTnI）可抑制肌动蛋白中 ATP 酶活性，使肌肉松弛,防止肌纤维收缩。当心肌损伤或坏死时,cTnI 即可释放入血液中,其浓度变化可以反映心肌细胞损伤坏死的程度,有人认为 cTnI 是急性心肌梗死的特异性标志物。

（1）参考值:<0.2μg/L

（2）临床意义:一般认为>1.5μg/L 为临界值,升高的临床意义基本同 cTnT。

七、其他血清酶检查

（一）血清胆碱酯酶测定

胆碱酯酶（ChE）包括乙酰胆碱酯酶（AChE）和假性胆碱酯酶（PChE）。前者存在于中枢神经系统的灰质、交感神经节、肾上腺髓质、血小板和红细胞中,后者由肝细胞合成。测定 ChE 主要用于诊断有机磷中毒和肝脏疾病。

1. 参考值　AChE: 80 000~120 000U/L

PChE: 30 000~80 000U/L

ChE 活性: 0.80~1.00（80%~100%）

2. 临床意义

（1）ChE 活性降低:见于有机磷中毒（显著降低有特异性诊断价值）、慢性肝炎、肝硬化、肝癌（减低的程度与肝细胞损伤程度成正比）、恶性肿瘤、营养不良、恶性贫血、药物影响（口服雌激素或避孕药）等。

（2）ChE 活性增高:见于肾病综合征、甲状腺功能亢进症、肥胖症等。

（二）血清淀粉酶测定

血清淀粉酶（AMS）是一种水解淀粉、糊精和糖原的水解酶,血清中的淀粉酶主要来自胰腺和腮腺。来自胰腺的为淀粉酶 P（P-AMS）,来自腮腺的为淀粉酶同工酶 S（S-AMS）,其他组织如心脏、肝脏、肺脏等也含有少量 AMS。某些因素使胰腺、腮腺细胞受损时,AMS 即释放入血。

1. 参考值　血液　　　　　尿液

35~135U/L　　　　　24 小时<1 000U/L

2. 临床意义

（1）AMS 活性增高:①胰腺疾病,见于急性胰腺炎、胰腺癌、慢性胰腺炎急性发作、胰腺囊肿、胰腺管阻塞等,以急性胰腺炎最为常见;②非胰腺疾病,见于腮腺炎、消化性溃疡穿孔、上腹部手术后、机械性肠梗阻、胆管梗阻、急性胆囊炎、酒精中毒等。腮腺炎时其增高的 AMS 主要为 S-AMS,S-AMS/P-AMS>3,借此可与急性胰腺炎鉴别。

（2）AMS 活性减低:常见于慢性胰腺炎、胰腺癌等。

（三）血清脂肪酶测定

脂肪酶（LPS）是一种能水解长链脂肪酸甘油酯的酶,主要由胰腺分泌,胃和小肠也能产生少量的 LPS。该酶经肾小球滤过,并被肾小管全部回吸收,所以尿液中无 LPS。

1. 参考值　比色法　　　　　滴度法

<79U/L　　　　　<1 500U/L

2. 临床意义

（1）LPS 活性增高:①胰腺疾病,见于急性胰腺炎、慢性胰腺炎等。对诊断急性胰腺炎的意义较大,起病后4~8 小时开始升高,24 小时达高峰,可持续 10~15 天,并且 LPS 增高与 AMS 平行。②非胰腺疾病,见于消化性溃疡穿孔、肠梗阻、急性胆囊炎等。

（2）LPS 活性减低:见于胰腺癌或胰腺结石所致的胰腺导管阻塞、胰腺囊性纤维化等。

第八节　临床常用病原学检查

一、标 本 采 集

（一）采集方法

1. 血液　一般在发热初期和高峰期采集，尽量在用药前采血，多选择肘静脉，根据不同检验需要，一般采集 2～10ml，采血后床边接种或置于盛有抗凝剂的无菌瓶中尽快送检。

2. 尿液　采样前均应用肥皂水或碘伏清洗外阴及尿道口，收集中段尿 10～20ml 于无菌容器中送检，对于厌氧菌的培养应采用膀胱穿刺法收集送检。排尿困难者可导尿，弃去开始的 15ml 尿液再留取尿标本。

3. 痰液　患者用清水漱口数次，然后用力自气管深部咳出痰液约 10ml 左右，吐入无菌器皿内，及时送检。

4. 鼻、咽拭子　鼻、咽拭子用无菌的棉拭子于鼻腔和口咽部采取分泌物，也可用鼻咽灌洗液作为检测标本，标本应立即接种培养基。

5. 粪便　取含脓、血或黏液的粪便（约 5g）置于清洁容器中送检，排便困难者或婴儿可用直肠拭子采集，标本置于有保存液的试管内送检。根据细菌种类不同选用合适的运送培养液以提高阳性检出率。对于传染性腹泻患者需 3 次送检粪便进行细菌培养。

6. 化脓性感染灶　首先用无菌生理盐水清洗脓液及病灶的杂菌，用棉拭子采取脓液及病灶深部分泌物或活组织放入无菌试管内送检。对于损伤范围较大的创伤，应从不同部位采集多份标本。封闭性脓肿，则以无菌干燥注射器穿刺抽取。疑为厌氧菌感染者，取脓液后立即排净注射器内空气，针头插入无菌橡皮塞送检。

7. 脑脊液与其他无菌体液　引起脑膜炎的病原体多为脑膜炎球菌、肺炎链球菌、流感嗜血杆菌等，其抵抗力弱，不耐冷、容易死亡，故采集的标本应立即保温送检或床边接种。胸腔积液、腹腔积液和心包积液等因标本含菌量少宜采集至少 5～10ml 标本送检；对感染患者腹膜透析液标本，因其杆菌量非常低，至少需采集 50ml。

8. 眼、耳部标本　用拭子采样，眼也可在局部麻醉后取角膜刮屑，外耳道疖和中耳道炎患者用拭子采样，鼓膜穿刺亦可用于新生儿和老年人。

（二）注意事项

1. 所有标本的采集和运送应在无菌操作、防止污染的原则下进行。

2. 标本采集后应尽快送实验室检测。

3. 所有标本均应被视为传染品，对具有高度危险性的标本，如 HBV、HIV 感染患者标本等，要有明显标识，急症或危重患者标本要特别注明。标本用后均要做消毒处理，盛标本的器皿要消毒处理或销毁、焚烧。

二、常见细菌病原学检查

（一）抗链球菌溶血素"O"试验

溶血素"O"是 A 群溶血性链球菌产生的一种能溶解红细胞的毒素，它刺激机体产生的抗体称为抗链球菌溶血素"O"（ASO），简称抗 O。因此测定抗体效价有助于链球菌感染的诊断。

1. 参考值 胶乳凝集（LAT）法：阴性

2. 临床意义 ASO 滴度大于 1：400 为阳性，提示近期内有 A 群溶血性链球菌感染。多见于上呼吸道感染、皮肤及软组织感染、风湿热、急性肾炎等。

（二）流行性脑脊髓膜炎抗体测定

流行性脑脊髓膜炎是由脑膜炎奈瑟菌感染所致，体内感染脑膜炎球菌时，可刺激机体产生相应抗体。

1. 参考值 抗体测定：ELISA 法 阴性

2. 临床意义 阳性提示脑膜炎奈瑟菌感染。见于流行性脑脊髓膜炎。

（三）肥达（WR）反应

伤寒和副伤寒的菌体抗原"O"和鞭毛抗原"H"可刺激人体产生相应的抗体，肥达反应就是利用伤寒和副伤寒沙门菌菌液为抗原，检测人体血清中有无"O"和"H"抗体的一种凝集试验。

1. 参考值 直接凝集法：伤寒 H 抗体低于 1：160，伤寒 O 抗体低于 1：80；副伤寒 H 抗体和副伤寒 O 抗体均低于 1：80。

2. 临床意义 单份血清抗体效价 O 抗体>1：80 及 H 抗体>1：160 提示伤寒、副伤寒，H 抗体升高而 O 抗体正常提示曾有过伤寒预防接种史或伤寒病史，O 抗体升高而 H 抗体正常提示伤寒、副伤寒感染早期或与伤寒沙门菌 O 抗原有交叉反应的其他沙门菌感染。

（四）结核分枝杆菌抗体和 DNA 测定

感染结核分枝杆菌后可发生肺结核或其他肺外结核，检测体内结核分枝杆菌特异性抗体和结核分枝杆菌的 DNA 有助于结核病的诊断。

1. 参考值 TB-Ab: ELISA 法 阴性

TB-DNA: PCR 法 阴性

2. 临床意义 抗体阳性表示有结核分枝杆菌感染；DNA 检测特异性更强，灵敏度更高。

三、常见病毒病原学检查

（一）乙型肝炎病毒标志物检查

乙型肝炎病毒（HBV）主要经血液或血制品、破损皮肤、性交、母婴胎盘传播。HBV 感染人体后，机体可形成三种抗原抗体系统，即乙型肝炎表面抗原（HBsAg）- 抗体（抗 -HBs）系统、乙型肝炎 e 抗原（HBeAg）- 抗体（抗 -HBe）系统、乙型肝炎核心抗原（HBcAg）- 抗体（抗 -HBc）系统。HBcAg 一般情况下不易检测到游离状态，所以临床常检测除 HBcAg 外的 5 种乙型肝炎病毒标志物，俗称"两对半"试验。

1. 参考值 ELISA 法、RIA 法：HBsAg、抗 -HBs、HBeAg、抗 -HBe、HBcAg、抗 -HBc 阴性

2. 临床意义 HBsAg 本身不具传染性，但因常与乙型肝炎病毒（HBV）同时存在，故作为传染性标志之一，HBsAg 阳性见于急性乙型肝炎潜伏期、HBsAg 携带者，急性乙型肝炎发病后 3 个月不转为阴性则易发展为慢性乙型肝炎或肝硬化。抗 -HBs 是保护性抗体，可阻止乙型肝炎病毒感染。抗 -HBs 阳性，一般表示曾感染过 HBV（目前 HBV 已被消除）、注射过乙型肝炎疫苗或抗 -HBs 免疫球蛋白者。HBeAg 阳性，表明乙型肝炎处于活动期，提示 HBV 在体内复制，传染性较强，HBeAg 持续阳性，表明肝细胞损害较重，且易转为慢性乙型肝炎或肝硬化，HBeAg 转为阴性，表示病毒停止复制。抗 -HBe 阳性，表示大部分乙型肝炎病毒被消除，复制减少，传染性较小，急性乙型肝炎呈阳性易进展为慢性乙型肝炎，慢性活动性肝炎呈阳性可进展为肝硬化。HBeAg 与抗 -HBe 均阳性，且伴 ALT 升高，可进展为原发性肝癌。HBcAg

一般情况下在血清中不易检测到游离态，HBcAg 阳性，表示血清中 HBV 较多，复制活跃，传染性强，预后较差。抗 -HBc 包括 IgG、IgM、IgA 三型，对机体无保护作用，其阳性状态可持续数十年甚至终身，抗 -HBcIgM 既是乙型肝炎近期感染指标，也是 HBV 在体内持续复制的标志，提示该血液有传染性，抗 -HBcIgG 是 HBV 既往感染的指标，常用于乙型肝炎流行病学调查。

（1）乙肝"大三阳"：HBsAg、HBeAg、抗 -HBc 三项同时阳性俗称"大三阳"，提示 HBV 正在大量复制，有较强的传染性。见于急性乙型肝炎进展期、慢性活动性肝炎。

（2）乙肝"小三阳"：HBsAg、抗 -HBe、抗 -HBc 三项同时阳性俗称"小三阳"，提示 HBV 复制减少，传染性已降低。见于急性乙型肝炎恢复期、慢性乙型肝炎好转期。

（二）流行性感冒病毒（流感病毒）培养与抗原检测

流感病毒是流行性感冒的病原体，培养出流感病毒或检测到其抗原可证实流感病毒感染。

1. 参考值　细胞培养或鸡胚培养：阴性

　　　　　　免疫荧光抗原检测：阴性

2. 临床意义　阳性提示流感病毒的感染。

（三）柯萨奇病毒抗体和 RNA 检测

柯萨奇病毒为小 RNA 病毒，基因为单链 RNA，可以经呼吸道和消化道感染人体。

1. 参考值　柯萨奇病毒抗体：ELISA 或 IFA 法　阴性

　　　　　　柯萨奇病毒 RNA：PCR 法　阴性

2. 临床意义　抗体阳性提示目前处于感染期，RNA 阳性意义更大。

四、常见性传播疾病病原学检查

（一）梅毒血清学检查

梅毒螺旋体侵入人体后，在血清中可出现特异性及非特异性抗体。

1. 参考值

（1）非特异性抗体的定性试验：快速血浆反应素试验（RPR）、不加热血清反应素试验（USR）、性病研究实验室试验（VDRL）阴性。

（2）特异性抗体的确诊试验：梅毒螺旋体血凝试验（TPHA）、荧光螺旋体抗体吸收试验（FTA-ABS）阴性。

2. 临床意义　定性试验是筛选试验，在其阳性的情况下，再做确诊试验，确诊试验阳性可确诊梅毒。

（二）艾滋病血清学检查

艾滋病（AIDS）血清学检查包括人获得性免疫缺陷病毒抗体（抗 -HIV）测定和人获得性免疫缺陷病毒 RNA（HIV-RNA）测定。

1. 参考值

（1）筛选试验：ELISA 法、快速蛋白印迹法（RWB）　抗 -HIV　阴性。

（2）确诊试验：蛋白印迹试验（WB）、RT-PCR 法　HIV-RNA　阴性。

2. 临床意义　先做筛选试验，在其阳性的情况下，再做确诊试验，确诊试验阳性，特别是 RT-PCR 法 HIV-RNA 阳性，可早期确诊 AIDS。

（三）淋病奈瑟菌病原体检测及 DNA 测定

淋病是由淋病奈瑟菌引起的泌尿生殖系统的急性或慢性化脓性感染，是发病率最高的性传播疾病。淋病奈瑟菌常位于中性粒细胞内。

1. 参考值　涂片检查：阴性
　　　　　　培养法：阴性
　　　　　　DNA 测定：PCR 法　阴性

2. 临床意义　上述检查阳性提示淋病奈瑟菌感染。男性急性淋病直接涂片检查到多形核白细胞内革兰阴性双球菌即可诊断，其阳性率可达 95%；女性淋病及症状轻或无症状的男性淋病，均以作培养检查为宜。培养法为诊断淋病的金标准，PCR 可做确诊试验，但该法易出现假阳性。

第九节　临床常用免疫学检查

一、标 本 采 集

临床常用免疫学检查需采集空腹静脉血，一般需要血标本 2～3ml。采集时应注意：①避免标本污染、防止溶血，尤其是血清补体测定时，抽血的注射器应干燥，采血要迅速，避免将血沫推入血管内而发生溶血。②采集标本后，应立即送检，尤其是补体测定，因血液离体后补体很快失活，当日不能送检的标本应在 −20℃下冻存。

二、血清免疫球蛋白与补体检查

（一）免疫球蛋白

免疫球蛋白（Ig）是一组具有抗体活性的球蛋白，由浆细胞合成与分泌，分布于血液、体液及部分细胞的表面。免疫球蛋白分为 IgG、IgA、IgM、IgD 和 IgE 五类。

1. 参考值　RID 法：IgG 7.6～16.6g/L
　　　　　　　　　　IgA 0.7～3.5g/L
　　　　　　　　　　IgM 0.5～2.6g/L
　　　　　ELISA 法：IgD 0.6～2.0g/L
　　　　　　　　　　IgE 0.1～0.9mg/L

2. 临床意义

（1）Ig 降低：见于各类先天性和获得性体液免疫缺陷、联合免疫缺陷的患者及长期使用免疫抑制剂者。

（2）Ig 增高：见于①单克隆性增高：表现为五种 Ig 中仅有某一种 Ig 增高而其他 Ig 不增高或可降低，主要见于免疫增殖性疾病，如原发性巨球蛋白血症、多发性骨髓瘤等；②多克隆性增高：表现为 IgG、IgA、IgM 均增高，见于各种慢性感染、慢性肝病、肝癌、淋巴瘤等。

（二）血清总补体及 C_3 测定

补体（C）是一组具有酶活性的糖蛋白，由传统途经的九种成分 C_1～C_9、旁路途径的三种成分及其衍生物等组成。补体参与机体的免疫反应和免疫损伤。

1. 参考值　总补体溶血活性（CH_{50}）　50～100kU/L（试管法）
　　　　　　C_3　0.8～1.5g/L

2. 临床意义

（1）CH_{50} 增高：见于急性炎症、组织损伤、某些恶性肿瘤。

（2）CH_{50} 减低：见于自身免疫性疾病、肾小球肾炎、感染性心内膜炎、病毒性肝炎及慢性肝病、遗传性补体成分缺乏症等。

（3）C_3增高：见于急性炎症、肿瘤、传染病早期、排异反应等。

（4）C_3减低：主要见于急性肾炎（尤其是链球菌感染后肾炎）。

三、T淋巴细胞花结形成试验

T淋巴细胞表面有特异性绵羊红细胞（E）受体，可与绵羊红细胞结合形成花结样细胞（表面黏附3个或3个以上绵羊红细胞的T淋巴细胞即为花结样细胞），此试验称为红细胞玫瑰花结形成试验或E玫瑰花结形成试验。

1. 参考值　形成率（64.4±6.7）%

2. 临床意义

（1）形成率减低：见于恶性肿瘤、某些病毒感染（艾滋病）、大面积烧伤、多发性神经炎等疾病。

（2）形成率增高：见于甲状腺功能亢进症、重症肌无力、慢性甲状腺炎、系统性红斑狼疮、器官移植排斥反应等。

四、自身抗体检查

（一）类风湿因子测定

类风湿因子（RF）是变性IgG刺激机体产生的一种自身抗体。主要存在于类风湿性关节炎患者的血清和关节液内，包括IgG、IgA、IgM、IgD、IgE5种类型。

1. 参考值　胶乳凝集法：阴性（血清稀释度低于1:10）

2. 临床意义　阳性多提示自身免疫性疾病，主要见于类风湿关节炎。系统性硬化病、系统性红斑狼疮、干燥综合征等亦可呈阳性。另外，某些感染性疾病如结核病、传染性单核细胞增多症等也可呈阳性。

（二）抗核抗体测定

抗核抗体（ANA）是指以自身细胞核成分为抗原产生的一类自身抗体。

1. 参考值　间接荧光抗体法（IFA法）：阴性

2. 临床意义　血清滴度大于1:40为阳性，多提示自身免疫性疾病，主要见于未经治疗的系统性红斑狼疮，也可见于药物引起的狼疮性疾病、混合性结缔组织病、全身性硬皮病、皮肌炎、类风湿性关节炎、桥本甲状腺炎等。

（三）抗甲状腺球蛋白抗体测定

甲状腺球蛋白（TG）是由甲状腺滤泡细胞合成的一种糖蛋白，抗甲状腺球蛋白抗体（ATG-Ab）是针对甲状腺球蛋白产生的一种抗体。

1. 参考值　RIA法：阴性

2. 临床意义　阳性主要见于慢性淋巴细胞甲状腺炎、甲状腺功能亢进症。甲状腺癌、重症肌无力、风湿性血管病、糖尿病等亦可呈阳性。

（四）抗甲状腺微粒体抗体测定

抗甲状腺微粒体抗体（ATM-Ab）是针对甲状腺微粒体抗原产生的一种抗体。

1. 参考值　RIA法：阴性

2. 临床意义　阳性主要见于桥本甲状腺炎、甲状腺功能减低症。甲状腺肿瘤、单纯性甲状腺肿、亚急性甲状腺炎等也可出现阳性。少数正常人可呈阳性。需要指出的是抗TG与抗TM应同时检测，以提高检出的阳性率。

五、肿瘤标记物检查

（一）甲胎蛋白测定

甲胎蛋白（AFP）是胎儿肝细胞合成的一种糖蛋白。出生后，血清中 AFP 很快消失。当肝细胞或生殖腺胚胎组织发生恶变时，可产生大量 AFP。

1. 参考值　RIA、ELISA 法　<25μg/L。

2. 临床意义　升高主要见于原发性肝癌。亦可见于病毒性肝炎、肝硬化、睾丸癌、卵巢癌、畸胎瘤、胃癌、胰腺癌、孕妇等。

（二）癌胚抗原测定

癌胚抗原（CEA）是一种富含多糖的蛋白复合物。胎儿早期的消化管及某些组织可有合成癌胚抗原的能力，但怀孕六个月以后含量逐渐减少，出生后含量极低。消化道及某些组织恶变后可产生较多的癌胚抗原。

1. 参考值　ELISA 法和 RIA 法：<15μg/L。

2. 临床意义　增高主要见于胰腺癌、结肠癌、乳腺癌等，多超过 60μg/L。

（三）糖类抗原 125 测定

糖类抗原 125（CAl25，又称癌抗原 125）是一种糖蛋白相关性肿瘤抗原，存在于卵巢肿瘤的上皮细胞内。上皮性卵巢癌和子宫内膜癌时，可产生较多的癌抗原 125。

1. 参考值　<3.5 万 U/L。

2. 临床意义　增高主要见于卵巢癌（血清 CAl25 明显升高，是观察治疗效果和判断复发较为灵敏的指标），亦可见于宫颈癌、乳腺癌、胰腺癌、胆道癌、肝癌、胃癌、结肠癌、肺癌、良性卵巢瘤、肝硬化失代偿期等。

（四）前列腺特异抗原测定

前列腺特异抗原（PSA）是一种由前列腺分泌的单链糖蛋白，它存在于前列腺管道的上皮细胞中，在前列腺癌时可见 PSA 血清水平升高。血清总 PSA（T-PSA）中有 80% 以结合形式存在，称复合 PSA，20% 以游离形式（F-PSA）存在。其比值对诊断更有特异和准确性。

1. 参考值　RIA 法和 CLIA 法：T-PSA ＜ 4.0　F-PSA<0.8，F/T ＞ 0.25

2. 临床意义　增高见于前列腺癌，是观察治疗效果和判断转移、复发的指标，还可见于良性前列腺腺瘤、前列腺肥大症、急性前列腺炎等。

（五）前列腺酸性磷酸酶测定

前列腺酸性磷酸酶（PAP）是一种前列腺外分泌物中能水解磷酸酯的糖蛋白。

1. 参考值　RIA 法和 CLIA 法：≤2.0μg/L

2. 临床意义　增高见于前列腺癌，血清 PAP 升高程度与癌瘤发展基本呈平行关系，可提示癌症复发、转移与预后，还可见于前列腺肥大症、前列腺炎等。

（六）神经元特异性烯醇化酶测定

在糖酵解过程中，烯醇化酶催化甘油分解。它由三个亚基组成，并形成 5 种同工酶。亚基的同工酶存在于神经元和神经内分泌组织，称为神经元特异性烯醇化酶（NSE），它与神经内分泌起源的肿瘤有关。

1. 参考值　RIA 法或 ELISA 法：≤15μg/L

2. 临床意义　增高见于小细胞肺癌、神经母细胞瘤。

附　分子生物学检验技术临床应用简介

20 世纪生命科学飞跃发展，以基因结构、基因功能研究为基础的分子生物学技术，已深入到医学研究各领域，在神经分子生物学、肿瘤分子生物学、基因治疗等医学领域做出了引人注目的成绩。常用的分子生物学基本技术有：分光光度技术、电泳技术、色谱技术、核酸操作技术等，其中聚合酶链反应和 DNA 序列分析是两种生物学检验常用技术。

（一）聚合酶链反应

聚合酶链反应（polymerase chain reaction，PCR）是 20 世纪 80 年代中期发展起来的体外核酸扩增技术。自 1983 年美国 PE-Cetus 公司人类遗传研究室的 Mullis 等发明了该技术至今，已从最初的手工操作完成了自动化操作。它具有特异、敏感、产率高、快速、简便、重复性好、易自动化等突出优点。应用 PCR 技术可以使特定的基因或 DNA 片段在短短的 2~3 小时内体外扩增数十万至百万倍。扩增的片段可以直接通过电泳观察，也可用于进一步的分析。这一技术极大地推动了分子生物学及其包括临床医学在内的相关学科的发展。

1. 基本原理

聚合酶链反应的过程是在同一试管内利用 DNA 聚合酶催化的反应反复进行同一段 DNA 片段的合成。聚合酶反应的模板是待检测核酸分子（DNA 可直接用于反应，而 RNA 则需要用反转录酶反转录成为 cDNA，然后用作聚合酶反应的模板）。反应的引物有两条，分别位于待扩增 DNA 片段的两端，可启动相对方向的 DNA 合成。这样从一个模板分子起始的话，经过 n 次聚合酶反应就可以合成 2n 个模板分子。加入进行 30 轮反应，对于一段 500 碱基对的 DNA 片段来说，这大约等于 1ng 的 DNA。所以很小的样品即能扩增出电泳后肉眼可见的产物。

2. 步骤简介

（1）高温变性：双链 DNA 模板在热作用下（一般在 95℃）使氢链断裂，双链解离，形成单链 DNA 这一过程称之为变性。变性后的单链可以重新结合，形成双链，其他性质也同时复原。

（2）低温退火：当温度突然降至 25~65℃，使引物与其互补的单链 DNA 模板在局部形成杂交链。这也是 DNA 复制的起点。

（3）中温延伸：引物与模板结合后，在 DNA 多聚酶的作用下，从引物的 5′ 端向 3′ 端延伸，合成与模板互补的 DNA 链。

每一循环经过变性，退火和延伸，DNA 含量即增加 1 倍。

3. 临床应用

（1）遗传疾病诊断：PCR 被用于诊断某些遗传性疾病，具有成本低、速度快和对样品质量和数量要求不高等特点，如产前羊水检测可用于早期发现某些单基因遗传病，如 α- 地中海贫血、血友病等。

（2）病原体诊断：利用 PCR 可以检测标本（组织、细胞、血液、排泄物等）中的病毒（如 HIV）、细菌（如结核分枝杆菌）、真菌、支原体、螺旋体、寄生虫等病原体，对于病毒（肝炎病毒、乳头瘤状病毒）或某些细菌还可进行分型。

（3）肿瘤诊断：根据各种肿瘤细胞内基因突变的情况设计引物进行聚合酶链反应。PCR 产物经琼脂糖凝胶电泳，根据正常基因顺序设计的引物与肿瘤基因设计的引物电泳结果的差异，即可判断是否为肿瘤。若标本为血液、淋巴结、肿瘤邻近组织亦可有助于确定是否有肿瘤转移。由于 PCR 高度敏感，只需少量肿瘤细胞就可获得阳性结果，因此用 PCR 诊断比一般的方法要灵敏得多，利于早期诊断与治疗。

（4）法医学鉴定：PCR 目前已成为发现罪证的重要方法，例如 0.1μl 的唾液痕迹所含的 DNA 就可以通过 PCR 扩增而获得足够量的 DNA 进行测序，鉴定该唾液是否来自犯罪嫌疑人，从而为法庭提供确切的证据。

（二）DNA 序列测定

早在 20 世纪 50 年代，人们就建立了以片段重叠和逐个确定氨基酸残基为基础的蛋白质序列测定方法。20世纪70年代后期，Sanger等提出了双脱氧终止法。此后，DNA测序（DNA sequencing）工作通过不断的改进和创新，使DNA结构研究取得了重大进展。目前方法有双脱氧终止法、化学修饰法、自动测序法等方法，应用最多的是双脱氧终止法。

双脱氧终止法是Sanger 1977年建立的用于测定DNA序列的快速、简便、准确的方法。它具有放射性核素用量小、接触时间短、节省样品、操作简便等优点，尤其是应用M_{13}载体系统和PUC载体系统以后，更加扩大了它的应用范围，极大地推动了DNA一级结构的研究。

1. 基本原理

操作程序是按DNA复制和RNA反转录的原理设计的，利用DNA聚合酶的酶促特点，以单链为模板合成DNA的互补链，利用$2'$、$3'$双脱氧核苷三磷酸做底物，使之连接在DNA链的$3'$段，终止链的延长。其原理是：核酸模板在核酸聚合物、引物、四种单脱氧碱基存在的条件下复制或转录时，如果在四管反应系统中分别按比例引入四种双脱氧碱基，只要双脱氧碱基掺入链端，该链就停止延长，链端掺入单脱氧碱基的片段可继续延长。如此，每管反应体系中便合成以共同引物为$5'$端、以双脱氧碱基为$3'$端的一系列长度不等的核酸片段。

2. 模板及引物

（1）M_{13}系统的单链模板：Sanger双脱氧终止法测定DNA序列，早期常采用噬菌体M_{13}为载体制备单链模板DNA。M_{13}是ssDNA噬菌体，进入菌体后复制为双链繁殖，以单链形式逸出菌体后，再度感染新的宿主菌。若以DNA重组技术将待测DNA插入双链M_{13}DNA中，经培养扩增，在上清液中即可提取到含单链待测模板的M_{13}重组DNA。

（2）PUC系统的双链模板：20世纪80年代中期DNA序列测定出现了待测dsDNA片段克隆到PUC系统的载体上，直接用闭合环状dsDNA经碱变性处理后按双脱氧终止法测定克隆的DNA序列的方法。测定时，由载体克隆位点两端序列设计的通用引物，特异性地与碱变性解开的待测单链结合，即可通过双脱氧复制反应确定其碱基序列。

3. 电泳

复制反应完毕后，把4组反应产物分别加到超薄聚丙烯酰胺-素凝胶相邻的泳道中进行电泳分离。长度相差一个核苷酸的不同大小的DNA片段即可形成泳动距离有差别的电泳条带。

4. 结构分析

电泳完毕，干燥后的凝胶与X线片夹紧密封曝光，经显影、定影后，X线片即可显示待测DNA序列的直读图谱。

由于临床上进行各种突变分析的最终目的是获得突变信息，即确定具体的突变类型，因而不管先通过何种方法进行突变筛查，最终都会落实到DNA测序上。DNA测序技术的目的是用于测定未知序列、确定重组DNA的方向与结构、对突变进行定位和鉴定，以及进行比较研究，因能直接反映出DNA序列的变化，对于遗传疾病和肿瘤的诊断、器官移植和法医学鉴定具有重要的意义。

（三）基因芯片技术

生物芯片技术是一种崭新的生物学研究手段，是物理学、化学、计算机科学、微机械自动化技术和信息科学多学科的技术与生物学研究目的相结合的产物。生物芯片技术的发展不仅为寻找新基因、研究基因功能和药物筛选等基础研究提供了强大的工具，还为临床诊断、临床用药指导、食品与环境检验、法医学鉴定、生物制剂检测展示了全新的技术平台，给生物医学研究和相关应用领域带来了深刻而广泛的变革。依据芯片功能分为基因芯片（Gene Chip）技术、蛋白质芯片技术和缩微芯片技术。下面介绍基因芯片技术。

基因芯片是生物芯片家族的第一个成员,第一块基因芯片诞生于 20 世纪 90 年代。基因芯片技术是指将大量探针分子固定于支持物上后与标记的样品分子进行杂交,通过检测每个探针分子的杂交信号强度进而获取样品分子的数量和序列信息。可用于核酸序列、基因突变、基因表达差异、基因作图、DNA 指纹的分析等。

1. 基本原理

基因芯片通常是指 DNA 芯片,其基本原理是应用已知核酸序列作为靶基因与互补的探针核苷酸序列杂交,通过随后的信号检测进行定性与定量分析,即是将许多特定的寡核苷酸(是一类只有 20 个以下碱基对的短链核苷酸的总称,包括脱氧核糖核酸 DNA 或核糖核酸 RNA 内的核苷酸)片段或 cDNA(为具有与某 RNA 链呈互补的碱基序列的单链 DNA,即 complementary DNA)基因片段作为靶基因,有规律地排列固定于支持物上,样品 DNA/RNA 通过 PCR 扩增、体外转录等技术掺入荧光标记分子或放射性同位素作为探针,然后按碱基配对原理将两者进行杂交,再通过荧光或同位素检测系统对芯片进行扫描,由计算机系统对每一探针上的信号作出比较和检测,从而得出所需要的信息。

2. 基本步骤

(1)芯片制备:目前制备芯片主要以玻璃片或硅片为载体,采用原位合成和微矩阵的方法将寡核苷酸片段或 cDNA 作为探针按顺序排列在载体上。

(2)样品制备:将样品进行提取、扩增,获取其中的蛋白质或 DNA、RNA,然后用荧光标记,以提高检测的灵敏度和使用者的安全性。

(3)杂交反应:杂交反应是荧光标记的样品与芯片上的探针进行反应产生一系列信息的过程。

(4)信号检测和结果分析:杂交反应后的芯片上各个反应点的荧光位置、荧光强弱经过芯片扫描仪和相关软件可以分析图像,将荧光转换成数据,即可以获得有关生物信息。

3. 临床应用

基因芯片技术无论从方法学上还是医学上都是一种全新的思维,为临床检验提供了一种全新的技术,使一些临床检验工作中难解决的问题成为可能。

(1)遗传性疾病诊断:随着人类基因组计划的完成,许多遗传性疾病的相关基因被相继定位,例如肥胖病、老年痴呆症、精神病、高血压病、地中海贫血等。利用基因定位型基因芯片,通过遗传病家谱研究可以将某一遗传病和基因与一种或多种多态性联系在一起,从而在染色体上的合适位点定位出遗传病相关基因,对研究亲代与子代的遗传重组,创造更精确的第三代遗传图谱有重要的价值。此外,在优生方面也有一定的应用价值,如产前抽取少许羊水就可以检测出胎儿是否患有遗传性疾病(如 β- 地中海贫血)。

(2)感染性疾病诊断与治疗:随着病原微生物基因组计划的进展,使基因诊断病原微生物感染成为可能。基因芯片技术避免了繁琐而费时的病原微生物培养,缩短了病原体检出的时间,为感染性疾病病原体的确定提供了强有力的技术手段。目前在艾滋病、结核病、病毒性肝炎等疾病发病机制、诊断、治疗及用药后的监控方面发挥着重要作用。

(3)肿瘤诊断与治疗:目前利用该技术可以对包括白血病、淋巴瘤、皮肤黑色素瘤及乳腺癌等多种肿瘤疾病的肿瘤细胞亚群进行区分,还可以利用该技术对治疗方案进行评估和新药药效评价。此外,还能对肿瘤的发生、发展和转归的预测提供分子依据。

(4)药物筛选和新药开发:利用芯片技术具有的高通量、大规模、平行性等特点可以进行新药的筛选,尤其对我国传统的中药有效成分进行筛选。目前,国外几乎所有的主要制药公司都不同程度地采用了基因芯片技术来寻找药物靶标,查检药物的毒性或副作用,用芯片技术作大规模的筛选研究可以省略大量的动物试验,缩短药物筛选所用时间,在基因组药学(pharmacogenomics)领域带动新药的研究和开发。

（5）法医学鉴定：国外公司开发的便携式 DNA 芯片检测装置可以接在犯罪现场对可能是犯罪嫌疑人留下来的头发、唾液、血液、精液等进行分析，并立刻与 DNA 罪犯指纹库系统存储的 DNA "指纹" 进行比较，快速、准确地确定犯罪嫌疑人。位于上海的我国司法部司法鉴定科学技术研究所第一个 "罪犯 DNA 数据库" 在 1999 年 9 月 7 日通过了专家鉴定，利用 DNA 破案已成为一种重要的破案手段。另外，基因芯片还可用于进行亲子鉴定。

（**王若溢 布买热木·尔肯**）

扫一扫，测一测

？ 复习思考题

1. 何谓中性粒细胞核象变化？其临床意义是什么？
2. 简述少尿或无尿的临床意义。
3. 简述粪便隐血试验的临床意义。
4. 试述漏出液与渗出液的鉴别。
5. 试述化脓性、结核性及病毒性脑膜炎的鉴别。

第五章 心电图检查

PPT课件

知识导览

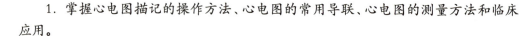

学习目标

1. 掌握心电图描记的操作方法、心电图的常用导联、心电图的测量方法和临床应用。
2. 熟悉正常心电图。
3. 了解心电图产生的原理、常见异常心电图和其他常用心电学检查。

第一节 心电图基本知识

一、心电图的概念

心电图（ECG）是利用心电图机从体表记录心脏每一心动周期产生的电活动变化的曲线图形。

心脏机械收缩之前先产生电激动，而人体组织是一个很好的容积导体，心房和心室的动作电流可被传导至身体各部。如果用两个电极板放置在身体的两个不同部位（通常放置的是体表部位），用导线连接至心电图机，就可描记出心电活动的曲线，即所谓的心电图。

二、心电图的产生原理

（一）心肌细胞的静息电位和极化状态

心肌细胞在静息状态下，细胞膜外排列带正电荷的阳离子，膜内排列相等比例带负电荷的阴离子，这种膜内外电荷稳定的分布状态称为极化状态，此状态下细胞膜内外的电位差称为静息电位（RP）。此时细胞膜表面和内外均无电流活动。

（二）心肌细胞的动作电位和除极与复极

当心肌细胞某部位的细胞膜受到一定程度的刺激（阈刺激）时，该部位细胞膜对离子的通透性发生改变，引起膜内外阴、阳离子流动，使细胞膜内外正、负离子的分布发生逆转，此过程称为心肌细胞的除极和复极过程。心肌细胞在兴奋时所发生的膜电位变化称为动作电位（AP）。以心室肌细胞为例，按发生时间的顺序其除极、复极、电位变化与心电图的关系（图5-1）如下：

0相 即除极期。主要由大量 Na^+ 快速进入细胞内产生 Na^+ 电流所引起。细胞处于收缩早期，相当于心电图的QRS波。

1相 即快速复极初期。此相 Na^+ 内流已失去作用，因瞬时性钾离子通道激活导致 K^+ 快速外流引起。

2相 即缓慢复极期，又称平台期。主要由 Ca^{2+} 内流与 K^+ 外渗引起，二者的电流方向相

184

反，流速相近，使动作电位近乎平线。相当于心电图的 ST 段，1、2 相交界点，相当于心电图的 J 点。

3 相　即快速复极末期。主要由大量的 K^+ 快速外流引起。相当于心电图的 T 波。

4 相　即静息期。复极完毕，细胞处于舒张状态，相当于心电图的 TP 段。

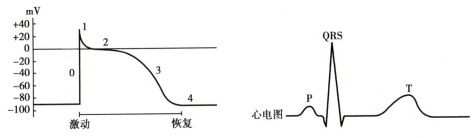

图 5-1　心肌细胞跨膜动作电位与体表心电图关系示意图

（三）心肌细胞的电位变化与心电向量

心肌细胞在除极和复极的过程中形成电偶，而电偶是既有数量大小，又有方向性的物理量，因此称为心电向量。通常用箭头表示其方向，箭杆长度表示其电位强度，箭头为正电位，箭尾为负电位。电偶的方向就是心电向量的方向。

在心电活动周期中，各部心肌除极与复极有一定的顺序，且每一瞬间又有不同部位的心肌细胞产生电活动，可产生许多大小和方向各不相同的心电向量，可用向量综合法归并为瞬间的综合向量。即同一轴上两个心电向量，其方向相同，则将其幅度相加，若方向相反则相减。若两个心电向量的方向存在一定的角度，则可采用平行四边形法计算（图 5-2）。临床在体表采集到的心电变化，是全部参与电活动心肌细胞的电位变化按上述的原理所综合的结果。

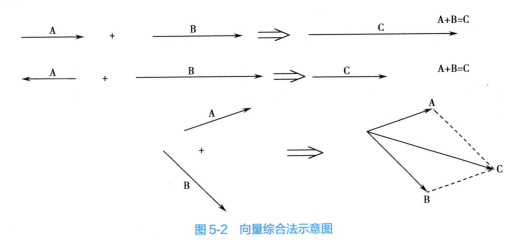

图 5-2　向量综合法示意图

三、心电图的导联

将电极置于体表或其他部位的任何两点，并通过导联线分别与心电图机电流计的正负两极相连，这种记录心电图的电路连接方法称为心电图导联。

（一）常规心电图导联

目前广泛采纳由 Einthoven 创设的国际通用的常规 12 导联体系。

1. 肢体导联　分为标准肢体导联 Ⅰ、Ⅱ、Ⅲ 和加压肢体导联 aVR、aVL、aVF。

（1）标准肢体导联：即连接体表的两极均有电位的改变，所测得的波形反映两个电极间的电位差。标准肢体导联 I、Ⅱ、Ⅲ，其正极分别放置在左上肢、左下肢、左下肢，其负极分别放置在右上肢、右上肢和左上肢（图 5-3）。

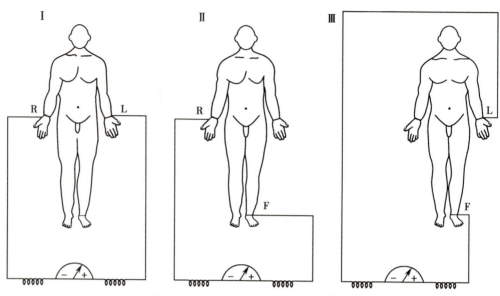

图 5-3   标准肢体导联探查电极的放置

（2）加压单极肢体导联：单极导联是在两个电极中，只使一个电极（被称为探查电极）显示电位，而使另一电极（被称为无关电极，连接于中心电端）的电位等于零，所得的波形反映该探查电极下的电位变化，较能表现心脏局部电活动情况，即为单极导联。将左上肢、右上肢、左下肢的三个电极各通过一个 5 000 欧姆的电阻后连接到一起，形成中心电端，该点的电位在整个心脏激动过程中的每一瞬间始终稳得近乎零。将心电图机的正极分别与右上肢、左上肢、左下肢的探查电极相连，心电图机的负极与中心电端相连，即形成三个单极导联：单极右上肢（VR）导联、单极左上肢（VL）导联和单极左下肢（VF）导联。但此种导联波形振幅较小，临床实践中，将心电图机的正极分别与右上肢、左上肢、左下肢的探查电极相连，而心电图机的负极与改良的中心电端（将中心电端与相应探查电极所在肢体的连线切断）相连，此时波的形状未变，但其振幅（电压）却增加了 50%，即形成三个加压单极肢体导联：加压单极右上肢（aVR）导联、加压单极左上肢（aVL）导联和加压单极左下肢（aVF）导联（图 5-4）。

2. 胸导联（chest leads） 包括 V_1～V_6 导联，即将检测之正电极分别置于胸壁规定部位，另将肢体导联 3 个电极分别通过 5K 电阻与负极连接构成中心电端。常用的六个胸导联探查电极放置的位置是：V_1 导联，胸骨右缘第 4 肋间；V_2 导联，胸骨左缘第 4 肋间；V_3 导联，V_2 和 V_4 连线的中点；V_4 导联，胸骨左缘第 5 肋间与左锁骨中线交界处；V_5 导联，左腋前线与 V_4 水平线交界处；V_6 导联，左腋中线与 V_4 水平线交界处（图 5-5）。

（二）其他心电图导联

常规 12 导联心电图检查基本能满足心电图诊断的需要，但在特殊情况下，还需要选用其他心电图导联。临床诊断后壁心肌梗死还常选用 V_7～V_9 导联：V_7 位于左腋后线与 V_4 水平线交界处；V_8 位于左肩胛骨线与 V_4 水平线交界处；V_9 位于左脊柱旁线与 V_4 水平线交界处。小儿心电图或诊断右心室肥大、右心室心肌梗死及右位心等需选用 V_{3R}～V_{6R}，其电极放置于右胸部与 V_3～V_6 对称处。

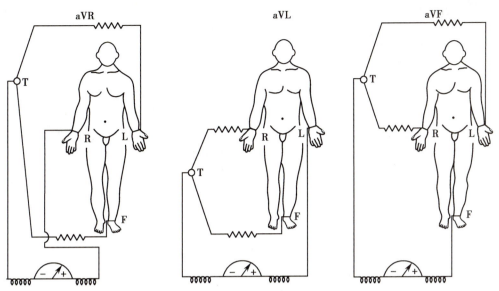

图 5-4 单极加压肢体导联探查电极的放置

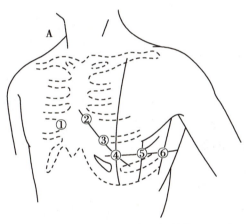

图 5-5 胸导联探查电极的放置

四、心电向量环与心电图的形成

心脏从除极开始到结束,在不同的方向上产生许多瞬间综合心电向量。随时间的推移,许多瞬间综合心电向量按其发生顺序串连起来,则形成空间圆形轨迹,叫空间心电向量环。每个心动周期包括 3 个空间心电向量环:心房肌除极的 P 环,心室除极的 QRS 环及心室复极的 T 环。但空间向量环是一个立体环,不可能在一张纸上记录,通常研究的是平面心向量图,即心电向量图,是空间向量环于平行光线照射下,在某一平面上取得的投影。P、QRS、T 三个主要的立体心电向量环可以通过投影的方式在额面、膈面及侧面上获得三个相应的平面向量环,即立体心电向量环的第一次投影。如果要获得临床的心电图波形,平面向量环还必须向导联轴进行第二次投影,额面向量环只能向肢体导联的六轴系统投影,而膈面的向量环只能向心前区导联轴系统投影。这第二次投影的结果就是经心电图机记录的心电图波形(图 5-6)。投影在导联轴的正侧得向上波,投影在导联轴的负侧得向下波。

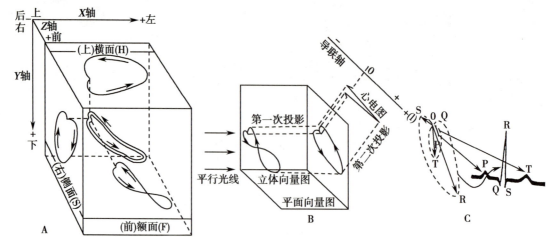

图 5-6　空间心电向量环与心电图的关系示意图

A. 空间心电向量环在 3 个平面上的投影　B. 空间心电向量环两次投影后形成的心电图波形

C. 3 个向量环分别形成的心电图波形

五、心电图描记的操作方法

1. 环境要求　室内保持温暖，以避免因寒冷而引起的肌电干扰。心电图机旁不要摆放其他电器，以免引起干扰。

2. 准备工作　①检查前确保心电图机性能正常；②使用交流电源的心电图机必须接可靠的地线；③对初次接受心电图检查者，必须事先做好解释工作，消除紧张心理；④除急症外，一般情况下要求受检者平静休息 5 分钟后接受检查，避免饱餐或吸烟后检查；⑤嘱受检者解开上衣，取仰卧位，四肢放松，平稳呼吸。

3. 皮肤处理　①若放置电极部位的皮肤污垢或毛发过多，则应预先清洁皮肤或剃毛。可用乙醇擦净皮肤上的油脂，以消除皮肤阻力，减少伪差；②在人体放置电极处涂抹导电液体。

4. 电极放置　按常规心电图连接方式放置电极，连接导联。①肢体导联电极：红色（R）端电极接右上肢；黄色（L）端电极接左上肢；绿色（F）端电极接左下肢；黑色端电极接右下肢。此连接形成了 Ⅰ、Ⅱ、Ⅲ、aVR、aVL、aVF 导联方式。②胸导联：导线末端接电极处有不同颜色以区别各导联。颜色排列依次为红（V_1）、黄（V_2）、绿（V_3）、褐（V_4）、黑（V_5）、紫（V_6），分别代表 C_1、C_2、C_3、C_4、C_5、C_6 导联。$C_1 \sim C_6$ 通常代表 $V_1 \sim V_6$ 导联，亦可代表任意胸前导联，关键取决于其电极安放的位置。

5. 描记心电图　①接通电源及地线（使用蓄电池或充电电源时，可不用地线）。如有交流电干扰，可按下抗交流电干扰键（HUM），尽量避免使用该键或同时使用去肌颤滤波（EMG），因可使心电图波幅下降 15% 以上，导致心电图波形失真。②常规记录走纸速度一般选择 25mm/s，标准灵敏度 1mV=10mm。记录过程中，若发现某些导联心电图电压太高或太低，可通过调整灵敏度来记录合格的心电图。③常规记录 12 导联心电图，若怀疑右位心或急性心肌梗死等病变应加做相应导联。④用手动方式记录心电图时，每次切换导联后，必须等到基线稳定后再启动记录纸，一般每导联描记 3～5 个心动周期，每人次大约记录 1 分钟。⑤有心律失常时可按需要延长记录时间，一般选 Ⅱ、V_1 导联。⑥记录过程中遇基线不稳及干扰时，应检查导联线与心电图机的连接或电极是否松脱。⑦描记结束后，关闭电源开关。⑧在描记好的心电图纸上注明受检者的姓名、性别、年龄及记录时间（年、月、日、小时，甚至分钟）等，同时标记各导联。

知识链接

心电图机的发明

　　荷兰生理学家爱因托芬（Willem Einthoven）致力于心脏研究。一次，莱顿大学附属医院来了一个很危险的心脏病病人，医生们束手无策。大家一致公认这病人的心脏跳动无法测定，因此也无法诊断。这时平常难得说话的爱因托芬在一旁开口了："让我试试看！"说着他拿出自己制造的心跳记录仪连接于病人身上，用电流计来计量心跳，极轻微的跳动也测得非常准确，这一下子轰动了。爱因托芬将经过实践证实的心电图描记仪的发明原理公诸于世后，在1924年荣获了诺贝尔生理学或医学奖。

六、心电图的临床应用

　　1. 对各种心律失常的诊断具有肯定价值。

　　2. 对了解有无心肌缺血，尤其对心肌梗死的定性、定位、时期的判断具有极为重要的价值。

　　3. 提示心房、心室肥大的情况，有助于各类心脏疾病（如高血压性心脏病、风湿性心脏病、肺源性心脏病）的诊断。

　　4. 客观评价某些药物对心脏的影响及对心律失常治疗的效果，为临床用药的决策提供依据。

　　5. 对其他疾病和电解质紊乱（如心包炎、血钙和血钾的过低或过高等）的诊断提供辅助依据。

　　6. 对各种急危重症患者的抢救、治疗及手术麻醉等的监护作用。

第二节　正常心电图

一、正常心电图图形组成及其生理意义

（一）正常心电图图形组成

　　正常心电图图形主要由 P 波、PR 间期、QRS 波群、ST 段、T 波、QT 间期及 U 波组成（图 5-7）。

（二）正常心电图各波段、间期的命名及其生理意义

　　1. P 波　心房除极的过程，反映了左右两心房除极时的电位变化和时间。

　　2. PR 间期　从 P 波的起点至 QRS 波群的起点，反映心房开始除极至心室除极前的电位变化与时间。

　　3. QRS 波群　心室除极的全过程，反映了左右两心室除极时的电位变化和时间。QRS 波群因探查电极的位置不同而呈多种形态，其命名统一如下：第一个出现的正向波称为 R 波；R 波之前的负向波称为 Q 波；R 波之后的负向波称为 S 波；S 波之后的正向波为 R′ 波；R′ 波后再出现的负向波称 S′ 波；如果 QRS 波均呈负向波称 QS 波。各波幅度的大小用英文大小写字母表示，即大写表示较大的波，小写表示较小的波。同一导联中，若波幅小于最高波幅的 1/2，记为小写（图 5-8）。

　　4. ST 段　从 QRS 波群的终点至 T 波的起点，反映了心室早期缓慢复极的电位变化与时间（一般呈一等电位线）。

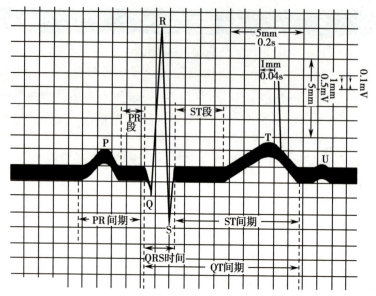

图 5-7　正常心电图各波段、间期示意图

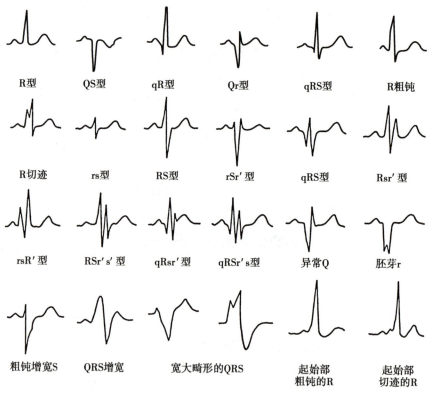

图 5-8　QRS 波群命名

5. T 波　反映了心室晚期快速复极的电位变化与时间，T 波的方向常与 QRS 波群的主波方向一致。

6. QT 间期　从 QRS 波群的起点至 T 波的终点，反映了心室除极和复极过程所需要的总时间。

7. U 波　心动周期中最后一个小波，其方向一般与 T 波方向一致，反映了心室的后继电位。

二、心电图的测量

心电图直接描记在特殊的记录纸上（图 5-9）。心电图记录纸由边长为 1mm×1mm 的小方格组成。一般情况下，走纸速度为 25mm/s，则每两条纵线之间的距离（1mm）代表 0.04 秒（40 毫秒）；当标准电压 1mV=10mm 时，两条横线之间（1mm）的距离代表 0.1mV。

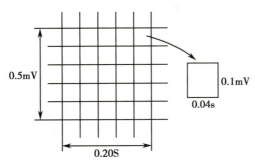

图 5-9 心电图记录纸示意图

（一）各波段的测量

1. 各波段振幅的测量 正向波应从基线上缘垂直测量至波的顶端；负向波应自基线下缘垂直测量至波的底端（图 5-10）。

2. 各波段时间的测量 测量各波时间应从波形起点的内缘测至波形终点的内缘。正向波在等电位线下缘测量，负向波在等电位线上缘测量。R 峰时间，过去称室壁激动时间，为从 QRS 波群起点到 R 波顶峰垂直线的水平距离，如有 R′ 波，应测量至 R′ 峰，如 R 波有切迹，则应测量至切迹第二峰（图 5-10）。

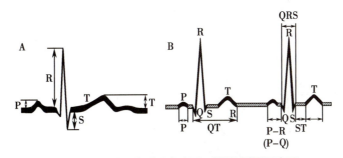

图 5-10 心电图各波段振幅及时距的测量示意图

A. 各波段振幅的测量 B. 各波段时间的测量

3. ST 段的测量 ST 段是指 J 点（QRS 波群终末部与 ST 段起始部的交点）到 T 波起点之间的距离。测量时取 QRS 波的起点为对照点。当 ST 段移位时，应取 J 点后 0.06 秒或 0.08 秒处测量。ST 段上抬时，应测量上抬的 ST 段上缘至 J 点对照基线上缘的垂直距离；ST 段下移时，应测量下移的 ST 段下缘至 J 点对照基线下缘的垂直距离（图 5-11）。

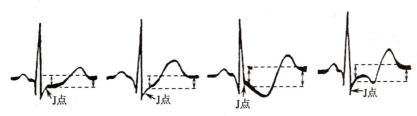

图 5-11 ST 段移位测量示意图

（二）心率的测量

1. 规整心律的测量法　测量一个 RR 间期或 PP 间期的秒数，然后被 60 除即可求出。如测得 RR 间距为 0.8 秒，则心率为 60/0.8=75 次 /min。

2. 不规整心律的测量法　连续计数 6 秒内的心脏搏动次数，乘以 10 作为每分钟的心率。

此外，还可采用查表法或使用专门的心率尺直接读出相应的心率数。

（三）心电轴的测量

心电轴一般指平均 QRS 电轴，是整个心室除极过程中全部瞬间 QRS 向量综合所指的方向。正常人心电轴在额面上的投影指向左下方，范围在 −30°～+90°。一般采用心电轴与导联 I 正侧段所成的角度表示心电轴的偏移程度。除测定 QRS 波群电轴外，还可用同样方法测定 P 波和 T 波电轴。

	I 导联	II 导联	III（aVF）导联
电轴偏左			
电轴正常			
电轴偏右			

图 5-12　心电轴目测法示意图

1. 测量方法

（1）目测法：根据 I、III 导联或 aVF 导联 QRS 波群主波方向来估测心电轴（图 5-12）。

（2）三角测量法：分别将 I、III 导联或 aVF 导联 QRS 波振幅的代数和（向上波为正值，向下波为负值）标记在相应导联部位，并各作垂直线，其相交点与电偶中心点相连即为心电轴，该轴和 I 导联轴正侧的夹角即为心电轴的角度（图 5-13）。

（3）查表法：将 I、III 导联或 aVF 导联 QRS 波振幅的代数和值直接查相应的表求得心电轴的角度。

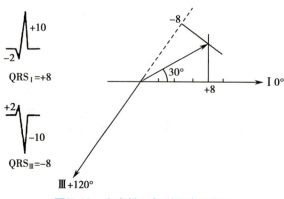

图 5-13　心电轴三角测量法示意图

2. 临床意义　正常心电轴的范围在 0°～+90°。①电轴轻度左偏：心电轴位于 0°～−30°，可见于正常人、横位心（肥胖、妊娠、腹腔积液等）。②电轴左偏：心电轴位于 −30°～−90°，见于横位心（肥胖、妊娠、大量腹腔积液等）、左前分支阻滞和左心室肥大等。③电轴轻度右偏：心电轴位于 +90°～+110°，见于正常垂位心、右心室肥厚等。④电轴右偏：心电轴>+110°，见于左后分支阻滞、右心室肥大和先天性心脏病等。

（四）心脏循长轴转位

从心尖向心底部方向观察，设想心脏可循其本身长轴作顺钟向或逆钟向转位。可通过心前区导联中过渡区波形（指 V_3 或 V_4 导联的波形其正向波与负向波之比约等于 1）出现的位置来判断（图 5-14）。顺钟向转位是正常在 V_3 或 V_4 导联出现的波形转向左心室方向，即出现在 V_5、V_6 导联上，常见于右心室肥厚；逆钟向转位是正常在 V_3 或 V_4 导联出现的波形转向右心室方向，即

出现在 V_1、V_2 导联上,常见于左心室肥厚。但需指出,心电图上的这种钟向转位只提示心脏电位的转位变化并非都是心脏在解剖上转位的结果。

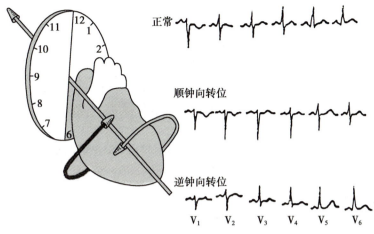

图 5-14　心脏钟向转位示意图

三、心电图各波段的正常范围

(一) P 波

反映心房除极电位变化。P 波前 1/3 代表右房除极电位变化,后 1/3 代表左房除极电位变化,中间 1/3 代表左、右房除极电位变化。

1. 形态　P 波的形态在大部分导联上一般呈钝圆形,有时可有轻度的切迹或双峰,但峰间距小于 0.04 秒。

2. 方向　由于心脏激动起源于窦房结,心房除极的综合向量指向左、前、下,所以 P 波在 Ⅰ、Ⅱ、aVF、V_4~V_6 导联直立,aVR 导联倒置,其余导联可直立、双向、倒置或低平。若 Ⅰ、Ⅱ 导联 P 波倒置,aVR 导联 P 波直立,则称为逆行 P 波,表示激动起源于房室交界区。

3. 时间一般小于 0.12 秒。

4. 振幅　肢导联一般小于 0.25mV,胸导联一般小于 0.2mV。若 V_1 导联 P 波呈双向,应测量其 P 波终末电势(Ptf),即 V_1 导联负向 P 波的时间乘以负向 P 波振幅(图 5-15),正常人 PtfV_1 绝对值应 <0.04mm/s。若 P 波振幅 <0.05mV,称 P 波低平,临床意义不大。

若 P 波时间 ≥0.12 秒,峰间距 ≥0.04 秒,提示左房肥大或心房内传导阻滞。

若 P 波电压在肢体导联 ≥0.20mV,在胸导联 ≥0.25mV,呈高尖状,提示右房肥大。

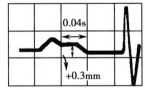

$0.04s \times (+0.3mm) = +0.01mm \cdot s$　　$0.04s \times (-1.0mm) = -0.04mm \cdot s$

图 5-15　Ptf 的测量示意图

(二) PR 间期

P 波起点至 QRS 波群起点的间隔时间,又称房室传导时间。PR 间期与年龄及心率有关,心率在正常范围时,成年人的 PR 间期为 0.12~0.20 秒。在幼儿及心动过速的情况下,PR 间期相应缩短;在老年人及心动过缓的情况下,PR 间期可略延长,但不超过 0.22 秒。若 PR 间期延长,提示Ⅰ度房室传导阻滞。若 PR 间期缩短,提示交界性心律或预激综合征。

(三) QRS 波群

1. 形态与振幅

(1) 肢体导联:Ⅰ、Ⅱ导联的 QRS 波群主波一般向上;aVR 导联 QRS 波群主波一般向下;Ⅲ导联的 QRS 波群主波方向多变。aVR 导联的 QRS 波群主波向下。可呈 QS、rS、rSr′或 Qr型。aVL 与 aVF 导联的 QRS 波群可呈 qR、Rs 或 R 型、rS 型。正常人 aVR 导联的 R 波一般小于 0.5mV,Ⅰ导联的 R 波小于 1.5mV;aVL 导联的 R 波小于 1.2mV;aVF 导联的 R 波小于2.0mV。

(2) 胸导联:自 V_1 至 V_6 的移行规律是 R 波逐渐增高,S 波逐渐变浅。V_1、V_2 导联多呈 rS型,R/S<1;V_5、V_6 导联可呈 qR 型、Rs 型、qRs 型或 R 型,R/S>1;V_3、V_4 导联 R/S≈1。

6 个肢体导联的 QRS 波群振幅(正向波与负向波振幅的绝对值相加)一般不应都小于0.5mV,6 个胸导联的 QRS 波群振幅(正向波与负向波振幅的绝对值相加)一般不应都小于0.8mV,否则称为低电压。

(3) Q 波:正常人除 aVR 导联可呈 Qr 或 QS 外,其余导联出现的 Q 波电压应小于同导联 R波的 1/4,时间一般不超过 0.03 秒。Ⅲ导联 Q 波的宽度可达 0.04 秒。V_1、V_2 导联不应出现 q 波,但可以呈 QS 型。

2. 时间(宽度)　正常人一般不超过 0.11 秒,多数为 0.06~0.10 秒。

3. R 峰时间　过去称室壁激动时间,表示心室壁从内膜开始激动到外膜的时间,可用于判断心室是否肥厚。正常 R 峰时间 V_1、V_2 导联<0.03 秒,V_5、V_6 导联<0.05 秒。R 峰时间延长见于心室肥大,预激综合征及心室内传导阻滞。

(四) J 点

J 点是指 QRS 波群终末部与 ST 段起始部的交点。正常大多在等电位线上。若 ST 段偏移,J 点常随之发生偏移。若心室除极尚未结束而部分心肌已开始复极,可致 J 点上移。若心室除极与心房复极同时进行,可致 J 点下移。

(五) ST 段

ST 段为 QRS 波群终点到 T 波起点的一段时间,正常 ST 段为一等电位线,可有轻微偏移,但在任何导联中,ST 段下移不应超过 0.05mV。ST 抬高在 V_2 和 V_3 导联比较明显,可达 0.2mV 或更高,且男性抬高程度一般大于女性,肢体导联和 V_4~V_6 导联不超过 0.1mV。

若 ST 段下移超过正常范围,主要提示心肌缺血、心肌损害,亦可提示低钾血症、洋地黄作用、心室劳损等。

若 ST 段上移超过正常范围且呈弓背向上型,常提示急性心肌梗死;若 ST 段上移超过正常范围且呈弓背向下型,常提示急性心包炎。另外,变异型心绞痛、室壁瘤亦可致 ST 段上移。

(六) T 波

1. 形态　正常 T 波呈圆钝形,平滑而宽大,一般无切迹,其上升支稍平,下降支较陡。

2. 方向　正常 T 波方向一般应与 QRS 波群的主波方向一致。在Ⅰ、Ⅱ、aVF、V_4~V_6 导联直立,在 aVR 导联倒置,在其他导联可直立、倒置或双向。若 V_1 导联 T 波直立,则 V_2、V_3 导联 T 波不应倒置;若 V_3 导联 T 波倒置,则 V_1、V_2 导联 T 波不应直立。

3. 振幅　正常在以 R 波为主的导联中,T 波振幅应大于同导联 R 的 1/10,T 波振幅小于同导联 R 波的 1/10,称为 T 波低平。胸导联的 T 波较高,可达 1.2~1.5mV,但 V_1 导联 T 波一般不应超过 0.4mV。

若在以 R 波为主的导联中,出现 T 波低平、双向或倒置,提示心肌缺血、心肌损害、低钾血症、洋地黄作用、心室劳损等。

若 T 波轻度升高，一般无临床意义；若 T 波显著升高，提示急性心肌梗死早期、高钾血症等。

（七）QT 间期

QT 间期为 QRS 波群起点至 T 波终点的时间。心率在 60~100 次 / min 时，QT 间期的正常值为 0.32~0.44 秒。QT 间期长短与心率的快慢密切相关，心率越快，QT 间期愈短，反之愈长。常用校正的 QT 间期（QTc）来减少心率对其的影响。通常采用校正 QT 间期（Bazett）公式计算：$QTc=QT/\sqrt{RR}$，其正常上限值为 0.44 秒，超过此时限即为延长。

若 QT 间期延长，提示心肌缺血、心肌损害、心室肥大、心室内传导阻滞、低钾血症、低钙血症及胺碘酮或奎尼丁等药物影响。

若 QT 间期缩短，提示高钙血症、洋地黄作用等。

（八）U 波

U 波出现在 T 波之后 0.02~0.04 秒，多见于胸导联，以 V_2~V_3 导联较明显。方向一般与 T 波一致。U 波振幅的大小与心率快慢有关，心率增快时 U 波振幅降低或消失，心率减慢时 U 波振幅增高。若 U 波明显增高，常见于低钾血症，U 波倒置，常见于高血压和冠心病等。

第三节　常见异常心电图

一、心房与心室肥大

（一）心房肥大

1. 右房肥大　右心房肥大时，右心房除极时间虽然延长但与左心房后除极的时间重叠，两者总的除极时间并未延长，因而主要表现为心房除极波振幅的增高。心电图特征为：①P 波时间正常；②P 波形态高尖；③P 波振幅≥0.25mV，以Ⅱ、Ⅲ、aVF 导联明显。常见于慢性肺源性心脏病、肺动脉高压等疾病，故此型高耸的 P 波又称为"肺性 P 波"（图 5-16）。

2. 左心房肥大　因左房除极在后，当左房肥大时，主要表现为心房除极时间延长。心电图特征为：①P 波增宽，P 波时限≥0.12 秒，常呈双峰，峰间距≥0.04 秒，以Ⅰ、Ⅱ、aVL 导联明显；②V_1 导联 P 波常呈双向，其 $PtfV_1$ 绝对值≥0.04mm/s。常见于风湿性心脏病二尖瓣狭窄，故此型 P 波又称为"二尖瓣型 P 波"（图 5-16）。

3. 双房肥大（biatrial enlargement）　心电图特征为：①P 波振幅≥0.25mV；②P 波时限≥0.12 秒，呈双峰；③V_1 导联 P 波高大双向，上下振幅均超过正常范围。常见于风湿性心脏病、某些先天性心脏病、扩张型心肌病（图 5-16）。

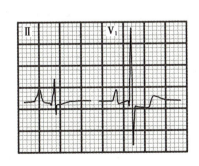
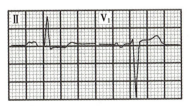
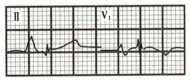

图 5-16　心房肥大

（二）心室肥大

1. **左心室肥大**　因左心室肥厚和扩张，左心室壁的除极面增大，除极时间延长，除极综合心电向量更加偏左。临床常见于高血压病、主动脉瓣关闭不全或狭窄、二尖瓣关闭不全、冠状动脉粥样硬化性心脏病及某些先天性心脏病等。心电图特征为：

（1）QRS 波群电压增高或左心室高电压：① R_{V5} 或 $R_{V6}>2.5mV$，$R_{V5}+S_{V1}>3.5mV$（女性）或 $>4.0mV$（男性）；② $R_{aVL}>1.2mV$，$R_{aVF}>2.0mV$；③ $R_I>1.5mV$，$R_I+S_{III}>2.5mV$。

（2）QRS 波群时间延长：常达 0.10～0.11 秒，但一般 <0.12 秒，$VAT_{V5}>0.05$ 秒。

（3）心电轴：左偏，但一般不超过 $-30°$。

（4）ST-T 改变：反映左心室图形的导联（如 I、aVL、V_5 等）ST 下移 $>0.05mV$，T 波低平、双向或倒置等（图 5-17）。

在心电图诊断中，QRS 波群电压增高是左心室肥大的重要特征。在左心室高电压的基础上，结合其他阳性指标之一，即可诊断左心室肥大。符合条件越多及超过正常范围越大，诊断的可靠性越大。若仅有 QRS 波群电压增高，而无其他任何阳性指标，诊断左心室肥大应慎重，因左心室电压增高也可见于正常儿童及胸壁较薄的青年人，故须结合病史综合考虑。临床上常把心室肥大伴有 ST-T 改变称为心室肥大伴劳损。

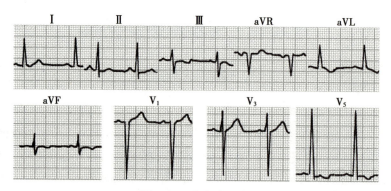

图 5-17　左心室肥大

2. **右心室肥大**　因右心室较左心室明显更薄，轻度右心室肥大时，难以显现异常改变，只有右心室显著肥大时，方显现出异常改变。临床常见于先天性心脏病、肺源性心脏病、二尖瓣狭窄等。心电图特征为：

（1）QRS 波群形态改变及右心室电压增高：① $R_{V1}>1.0mV$，$R_{V1}+SV_5>1.2mV$；② V_1 R/S≥1，V_5 R/S≤1 或 S 波比正常加深；③ $R_{aVR}>0.5mV$ 或 aVR R/S≥1。

（2）QRS 波群时间：正常，$VAT_{V1}>0.03$ 秒。

（3）心电轴：右偏≥ $+90°$（重症时可 $>+110°$）。

（4）ST-T 改变：反映右心室图形的导联（如 avR、V_1、V_2 等）ST 下移 $>0.05mV$，T 波低平、双向或倒置等（图 5-18）。

心电图对右心室肥大的诊断并不敏感，R_{aVR} 电压升高及电轴明显右偏可认为是右心室肥大的较可靠指标，其他心电图改变在诊断上往往仅有参考价值。

3. **双侧心室肥大**　心电图对双心室肥大的诊断相当困难，心脏的左、右心室同时肥大时，肥大的左、右心室产生的向量可相互抵消，使心电图可无特殊改变，或仅反映占优势的一侧心室改变。心电图可表现为以下情况：

（1）"正常"心电图：因双侧心室电压同时增高，互相抵消，心电图表现为"正常"。

（2）单侧心室肥大心电图：当一侧心室肥大超过另一侧时，可表现出该侧心室肥大，而对侧心室肥大的图形被掩盖。

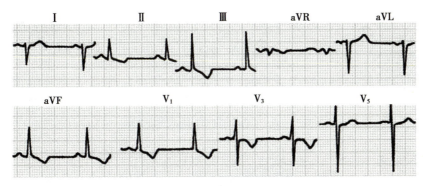

图 5-18　右心室肥大伴劳损

（3）双侧心室肥大心电图：常以一侧心室肥大心电图改变为主，另一侧心室肥大的诊断条件较少。

二、心 肌 缺 血

心肌缺血多由冠状动脉粥样硬化引起，亦可因冠状动脉痉挛造成。当某一部分心肌缺血时，细胞代谢减慢，能量产生不足，从而直接影响心肌的正常除极和复极（以复极影响最大），心电图上主要表现为 T 波与 ST 段的一系列改变。临床上两者可同时存在，亦可单独存在。

（一）心肌缺血的心电图类型

1. 缺血型心电图改变

（1）当心内膜下心肌缺血时，该处心肌复极速度减慢，以致最后复极接近完成时已没有与之相抗衡的反方向向量存在，则形成一个突出的、指向探查电极方向的终末复极向量，在相应导联上常表现为高大直立的 T 波。

（2）当心外膜下心肌缺血（含透壁性心肌缺血）时，该处心肌复极迟迟不能开始，以致心肌复极从心内膜下心肌开始，再向心外膜下心肌扩展，从而使复极方向与正常时相反，表现为相应导联上 T 波倒置，甚至对称倒置或倒置逐渐加深。由于这种对称倒置的 T 波多在冠状动脉供血不足时出现，又称为"冠状 T 波"。

（3）心脏双侧对应部位心内膜下心肌均缺血，或心内膜和心外膜下心肌同时缺血时，心肌上述两种心电向量的改变可综合出现，部分相互抵消，心电图上可表现为 T 波低平或双向等（图 5-19）。

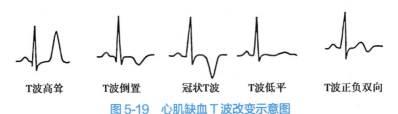

| T波高耸 | T波倒置 | 冠状T波 | T波低平 | T波正负双向 |

图 5-19　心肌缺血 T 波改变示意图

2. 损伤型心电图改变　当心肌持续缺血时，心肌细胞除极速度亦会减慢。表现为除极尚未结束，复极已开始，心电图上可出现 ST 段改变。

（1）ST 段移位：心内膜下心肌缺血时，多表现为 ST 段下移≥0.05mV；而心外膜下心肌缺血时，多表现为 ST 段抬高>0.1～0.3mV。

（2）ST 段形态改变：ST 段的上移和下移常表现为多种形态（图 5-20），其中下移时以水平型下移或下斜型下移（二者常称为缺血型 ST 段降低）对心肌缺血的诊断意义较大；而上移时以弓背向上的单向曲线最有意义。

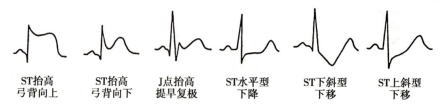

图 5-20 心肌缺血 ST 段改变示意图

（二）临床意义

心肌缺血可分为急性心肌缺血与慢性心肌缺血，两者在临床表现、转归及心电图表现方面均有所不同。

1. 急性心肌缺血 主要指急性冠脉综合征。因冠状动脉痉挛或粥样硬化斑块破裂、血栓形成而导致冠状动脉血流急剧减少，造成心肌急性严重缺血。心电图表现为：

（1）缺血型 T 波改变：主要表现为 T 波高尖。急性冠状动脉供血不足时，心内膜下心肌影响较大，钾离子自细胞内漏出造成局部高钾，因而使 T 波异常高耸。这种改变出现最早，历时极短。

（2）损伤型 ST 段改变：当心肌缺血进一步加重，除可出现缺血型 T 波改变外，还可出现损伤型 ST 改变。① ST 段上移伴缺血性 T 波改变多见于变异型心绞痛；② ST 段上移伴 Q 波出现多见于心肌梗死。

2. 慢性心肌缺血 多见于冠状动脉粥样硬化病变引起管腔相对狭窄造成的心肌缺血，亦见于冠状动脉痉挛或主动脉瓣关闭不全。因长期心肌缺血，心内膜血供差，使心内膜下心肌细胞动作电位幅度减小，导致心内、外膜动作电位减小，心电图表现为 ST 段降低（水平型下移或下斜型下移≥0.05mV）、T 波低平或倒置。

三、心 肌 梗 死

绝大多数心肌梗死是在冠状动脉粥样硬化基础上发生完全性或不完全性闭塞所致，属于冠心病的严重类型。除了出现临床症状及心肌坏死标记物升高外，心电图的特征性衍变是确定心肌梗死诊断和判断病情的重要依据。

（一）基本图形

1. 缺血型改变 冠状动脉急性闭塞后，最早出现的变化是缺血性 T 波改变，但对心肌梗死诊断的特异性较差。心肌梗死缺血型改变与心肌缺血的心电图特征相似。

2. 损伤型改变 若心肌组织缺血状态得不到善，心肌细胞进一步损伤，出现损伤型图形改变。主要为 ST 段改变。心肌梗死急性期心电图特征性改变为 ST 段逐渐抬高并与 T 波融合构成一弓背向上的单向曲线。

3. 坏死型改变 进一步缺血导致细胞变性、坏死。坏死的心肌细胞丧失电活动，而正常健康心肌仍照常除极，致使产生一个与梗死部位相反的综合向量。心电图特征：面向坏死区的导联出现病理性 Q 波（时间≥0.03 秒，振幅≥同导联 R 波 1/4）或呈 QS 波，即坏死型 Q 波。典型的坏死型 Q 波是心肌梗死较可靠的诊断依据。

临床上，若心电图上病理性 Q 波、ST 段抬高及 T 波倒置 3 种改变同时存在，则心肌梗死的诊断基本确立。

（二）心肌梗死的图形演变及分期

急性心肌梗死发生后，心电图的变化随着心肌缺血、损伤、坏死的发展和恢复而呈现一定演变规律。根据心电图图形的演变过程和演变时间可分为超急性期、急性期、亚急性期和陈旧期（图 5-21）。

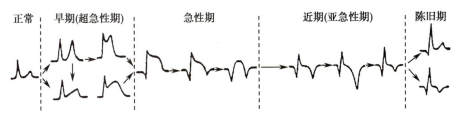

图 5-21 心肌梗死演变过程及分期

1. 超急性期 急性心肌梗死发生数分钟后，首先出现短暂的心内膜下心肌缺血，心电图上产生高大的 T 波，以后迅速出现 ST 段上斜型或弓背向上型抬高，与高耸直立 T 波相连。由于急性损伤性阻滞，可见 QRS 振幅增高，并轻度增宽，但尚未出现异常 Q 波。这些表现仅持续数小时，临床上多因持续时间太短而不易记录到。

2. 急性期 此期开始于梗死后数小时或数日，可持续到数周。心电图特征为：ST 段显呈弓背向上抬高，抬高显著者可形成单向曲线；心肌坏死区导联出现异常 Q 波或 QS 波；T 波逐渐倒置加深。

3. 亚急性期 出现于梗死后数周至数月，此期以坏死及缺血图形为主要特征。抬高的 ST 段恢复至基线，缺血型 T 波由倒置最深开始逐渐变浅，坏死型 Q 波持续存在。

4. 陈旧期 常出现在急性心肌梗死 3~6 个月之后或更久，ST 段和 T 波恢复正常或 T 波持续倒置、低平、趋于恒定不变，残留下坏死的 Q 波。

（三）心肌梗死的定位诊断

一般根据病理性 Q 波或 ST 段移位出现的导联来确定心肌梗死的部位（图 5-22、图 5-23），见表 5-1。

表 5-1 常见心肌梗死的定位诊断

梗死部位	I	II	III	aVR	aVL	aVF	V₁	V₂	V₃	V₄	V₅	V₆	V₇	V₈	V₉
前间壁							+	+	+						
前壁								+	+	±					
前侧壁										±	+	+			
高侧壁	+				+										
广泛前壁	±				±		+	+	+	+	+	±			
后壁													+	+	+
下壁		+	+			+									

注：+ 表示该导联中出现坏死型 Q 波或 ST 段移位，± 表示该导联中可能出现坏死型 Q 波或 ST 段移位

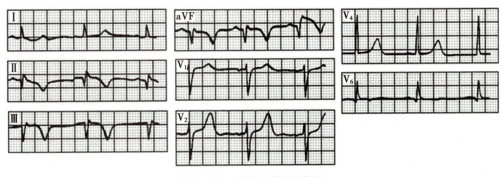

图 5-22 急性下壁心肌梗死

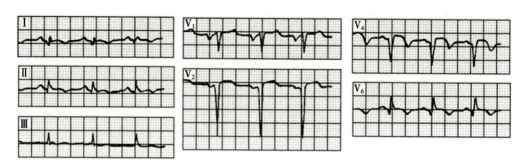

图5-23　急性前壁心肌梗死

四、心律失常

正常人的心脏起搏点位于窦房结,并按正常传导顺序激动心房和心室。当各种原因使心脏激动的起源异常和/或传导异常,称为心律失常。心律失常的种类繁多,临床表现各异,心电图是诊断心律失常最基本、最常用、最准确的方法。

(一)心律失常的分类

根据心律失常的发生机制,可分为:

1. 激动起源异常

(1)窦性心律失常:指窦房结起搏点节律或频率发生异常。如窦性心动过速、窦性心动过缓、窦性心律不齐、窦性停搏等。

(2)异位心律:指起源于窦房结以外的心脏激动或心律。包括:

1)被动性心律:房性心律、交界区逸搏及逸搏心律、窦房结和房室结之间的游走心律、室性逸搏及逸搏心律、室性自主节律。

2)主动性心律:期前收缩(房性、房室交界性和室性)、阵发性心动过速(房性、房室交界性和室性)、扑动和颤动(心房、心室)等。

(3)触发激动引起的心律失常:如洋地黄中毒引起的房性心动过速和交界性心动过速,某些多发性室性心动过速和尖端扭转型室性心动过速也可能由触发激动所致。

2. 激动传导异常

(1)生理性传导异常:干扰与干扰性脱节、时相性差异性传导、时相性传导阻滞等。

(2)病理性传导阻滞:窦房传导阻滞、房内传导阻滞、房室传导阻滞、室内传导阻滞。

(3)传导途径异常:预激综合征。

3. 激动起源和传导双重异常　如并行心律、异位心律伴外出阻滞等。

4. 人工心脏起搏器引起的心律失常　指在安装人工心脏起搏器后出现的各种心律失常。

(二)临床上常见心律失常的心电图特征

1. 窦性心律失常　窦房结为正常心脏的起搏点,凡是由窦房结冲动引起的心律称为窦性心律。成人正常窦性心律的心电图特征为:①窦性P波,即P波在 I、II、aVF、$V_{4\sim6}$ 导联直立,aVR导联倒置;②P-QRS-T规律出现,频率为60~100次/min;③PR间期0.12~0.20秒;④PP间期相差<0.12秒(图5-24)。

(1)窦性心动过速:指成人窦性心律的频率超过100次/min。心电图特征为:①窦性心律;②频率>100次/min;③可有继发性ST段轻度压低及T波低平(图5-25)。

(2)窦性心动过缓:指成人窦性心律的频率低于60次/min。心电图特征为:①窦性心律;②频率<60次/min;③常并存窦性心律不齐,即在同一导联PP间期相差>0.12秒(图5-26)。

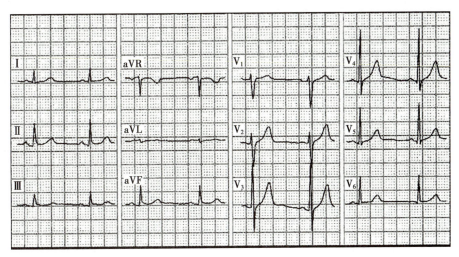

图 5-24　正常心电图

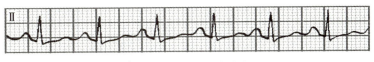

图 5-25　窦性心动过速

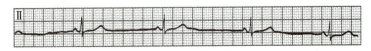

图 5-26　窦性心动过缓

（3）窦性心律不齐：指窦性心律起源未变，但节律不整。常见于健康儿童和青少年、自主神经功能失调、更年期综合征等，也可见于器质性心脏病及洋地黄药物中毒等。心电图特征为：①窦性心律；②在同一导联 PP 间期相差>0.12 秒（图 5-27）。

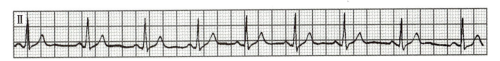

图 5-27　窦性心律不齐

（4）窦性停搏：指在规律的窦性心律中，窦房结在较长时间内不能发出激动，使心房或整个心脏暂停活动。心电图特征为：①在一段时间内无 P 波；②长 PP 间期与窦性 PP 间期无倍数关系；③较长的窦性停搏时，常出现逸搏或逸搏心律（图 5-28）。

图 5-28　窦性停搏

2. 快速型心律失常

（1）期前收缩：指先于正常心动周期出现的心脏搏动，过去称为过早搏动。多由异位起搏点兴奋性增高或形成折返激动，超过窦房结的自律性使心房或心室激动提早出现激动所致，是临床最常见的心律失常。根据异位起搏点的位置可分为房性、交界性及室性三种，其中以室性期前收缩最多见。

期前收缩与其前正常搏动的间距称为联律间期，期前收缩之后的长间歇称为代偿间歇。由于房性异位激动，常易逆传侵入窦房结，使其提前释放激动，引起窦房结节律重新调整，因此房性期前收缩的联律间期与代偿间歇之和小于正常心动周期的 2 倍，称为代偿间歇不完全。而交界性和室性期前收缩，距窦房结较远不易侵入窦房结，故往往表现为代偿间歇完全，即联律间期与代偿间歇之和等于正常心动周期的 2 倍。

期前收缩≤5 个 /min，称为偶发期前收缩；期前收缩≥6 个 /min，称为频发期前收缩。若在正常搏动之后，有规律地间隔发生期前收缩，如每一个或两个正常搏动后出现一次期前收缩，则形成二联律或三联律。当期前收缩连发 2 次，称为连发期前收缩，当连发≥3 次，则称为短阵心动过速。在同一导联上出现形态不一致的期前收缩，且联律间期互不相同，称为多源性期前收缩；若联律间期固定，而形态各异，则称为多形性期前收缩，均表示起搏部位不一。

1）房性期前收缩：异位节律点起源于心房而产生的期前收缩。心电图特征为：①提前出现的异位 P′波，其形态与窦性 P 波略有不同；②P′R 间期>0.12 秒；③其后出现的 QRS 波群多呈室上型；④代偿间歇不完全（图 5-29）。

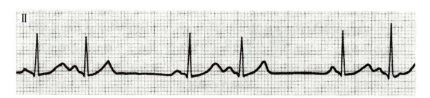

图 5-29　房性期前收缩

2）交界性期前收缩：异位节律点起源于房室交界区而产生的期前收缩。心电图特征为：①提前出现的 QRS 波群多呈室上型；②可出现逆行性 P′波（aVR 导联直立，Ⅰ、Ⅱ、aVF、V_5 导联倒置），或不出现逆行性 P′波（埋入 QRS 波中不易辨别），若逆行性 P′波出现在 QRS 波群之前，则 P′R 间期小于 0.12 秒，若逆行性 P′波位于 QRS 波之后，则 RP′间期<0.20 秒；③代偿间歇多完全（图 5-30）。

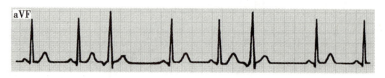

图 5-30　交界性期前收缩

3）室性期前收缩：异位节律点起源于心室而产生的期前收缩。心电图特征为：①提前出现的 QRS-T 波群，其前无 P 波或无相关 P 波；②期前出现的 QRS 波群宽大畸形，时限>0.12 秒；③T 波方向多与 QRS 波群主波方向相反；④代偿间歇完全（图 5-31、图 5-32）。

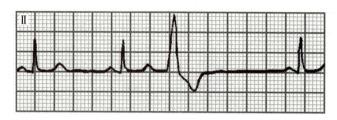

图 5-31　室性期前收缩

（2）阵发性心动过速：是一种发作性的快速异位心律，由 3 个或 3 个以上连续发生的异位激动形成。按激动起源部位分为房性、交界性及室性。其中房性与交界性心动过速因发作时频率过快,P波埋入T波内不易辨认,故统称为室上性心动过速,均为较严重的心律失常。

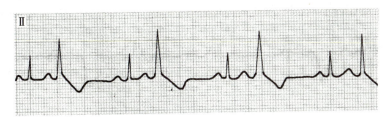

图 5-32　室性期前收缩呈二联律

1)阵发性室上性心动过速:心电图特征为:①以期前收缩形式连续出现的 3 个或 3 个以上快速匀齐的 QRS 波群,形态一般为室上型,如伴束支传导阻滞或有差异传导时,QRS 波群可增宽;②频率在 160～250 次/min,节律规则;③常伴有继发性 ST-T 改变(图 5-33)。

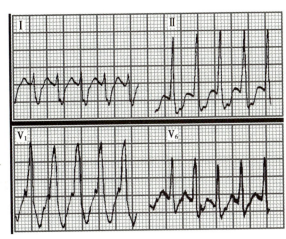

图 5-33　阵发性室上性心动过速

2)阵发性室性心动过速:心电图特征为:①以期前收缩形式连续出现的 3 个或 3 个以上宽大畸形的 QRS 波群,QRS 波群时限常大于 0.12 秒,心律基本匀齐或略有不齐;②频率为 140～220 次/min;③常有继发性 ST-T 改变;④有时可见正常节律的窦性 P 波隐约夹杂其间;⑤可有室性融合波及心室夺获(图 5-34)。

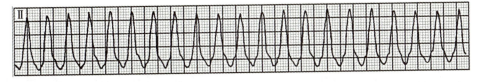

图 5-34　阵发性室性心动过速

3)扭转型室性心动过速:为一种严重的室性心律失常。发作时呈室性心动过速特征,其增宽变形的 QRS 波群围绕基线不断扭转其主波的正负方向。每次约连续出现 3～10 个心搏波之后就会发生扭转,翻向对侧。一般发作时间不长,常在十几秒内自行停止,但易复发(图 5-35)或转为心室颤动。临床上常表现为反复发作性心源性晕厥,即阿-斯综合征。

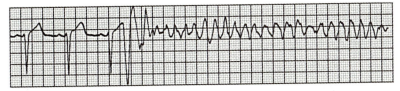

图 5-35　扭转型室性心动过速

（3）扑动与颤动：异位激动可起源于心房或心室，所形成的节律分别称为心房扑动与颤动或心室扑动与颤动。由于频率过快，可使心房或心室的电活动失去静止期，无论何时总有部分心肌处于除极和复极中，致使心脏不能有节奏地协调收缩舒张，呈现一种快速而不协调的低振幅活动，甚至出现心肌的乱颤。如发生于心房，可影响心房的收缩及房室间的顺序活动，使心室泵血有所下降；如发生在心室，则可致心室射血功能基本丧失，诱发心搏骤停、猝死等极严重的后果，因此，心室扑动和心室颤动是极严重的致死性心律失常。

心房的扑动与颤动多由各种形式的折返引起，少数可由多发性病灶自身节律性增高所致；心室的扑动与颤动则与心脏电活动紊乱有关。

1）心房扑动：心电图特征为①正常 P 波及等电位线消失，代之以大小、形态、间距一致的连续锯齿状扑动波（F 波），以 Ⅱ、Ⅲ、aVF 导联最明显；②F 波频率为 240～350 次 /min；③QRS 波群多呈室上型；④房室传导比例呈 2：1～4：1 下传，固定或不固定，RR 间距规则（图 5-36）。

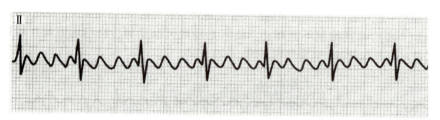

图 5-36　心房扑动（呈 4：1 传导）

2）心房颤动：心电图特征为①正常 P 波及等电位线消失，代之以大小、形态、间距不一致的连续纤颤波（f 波，若其振幅>0.1mV 为粗颤；若其振幅<0.1mV 为细颤），以 V_1 导联最明显。②f 波频率为 350～600 次 / min。③QRS 波群多呈室上型。④RR 间距绝对不规则或绝对不等（图 5-37）。

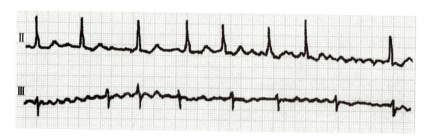

图 5-37　心房颤动

3）心室扑动：心电图特征为①QRS-T 波消失，代之以连续、快速而相对规则的大振幅波动；②频率 200～250 次 / min（图 5-38）。心室扑动若不能很快恢复，可转为心室颤动而导致死亡。

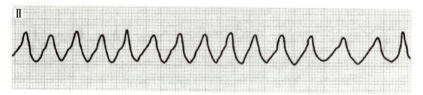

图 5-38　心室扑动

4）心室颤动：心电图特征为①QRS-T 波群完全消失，代之以大小不等、形状不一、极不匀齐的低小波；②频率 200～500 次 / min（图 5-39）。心室颤动多为心脏停搏前的短暂征象。心室扑动和心室颤动均是极严重的致死性心律失常。

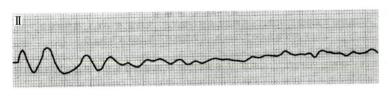

图 5-39　心室颤动

3. 缓慢型心律失常

（1）逸搏与逸搏心律：当高位节律点发生病变或受到抑制而出现停搏或节律明显减慢时，或者因传导障碍而不能下传时，或其他原因造成长的间歇时，作为一种保护性措施，低位起搏点就会发出一个或一连串的冲动，激动心房或心室。如果低位起搏点仅发出 1～2 个激动称为逸搏，连续发出 3 个或 3 个以上逸搏则称为逸搏心律。按起搏点起源部位的不同，可分为房性、交界性和室性 3 种。

1）房性逸搏与逸搏心律：心电图特征为①较长的心室间歇后出现的 P′波，其形态与窦性 P 波不同；②P′波相继出现的 QRS-T 波群与窦性下传的 QRS-T 波群相同；③房性逸搏连续出现 3 次或 3 次以上，频率 50～60 次/min，节律慢而整齐，称房性逸搏心律。

2）交界性逸搏与逸搏心律：心电图特征为①较长的心室间歇后出现的 QRS-T 波群，QRS-T 波群与窦性下传的 QRS-T 波群相同或不同；②可出现逆行性 P′波（aVR 导联直立，I、II、aVF、V_5 导联倒置），或不出现逆行性 P′波（埋入 QRS 波中不易辨别），若逆行性 P′波出现在 QRS 波群之前，则 P′R 间期小于 0.12s，若逆行性 P′波位于 QRS 波之后，则 RP′间期小于 0.20 秒；③交界性逸搏连续出现 3 次或 3 次以上，频率在 40～50 次/min，节律慢而整齐，称交界性逸搏心律。

3）室性逸搏与逸搏心律：心电图特征为①较长的心室间歇后出现的 QRS-T 波群，其前无相关 P 波；②QRS 波群多宽大畸形，时限大于 0.12 秒；③T 波方向多与主波方向相反；④室性逸搏连续出现 3 次或 3 次以上，频率 20～40 次/min 节律缓慢而略不整齐，称为室性逸搏心律，心室率<22 次/min，称为室性自主心律。

临床上以房室交界性逸搏最为多见，室性逸搏次之，房性逸搏较少见。逸搏及逸搏心律一般不会单独存在，多在严重的窦性心动过缓、显著的窦性心律不齐、二度以上房室传导阻滞、期前收缩的长间歇后或连续房性期前收缩未下传的情况下伴发。

（2）房室传导阻滞（AVB）：当激动从心房向心室传导过程中发生障碍，造成传导延缓或中断，称为房室传导阻滞。病变部位多发生在房室结、房室束及束支近端。是最常见的心脏传导阻滞。

1）一度房室传导阻滞：指激动自心房传至心室的时间延长，但每次均能下传。心电图特征为：①P-R 间期延长，成人>0.20 秒（儿童≥0.18 秒，老年人>0.22 秒）；②每一个 P 波之后均出现 QRS 波群（图 5-40）。

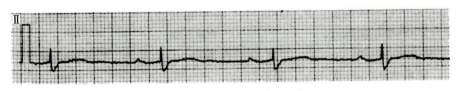

图 5-40　一度房室传导阻滞

2）二度房室传导阻滞：指部分激动不能自心房下传心室，按阻滞规律的不同分为：

二度 I 型房室传导阻滞（Morbiz I 型）：表现为心脏传导系统任何部位的传导逐次减慢，直至出现一次激动不能下传。心电图特征为：①P 波规律地出现，PR 间期逐渐延长（通常每次延长的绝对增加值多呈递减），直到 P 波下传受阻，脱漏 1 个 QRS 波群、漏搏后房室阻滞得到一定改善，

PR 间期又趋缩短,之后又复逐渐延长,如此周而复始地出现,称为文氏现象;②房室传导比例多为 3:2、4:3、5:4 等(图 5-41)。

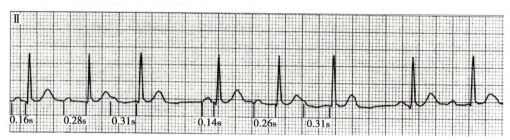

图 5-41 二度 I 型房室传导阻滞

二度Ⅱ型房室传导阻滞(Morbiz Ⅱ型):表现为激动完全下传或完全不下传。心电图特征为:① P-R 间期恒定(可正常亦可延长),部分 P 波后无 QRS 波;②房室传导比例为 4:3、3:2、2:1、3:1 等,比例可固定或不固定;③凡连续出现 2 次或 2 次以上的 QRS 波群脱落,称为高度房室传导阻滞,如 3:1、4:1 传导的房室传导阻滞。该型易发展成三度房室传导阻滞(图 5-42)。

二度 I 型房室传导阻滞较Ⅱ型和高度房室传导阻滞常见。前者多为功能性或病变位于房室结或希氏束的近端,预后较好。后者为器质性损害,病变多位于希氏束的远端或束支部位,易发展为完全性房室阻滞,预后较差。

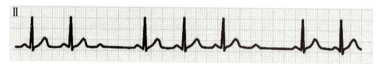

图 5-42 二度Ⅱ型房室传导阻滞

3)三度房室传导阻滞:指全部激动不能自心房下传心室,又称完全性房室传导阻滞。三度房室传导阻滞的特点是激动一个也不能下传,出现为房室分离。心电图特征为:① P 波与 QRS 波群各自按各自的规律出现,即 P 波与 QRS 波群无关;②心房率>心室率,即 P 波数大于 QRS 波群数;③ QRS 波群可呈室上型或宽大畸形,交界性逸搏心律心室率多为 40～60/min,QRS 波群多呈室上型,室性逸搏心律心室率多为 20～40/min,QRS 波群多宽大畸形(图 5-43)。

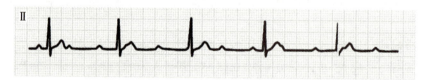

图 5-43 三度房室传导阻滞

(3)室内传导阻滞

1)完全性右束支传导阻滞(RBBB):较多见,可发生在各种器质性心脏病,也可见于健康人。完全性右束支传导阻滞心电图特征为:① V_1 或 V_2 导联 QRS 波群呈 rSR′型或 M 型,此为最具特征性的改变,I、V_5、V_6 导联出现宽而粗钝的 S 波,时限≥0.04 秒,aVR 导联呈 QR 型,R 波宽而有切迹;② QRS 波群时间≥0.12 秒;③ V_1、V_2、aVR 导联 ST 段下移,T 波倒置,I、aVL、V_5、V_6 导联 ST 段上移,T 波直立。

2)完全性左束支传导阻滞(LBBB):多见于器质性病变,完全性左束支传导阻滞心电图特征为:① I、aVL、V_5、V_6 导联呈宽大的 R 波,顶端平坦带有切迹,其前无 q 波,V_1、V_2 导联呈 QS 型或 rS 型,S 波宽大;② QRS 波群时间≥0.12 秒;③ V_5、V_6 导联 R 峰时间>0.06 秒;④ ST-T 方向常与主波方向相反。

不完全性左或右束支阻滞与完全性左或右束支阻滞图形类似，但 QRS 波群时间<0.12 秒。

3）左前分支传导阻滞（LAFB）：心电图特征为①心电轴显著左偏，在 −45°～−90°；②Ⅱ、Ⅲ、aVF 导联 QRS 波群呈 rS 型，$S_Ⅲ$>$S_Ⅱ$，Ⅰ、aVL 导联呈 qR 型，R_{aVL}>$R_Ⅰ$；③ QRS 波群时间≤0.11 秒；④无明显 ST-T 改变。

4）左后分支传导阻滞（RAFB）：心电图特征为：①心电轴右偏，在 +90°～+180°；②Ⅰ、aVL 导联 QRS 波群呈 rS 型，Ⅲ、aVF 导联 QRS 波群呈 qR 型；③ QRS 波群时间≤0.11 秒；④无明显 ST-T 改变。

4. 预激综合征　是指在正常房室传导路径之外，心房与心室之间还存在着一支或多支的附加旁路，使室上性激动提前到达心室的某一部分，并使之预先激动，常伴有心动过速。目前常见的异常通道为：①肯特束（Kent 束）即房室旁路，多位于左、右两侧房室沟或间隔旁，直接连接心房肌和心室肌。此种旁道最常见；②詹姆斯束（James 束），即房 - 结、房 - 束旁路，连接心房与房室结下部或希氏束的纤维束；③马海姆束（Mahaim 束），即结 - 室、束 - 室旁路，连接房室结下部、希氏束或束支近端至室间隔肌部的纤维束。（图 5-44）。

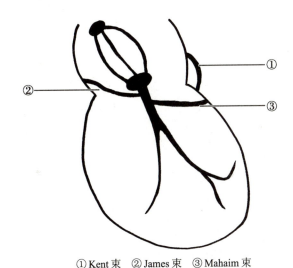

①Kent 束　②James 束　③Mahaim 束

图 5-44　预激综合征旁路示意图

（1）WPW 综合征：又称经典型预激综合征。由 Kent 束传导参与，临床上最常见。心电图特征为：① PR 间期<0.12 秒；② QRS 波群增宽≥O.12 秒；③ QRS 波群起始部粗钝，形成预激波（delta 波）；④ PJ 间期正常；⑤多数伴有继发性 ST-T 改变（图 5-45）。

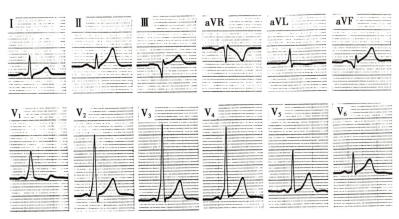

图 5-45　经典预激综合征

（2）LGL 综合征：又称短 PR 综合征。由绕过房室结传导的旁路纤维 James 束参与。心电图特征为：① PR 间期<0.12 秒；② QRS 波群起始部无预激波，QRS 波群形态与时限均正常。

（3）Mahaim 型预激综合征：Mahaim 束具有类房室结样特征，传导缓慢，呈递减性传导，是一种特殊的房室旁路。心电图特征为：① PR 间期正常或延长；② QRS 波起始部有预激波，QRS 波时间延长；③可伴有继发性 ST-T 改变。

预激综合征大多发生在非器质性心脏病，少数见于先天性心脏病（如埃布斯坦综合征）、心肌梗死、甲状腺功能亢进等。常因反复发作室上性阵发性心动过速而被发现，也可在常规心电图检查时被发现。本综合征一般预后良好，无并发期前收缩或心动过速无须治疗。偶因发生心室颤动或心力衰竭而死亡。

五、电解质紊乱、药物作用对心电图的影响

（一）电解质紊乱

1. 高钾血症   血钾>5.5mmol/L 称为高钾血症。心电图特征为：① T 波高尖，基底部变窄，呈帐篷状（以胸导联明显）；② P 波与 QRS 波群时间增宽，振幅减低；③ ST 段下移；④可引起室性心动过速、心室扑动或颤动，甚至心脏停搏等（图 5-46）。

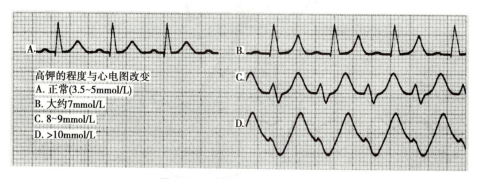

图 5-46   高钾血症心电图改变

2. 低钾血症   血钾<3.5mmol/L 称为低钾血症。心电图特征为：①U 波增高，可达 0.1mV，往往超过同导联 T 波，甚至出现 U 波与 T 波融合（以胸导联最明显）；②T 波降低、平坦或倒置；③ST 段下移，可达 0.05mV 以上；④严重时可出现房性心动过速、室性异位搏动、室性心动过速及室内阻滞、房室阻滞等心律失常（图 5-47）。

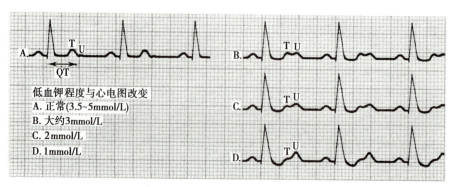

图 5-47   低钾血症心电图改变

3. 低钙血症 血钙<2.25mmol/L 称为低钙血症。心电图特征为：①ST 段延长,QT 间期显著延长;②可出现 T 波低平或倒置;③偶可出现期前收缩。

4. 高钙血症 血钙>2.75mmol/L 称为高钙血症。心电图特征为：①ST 段缩短或消失,QT 间期缩短;②可出现 T 波低平或倒置;③可出现 U 波增高;④严重时可出现 PR 间期延长,QRS 波轻度增宽;⑤偶可出现窦性心动过速、房室传导阻滞、期前收缩、阵发性心动过速等心律失常。

（二）药物影响

1. 洋地黄类药物

（1）洋地黄效应：患者正在或近期曾用过洋地黄类药物,其变化程度不与药量成正比,停药 2 周后,心电图改变可消失。心电图特征为：①ST-T 改变：ST 段下垂,与 T 波的前支融合,呈"鱼钩状";②QT 间期缩短;③可见 U 波（图 5-48）。

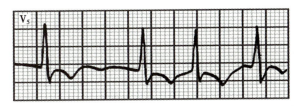

图 5-48 洋地黄效应心电图改变

（2）洋地黄中毒：洋地黄中毒可过度兴奋迷走神经,抑制心脏正常起搏点和房室传导系统,同时异位起搏点兴奋增强,因而出现各种心律失常。心电图特征为：①最常见的为出现期前收缩,尤其是室性期前收缩,表现为频发性（二联律或三联律）及多源性室性期前收缩;②亦可出现心动过速,尤其室性心动过速;③严重者出现心房扑动或颤动、心室扑动或颤动。

2. 奎尼丁

（1）奎尼丁作用：心电图特征为①T 波低平或倒置;②ST 段下移;③QT 间期延长;④U 波增高。

（2）奎尼丁中毒：心电图特征为① QRS 波增宽（不应超过用药前的 25%,如达到 50% 应立即停药）;② QT 间期明显延长;③各种房室阻滞和室性心律失常,严重时发生扭转型室性心动过速,甚至室颤引起晕厥和突然死亡。

第四节 其他常用心电学检查

一、动态心电图

动态心电图（DCG）是指连续记录 24 小时或更长时间的心电图。此项检查由 Norman J.Holter 首创,于 1961 年应用于临床,也称 Holter 监测。该检查可存储、回放、显示和打印受检者的总心搏数、平均心率、最快与最慢心率、基本节律、心律失常、心肌缺血事件及其发生时间和心电图片段等,因而已成为心血管疾病临床常规检查的必要项目之一。

（一）仪器基本结构

1. 记录系统 包括导联线和记录器。导联线连接受检者身上的电极与记录器。记录器佩戴在受检者身上,能精确地连续记录和储存受检者 24 小时或更长时间的心电信号（心电图）。

2. 回放分析系统 由计算机系统和心电分析软件组成。

（二）导联选择

目前多采用双极导联，其导联均为标准导联的模拟导联。常用模拟导联及电极放置部位如下：

1. CM_1 导联　正极置于胸骨右缘第 4 肋间处（即 V_1 位置）或胸骨上，负极置于左锁骨下窝中 1/3 处。该导联可清楚地显示 P 波，分析心律失常时常用此导联。

2. CM_2 或 CM_3 导联　正极置于 V_2 或 V_3 位置，负极置于右锁骨下窝中 1/3 处。

3. CM_5 导联　正极置于左腋前线第 5 肋间处（即 V_5 位置），负极置于右锁骨下窝中 1/3 处。该导联对检出缺血性 ST 段下移最敏感，且记录到的 QRS 波振幅最高，是常规使用的导联。

4. M_{aVF} 导联　正极置于左腋前线肋缘，负极置于左锁骨下窝内 1/3 处。该导联主要用于检查左室下壁的心肌缺血改变。

一般首选 CM_1、CM_5 导联，采用 CM_2 或 CM_3+CM_5、CM_2+CM_5+M_{aVF} 更能获得阳性结果。怀疑冠状动脉痉挛或变异性心绞痛时，最好选择 CM_3、M_{aVF} 导联。

（三）临床应用

1. 对心悸、气促、眩晕、晕厥、胸痛等症状性质的评价。
2. 对各种心律失常的定性、定量诊断。
3. 心肌缺血的诊断、评价及心律失常药物的疗效评价。
4. 对心脏病患者日常生活能力的评定及预后的评价。
5. 选择安装起搏器的适应证的判断及起搏器功能的评定。
6. 医学科学研究及流行病学调查，如研究正常人心律及心率的生理变化范围；分析心率变异性；对特殊人群如宇航员、登山队员、潜水员等的心电活动的观察研究等。

二、心电图运动负荷试验

心电图运动负荷试验是判断是否存在心肌缺血及发现早期冠心病的一种检测方法。该方法简便实用、无创伤、安全，是一项重要的临床心血管疾病检查手段。

（一）运动负荷试验的原理

人体具有强大的冠状动脉储备，即使存在严重冠脉病变也可在休息时基本满足心肌血供而不出现缺血表现。临床上半数以上冠心病患者的常规心电图无异常，但当运动负荷增加伴随心肌耗氧量增加时，冠脉血流量不能相应增加，即引起心肌缺氧，心电图出现缺血性改变。

（二）运动负荷量的确定

运动负荷量分为极量与亚极量两档。极量是指心率达到自己生理极限的负荷量。这种极限运动量一般多采用统计所得的各年龄组的预计最大心率为指标。最大心率粗略计算法为220-年龄数；亚极量是指心率达到 85%～90% 最大心率的负荷量，心率粗略计算法为195- 年龄数。临床上大多采用亚极量运动试验。

（三）常用的运动负荷试验

1. 平板运动试验　是目前应用最广泛的运动负荷试验。让受检者在活动平板上走动，根据所选择的运动方案，仪器自动分级依次递增平板速度及坡度以调节负荷量，直到心率达到受检者的预期心率，分析运动前、中、后的心电图变化以判断结果。运动方案的选择应根据受检者不同的具体情况而定，达到最大耗氧值的最佳运动时间为 8～12 分钟，延长运动时间并不能增加诊断准确性。

2. 踏车运动试验　让受检者在特制的装有功率计的踏车上做踏车运动。以速度和阻力调节负荷大小，负荷量分级依次递增，直至受检者的心率达到亚极量水平。这种方法的主要优点是根据受检者个人情况,达到各自的亚极量负荷,符合运动试验的原理和要求,且心电图记录干扰小,结果比较可靠。

(四)运动负荷试验的适应证和禁忌证

1. 适应证 ①对不典型胸痛或可疑冠心病患者进行鉴别诊断;②评估冠心病患者的心脏负荷能力;③评价冠心病患者的药物或介入手术治疗效果;④进行冠心病易患人群流行病学调查筛选试验。

2. 禁忌证 ①急性心肌梗死或心肌梗死合并室壁瘤;②不稳定型心绞痛;③心力衰竭、心源性休克;④中、重度瓣膜病或先天性心脏病;⑤急性或严重慢性疾病;⑥严重高血压;⑦急性心包炎或心肌炎、严重主动脉瓣狭窄;⑧肺栓塞;⑨运动能力障碍者。

患者若无禁忌证,在其进行运动试验时应鼓励患者坚持运动达到适宜的试验终点,即患者心率达到亚极量水平。但出现下列情况之一时,虽尚未达到适宜的试验终点也应终止试验:①出现典型的心绞痛或心电图出现缺血型 ST 段下降≥0.2mV 者;②出现严重心律失常者;③出现眩晕、视力模糊、面色苍白或发绀者;④运动负荷进行性增加而心率反而减慢或出现血压反而下降者(收缩压下降超过 10mmHg)。

(五)结果判断

目前国内外较公认的运动试验的阳性判断标准为:①运动中出现典型的心绞痛;②运动中心电图出现 ST 段下斜型或水平型下移≥0.1mV,运动前已有 ST 段压低,持续时间≥1分钟。

第五节 心电图的分析方法

心电图的分析要以熟记心电图各波段的正常范围及掌握异常心电图的特点为基础,正确运用心电图的分析方法和技巧,把心电图的各种变化与具体临床病例密切结合,才可能对心电图作出正确的诊断和解释。

1. 分析心电图前,首先要正确描记清晰的心电图,浏览走纸速度和标准电压,有无导联记录错误或标记错误,排除伪差与干扰。

2. 确定主导心律是窦性心律抑或异位心律,根据 P 波的有无、形态及与 QRS 波群的关系,确定基本心律,并分别测量 PP 间距或 RR 间距,根据心脏节律规整或不规整分别加以计算心率。

3. 分析各导联 P 波与 QRS 波群相互关系,P 波与 QRS 波的形态、时间、电压变化,并通过 P 波与 QRS 波群的出现顺序,P-R 间期的时间及其是否固定等判断有无心房、心室肥大或心律异常。

4. 观察 ST 段有无抬高或者压低移位及移位形态,T 波的形态改变,以及出现改变的导联。

5. 通过目测或查表确定心电轴度数,是否偏移及是否有钟向转位,大致判断心脏在胸腔中的位置。

6. 得出结论 收集足够多的心电图信息,避免对异常心电图的漏诊。根据分析的结果,紧密结合被检查者年龄、病史、临床表现及其他检查资料判断心电图是否正常,原则上应首先考虑多见的诊断,要顾及治疗和患者的安全。

(李彩萍)

扫一扫，测一测

？ 复习思考题

1. 心电图的阅读分析方法是？
2. 心肌梗死时，心电图上可先后出现哪些特征性改变？
3. 左、右心房肥大的心电图表现是什么？
4. 试述心房颤动的听诊特点及心电图表现。
5. 简述室性期前收缩的心电图特点。

第六章 影像学检查

PPT课件

知识导览

学习目标

1. 掌握X线、CT、MRI、数字减影血管造影、超声、放射性核素检查及介入放射技术的检查方法、临床应用及选择。

2. 熟悉X线、CT及超声检查各系统重要器官的正常表现和常见疾病的异常表现。

3. 了解各种影像学检查的基本原理、注意事项。

影像学检查在临床医学诊断中占有重要的地位，它主要通过对图像的观察、分析、归纳与综合作出影像学诊断，对疾病的诊断具有重要的价值，有时甚至具有不可替代的价值。影像学检查主要包括X线检查、计算机体层成像检查、磁共振成像检查、数字减影血管造影检查、超声检查、放射性核素检查等。

第一节 X 线 检 查

一、基 本 知 识

X线检查是利用X线穿透人体后，使人体内部结构在荧光屏上或胶片上显影，从而判断人体组织器官解剖与功能状态的一种检查方法。X线检查在临床上应用十分普遍，可以协助诊断疾病及观察治疗效果，还被用于恶性肿瘤等疾病的治疗。

（一）X线的产生与特性

1895年，德国科学家威·康拉德·伦琴在一次实验时发现了一种能穿透人体但肉眼看不见的射线，被称为X线，又被称为伦琴射线。不久这种射线就被用于人体疾病诊断。

1. X线的产生 X线是高速运行的电子群撞击物质突然受阻时产生。它的产生，必须具备以下3个条件：①自由活动的电子群；②电子群以高速运行；③电子群在高速运行时突然受阻。

（1）X线产生设备：其发生装置主要包括X线管、变压器和操作台（图6-1）。X线管为一高真空的二极管，杯状的阴极内装置着灯丝，阳极由呈斜面的钨（或钼）靶和附属散热装置组成，它是X线产生的关键部件。变压器包括降压变压器和升压变压器，降压变压器向X线管灯丝提供电源，一般电压在12V以下；升压变压器向X线管两极提供高压电，一般电压在40～150kV。操作台主要有为调节电压、电流和曝光时间而设置的电压表、电流表、定时器和调节旋钮等。在X线管、变压器和操作台之间以电缆相连。

（2）X线的产生过程：首先降压变压器向X线管阴极灯丝供电，灯丝发热而产生电子群，当向X线管两极提供高压电时，阴极与阳极间的电势差陡增，电子群以高速由阴极向阳极行进，撞击阳极钨靶，突然受阻，而产生X线，X线主要由X线管窗口发射出，穿过照射部位，在监视器或胶片上成像，用于诊断。

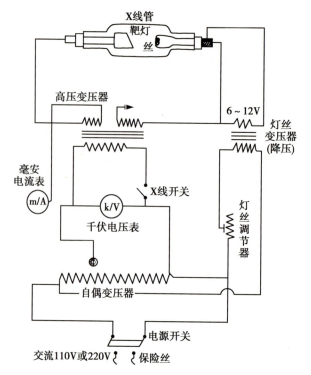

图 6-1　X 线机主要部件示意图

2. X 线的特性　X 线是一种波长很短的电磁波,其波长范围为 0.000 6～50nm,用于诊断的 X 线波长为 0.008～0.031nm。与 X 线成像相关的特性有:

(1)穿透性:X 线能穿透可见光不能穿透的物质,X 线波长越短,穿透作用越强。被穿透物质原子序数高、密度大,吸收 X 线量多,X 线穿透力相对较弱,反之,则强。X 线对人体各组织穿透性的差异是 X 线成像的基础。

(2)荧光作用:X 线能激发荧光物质(如硫化锌镉、钨酸钙等)产生肉眼可见的荧光。密度越小、厚度越薄的物质,透过的 X 线越多,产生的荧光越强。荧光作用是 X 线透视的基础。透视用的荧光屏、摄影中用的增感屏等都是利用该特性制成的。

(3)感光作用:X 线照射涂有溴化银的胶片时,使银离子释放出来,感光而形成潜影,经显影和定影处理,感光的溴化银中的银离子被还原成金属银,为黑色颗粒,沉积在胶片上呈黑色,而未感光的溴化银则被清洗掉,显出胶片片基的透明本色,从而显示人体不同密度的影像。感光作用是 X 线摄影的基础。

(4)电离作用:X 线通过任何物质都可使其产生电离,分解成正负离子。电离程度与吸收的 X 线量成正比。利用 X 线对空气的电离效应,可以测定 X 线的量。X 线进入人体,组织细胞也可产生电离,使人体产生生物学方面的改变,即生物效应。它是放射治疗的基础,也是 X 线检查时需要防护的原因。

X 线的发现

1895 年,德国物理学家伦琴在实验室里进行气体放电观察。实验过程中,他眼前似乎闪过一丝绿色荧光,眨眼间,荧光消失。反复更换手头能抓到的遮挡物,他发现,除了铅箔以外,寻常物品挡不住这股射线。接下来,他继续这种新射线的研究。11 月 8 日,他用黑纸把阴极射线管严密地包起来,只留下一条窄缝,这次他发现电流通过时,两米开外一个涂了氰亚铂酸钡的小屏发出明亮的荧光，把手放在管子与荧光屏之间，可以看到手上的骨骼。12月28日，他宣布了自己的新发现，并将这个性质不明的射线叫做X射线。后人将X线以他的名字命名，也称为伦琴射线。

（二）X线成像的基本原理

X线影像的形成，是基于X线的特性和人体组织器官密度与厚度之差异，这种密度与厚度之差异称为密度对比，可分为自然对比和人工对比。

1. 自然对比　X线可以使人体组织器官在胶片或监视器上显影，一是由于X线有穿透性、荧光作用和感光作用；二是基于人体组织结构固有的密度、厚度差异。当X线穿过人体不同密度和不同厚度的组织时，会发生被这些组织不同程度吸收的现象，从而使到达荧光屏、胶片或特殊接收装置的X线量出现差异，因此才能形成不同黑白对比的X线影像。这种利用人体组织本身的密度和厚度差来形成对比清晰的影像，称为自然对比。物质的密度越高、厚度越大，对X线吸收越多，则透过X线就越少。人体组织依其密度及其对X线吸收程度的不同，可大致分为四类，它们在透视和胶片上所显示的阴影见表6-1。

表6-1　人体组织密度与X线阴影的关系

人体组织	密度	X线阴影	
		透视	照片
骨、钙化组织	高	黑	白
软组织、体液	中	灰黑	灰白
脂肪组织	较低	灰白	灰黑
含气组织	低	白	黑

2. 人工对比　人体内的组织和器官如胃肠、肝、胆、肾脏等，与周围的组织结构缺乏明显的密度对比，不能形成各自的影像。在某些组织和器官的管腔内或周围引入高密度或低密度物质使之造成密度差，形成对比清晰的影像，称为人工对比。引入的高密度或低密度物质称为"对比剂"，这种检查方法称为造影检查。

（三）X线的检查方法

1. 普通检查　包括透视和摄片。

（1）透视：X线通过受检部位，在监视器上观察受检部位的影像，称为透视。透视的优点是：①操作方便，可转动患者体位、改变方向进行观察；②可了解器官的功能状态（如心脏及大血管搏动、膈运动、胃肠蠕动等）；③费用较低；④可立即得出结论。透视的缺点是：①对比度及清晰度较差，难以发现和辨别微小的病变，不能观察密度高或较厚的组织及部位，如颅骨、脊柱、骨盆等；②不能留下客观记录；③接受X线照射的时间较长，机体发生损害的可能性较大。透视常用于胸部检查，对肺脏及胸膜、心脏、膈肌病变的诊断价值较大，亦可用于四肢骨折、关节脱位的复位、软组织异物、膈下游离气体等的观察。

（2）摄片：利用X线对胶片的感光作用，通过投照，使受检部位在胶片上显影，称摄片，是最常用的X线检查技术。摄片的优点是：①对比度及清晰度较好，可显示或辨别微小病变，能清晰显示人体厚、薄的各部结构；②能留下客观记录，以便进行复查对比；③接受X线照射的时间较短，机体发生损害的可能性较小。摄片的缺点是：①仅是一个方位和一瞬间的X线影像，常需做互相垂直的两个方位或更多方位的摄片；②不能对器官的功能状态进行观察。

透视和摄片常配合使用，取长补短，使诊断更为全面正确。

2. 特殊检查　包括体层摄影、软线摄影、放大摄影、荧光摄影等。随着CT等现代影像技术的应用，除软线摄影还在临床诊断中应用外，其他几种特殊检查方法已基本淘汰。软线摄影采用钼靶 X 线机，产生的软 X 线（波长较长、穿透力较弱），可使各种软组织的影像更清晰，多用于女性乳腺摄影。

3. 造影检查

（1）常用对比剂：

1）阳性对比剂：常用的有钡剂和碘剂。医用硫酸钡主要用于食管及胃肠造影；复方泛影葡胺适用于静脉肾盂造影；碘海醇（碘苯六醇、欧乃派可）适用于血管造影，动、静脉造影和 CT 增强检查等；碘普罗胺（优维显）适用于 CT 增强检查、数字减影血管造影、动脉造影、静脉肾盂造影、子宫输卵管造影等；碘曲仑（伊索显）适用于椎管造影。

2）阴性对比剂：主要有二氧化碳、氧气、空气等。如进行小肠气钡双对比造影时需在灌注钡剂后注入空气。

（2）造影方法：

1）直接引入法：通过口服（如消化道钡餐造影）、灌注（如钡剂灌肠、子宫输卵管造影）或穿刺（如血管造影），将对比剂直接引入组织器官内或其周围。

2）间接引入法：经口服或静脉注射使对比剂进入体内，经吸收，利用某些器官的排泄功能，使对比剂有选择地聚集于需要检查的部位而产生对比。如静脉肾盂造影等（图 6-2）。

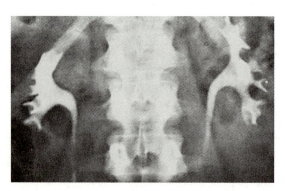

图6-2　静脉肾盂造影

4. 数字化的 X 线摄影检查　数字化的 X 线摄影检查是 X 线诊断最新和最重要的进展。医学影像的数字化主要是指医学影像以数字方式输出，直接利用计算机对影像数据进行存储、处理、传输和显示。目前数字化的 X 线摄影检查主要有计算机 X 线摄影（CR）和数字 X 线摄影（DR）。

（1）CR 系统：CR 应用影像板（IP）替代胶片记录透过人体后的 X 线影像信息，然后用激光扫描仪将记录在影像板上的影像信息以数字形式读出，再经过计算机图像处理系统进行处理，显示出数字化影像。CR 设备可与传统 X 线设备进行组合，可应用于胸部、头颈、骨关节系统、胃肠道及泌尿系统等部位的检查，明显优于传统的 X 线平片。

（2）DR 系统：DR 是使用探测器作为 X 线的接收介质，直接把 X 线转换成电信号，然后通过数模转换形成数字图像。省略了 CR 技术中激光读取这一步骤。与 CR 相比，DR 的优势是患者受 X 线照射剂量更小，时间分辨力提高，后处理的图像层次更丰富等。DR 设备不能与原有 X 线设备兼容，DR 设备包括 DR 通用型机、DR 胃肠机、DR 乳腺机和 DR 床旁机等，因此 DR 系统既可用作 X 线平片显示，也可用于 X 线透视检查，如食道和胃肠道的造影等。

（四）X 线诊断的步骤和原则

1. 诊断步骤　观察分析 X 线片时，一应核对患者信息，包括姓名、性别、年龄、检查号、检查日期等；二应核查图像的成像技术、检查方法、技术条件及检查范围、图像质量等是否符合观察和分析的需求；三应遵循全面、重点和比对相结合的原则。如观察和分析胸部 X 线后前位图像时，应由外及里依次观察胸壁、肺、肺门、纵隔和心脏大血管的影像；观察肺部时应由肺尖至肺底、自肺门向肺周有序地进行，避免遗漏。再对图像进行重点观察和分析，如对疑为消化道穿孔的患者，重点要观察有无膈下游离气体。还要注意对称部位的比对（如双侧乳腺、双肺的比对）、不同成像技术图像的对比（如 X 线与 MRI、CT 图像的对比）、不同时间的图像对比（如体检胸部X 线图像上有孤立性肺结节，与以往体检图像对比，若无变化，提示为良性结节，若原来无结节或短期内明显增大，则提示有肺癌的可能性）等。

2. 诊断原则　影像诊断应遵循"熟悉正常表现、辨认异常影像表现、异常表现的分析和归纳、结合临床资料进行综合诊断"的基本原则。必须熟悉解剖、生理和病理等基础知识，熟知各系统、器官的正常及常见疾病 X 线表现。当确认异常影像表现后，要对其进行分析和归纳，包括异常影像的部位、数目、形状及边缘、密度、邻近器官和结构等，并将其综合在一起，推测可能代表的病理改变。因存在"异病同影"和"同病异影"现象，需结合临床资料，进行综合诊断。

🔥 思政元素

郭俊渊——为了病人，一定要想方法把诊断搞清楚

郭俊渊教授是我国杰出的医学影像学专家、介入影像学的先驱者。

郭俊渊教授生逢战乱年代，"七七事变"爆发，刚小学毕业的他深感战争的残酷，也看到了医务工作者救死扶伤的神圣使命，从医的种子便从那时开始，深深埋进了他的心中。中华人民共和国成立之初，百废待兴，同济医学院西迁武汉，郭俊渊服从组织安排，义无反顾举家搬到武汉，主持放射科筹建，率先开展四肢动脉和腹主动脉造影。20 世纪 80 年代，他组建的介入放射学组，成为国内率先开展肝癌介入治疗单位之一。他和同事改进治疗，举办学习班，推广新技术，培养介入影像学人才，为中国介入影像事业的发展贡献了毕生精力。

郭俊渊教授说："作为医生，一切为了病人。一定要想方设法把诊断搞清楚，同时不能损害病人的身体，影响他人。另外，放射科医生要向临床医生学习，他对病人的了解要比你多，要和他们商量学习。当然最后还是要一切为了病人，病人能够早一点恢复健康。我希望我们国家繁荣昌盛，在国际上的地位越来越高，我希望我们的老百姓越来越幸福。"

郭俊渊教授一生热爱祖国，钟爱医学影像事业，医德高尚，博学严谨，儒雅谦虚，严谨求实，把毕生的心血献给了祖国的医学影像学事业，是后世学习的楷模与典范。

（五）X 线检查的注意事项

1. 普通检查　X 线照射具有生物效应，超过容许剂量的照射就可能导致放射性损伤，故应重视防护。首先要严格掌握 X 线检查的适应证，避免不必要的照射，尤其是孕妇和小儿，早孕者当属禁忌。其次，要控制 X 线检查中的照射量并采取有效的防护措施，以保护患者和工作人员的健康。

2. 造影检查　①造影前应详细了解病情，严格掌握造影和使用对比剂的适应证和禁忌证，对碘过敏、甲状腺功能亢进、心肾功能代偿不足者应禁忌造影，肝功能严重损害及多发性骨髓瘤患者，行造影应慎重，并权衡利弊。②依据造影检查的部位、目的和要求，认真做好造影前的各项准备工作。例如，胃肠道钡剂造影前，嘱患者禁食 12 小时等。③向患者解释造影的目的以求得到合作。④使用碘剂造影前，做碘过敏试验，并在过敏试验以前即做好预防措施，备好急救药品，做好抢救准备。若在造影过程中出现严重症状时，应立即终止造影并进行抗过敏、抗休克和其他对症治疗，若有心脏停搏则需立即进行心肺复苏术等紧急处理。

二、呼吸系统X线检查

（一）检查方法

1. 胸部透视　少用，主要用于评估疾病所致的膈肌运动异常，也是上消化道造影的常规检查手段之一。

2. 胸部摄片　是胸部疾病最常用检查方法。①后前位和侧位胸片：为常规摄影体位，用于疾病初查、定位和治疗后复查，也是胸部健康查体常用方法。②斜位胸片：也称广角位胸片，常用于检查肋骨腋段骨折。

3. 造影检查　主要有肺动脉造影、支气管动脉造影等。支气管动脉造影目前主要用于肺癌和咯血患者的介入治疗。

（二）正常胸部X线表现

正常胸部X线影像是胸腔内、外各种组织、器官包括胸壁软组织、骨骼、心脏大血管、肺、胸膜和膈肌等互相重叠的综合投影。

1. 胸廓

（1）软组织：

1）胸锁乳突肌及锁骨上皮肤皱褶：胸锁乳突肌在两肺尖内侧形成外缘锐利、均匀致密的阴影。当颈部偏斜时，两侧影像可不对称，勿误认为肺尖部病变。锁骨上皮肤皱褶为与锁骨上缘平行的3～5mm宽的软组织影，其内侧与胸锁乳突肌影相连，肥胖者锁骨上窝不凹陷或有肿块时，此影不显。

2）胸大肌：胸大肌于两侧肺野中外带可形成扇形致密影，下缘锐利，呈一斜线与腋前皮肤皱褶连续，在肌肉发达的男性尤为突出，一般右侧较明显。

3）乳房及乳头：女性乳房可在两肺下野形成对称的密度增高影像，下缘清楚，呈半圆形，并向外与腋部皮肤连续，上缘模糊且密度逐渐变淡，勿误认为肺内病变。乳头于两肺下野可形成边缘清楚、左右对称的小圆形致密影，勿误为肺内结节。

（2）骨骼：胸部正位片上（图6-3），前方正中胸骨几乎与纵隔影重叠，仅胸骨柄两侧边缘可突出于纵隔影之外。胸椎横突可突出于纵隔影之外，勿误认为增大淋巴结。肋骨起于胸椎两侧，后段呈水平向外走行，前段自外上向内下斜行，1～10肋前端有肋软骨，除钙化外不显影。肋骨可有分叉、肋骨联合、颈肋等先天变异。肩胛骨内缘可与肺野外带重叠，勿误认为胸膜增厚。锁骨位于两肺上部，内缘与胸骨柄构成胸锁关节。

2. 纵隔　纵隔位于胸骨之后，胸椎之前，两肺之间，上起自胸廓入口，下达膈肌。其中包含心、大血管、气管、主支气管、食管、淋巴组织、胸腺、神经及脂肪等。除气管及主支气管可以分辨外，其余组织结构间无明显对比，只能观察其与肺部邻接的轮廓。

纵隔的分区在判断纵隔病变的来源和性质上有重要意义。纵隔的划区方法有多种，下面介绍九分区法（图6-4）：在侧位胸片上将纵隔划分为前、中、后三部分，前纵隔系胸骨之后，心前缘、升主动脉和气管前缘之前的狭长三角区；中纵隔相当于心、主动脉弓、气管及肺门所占据的区域；食管及食管以后和胸椎旁区为后纵隔。自胸骨角至第4胸椎下缘连一水平线，其上为上纵隔；其下至肺门下缘（第8胸椎下缘）的水平线之间为中纵隔；肺门下缘以下至膈为下纵隔。

3. 膈　膈位于胸腹腔之间，分左右两叶，呈圆顶状。膈在外侧及前、后方与胸壁相交形成肋膈角，在内侧与心形成心膈角。右膈顶较左膈顶高1～2cm，一般位于第9或第10后肋水平，相当于第6前肋间。呼吸时两膈上下对称运动，运动范围为1～2.5cm，深呼吸时可达3～6cm。

4. 肺

（1）肺野：肺野是含有空气的肺在X线上所显示的透亮区域。肺野的透亮度与肺泡的含气量成正比,深吸气时透亮度高,呼气时则透亮度低。为便于描述病变位置,人为地将一侧肺野纵行分为三等分,称为内、中、外带,又分别在第2、4肋骨前端下缘画一水平线,将肺野分为上、中、下三野(图6-5)。

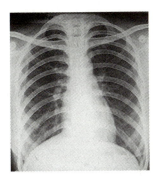

图6-3　正常胸部正位片

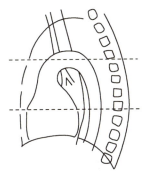

图6-4　纵隔九分区法

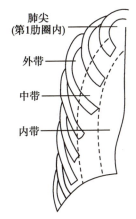
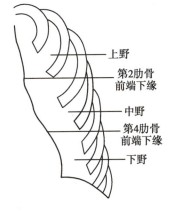

图6-5　肺野的划分

(2)肺叶、肺段:右肺有上、中、下三叶,左肺有上、下两叶。肺叶在胸部正位片上前后重叠,右肺中叶与下叶完全重叠,中叶在前,下叶在后。右上叶与下叶上部重叠。左肺上、下叶大部分重叠。在确定病变部位时,应结合侧位片,根据叶间裂的位置,辨别病变位于哪个肺叶。肺叶由2~5个肺段组成,各有其单独的支气管,肺段的名称与相应的支气管一致。

(3)肺门:肺门影是肺动脉、肺静脉、支气管及淋巴组织的总合投影。后前位上,肺门位于两肺中野内带第2~4前肋间,左侧较右侧高1~2cm。右肺门分上下两部,上部由上肺静脉、上肺动脉及下肺动脉干后回归支组成,下部由右下肺动脉干构成,正常成人宽度不超过15mm。右肺门上下部相交形成一较钝的夹角,称肺门角。左肺门上部由左肺动脉弓及其分支和上肺静脉构成,下部由左下肺动脉及其分支构成,由于左心影的遮盖,只能见到一部分。侧位时两侧肺门大部分重叠,右肺门略偏前(图6-6)。

(4)肺纹理:为自肺门向肺野呈放射分布的由粗到细的树枝状影,由肺动脉、肺静脉、支气管及淋巴管组成,主要为肺动脉分支。下肺野纹理较上肺野粗,右下肺野更为明显。观察肺纹理应注意其多少、粗细、分布、有无扭曲变形等。

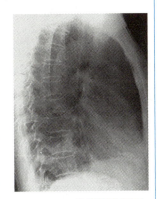

图6-6　正常侧位肺门影

5. 胸膜　分为脏、壁两层,两层之间的间隙为胸膜腔。胸膜菲薄,正常时不显影,但叶间胸膜(斜裂和横裂)有时可显示,在X线与胸膜走行方向平行时,显示为薄层状或线状致密影。

（三）常见疾病X线表现

1. 慢性支气管炎　早期可无异常，后期肺纹理增多、增粗及扭曲，有时可见条索状、网状阴影。急性发作期可见散在斑片状阴影。晚期并发肺气肿，表现为桶状胸，两侧肺野透亮度增加，肺纹理稀疏、变细，肋间变宽，膈降低，心影狭长。

2. 肺炎

（1）大叶性肺炎：①充血期。X线检查可无阳性发现，或只显示病变区肺纹理增多，透亮度略低。②实变期。炎症累及肺段表现为片状或三角形致密影，累及整个肺叶，则呈以叶间裂为界的大片致密阴影（图6-7）。有时在实变区中，可见透明的支气管影。③消散期。实变区密度逐渐减低，范围缩小。由于病变的消散不均匀，表现为散在、大小不等和分布不规则的斑片状致密影。病变多在两周内完全吸收，或仅遗留少量索条状影，偶可演变为机化性肺炎。

（2）支气管肺炎：又称小叶性肺炎，病变多在两肺中、下野的内、中带。表现为肺纹理增多、增粗和模糊，沿肺纹理分布的斑片状模糊致密影，密度不均。病变可融合成较大的片状，并可累及多个肺叶。多见于老年人、婴幼儿及极度衰弱的患者。

（3）间质性肺炎：病变较广泛，以肺门区及中下肺野显著。表现为肺纹理增粗、模糊，可交织成网状，并伴小点状阴影。肺门轮廓模糊、密度增高并有轻度增大。婴幼儿的急性间质性肺炎，则以弥漫性肺气肿为主要表现。

3. 肺结核

（1）原发型肺结核（Ⅰ型）：为初次感染结核杆菌所发生的肺结核，多见于儿童。X线表现为原发复合征和胸内淋巴结结核。

1）原发复合征：结核杆菌侵入肺部后，多在肺的中部近胸膜处发生急性渗出性病变，为原发病灶，X线表现为大小不一的片状模糊阴影。结核杆菌沿原发病灶周围的淋巴管侵入相应的肺门或纵隔淋巴结，引起淋巴管炎和淋巴结炎，淋巴管炎表现为自原发病灶引向肺门的数条索条状致密影，淋巴结炎表现为肺门与纵隔淋巴结增大，呈包块影。原发病灶、淋巴管炎及淋巴结炎三者组成哑铃状双极现象，为典型的原发复合征表现（图6-8）。

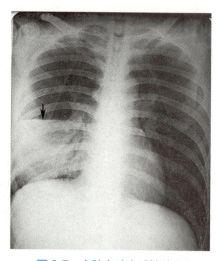

图6-7　右肺中叶大叶性肺炎

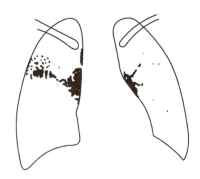

图6-8　原发复合征示意图

2）胸内淋巴结结核：原发病灶易于吸收消散，但淋巴结炎常伴不同程度的干酪样坏死，愈合较慢。当原发病灶被吸收后，原发型肺结核即表现为肺门或纵隔淋巴结增大，为胸内淋巴结结核。

（2）血行播散型肺结核（Ⅱ型）：根据结核杆菌进入血循环的途径、数量、次数及机体的反应，表现为：

1）急性血行播散型肺结核（急性粟粒型肺结核）：为大量结核杆菌一次或短期内数次进入血液循环，引起肺部及全身播散。表现为两肺弥漫分布的 1～3mm 粟粒状影，典型表现为"三均匀"，即分布、大小、密度均匀（图 6-9）。

2）亚急性或慢性血行播散型肺结核：为少量结核杆菌在较长时间内多次进入血液循环播散至肺部所致。表现为分布于两肺上、中野的大小不一、密度不同、分布不均的多种性质的病灶，呈粟粒状或较大的结节状影，即"三不均匀"。

（3）继发型肺结核（Ⅲ型）：为成年肺结核中最常见的类型。好发于肺上叶尖段、后段、下叶背段，多在锁骨上、下区，出现中心密度较高而边缘模糊的致密影，为陈旧性病灶周围炎（图 6-10）。也可表现为小片云絮状影，为新的渗出性病灶。病变多呈慢性过程，故可有渗出、增殖、播散、纤维化和空洞等多种性质的病灶同时存在。机体抵抗力低下时可发生干酪性肺炎，表现为一个肺段或肺叶的致密影，其中可有多发虫蚀样小空洞。干酪样结核病灶被纤维组织包绕形成结核球，呈圆形或椭圆形密度不均的阴影，直径多为 2～3cm，轮廓清楚，其内可有钙化影或小空洞。结核球附近常有散在纤维增殖性病灶，称为卫星灶。肺结核反复发作，晚期表现为肺内单发或多发空洞，周围广泛纤维索条状影和新旧不一的病灶，肺门上移，肺纹理呈垂柳状，气管向患侧移位，两下肺代偿性肺气肿。

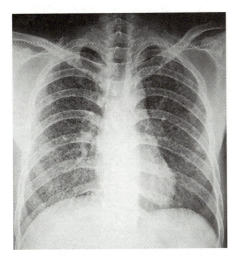

图6-9 急性粟粒型肺结核

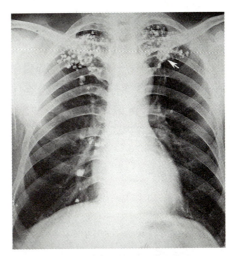

图6-10 继发型肺结核
锁骨上、下区示有钙化灶（↑）

（4）结核性胸膜炎（Ⅳ型）：临床上分为干性及渗出性结核性胸膜炎。干性胸膜炎可无异常或仅有患侧膈运动受限。渗出性胸膜炎表现为胸腔积液。少量积液时，液体先聚积于后肋膈角，检查时需让患者向一侧倾斜，才可发现。液体量在 300ml 以上时，患侧肋膈角变平、变钝。中等量积液，表现为下肺野均匀致密影，肋膈角完全消失，液体上缘呈外高内低的斜形弧线。大量积液时，患侧肺野大片均匀致密影，纵隔移向健侧，患侧肋间隙增宽。

4. 原发性支气管肺癌　按肺癌发生的部位分为：①中心型，发生于主支气管、肺叶支气管及肺段支气管；②周围型，发生于肺段以下支气管至细支气管以上部位。

（1）中心型肺癌：早期局限于黏膜内，可无异常发现；病变发展，使管腔狭窄，引起肺叶或一侧肺阻塞性肺气肿，但难于发现；由于支气管狭窄，引流不畅可发生阻塞性肺炎，表现为相应部位反复发作、吸收缓慢的炎性实变；继而支气管完全阻塞引起肺不张（图 6-11），肺不张的范围取决于肿瘤的部位，如肿瘤同时向腔外生长和 / 或伴有肺门淋巴结转移时，则可在肺门形成包块，发生于右上叶支气管的肺癌，肺门部的包块和右肺上叶不张连在一起可形成横行的"S"状的下缘，为典型征象。有时肿瘤较大，发展迅速，中心可坏死形成内壁不规则的偏心性空洞，多见于鳞癌。

（2）周围型肺癌：早期直径多在 2cm 以下，表现为密度较高、轮廓模糊的结节状或球形病灶，或为肺炎样小片状浸润。癌瘤逐渐发展，可形成分叶状、边缘较光滑的包块，如肿瘤呈浸润性生长，则包块生长快而较大，边缘毛糙常有短细毛刺，中心坏死形成空洞（图 6-12）。

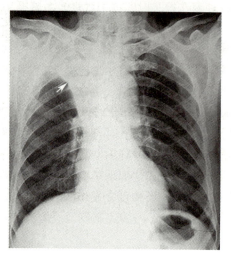

图 6-11　中心型肺癌

伴右上叶肺不张（↑）

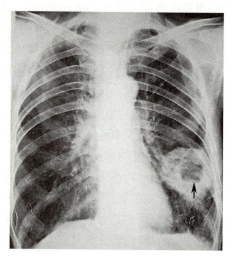

图 6-12　周围型肺癌

中心坏死形成空洞（↑）

5. 气胸与液气胸　脏层或壁层胸膜破裂致空气进入胸膜腔称为气胸。X 线表现为胸壁与被压缩肺间出现条带状无肺纹理含气透亮区，被压缩肺的边缘呈纤细的线状致密影。大量气胸可将肺完全压缩，肺门区出现密度均匀的软组织影，纵隔可向健侧移位，患侧膈下降，肋间隙增宽。胸腔内液体与气体并存，为液气胸，立位 X 线检查表现为横贯胸腔的液平面，液平面上方为空气及压缩的肺。

三、循环系统 X 线检查

（一）检查方法

1. 心脏摄片　拍摄后前位，患者站立，X 线自背部向前胸方向投照。常需拍摄左侧位（口服钡剂可观察左心房大小），有时拍摄左前斜位或右前斜位。X 线胸片可直观显示肺循环情况，观察心脏外形、大小和胸部主动脉，但不能直接显示心腔、血管内病变和冠状动脉病变。

2. 心导管术和心血管造影　导管所到之处可测量压力，采集血样本计算血氧饱和度等，统称为心导管术。经导管将对比剂快速注入心腔或大血管内为心血管造影，可显示腔内形状、大小、部位等解剖结构及其动态变化。如冠状动脉造影，其在显示冠状动脉狭窄程度、测量血流储备分数方面，仍然是诊断"金标准"。随着 CTA、MRA 的发展和应用，用于诊断目的的心血管造影正在逐渐减少，目前主要用于复杂先天性心脏病、冠状动脉检查和介入治疗。

（二）正常循环系统 X 线表现

1. 心脏及大血管的正常投影

（1）后前位（图 6-13）：正常心影一般 2/3 位于胸骨中线左侧，1/3 位于其右侧，心尖指向左下，心底部朝向右后上方，形成斜的纵轴。心右缘分为两段，上段为升主动脉与上腔静脉的总合影，下段为右心房。心缘与膈顶相交成一锐角为心膈角。心左缘分为三段，上段为主动脉结，由主动脉弓组成，呈弧形突出；中段为肺动脉主干，偶为左肺动脉构成，称为心腰，又称肺动脉段；下段由左心室构成，为一明显向左突出的弧形，左心室在下方形成心尖。左心室与肺动脉之间，有长约 1.0cm 的一小段，由左心耳构成，正常不能与左心室区分。

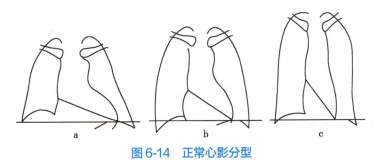

图6-13　胸部后前位示意图

（2）右前斜位：心前缘，自上而下由主动脉弓及升主动脉、肺动脉、右心室和左心室下端构成。心后缘中上段为左心房，下段为右心房，两者无明显分界。心后缘与脊柱之间的心后间隙（心后区）内有食管通过，钡剂充盈时显示食管前壁的左心房压迹，左心房增大时，该压迹变深甚至移位。

（3）左前斜位：60°左前斜位上，心前缘自上而下为升主动脉、右心房耳部、右心室。心后缘上段是主动脉弓，下段上部一小部分为左心房，下部大部分为左心室。主动脉弓下的透亮区称主动脉窗，内有气管分叉、左主支气管和左肺动脉。

（4）左侧位：心前缘上段由右心室漏斗部与肺动脉主干构成，下段为右心室前壁，下段与前胸壁紧密相邻。心后缘上中段由左心房构成，下段由左心室构成，并与膈形成锐角，下腔静脉常在此角内显影。

2. 心及大血管形态　　正常心及大血管的形状大小主要受体型、年龄、呼吸和体位的影响，可分为横位心、斜位心和垂位心三型（图6-14）。

（1）横位心：矮胖体型，胸廓宽而短，膈位置高，心纵轴与水平面的夹角小于45°，心与膈的接触面大，心胸比率常大于0.5。主动脉球明显，心腰凹陷。

（2）斜位心：体型适中，胸廓形态介于其他两型之间，心呈斜位，心纵轴与水平面的夹角约45°，心与膈接触面适中，心胸比率约0.5，心腰平直。

（3）垂位心：体型瘦长，胸廓狭长，膈位置低，心影较小而狭长，呈垂位，心纵轴与水平面的夹角大于45°，心与膈接触面小，心胸比率小于0.5。

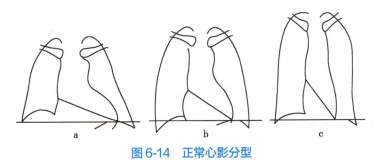

图6-14　正常心影分型

a.横位心　b.斜位心　c.垂位心

3. 心胸比率的测量　　心脏横径（T_1+T_2）与胸廓横径（T）之比即为心胸比率（CTR）（图6-15）。正常≤0.5，最大不超过0.52，大于此值应认为心脏增大。但受体形及膈肌位置的影响，不适用于横位心及垂位心的测量。

（三）常见疾病X线表现

1. 二尖瓣狭窄　　心脏呈二尖瓣型（梨形），左心房增大，左心耳常明显增大，右心室增大及肺动脉段突出，左心室及主动脉结缩小（图6-16）。

2. 主动脉瓣关闭不全　心脏呈主动脉型（靴形）：左心室极度增大，心尖向左下方显著移位，心腰凹陷。主动脉影增宽、迂曲、搏动增强（图6-17）。

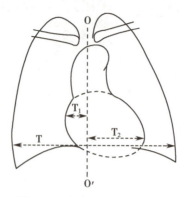

图6-15　心胸比率测量示意图

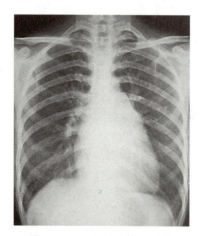

图6-16　二尖瓣型（梨形）心

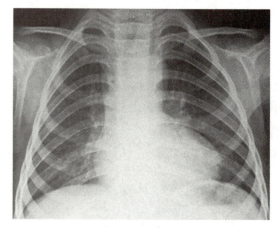

图6-17　主动脉型（靴形）心

3. 慢性肺源性心脏病　肺动脉高压，肺动脉段突出，右下肺动脉增粗，横径>15mm，外围肺血管细小，形成"肺门残根征"。右心室增大，心影呈梨形。

4. 高血压型心脏病　心影呈"主动脉"型，主动脉增宽、迂曲、延长。

5. 心包炎　湿性心包炎伴中等量以上积液时，心影向两侧扩展，心缘正常弧度消失，心外形立位时呈烧瓶状或"普大型"，卧位时，心底部明显增宽，主动脉影缩短，上腔静脉可增宽。

四、消化系统X线检查

（一）检查方法

1. 普通检查　包括透视和腹部平片，主要用于急腹症的诊断。

2. 造影检查　①钡餐检查：包括常规钡餐造影和气钡双重造影，主要用于食管、胃和小肠的检查，对回盲部病变也有一定价值。②钡灌肠检查：包括常规钡灌肠造影和气钡双重造影，主要用于大肠和回盲部的检查。胃肠道穿孔时禁用钡剂造影。③血管造影：动脉造影主要用于胃肠道出血和肿瘤，对急性大出血可立即确定出血部位，以便迅速治疗。

（二）正常消化系统X线表现

1. 食管　吞钡后正位观察，食管位于中线偏左。轮廓光滑整齐，宽度可达2～3cm。右前斜位在其前缘可见三个压迹，由上到下为主动脉弓压迹、左主支气管压迹和左心房压迹。黏膜皱襞表现为数条纤细纵行的条纹状影。

2. 胃　胃的形状一般分为四种类型（图 6-18）：①牛角型胃，位置与张力高，呈横位，上宽下窄，胃角不明显，多见于矮胖型人。②钩型胃，位置与张力中等，胃角明显，胃下极大致位于髂嵴水平。③长型胃，又名无力型胃，位置与张力均较低，胃腔上窄下宽如水袋状，胃下极常在髂嵴平面以下，多见于瘦长型人。④瀑布型胃，胃底呈囊袋状向后倾，胃泡大，胃体小，张力高，钡先进入后倾的胃底，充满后再溢入胃体，犹如瀑布。

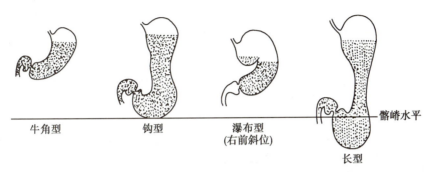

图 6-18　胃的分型

胃小弯和胃窦大弯侧轮廓光滑整齐，胃底及胃体大弯则常呈锯齿状。造影检查时，胃黏膜皱襞间的沟内充以钡剂呈条纹状致密影，黏膜皱襞则为条状透亮影，胃底皱襞较粗而弯曲，略呈网状；胃小弯的皱襞平行整齐，向大弯处逐渐变粗呈横向或斜行；胃窦黏膜皱襞主要与小弯平行，有时亦可斜行。随着胃的蠕动，胃黏膜皱襞可以自行改变其形状。在气钡双重造影片上，可显示胃微皱襞胃小区及胃小沟的影像。胃小区为直径约 1～3mm 圆形或类圆形的小隆起，周围的胃小沟为很细的线状，宽度小于 1mm，粗细深浅均匀，二者形成网眼状结构。

胃的蠕动由胃体上部开始，有节律地向幽门方向推进，波形逐渐加深，一般同时可见 2～3 个蠕动波。胃的排空受胃张力、蠕动、幽门功能和精神状态等影响，一般于服钡剂后 2～4 小时排空。

3. 十二指肠　十二指肠呈 C 形包绕胰头部，分为球部、降部、水平部和升部。球部轮廓光滑整齐，呈三角形或锥形，黏膜皱襞为平行的纵行条纹；降部以下多呈羽毛状。蠕动多呈波浪状向前推进，正常时可有逆蠕动。

4. 空肠及回肠　空回肠无明显分界。空肠主要位于左上和中腹部，蠕动较活跃，形态、皱襞和十二指肠降部相似。回肠主要位于中、下腹部和盆腔，蠕动缓慢，环状皱襞渐浅疏，钡充盈时多呈带状或节段状，边缘光滑，回肠黏膜皱襞较细而不明显，呈细羽毛状或平行纹理。正常服钡后 1 小时内显示空肠，3 小时钡剂大部在回肠，钡头可达回盲部，如果 6 小时尚未到达回盲部则为小肠动力缓慢，小肠钡剂全部排空一般不超过 9 小时。

5. 大肠　大肠包括盲肠、结肠和直肠。盲肠为回盲瓣入口下方的盲囊，阑尾位于其内下侧，升、降结肠分别位于腹腔右侧和左侧，纵向走行，降结肠与乙状结肠在左髂嵴处相移行。结肠的主要特征为结肠袋，表现为充钡时多个大致对称的袋状凸出，尤以升、横结肠较显著，降结肠以下就逐渐不明显，至乙状结肠接近消失，直肠没有袋形，边缘光滑。服钡后通常 6 小时内钡剂到达升结肠、肝曲，12 小时到降结肠，约 1～2 天排空。

（三）常见疾病 X 线表现

1. 食管静脉曲张　早期食管下段黏膜皱襞稍增宽或略迂曲，管壁边缘稍不整齐。典型表现为食管中下段的黏膜皱襞明显增宽、迂曲，呈蚯蚓状或串珠状充盈缺损，管壁边缘呈锯齿状。充盈缺损指来自胃肠道壁的隆起性病变，向管腔内突出，X 线钡剂造影检查时显示未被钡剂充填所形成的影像，还可见于肿瘤、息肉等。

2. 食管癌　早期食管癌黏膜增粗、紊乱，有小充盈缺损，局部管壁僵硬，钡剂通过缓慢。随病变发展，食管壁僵硬，黏膜皱襞中断、消失，蠕动消失。局部呈边缘不规则的充盈缺损或狭窄。轮廓改变因不同病理类型而各异，浸润型癌多表现为管腔环状狭窄，狭窄近端食管扩张（图6-19）；增生型癌，肿瘤向腔内突出，表现为形状不规则、大小不等的充盈缺损，造成管腔狭窄；溃疡型癌，表现为不规则的充盈缺损，其内可见一轮廓不规则且与食管纵轴一致的长形龛影。龛影指胃肠道管壁黏膜及其黏膜以下组织的溃烂并形成组织缺损（溃疡）后，胃肠道充盈对比时，如溃疡位于切线位，则显示局部轮廓向腔外突出的影像。

3. 胃、十二指肠溃疡

（1）胃溃疡：直接征象为龛影（图6-20），多见于小弯，切线位呈突出于胃轮廓外的乳头状、锥状或其他形状的阴影，边缘光滑整齐。正位呈圆形或椭圆形致密钡斑影。龛影口部常有一圈黏膜水肿所形成的透明带，为良性溃疡的特征，如为宽1～2mm的透明线，则称"黏膜线"，若宽5～10mm如圈状，则称"项圈征"，龛影口部明显狭小如颈状，则称"狭颈征"。慢性溃疡周围的瘢痕收缩，使黏膜皱襞呈放射状向龛影口部集中，也是良性溃疡的特征。

间接征象：①痉挛性切迹，表现为溃疡对侧胃壁上的凹陷；②分泌增加，可在胃内形成液面；③胃蠕动、张力和排空异常；④胃的变形和狭窄。

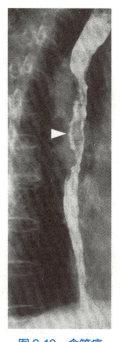

图6-19　食管癌

管腔环状狭窄，狭窄近端食管扩张（↑）

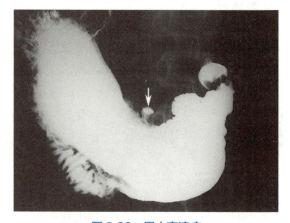

图6-20　胃小弯溃疡

切线位投影见龛影呈乳头状突向腔外（↑）

（2）十二指肠溃疡：90%以上发生在球部。直接征象为龛影，正位表现为类圆形或米粒状密度增高影，其边缘大都光滑整齐，周围常有一圈透明带，或有放射状黏膜皱襞纠集。

间接征象：①球部变形，可呈山字形、三叶形、葫芦形等；②激惹征，表现为钡剂到达球部后不易停留，迅速排出；③幽门痉挛，开放延迟；④胃分泌增多和胃张力及蠕动方面的改变等；⑤球部有固定处压痛。

4. 胃癌　胃癌常分为三型：蕈伞型（息肉型、包块型、增生型）、浸润型（硬癌）及溃疡型。表现为：①充盈缺损，形状不规则，多见于蕈伞型癌；②龛影，位于胃轮廓之内，形状不规则，多呈半月形，周围绕以宽窄不等的透明带，即环堤，其中常见结节状或指压迹状充盈缺损，多见于溃疡型癌（图6-21）；③胃腔狭窄、胃壁僵硬，主要由浸润型癌引起，也可见蕈伞型癌；④黏膜皱襞破坏、消失或中断；⑤癌瘤区蠕动消失。

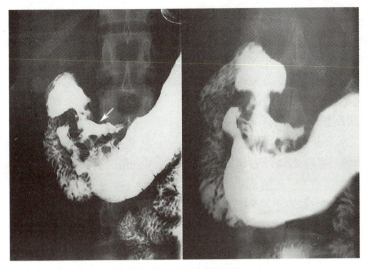

图6-21　溃疡型胃癌

龛影呈半月形,周围绕以环堤,可见指压迹状充盈缺损(↑)

5. 胃肠道穿孔　多见于消化性溃疡、外伤、肿瘤,以胃、十二指肠溃疡穿孔最多见。立位平片是首选检查方法,表现为一侧或双侧膈下游离气体,呈膈下弧形或新月形透亮影(图6-22),具有重要意义。还可见腹腔积液、腹脂线模糊、麻痹性肠胀气等表现。

6. 肠梗阻　①单纯性小肠梗阻:立位腹部平片是首选方法,可见积气扩张的肠腔内多个气-液平面,形成"阶梯状"表现(图6-23)。也可表现为"鱼肋征"。②绞窄性肠梗阻:除了肠管扩张、肠道积气、肠腔积液,还可见假肿瘤征、咖啡豆征、小跨度卷曲肠祥、空回肠换位征等特殊征象。③麻痹性肠梗阻:卧位检查整个胃肠道普遍积气、扩张,尤以结肠积气显著。

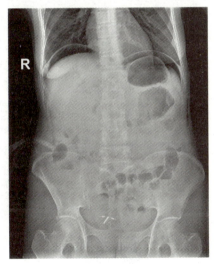

图6-22　胃肠道穿孔

膈下新月形游离气体(↑)

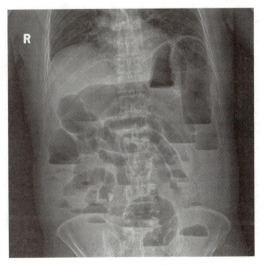

图6-23　肠梗阻

多个"阶梯状"气-液平面

五、泌尿系统 X 线检查

(一)检查方法

1. 普通检查　为腹部仰卧前后位片,主要用于观察泌尿系统阳性结石和钙化。

2. 造影检查　①静脉尿路造影（IVP）：又称排泄性尿路造影，可显示肾盏、肾盂、输尿管及膀胱内腔的解剖形态，还可大致了解两侧肾的排泄功能。严重的肝、肾和心血管疾病为本法的禁忌证。②逆行肾盂造影：用于排泄性尿路造影显影不良或不适于做排泄性尿路造影的患者。③腹主动脉造影与选择性肾动脉造影：可显示腹主动脉和两侧肾动脉，选择性肾动脉造影主要用于检查肾血管性病变和肾相关疾病的介入治疗。

（二）正常泌尿系统 X 线表现

（1）平片：可显示肾影轮廓。肾影长 12～13cm，宽 5～6cm，位于脊柱两侧，第 12 胸椎至第 3 腰椎之间，边缘光滑，密度均匀。右肾略低于左肾 1～2cm。肾长轴自内上向外下斜行，呈"八"字形，与脊柱的夹角称肾脊角，正常为 15°～25°。输尿管不能显示。

（2）尿路造影：主要观察肾盂、肾盏、输尿管和膀胱。正常肾盂形态变异较大，多呈喇叭状，少数呈分支或壶腹状，边缘光滑整齐。肾大盏略呈长管状，顶端与数个肾小盏相连。肾小盏呈短管状，末端略膨大，顶端呈杯口状凹陷。输尿管为细条状影，长约 25～30cm，上端与肾相接，沿脊椎旁向前下行入盆腔，最后斜行进入膀胱。输尿管有三个生理狭窄区，即与肾盂连接处、越过骨盆边缘处、进入膀胱处。膀胱的正常容量为 200～350ml，充盈较满时呈卵圆形，横置于耻骨联合之上，边缘光滑整齐、密度均匀。膀胱充盈少时，边缘不整齐呈锯齿状（图 6-24）。

（三）常见疾病 X 线表现

1. 泌尿系结石

（1）阳性结石：为高密度影，肾结石为肾窦部圆形、卵圆形、珊瑚状或鹿角状的（图 6-25）；输尿管结石多呈枣核状，其纵轴与输尿管一致；膀胱结石多呈椭圆形。

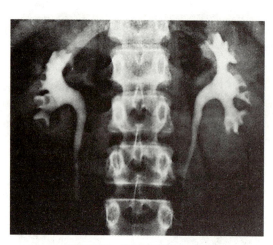

图 6-24　肾盂与肾盏造影

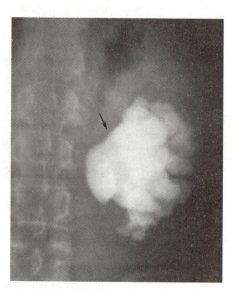

图 6-25　肾结石
多发的高密度影（↑）

（2）阴性结石：普通 X 线检查不显影，泌尿系造影检查可呈充盈缺损影。

2. 肾癌　腹部平片可看到肾影增大，呈分叶状或有局部隆凸，少数肿瘤内可出现不同形状的钙化影。肾癌的确诊需作尿路造影，由于肿瘤的压迫，使肾盏伸长、狭窄、变形或闭塞，肾盏也可互相分离与移位，造成"手握球"样改变。肿瘤的侵蚀和压迫，可使肾盏边缘不整齐或出现充盈缺损（图 6-26）。压迫阻塞输尿管，可有肾盂积水。

3. 膀胱癌　膀胱造影可显示大小不同的充盈缺损，呈结节状或菜花样。肿瘤浸润膀胱壁造成局部僵硬。

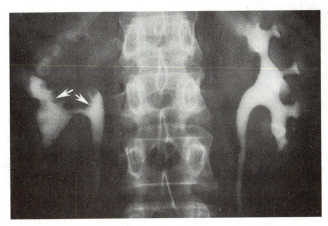

图 6-26　肾癌

肾盏边缘出现充盈缺损（↑）

六、骨与关节 X 线检查

（一）检查方法

1. 普通检查　一般采用正侧位摄影，根据需要可加摄斜位、轴位或切线位。骨与关节平片检查可显示病变的范围和程度，区分正常与异常，具有重要诊断价值。但 X 线检查不能显示软骨、肌肉、韧带的解剖结构。

2. 造影检查　①关节造影：一般用气体或有机碘水剂注入关节腔内，以显示关节软骨或半月板、关节囊及韧带等，自 CT、MRI 在临床应用以来，已很少使用。②血管造影：多用于肢体动脉，主要用于血管疾病的诊断和良、恶性肿瘤的鉴别。

（二）正常骨与关节 X 线表现

1. 长骨

（1）小儿长骨：包括骨干、干骺端、骨骺、骺板。骨干由密质骨构成骨皮质，表现为密度均匀的致密影。干骺端为骨干两端的较粗大部分，由松质骨构成，表现为网状阴影，其顶端为一横行线状致密带影，为干骺端的临时钙化带。骺为长骨未完成发育的一端，儿童期多为软骨，即骺软骨，X 线片上不显影，在骨化初期骺软骨中可见小点状骨性致密影。随骨骼增长，骺软骨逐渐发育成骨松质，边缘由不规则变为光整。骺板为软骨，居骺与干骺端之间，X 线片上呈横行半透明线（图 6-27），不要误认为骨折。当骺与干骺端完全融合时骺板消失，有时可遗留一线状高密度影，称为骺线，可终生存在。

（2）成人长骨：由骨干和骨端两部分组成。骨干表现与小儿长骨基本相似，但皮质较厚，密度较高；骨端主要由松质骨构成，皮质很薄。

2. 四肢关节　包括骨端、关节软骨、关节腔和关节囊。后三者 X 线片不能显示，骨端的骨性关节面，由密质骨构成，光滑整齐。两个骨性关节面间呈半透明间隙，为关节间隙。新生儿的关节间隙很宽，随年龄增长，逐渐变窄，待骨骼发育完成，则变为成年人的固定宽度，老年人关节间隙可稍窄。

3. 脊柱　由脊椎和其间的椎间盘组成。正位片上，椎体呈长方形，从上向下依次增大排成直线，主要由松质骨构成，周围为一层致密的骨皮质，密度均匀，轮廓光滑。棘突与椎体影重叠，位于中线上。横突在椎体两侧，呈伸向外侧的横条状影。椎弓根在椎体两侧外上部，为环状致密影。两椎体间宽度匀称的横行半透明影为椎间隙（图 6-28）。在侧位片上，成人脊柱有四个弯曲，颈椎前突，胸椎后突，腰椎前突，骶骨及尾骨则明显后突。

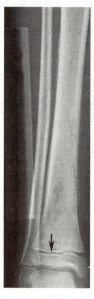

图 6-27　小儿长骨

骺板呈横行半透明线(↑)

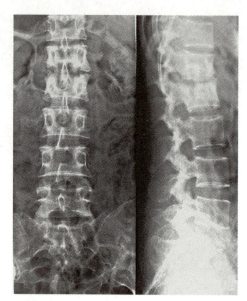

图 6-28　腰椎正侧位片

（三）常见疾病 X 线表现

1. 骨折

（1）长骨骨折：骨质断裂，骨小梁中断、扭曲，断裂面多不整齐，断裂处可见不规则的透明线，称为骨折线（图 6-29）。骨折断端相互嵌入，形成嵌入性骨折时为密度增加的条带状影，并不显示骨折线。若看不到骨折线，则需根据骨轮廓的改变来判断。儿童骨骼柔韧性较大，外力不易使骨质完全断裂，仅表现为骨小梁扭曲，骨皮质部分断裂、凹陷或隆突，即青枝骨折。骨折断端常发生移位，根据骨折远端的移位方向和程度来判断移位情况，可有横、纵、成角、旋转移位等。

（2）脊柱骨折：正位片见受压椎体变扁，侧位片见椎体呈前窄后宽的楔形（图 6-30）。由于断端嵌入，可见横形不规则线状致密带，不见骨折线。有时，椎体前上方有分离的骨碎片的阴影。其上下椎间隙一般保持正常。严重者脊椎后突可移位、错位压迫脊髓，也可伴有棘突或横突等骨折。

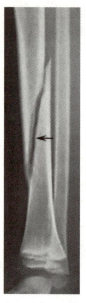

图 6-29　胫骨骨折

可见斜行的透明骨折线(↑)

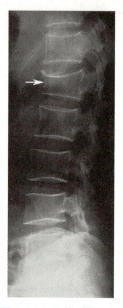

图 6-30　腰椎压缩骨折

椎体受压变扁呈楔形(↑)

2. 关节脱位 多见于肩、肘和髋关节。表现为组成关节的两个骨端失去正常的相对位置（图6-31），严重者并发骨折或骨骺分离。成年人小关节脱位和儿童骨骺未完全骨化的关节脱位，诊断较难，常需加摄健侧片比较。先天性髋关节脱位为小儿常见先天性畸形，表现为股骨头位于髋臼外，并向上、向后移位，髋臼变浅发育不良，病程长者股骨头与髂骨翼可构成假关节，患侧骨盆和股骨发育细小。

3. 化脓性骨髓炎

（1）急性化脓性骨髓炎：先出现软组织的改变，皮下脂肪层增厚，密度增高，有网状阴影。肌间隙模糊或消失。发病2周后见骨骼改变，先在干骺端骨松质中出现局限性骨质疏松，继而出现多发、分散的骨质破坏区，边缘模糊，骨皮质呈虫蚀样或筛孔样破坏，病变向骨干蔓延，可达全骨干。同时骨皮质周围出现骨膜增生，表现为一层密度不高的新生骨，与骨干平行（图6-32）。有时可引起病理性骨折。

（2）慢性化脓性骨髓炎：可见明显的修复，即在骨破坏周围有骨质增生硬化现象，但如未痊愈，仍可见骨质破坏和死骨。

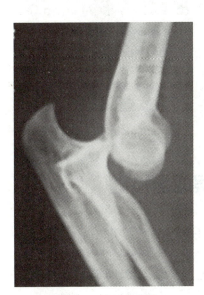

图6-31 肘关节脱位

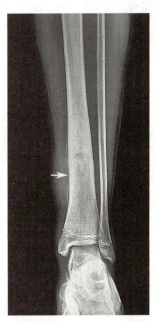

图6-32 胫骨急性化脓性骨髓炎

骨皮质呈虫蚀样破坏，骨膜增生（↑）

4. 退行性骨关节病

（1）四肢关节退行性变性：表现为关节间隙变窄；关节面骨质增生硬化；关节边缘骨赘形成；关节附近假囊肿形成；关节内游离体；关节半脱位。

（2）脊椎退行性变性：①椎间小关节间隙变窄；关节面骨质硬化；上、下关节突变尖；椎间孔变小。②椎间隙变窄；纤维环钙化或髓核钙化。③椎体前后缘骨质增生，可有骨桥形成；病变部椎体向前或后移位。脊柱生理弯曲变直、侧弯（图6-33）。

5. 骨肉瘤

（1）硬化型骨肉瘤：①骨膜变化。骨膜被刺激首先产生平行型或放射型骨膜反应，有时可见葱皮型骨膜反应。由于肿瘤的发展快而超出骨膜的适应能力，在平行型骨膜反应的中部被肿瘤穿破，进入周围软组织，两侧残留的骨膜反应呈三角形，即骨膜三角（Codman 三角）。②骨质变化。瘤区骨质密度明显增高，瘤内结构及该处的正常骨结构不易分辨。致密的瘤区骨质边缘不清楚。③软组织肿块。可见界线清楚的类圆形肿块影及界线模糊的弥漫性软组织肿胀。④瘤骨。在软组织内可见针状瘤骨及棉絮状瘤骨（图6-34）。

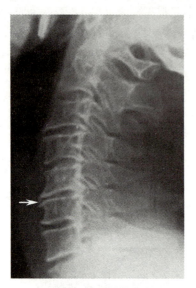

图6-33　颈椎病

骨桥形成（↑）

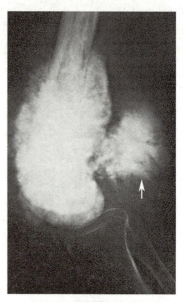

图6-34　股骨骨肉瘤

软组织内棉絮状瘤骨（↑）

（2）溶骨型骨肉瘤：X线表现为大片的溶骨性骨破坏区，边界模糊。可能有浅淡的三角形骨膜反应（Codman三角），软组织中无瘤骨形成。

（3）混合型骨肉瘤：介于上述两型间。

第二节　计算机体层成像检查

一、基 本 知 识

计算机体层成像（CT），由英国的Hounsfield于1969年设计成功，是把电子计算机和X线相结合，应用到医学领域的重大突破。与传统X线成像相比，CT图像是真正的断层图像，其图像清晰、密度分辨率高、无断层以外组织结构干扰，因而显著扩大了人体的检查范围，提高了病变的检出率和诊断准确率。

（一）CT成像原理

CT是根据人体对X线吸收率不同，使用计算机重建方法得到人体二维横断面图像的影像设备。CT成像的基本过程为：X线→人体→采集数据→重建图像→显示图像。CT的X线球管发出的X射线与常规X线摄影的不同，在准直器的作用下，X射线呈有一定厚度的笔形或扇形束，穿过相同厚度的人体断层，部分能量被吸收，由于被检体组织具有密度差异，穿透被检体的X线衰减后带有组织的信息，到达对面探测器，由探测器接受，通过数据采集系统进行模数转换，数据转换后由计算机重建成横断面图像，最后由显示器显示图像。

（二）CT发展和临床应用

1. CT的发展　CT机发展很快，性能不断提高，至目前共经历了大约五代，大致可分为三大类型，即普通CT机、螺旋CT机、电子束CT机。20世纪末，CT逐渐全面进入多排螺旋CT时代，CT技术从最早期的单纯头颅层扫描发展为超高速多排螺旋CT。多排螺旋CT结合多排探测器及螺旋容积扫描，大大提高了扫描速度和图像质量，使一次屏气大部位薄层扫描和一次注药多期扫描成为可能，为疾病的诊断提供了更全面、清晰、直观的影像依据。目前多排螺旋 CT 可实现各向同性的快速扫描，CT 已全面进入容积数据采集时代，所得的图像最薄层厚可达 0.4mm，空间分辨率达 0.3mm×0.3mm×0.3mm，在此基础上，CT 三维重建技术得到广泛的承认与应用。多排螺旋 CT 多种后处理技术的使用，使得骨骼系统成像、全身大中血管成像、支气管树成像、胰胆管系统、泌尿系统及其他几乎各系统的成像都得到了长足的进步，为临床多种疾病的诊断及随访提供了更多的影像信息。同时多排探测器也使得扫描速度明显加快，特别是双源 CT 的出现，使得螺旋扫描的螺距达到了 3.4，冠脉扫描时间分辨率达到 83ms。仅仅几十年时间 CT 就已经能够将永不停止跳动的心脏进行"冻结"成像，清晰地显示冠脉形态、狭窄程度，使患者不再需要接受创伤大、风险大的穿刺血管造影进行冠心病诊断，并且，目前冠脉成像甚至可以实现在单次心跳时间内完成全部图像的采集，最大程度保证冠脉成像质量。

由于快速成像的实现和高压注射器的应用，CT 可以在短时间内反复采集同一扫描范围内的图像数据，快速跟踪经静脉团注进入人体的对比剂的通过及分布情况，获得时间密度曲线、并根据数学模型进行相应组织灌注参数的计算，实现灌注成像。目前该技术主要应用于急性脑梗死的评估、负荷心肌灌注及肿瘤疗效随访等临床领域。

2. CT 的临床应用　CT 检查已广泛应用于临床，但不宜将 CT 检查视为常规诊断手段，临床主要用于诊断①中枢神经系统疾病：颅内肿瘤、脓肿与肉芽肿、寄生虫病、外伤性血肿与脑损伤、脑梗死、脑出血，以及椎管内肿瘤、椎间盘脱出症等。②胸部疾病：纵隔和肺门肿块或淋巴结增大、支气管狭窄或阻塞、原发和转移性纵隔肿瘤、淋巴结结核、中心型肺癌等。③腹部及盆腔疾病：肝、胆、胰、腹膜腔及腹膜后间隙、泌尿和生殖系统的占位性、炎症性和外伤性病变。④五官科疾病：眶内占位病变、鼻窦早期癌、中耳小胆脂瘤、听骨破坏与脱位、内耳骨迷路破坏、耳先天发育异常、鼻咽癌等。

（三）CT 检查方法

1. 普通扫描　亦称平扫，即不用对比剂增强或造影的 CT 扫描。扫描方位多采用横断层面，检查颅脑及头面部病变有时可加用冠状层面扫描。

2. 增强扫描　指血管内注射对比剂后再行扫描的方法。目的是提高病变组织与正常组织的密度差，以显示某些在平扫上未被显示或显示不清的病变，根据病变有无强化及强化类型，有助于定性。据注射对比剂后扫描方法，可分为常规增强扫描、动态增强扫描、延迟增强扫描、双期或多期增强扫描等。

动态增强扫描指注射对比剂后对某一选定层面或区域、在一定时间范围内进行连续多期扫描（常用三期扫描，即动脉期、静脉期和实质期），主要用于了解组织、器官或病变的血液供应状况。例如，在注入造影剂后 20 秒和 60 秒时分别对肝脏进行扫描，可以分别观察到肝动脉期和门静脉期两个不同时相正常肝组织和肝内肿瘤的不同强化程度与方式，这两期分别称为肝动脉期和门静脉期扫描。

3. CT 造影　CT 造影是指对某一器官或结构进行造影再行扫描的方法，它能更好地显示结构和发现病变。分为 CT 血管造影和 CT 非血管造影两种。

（1）CT 血管造影（CTA）：采用静脉团注的方式注入含碘对比剂 80～100ml，当对比剂流经靶区血管时，利用多层螺旋 CT 进行快速连续扫描，再行多平面及三维 CT 重组获得血管成像的一种方法，其最大优势是快速、无创，可多平面、多方位、多角度显示动静脉系统，观察血管管腔、管壁及病变与血管的关系。该方法操作简单、易行，一定程度上可取代有创的血管造影，目前 CTA 的诊断效果已类似 DSA，可作为筛查动脉狭窄与闭塞、动脉瘤、血管畸形等血管病变的首选方法。

（2）CT 脊髓造影和 CT 关节造影：目前，这些检查技术多已被 MRI 检查所取代。

（四）CT 图像特点

1. 是数字化模拟灰度图像　CT 图像是经数字转换的重建模拟图像，是由一定数目从黑到白不同灰度的像素按固有矩阵排列而成,这些像素的灰度反映的是相应体素的X线吸收系数。如同X线图像,CT图像亦是用灰度反映器官和组织对X线的吸收程度。如含气的肺组织吸收X线少,在CT图像上呈黑色影像,即低密度影像;肌肉或脏器等软组织,吸收中等剂量的X线,呈灰色影像,即中等密度影像;骨组织含钙量高,吸收X线多,呈白色影像,即高密度影像。

2. 具有较高的密度分辨力   CT图像的密度分辨力相当于常规X线图像的10~20倍。因此,人体不同的软组织虽然对X线的吸收差异小,但在CT图像上亦可形成对比,这是CT图像的优点。所以,CT能清楚显示由软组织构成的器官,如脑、纵隔、肝、胰、脾、肾及盆腔等器官,并可在良好图像背景上确切显示出病变影像,这种病灶的检出能力是常规X线图像难以达到的。

3. 密度能够进行量化评估   CT图像不但能从形态学上显示组织器官和病变的密度高低,而且还可以应用X线吸收系数的数值,来量化评估密度高低的程度,这是常规X线检查所无法达到的。在临床工作中,将吸收系数换算成CT值来表示组织的密度,其单位为亨氏单位(HU)。因此,在描述某一组织器官或病变密度时,不但能够用高密度、中等密度或低密度来形容,亦可用它们的CT值来说明密度的高低。CT值不是绝对值,而是以水为标准,其他组织与水比较的相对值,即以水的CT值为0HU,空气为-1 000HU,骨为+1 000HU,共分为2 000个等级。人体各种组织均包括在2 000个等级之内。

为使CT图像上欲观察的组织结构和病变达到最佳显示,需根据它们的CT值范围,选用不同的窗技术,其包括窗位和窗宽。提高窗位,荧光屏上所显示的图像变黑;降低窗位则图像变白。增大窗宽,图像上的层次增多,组织间对比度下降;缩小窗宽,图像上的层次减少,组织间对比度增加。窗位是指图像显示所指的CT值范围的中心。例如观察脑组织常用窗位为+35HU,而观察骨质则用+300~+600HU。窗宽是指图像显示的CT值范围。例如观察脑的窗宽用100Hu,观察骨的窗宽用1 000HU。这样,同一层面的图像数据,通过调节窗位和窗宽,便可分别得到适于显示脑组织与骨质的两种密度图像。

4. 为断层图像   CT图像常规是横轴位断层图像,克服了普通X线检查各组织结构影像重叠的缺点,从而使各个器官组织结构得以显示清楚,明显提高了病灶的检出率。但断层图像不利于器官结构和病灶的整体显示,需要连续观察多帧图像,经人脑思维整合或运用图像后处理重组技术,才能形成完整的概念。另外,部分容积效应的存在,可影响微小病变的显示和诊断,可采用高分辨力CT(HRCT)检查,以利于微小结构和病变的显示。随着CT设备的发展,CT扫描层厚可小于1mm。利用计算机软件对CT轴位断面图像信息进行图像重组,可获得冠状位、矢状位二维图像及三维立体CT图像等,称之为CT图像后处理技术。

二、颅脑CT检查

(一)正常CT表现

1. 颅骨及气腔   用骨窗观察,颅骨为高密度,鼻窦及乳突内气体为极低密度。

2. 脑实质   分为大脑额、颞、顶、枕叶及脑干、小脑。脑实质分脑皮质及髓质,皮质密度略高于髓质,分界清楚。

3. 含脑脊液的间隙   脑室、脑池、脑裂和脑沟内含脑脊液,呈均匀水样低密度。

4. 增强扫描   正常脑实质轻度强化,脑内血管、硬脑膜、垂体和松果体均明显强化。

(二)常见疾病的CT表现

1. 颅脑外伤   CT检查脑外伤安全、迅速、方便。

(1)颅骨骨折:CT能清楚显示骨折部位、分布、程度,更重要的是可显示颅骨骨折继发和并发的颅内损伤。需用骨窗观察,表现为骨的连续性中断、移位。颅底骨折须行薄层高分辨力扫描才能显示骨折线,颅内积气、窦腔积液是颅底骨折的间接征象。

（2）颅内血肿：①硬膜外血肿。急性硬膜外血肿典型表现为颅骨内板下方梭形或双凸透镜形均匀高密度区，边缘锐利光滑，范围一般不超过颅缝（图6-35），可见中线结构移位、侧脑室受压等占位效应，常伴发局部骨折及头皮下血肿。②硬膜下血肿。急性硬膜下血肿表现为颅骨内板下新月形均匀高密度区，血肿范围广泛，占位效应明显。

（3）脑挫裂伤：表现为大片低密度的脑水肿区中有多发高密度小出血灶，边界清楚，同侧脑室常受压变窄和移位。单纯脑挫伤只表现为低密度的脑水肿，边界清楚。

2. 脑梗死

（1）缺血性脑梗死：脑血管闭塞后24小时内，CT可无阳性发现。24小时以后则出现低密度区，累及髓质和皮质，多为楔形或不规则形，边缘不清（图6-36），常有脑水肿和占位表现。

（2）出血性脑梗死：表现为大片低密度区内出现点片状高密度影。

（3）腔隙性脑梗死：好发于基底节区，表现为直径小于1.0cm的边缘清楚的低密度灶。

3. 脑出血　CT可反映血肿形成、吸收和囊变的演变过程。血肿好发于基底节区和丘脑。新鲜血肿为边缘清楚、密度均匀的高密度区（图6-37）。

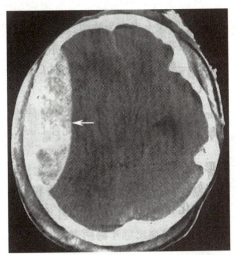

图6-35　急性硬膜外血肿

颅骨内板下方梭形高密度区（↑）

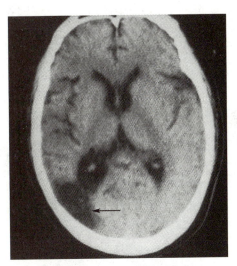

图6-36　缺血性脑梗死

示低密度区（↑）

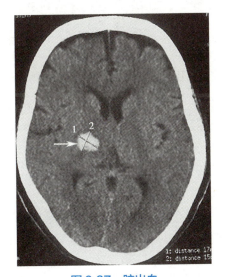

图6-37　脑出血

基底节均匀的高密度区（↑）

4. 脑脓肿　CT可确定脓肿的有无及其位置、大小和数目等,还可引导进行手术引流,并观察脓肿的演变。病变多发生在灰白质交界处,早期表现为边缘不清的低密度区及占位征象,周围有广泛水肿。脓肿形成后,壁等于或略高于脑组织,脓腔为低密度。增强扫描可见脓肿壁呈薄得均匀一致的环形增强影。

5. 脑血管畸形　平扫时,小的脑血管畸形不易发现,较大病灶显示为不均匀密度和不规则团状影。有出血或钙化则表现为高密度灶。增强扫描常显示轮廓清晰的畸形血管影及粗大迂曲的输入和引出血管,呈团状影或不规则形的密度较高影。

6. 颅内肿瘤　CT可确定有无肿瘤,并可进行定位和定性诊断。常见的颅内肿瘤有:

(1)脑膜瘤:多表现为等密度或高密度病灶,边界清楚,球形或分叶状,且与颅骨、小脑镰或小脑幕相连,增强扫描病灶可均匀增强(图6-38)。

(2)神经上皮肿瘤:最常见的为星形细胞瘤,为低、略高或混杂密度病灶,形态不规则,边界不清楚,瘤周水肿明显,有不同程度的占位征象。肿块通常无强化,出现强化则提示向恶性发展,常呈环状或不规则强化,环壁上可见强化的壁结节。

(3)转移瘤:多在脑周边,呈小的低、高或混杂密度病灶,瘤周水肿明显,"小肿瘤大水肿"为其特征性表现。增强检查多呈均匀或环形强化,环壁较厚,不规则,可有壁结节。病灶多发性对诊断意义较大。

(4)颅咽管瘤:多在鞍上区,混杂密度,囊壁可有蛋壳样钙化,增强检查呈环状强化。

(5)听神经瘤:为脑桥小脑角区的低或稍高密度病灶,增强扫描可均匀强化,可见内听道扩大与破坏。

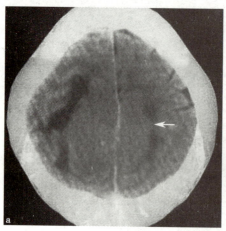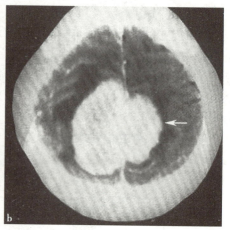

图6-38　脑膜瘤
a. 平扫见等密度病灶,周围有水肿　b. 增强扫描病灶均匀强化(↑)

三、胸部CT检查

(一)正常CT表现

由于构成胸部的组织包括低密度的含气肺组织、脂肪组织,中等密度的肌肉组织及高密度的骨组织,因而其CT值范围宽广。在CT图像上胸壁、肺组织及纵隔有较大的密度差别,在一幅图像上不可能同时清楚显示肺野和纵隔内结构。因此在观察胸部CT时,采用肺窗和纵隔窗分别观察肺实质和纵隔内的结构。

1. 肺窗　两肺野表现为对称性低密度阴影,内可见由中心向外围走行的高密度肺血管分支,由粗变细,即肺纹理。上下走行或斜行的血管则表现为圆形或椭圆形的断面影。肺动脉与同级别的支气管相行,两者的断面直径相近。两侧主支气管、叶支气管、段支气管与部分亚段支气管表现为管状或条状的含气低密度影,可作为判断肺叶和肺段位置的标志之一。

2. 纵隔窗　CT 显示纵隔内结构明显优于胸片。①前纵隔:主要有胸腺组织、淋巴组织、脂肪组织和结缔组织。②中纵隔:包括气管与支气管、大血管及其分支、膈神经及喉返神经、迷走神经、淋巴结及心脏等。心脏内血液与心肌密度相等,所以 CT 平扫时不能区分。③后纵隔:内有食管、降主动脉、胸导管、奇静脉、半奇静脉及淋巴结等。

纵隔各组淋巴结在 CT 上均表现为圆形或椭圆形软组织影,正常时短径≤1cm,若直径 1.1～1.4cm 视为临界性,≥1.5cm 视为病理性,≥2cm 多为恶性或转移。

(二)常见疾病的CT表现

1. 支气管肺癌

(1)中央型肺癌:发生于主支气管、肺叶支气管及肺段支气管。早期支气管壁不规则增厚、管腔狭窄或腔内结节;中晚期可见肺门肿块:分叶状或边缘不规则,常伴有阻塞性肺炎或肺不张(图 6-39);增强 CT 可显示肿瘤是否侵犯纵隔结构、是否伴纵隔淋巴结转移、是否侵犯血管导致血管受压移位、管腔变窄或闭塞、管壁不规则等。

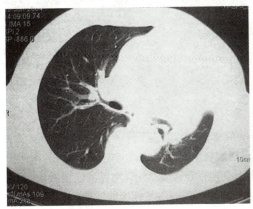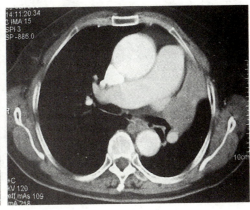

图6-39　中心型肺癌

(2)周围型肺癌:发生于肺段以下支气管至细支气管以上部位。表现为不规则的分叶、放射状毛刺团块影和偏心性厚壁空洞等(图 6-40),可见胸膜凹陷征。增强扫描肿块呈密度均匀或不均匀的中等或以上增强。

2. 支气管扩张　CT 为支气管扩张的主要检查方法,HRCT 为首选。表现为①柱状型支气管扩张:当支气管水平走行而与 CT 层面平行时可表现为"轨道征";当支气管和 CT 层面呈垂直走行时可表现为管壁圆形透亮影,呈"戒指征"。②囊状型支气管扩张:表现为多发囊状或葡萄串状阴影,如合并感染则囊内出现液面及囊壁增厚。③曲张型支气管扩张:表现为支气管径呈粗细不均的囊柱状改变,壁不规则,可呈念珠状。④当扩张的支气管腔内充满黏液栓时,表现为柱状或结节状高密度影,称"指状征"。

3. 纵隔肿瘤

(1)胸腺瘤:多在前纵隔心与大血管交界处或直接位于升主动脉前方,CT 表现为圆形或卵圆形,光滑或分叶状肿块,肿瘤边缘或内部可有点状钙化。如肿瘤整个边缘不清,特别在胸膜边缘处模糊应视为恶性表现。

(2)恶性淋巴瘤:主要侵犯纵隔淋巴结使之增大,也可侵及胸膜及肺部。增大的淋巴结呈结节状的软组织肿块影,多位于气管旁、脊椎旁、腔静脉周围、主动脉前,以及胸骨后淋巴群。肿瘤密度略低于软组织,增强扫描后强化不明显。

(3)畸胎瘤:多位于前纵隔大血管根部。囊性者为均匀一致的液体密度,内可有脂肪,囊壁可有蛋壳状钙化。实性者呈混杂密度,瘤体内的脂肪、牙齿、骨骼和钙化成分是其特征性表现。若肿瘤呈浸润性生长则提示为恶性。增强扫描实性部分及囊壁有不同程度强化,囊性部分及脂肪不强化。

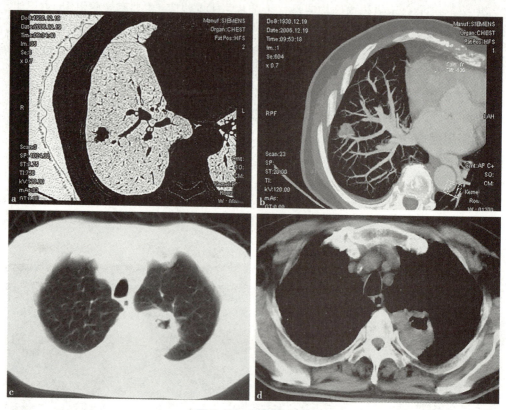

图 6-40　周围型肺癌

a、b. 肺内结节,边缘不规则,呈短毛刺改变

c、d. CT 肺窗和纵隔窗同时显示左上肺纵隔旁不规则空洞型肿块影

四、肝、胆、胰、脾 CT 检查

(一)正常 CT 表现

CT 适用于肝、胆、胰、脾等实质器官疾病的诊断。

1. 肝胆　平扫肝实质呈均匀软组织密度,CT 值为 50～60HU,略高于脾、胰、肾。不同层面上,所显示的肝脏各叶、段的大小、形状有所不同。肝内动脉分支细小,通常平扫和增强都不易见到。胆囊位于胆囊窝内,长 7～10cm,宽 3～5cm,边界清楚,形状呈卵圆形、梨形,囊内含胆汁,为均匀低密度,CT 值为 5～30HU。正常肝内、外胆管不显影,当扩张时才显示,表现为从肝门向肝内延伸的树枝状低密度影。

2. 脾脏　呈新月状,密度均匀,略低于肝脏,与胰腺近似。前后径不超过 5 个肋单元(一个肋骨或肋间隙称为一个肋单元),下缘不应低于肝右叶最下缘。

3. 胰腺　正常胰腺呈带状,由胰头至胰尾逐渐变细,胰头、体、尾与胰腺长轴垂直的径线可达 3cm、2.5cm、2cm,60 岁以上老人胰腺逐渐萎缩变细。平扫胰实质密度均匀,CT 值为 40～50HU,略低于肝脏;增强扫描呈均匀强化。

(二)常见疾病的 CT 表现

1. 肝硬化　肝密度普遍减低,CT 值接近或低于脾。早期肝增大,晚期肝缩小,肝轮廓凹凸不平呈结节状,肝各叶大小比例失常,常是尾叶与左叶较大而右叶较小,肝门和肝裂增宽,脾增大。伴有腹腔积液时,表现为肝轮廓外的新月形水样低密度区,肝与腹壁间距离增大。

2.**海绵状血管瘤**　平扫为类圆形低密度区,境界较清楚,密度较均匀。较大血管瘤的中心部分呈更低密度区,平扫所见难与肝癌鉴别,CT多期增强扫描技术是诊断和鉴别诊断的重要手段,肝动脉期可见肿瘤边缘不连续的斑片状、结节状明显强化,密度接近同层腹主动脉;门静脉期可见强化灶互相融合并逐渐向肿瘤中心扩散,密度逐渐降低但仍高于正常肝组织;延迟扫描整个肿瘤均匀强化,密度进一步降低,但仍略高于或等于正常肝实质。整个增强过程表现为"快进慢出"的特征。造影剂在血管瘤内持续时间长,是与肝癌鉴别的重要征象(图6-41)。

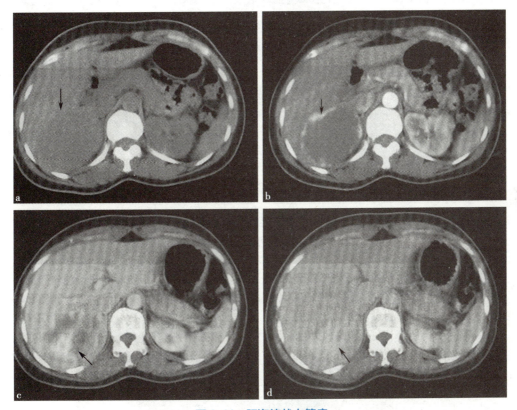

图6-41　肝海绵状血管瘤

a. 平扫,见低密度区　b. 动脉期扫描,低密度区边缘开始强化　c. 门静脉期扫描,强化范围向中央扩展

d. 延长期扫描,低密度区与周围肝实质形成等密度

3.**肝细胞肝癌(肝癌)**　CT平扫绝大多数是低密度病灶,少数可为低、等与高密度混合的病灶。肿瘤可为单个或多个结节,也可呈巨块状。较大肝癌因出血、坏死和囊变而密度不均匀,中心部常出现更低密度区,其边缘部呈结节状(图6-42)。肿瘤边界多不清,少数边界清楚并有包膜。CT多期增强扫描,动脉期肿瘤迅速出现明显的斑片状、结节状强化,而此时正常肝组织未出现明显强化;门静脉期见门静脉和肝实质明显强化,而肿瘤的强化迅速下降;平衡期肝实质继续保持高密度强化,肿瘤密度持续下降表现为低密度灶。肝癌增强的时间较短暂,2~3分钟内即恢复为原来的低密度状态,表现为"快进快出"的特征,与血管瘤完全不同。

4.**肝囊肿与多囊肝**　单纯肝囊肿平扫可见肝内圆形或类圆形、边缘光滑、密度均匀、水样密度影,囊壁薄(图6-43)。增强扫描无强化。多囊肝平扫可见肝内有多个囊肿,大小不等,壁薄。

5.**胰腺炎**　急性胰腺炎表现为胰腺肿大、变形和边缘模糊。慢性胰腺炎显示胰腺萎缩或增大、变形、钙化或形成假性囊肿。

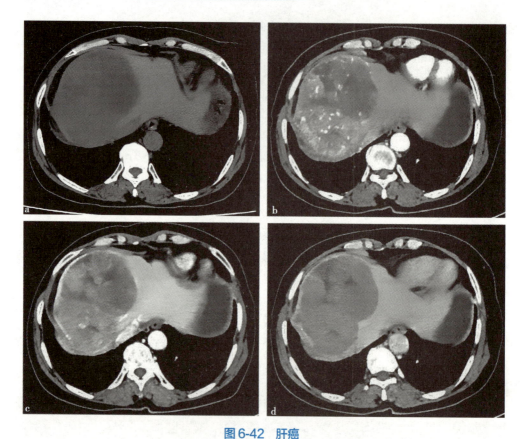

图 6-42　肝癌

a. 平扫, 见低密度肿块　b. 动脉期扫描, 病灶呈不均匀强化
c. 门静脉期扫描, 肿瘤强化迅速下降　d. 延迟期扫描, 肿瘤为低密度灶

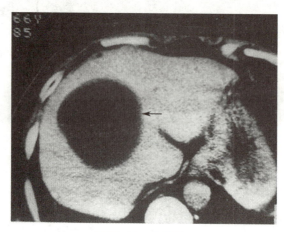

图 6-43　肝囊肿
水样密度圆形病灶(↑)

五、肾、膀胱与前列腺 CT 检查

(一)正常 CT 表现

1. 肾、输尿管　平扫两侧肾为圆形或卵圆形软组织密度影, 边缘光滑、锐利, 密度均匀, 皮、髓质不能分辨。快速注入对比剂后即刻扫描, 皮质强化呈环状高密度, 髓质未强化仍为低密度。1 分钟后髓质密度逐渐增高, 皮、髓质分界消失, 肾呈均匀高密度。肾盂与肾盏平扫时为水样密度, 充盈对比剂时密度明显增高。正常输尿管位于脊柱两旁、腰大肌前方, 平扫显示不佳, 充盈

对比剂时,横断面呈圆形高密度影。

2. 膀胱　膀胱充盈时,呈圆形或卵圆形,壁为厚度均一的薄壁软组织密度影,内外缘光滑,一般不超过 3mm。增强扫描膀胱壁均匀强化,延期扫描膀胱内充盈含对比剂的尿液,为均匀高密度。

3. 前列腺、精囊　闭孔平面可见前列腺,横断面为椭圆形软组织密度影,境界清楚。年轻人前列腺平均上下径、前后径、横径分别为 3cm,2.3cm,3.1cm,老年人分别是 5cm、4.3cm、4.8cm。精囊为位于膀胱底后的八字状对称的软组织密度影。

（二）常见疾病的 CT 表现

1. 肾癌　平扫为肾实质内边缘不规则肿块,与肾实质分界不清,可突出于肾外,密度可低于或类似周围肾实质,偶为高密度。肿块内可有低密度坏死区和 / 或钙化。增强扫描多为不均匀强化(图6-44)。

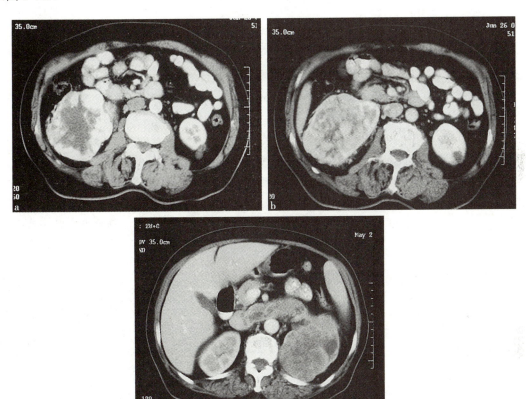

图6-44　肾癌

a. 增强CT 示右侧进展期肾癌(皮质期)明显不均匀强化,密度接近肾皮质　b. 增强CT 示右侧进展期肾癌(肾实质期)肿块密度下降,肾周围可见肿瘤血管,左肾下极可见囊肿　c. 左侧肾癌增强CT 示左肾静脉和下腔静脉内瘤栓,表现管径增粗,内有充盈缺损

2. 肾囊肿与多囊肾　单纯肾囊肿平扫可见肾包膜内圆形或类圆形、边缘光滑、密度均匀、水样密度的病灶,囊壁薄,与正常肾实质分界清楚,增强扫描无强化。多囊肾平扫可见两肾增大,呈分叶状外形,内有多个囊肿,大小不等,壁薄。

3. 膀胱癌　平扫为自膀胱壁突向腔内、外的结节状、菜花状软组织密度影,膀胱壁不规则增厚。增强扫描多为均匀强化,延期扫描,腔内充盈对比剂,肿块表现为充盈缺损。可见邻近组织的浸润和淋巴结转移。

4. 前列腺增生与前列腺癌　前列腺的大小同年龄有关,但一般上界不超过耻骨联合上缘,前列腺增生患者前列腺增大,横径超过 5cm 或其上缘超过耻骨联合上方 2cm,密度均匀,边缘光滑,与膀胱分界清楚,内可有钙化,前列腺增生冠状面显示更为清楚,可见前列腺向膀胱底突入,膀胱壁受压向上推移。前列腺癌侵破包膜向周围脂肪组织中浸润时,表现为前列腺轮廓不整,密度不均,直肠前壁及膀胱壁可被浸润,精囊角消失。

六、脊柱 CT 检查

(一)正常 CT 表现

在 CT 横断面图像上,椎体由薄层骨皮质包绕的骨松质构成,呈后缘向前凹的圆形,椎体、椎弓根和椎板构成椎管的骨环,环的两侧为横突,后方可见棘突,椎体后外侧方可见椎间孔和上下关节突,黄韧带附着在椎弓板和关节突的内侧,为软组织密度影,厚 2～4mm,硬膜囊居椎管中央,呈软组织密度,在椎间盘层面,可见略高密度的椎间盘影,CT 值为 50～110HU。

(二)常见疾病的 CT 表现

1. 椎管狭窄　椎管狭窄分为骨性和软组织狭窄,骨性椎管狭窄又分为中心型狭窄和周围型狭窄,后者指侧隐窝和椎间孔狭窄。先天性椎管狭窄常伴发于骨发育不全,获得性椎管狭窄可由骨折、炎症、肿瘤和退行性变性引起。横断面 CT 扫描可直接观察椎管狭窄变形,测量椎管大小并探明引起椎管狭窄的病因。表现为:①椎体后缘骨赘向椎管内突入;②椎间盘膨出和上关节突肥大,造成腰椎侧隐窝狭窄,侧隐窝前后径 2～4mm 为可疑狭窄,2mm 以下为肯定狭窄;③黄韧带或后纵韧带肥厚、骨化,后纵韧带骨化多见于颈椎,可严重压迫脊髓;④椎体滑脱,可发现椎弓峡部裂或引起滑脱的椎间盘和韧带的退行性变性。

2. 椎间盘病变　①椎间盘膨出:椎间盘边缘匀称而弥漫膨隆并超出椎体骨板(图 6-45),椎间盘内可含气体(真空现象)。②椎间盘突出:椎间盘后缘向椎管内局限性突出的软组织块影,与椎间盘相连,脱出时则游离于椎管内(图 6-46)。还可见硬膜囊受压变形,硬膜外脂肪层变薄或消失,脊神经根受压移位。

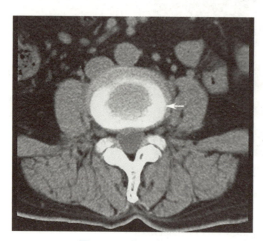 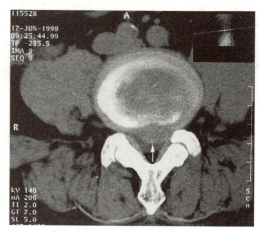

图 6-45　椎间盘膨出　　　　　　　　　　　图 6-46　椎间盘突出

椎间盘边缘匀称而弥漫膨隆并超出椎体骨板(↑)　　　椎管内突出的椎间盘软组织块影(↑)

第三节　磁共振成像检查

磁共振成像(MRI)是利用强外磁场内人体中的氢原子核即氢质子(^1H),在特定射频(RF)脉冲作用下产生磁共振现象,所进行的一种医学成像技术。

一、基 本 知 识

（一）MRI 基本原理　磁共振成像过程较复杂，可分解为以下步骤。

1. 人体 ^1H 在强外磁场内产生纵向磁矢量和 ^1H 进动　人体内富含 ^1H，^1H 具有自旋特性而产生磁矩，犹如一个小磁体。通常，它们无序排列，磁矩相互抵消；当进入强大的外磁场内，^1H 磁矩依外磁场磁力线方向有序排列，而产生纵向磁矢量。^1H 在绕自身轴旋转的同时，还围绕外磁场方向做锥形运动，犹如旋转中的陀螺，称为进动，进动的频率与外磁场场强成正比。

2. 发射特定的 RF 脉冲引起磁共振现象　向强外磁场内的人体发射特定频率（^1H 进动频率）的 RF 脉冲，^1H 吸收能量而发生磁共振现象，同时产生两种改变：一种是吸收能量的 ^1H 呈反磁力线方向排列，致纵向磁矢量变小、消失；另一种是 ^1H 进行同相位进动，由此产生横向磁矢量。

3. 停止 RF 脉冲后 ^1H 恢复至原有状态并产生 MR 信号　停止发射 RF 脉冲后，^1H 迅速恢复至原有的平衡状态，这一过程称为弛豫过程，所需时间称为弛豫时间。有两种弛豫时间：一种是纵向磁矢量恢复的时间，为纵向弛豫时间，亦称 T_1 弛豫时间，简称 T_1；另一种是横向磁矢量的衰减和消失时间，为横向弛豫时间，亦称 T_2 弛豫时间，简称 T_2。发生共振的 ^1H 在弛豫过程中，就会产生代表 T_1 值和 T_2 值的 MR 信号。

4. 采集、处理 MR 信号并重建为 MRI 图像　对于反映人体组织结构 T_1 值和 T_2 值的 MR 信号，经采集、编码、计算等一系列复杂处理，即可重建为 MRI 灰阶图像。

MRI 图像上的黑白灰度对比，反映的是组织间弛豫时间的差异，而不同于 X 线、CT 和超声图像上的灰度概念。MRI 检查有两种基本成像：一种是主要反映组织间 T_1 值的差异，称为 T_1 加权成像（T_1WI）；另一种是主要反映组织间 T_2 值的差异，称为 T_2 加权成像（T_2WI）。人体内各种组织及其病变，均有相对恒定的 T_1 值和 T_2 值。MRI 检查就是通过图像上反映 T_1 值和 T_2 值的黑白灰度及其改变来检出病变并进行诊断的。

MRI 图像上的黑白灰度称为信号强度。其中，白影称为高信号，灰影称为中等信号，黑影称为低信号或无信号。T_1WI 图像上，高信号代表 T_1 弛豫时间短的组织，常称为短 T_1 高信号或短 T_1 信号，例如脂肪组织；低信号代表 T_1 弛豫时间长的组织，常称为长 T_1 低信号或长 T_1 信号，例如脑脊液。T_2WI 图像上，高信号代表 T_2 弛豫时间长的组织，常称为长 T_2 高信号或长 T_2 信号，例如脑脊液；低信号代表 T_2 弛豫时间短的组织，常称为短 T_2 低信号或短 T_2 信号，例如骨皮质。表 6-2、表 6-3 列举了几种正常组织和病变组织在 T_1WI 和 T_2WI 图像上的信号强度与影像灰度。

表6-2　人体正常组织MRI的信号特点

图像	脑白质	脑灰质	脑脊液	脂肪	肝	脾	肌腱	骨皮质	骨髓
T_1WI	中高 （灰白）	中低 （灰黑）	低 （黑）	高 （白）	中高 （灰白）	中低 （灰黑）	低 （黑）	低 （黑）	高 （白）
T_2WI	中低 （黑）	中高 （灰白）	高 （白）	中高 （灰白）	中低 （灰黑）	中高 （灰白）	低 （黑）	低 （黑）	中等 （灰）

表6-3　病变组织MRI的信号特点

图像	水肿	瘤结节	含水囊肿	含蛋白多的囊肿	亚急性出血	钙化
T_1WI	低 （黑）	中低 （灰黑）	低 （黑）	高 （白）	高 （白）	低 （黑）
T_2WI	高 （白）	中高 （灰白）	高 （白）	高 （白）	高 （白）	低 （黑）

（二）MRI设备与MRI成像优势

1. **MRI设备**　MR设备的主要指标是磁场强度即场强，单位为特斯拉（T）。目前，临床应用的MR设备有以下两种主流机型。

（1）高场强1.5T和3.0T超导型MR机：其场强稳定，图像的信噪比高，图质好；功能齐全，能够进行包括功能磁共振成像在内的各种检查，除用于临床疾病诊断外，还常用于科学研究。

（2）低场强0.2～0.35T永磁型MR机：此类MR设备主要用于临床疾病诊断。目前，低场强MR机的应用已日益减少。

其他MR设备还有超高场强的7.0T MR机、肢体专用MR机、心脏专用MR机、复合手术室MR机等，但安装量均很少。

2. **MRI成像的主要优势**

（1）多参数成像：包括CT在内的X线成像，只有不同组织吸收X线量的差别，仅能获得密度对比一种图像，但MRI检查有多个成像参数，例如T_1值、T_2值、质子密度等。由于每个成像参数所提供的信息不同，联合这些参数图像有助于疾病的检出、诊断与鉴别。

（2）多序列成像：MRI成像序列丰富，除了常用的自旋回波和快速自旋回波序列以外，梯度回波、反转恢复和平面回波成像等序列亦常应用。

（3）多方位成像：与以轴位断层图像为主的CT成像相比较，MRI成像可直接获取横断面（轴位）、冠状面、矢状面及任意倾斜层面图像，有利于显示解剖关系及明确病变的部位及范围。

（4）软组织分辨力高：MRI成像在显示中枢神经系统及关节内结构与病变方面明显优于CT。一些特定的成像方法还有利于进一步确认病变的组织学特征。

（5）直接进行水成像：利用静态液体具有长T_2弛豫时间的特点，使用重T_2WI序列，不用任何对比剂，就能整体显示含有液体的管道系统，如稀胆汁、胰液、尿液、脑脊液、内耳淋巴液、唾液、泪水等流动缓慢或相对静止的液体均呈高信号，此即MR水成像。包括MR胰胆管成像（MRCP）、MR尿路成像（MRU）、MR脊髓成像（MRM）等。

（6）直接进行血管成像：利用液体流动效应，不用对比剂，采用时间飞跃或相位对比法，使血流在图像中呈高信号，静止组织呈低信号，可获取类似X线血管造影的三维血管成像，此即MR血管成像（MRA）。

（7）其他：还有能够大致反映组织和病变内水分子的扩散运动及其受限程度的扩散加权成像（DWI）；可反映组织和病变的血流灌注状态的灌注加权成像（PWI）；可检查活体组织和病变内的生化成分及其含量的磁共振波谱成像（MRS）等。

MRI成像有诸多的优势，但也有其局限性，如MRI与CT一样，也为断层图像，不能整体显示器官结构和病变；多序列、多幅图像不利于快速观察；检查时间相对较长，费用较高；易发生不同类型伪影；识别钙化有限度等。

（三）MRI检查方法及图像特点

MRI有多种检查方法，各具其适用范围和诊断价值，应根据检查目的进行选用。

1. **平扫检查**　全身各部位MRI检查时，若无特殊要求，通常先行普通平扫检查。常规为横断层T_1WI和T_2WI检查，必要时辅以其他方位检查。肝囊肿、胆囊结石、子宫肌瘤等病变普通平扫检查即可明确诊断。特殊平扫检查常用的有：①脂肪抑制T_1WI和T_2WI：应用特定的脂肪抑制序列和技术，能够明确病变内有无脂肪组织。其图像具有普通平扫T_1WI和T_2WI的信号特点，唯脂肪组织呈低信号。②梯度回波同、反相位T_1WI：用于富含脂质病变例如肾上腺皮质腺瘤、脂肪肝等病变诊断，同相位图像类似普通T_1WI图像，而反相位图像上富含细胞内脂质病变的信号减低。③水抑制T_2WI：能够抑制自由水信号，脑灰、白质信号对比同普通T_2WI，唯脑室、脑池和脑沟内脑脊液呈低信号,利于脑室、脑沟旁长 T_2 高信号病灶的检出。④磁敏感加权成像(SWI):能够清晰显示小静脉、微出血和铁沉积。用于脑内静脉发育畸形、脑外伤微出血等疾病的诊断。

2. 对比增强检查 MRI 对比增强检查常简称 MRI 增强检查,是经静脉注入顺磁性或超顺磁性对比剂后,再行 T_1WI 或 T_2WI 检查的方法。目前,普遍采用的对比剂是二乙烯三胺五乙酸钆(Gd-DTPA),为顺磁性对比剂,主要作用是缩短 T_1 值,可使 T_1WI 图像上组织与病变的信号强度发生不同程度增高,称之为强化,从而改变其间的信号对比,有利于病变的检出和诊断。普通增强检查:为单期扫描,常用于颅脑疾病诊断。多期增强检查:能观察病变强化程度随时间所发生的动态变化,有利于定性诊断,主要用于腹、盆部疾病诊断。增强 T_1WI 图像具备 T_1WI 图像的一般特点,垂体、肾实质和血管等部分解剖结构发生强化,呈高信号。

3. MRA 检查 主要用于诊断血管疾病,普通 MRA 检查无须注入对比剂,但对于小血管显示欠佳;增强 MRA 需经静脉注入 Gd-DTPA,对于血管细节尤其小血管的显示效果要优于普通 MRA。MRA 图像可整体显示高信号血管结构,而周围结构显示不清。

4. MR 水成像检查 MR 胰胆管成像(MRCP)主要用于胰胆管梗阻性病变的诊断;MR 尿路成像(MRU)用于检查尿路梗阻性病变;内耳迷路水成像有利于诊断内耳先天性发育畸形。MR 水成像图像显示胰胆管、尿路等为高信号,周围结构显示不清。

5. 磁共振波谱成像(MRS)检查 有助于诊断与鉴别诊断肿瘤、炎症等疾病。其图像为显示代谢产物浓度的谱线图,横坐标为不同代谢产物共振峰位置,纵坐标代表相应代谢产物的浓度。

6. 功能性磁共振成像(fMRI)检查 DWI 检查常规用于超急性期脑梗死诊断,也可用于肿瘤性病变的诊断与鉴别诊断;PWI 检查主要用于缺血性和肿瘤性病变诊断与鉴别诊断,以及肿瘤恶性程度评估的研究。

二、临 床 应 用

(一)磁共振检查的注意事项

1. 检查前清理患者身上的金属物品,如手表、手机、腰带扣等。

2. 妊娠 3 个月以内的孕妇不能进行 MRI 检查。

3. 体内有金属植入物(心脏起搏器、动脉夹、人工金属瓣膜、金属假肢或关节、胰岛素泵、神经刺激器、弹片等)不能进行 MRI 检查。

(二)几种常见疾病的磁共振成像检查

1. 脑梗死 MRI 检查可较早发现脑梗死,尤其 MRI 弥散加权成像(DWI)在脑梗死 6 小时内平扫显示为正常时即可显示为异常高信号,6 小时后 T_1WI 呈低信号,T_2WI 及液体抑制反转恢复(FLAIR)序列呈高信号(图 6-47)。

2. 腔隙性脑梗死 表现为圆形、椭圆形或裂隙状,在 T_1WI 上呈等低信号,在 T_2WI 上呈高信号,最大径常仅数毫米,一般不超过 1cm(图 6-48)。

3. 脑出血 MRI 一般不用于检查超急性和急性期脑出血,因该期患者多不耐受较长时间的检查,且病灶显示不如 CT 清楚,但 MRI 显示后颅窝,尤其脑干的血肿较好。亚急性晚期 T_1WI 及 T_2WI 均呈高信号,慢性期 MRI 显示病灶比 CT 敏感,囊肿完全形成时 T_1WI 呈低信号,T_2WI 呈高信号,周边含铁血黄素沉积 T_2WI 上为低信号环。

4. 蛛网膜下腔出血 急性期 T_1WI 和 T_2WI 上多表现为阴性,FLAIR 可表现为蛛网膜下腔内线样高信号;亚急性期 T_1WI、T_2WI 及 FLAIR 上均为高信号;慢性期 T_2WI 上可见极低信号线条状含铁血黄素沉积,较具特征性。(图 6-49)。

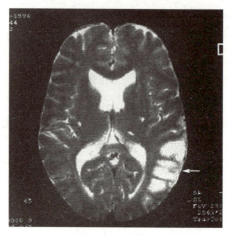

图6-47　脑梗死(急性期)磁共振影像

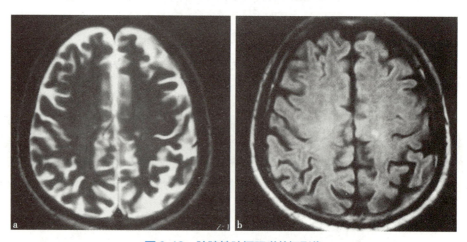

图6-48　腔隙性脑梗死磁共振影像

a. T₂WI,左半卵圆中心点状高信号灶　b. FLAIR,示高信号灶

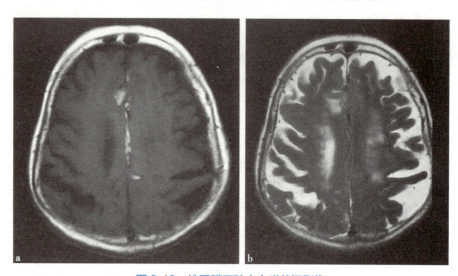

图6-49　蛛网膜下腔出血磁共振影像

a. T₁WI 示纵裂池内短 T₁ 信号　b. T₂WI 上不明显

5. 颅内肿瘤

（1）星形细胞瘤：按分化程度可分为 4 级,级别越高,恶性程度越高。Ⅰ级分化良好,属低度恶性;Ⅲ级、Ⅳ级分化不良,为高度恶性;Ⅱ级介于其间。肿瘤在 T₁WI 上呈低或混杂信号,在

T_2WI 及 FLAIR 上呈高信号,恶性程度越高,其 T_1 和 T_2 值越长。Ⅰ级肿瘤通常无强化;Ⅱ级多为不强化或轻度强化;Ⅲ、Ⅳ级多数强化明显。

（2）脑膜瘤:多见于中年妇女,好发于矢状窦旁、脑凸面、蝶骨嵴、嗅沟、桥小脑角等部位。肿瘤在 T_1WI 上呈等或稍高信号,在 T_2WI 上呈等或高信号,均一性强化,临近脑膜强化称为"脑膜尾征",具有一定特征性（图 6-50）。

（3）垂体腺瘤:①垂体微腺瘤。直径 10mm 以下,MRI 显示优于 CT,平扫可见垂体内小的异常信号灶;增强早期常显示为边界清楚的低信号灶。②垂体大腺瘤。直径大于 10mm,在 T_1WI 上呈稍低信号,在 T_2WI 上呈等或高信号;增强检查明显均匀或不均匀强化;蝶鞍扩大,可向上突入鞍上池,有时侵犯一侧或两侧海绵窦,还可压迫视交叉等。

6. 脊髓疾病　MRI 对脊髓疾病的诊断具有重要意义。脊髓损伤:MRI 可直观显示外伤性椎管狭窄、脊髓的损伤类型、部位、范围和程度。脊髓损伤出血在 T_1WI 可呈高信号;脊髓水肿在 T_1WI 上呈低或等信号,在 T_2WI 上呈高信号;脊髓软化、囊变、空洞在 T_1WI 上呈低信号,在 T_2WI 上呈高信号;脊髓萎缩表现为脊髓局限性或弥漫性缩小,可伴信号异常。脊髓肿瘤多为星形细胞瘤或室管膜瘤,矢状面可见脊髓局限性增粗,肿瘤 T_1WI 信号等或低于脊髓信号,T_2WI 和 FLAIR 呈高信号,DWI 多为稍高信号。

7. 椎间盘突出　对椎间盘突出的形态显示同 CT,但优于 CT。正常椎间盘髓核、纤维环的内侧 T_1WI 为稍高信号,T_2WI 为高信号;纤维环外侧部及后纵韧带 T_1WI 为低信号,T_2WI 亦为低信号。椎间盘变性时 T_2WI 高信号消失。

8. 椎间盘脱出　以髓核为主的椎间盘脱出多向椎间盘侧后缘突出,一侧或双侧发生。MRI 征象为:矢状面图像显示椎间盘变窄,髓核变窄、前后径增宽;横断面图像显示髓核经纤维环裂口脱出至椎体后缘连线轮廓之外,推压后纵韧带和硬脊膜囊（图 6-51）。

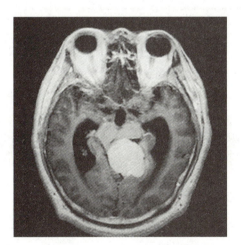
图 6-50　脑膜瘤磁共振影像

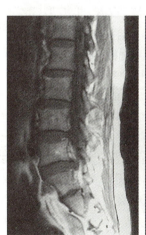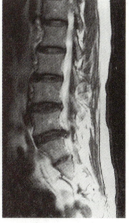
图 6-51　椎间盘脱出磁共振影像

第四节　超声检查

　　超声检查是指运用超声波的物理特性和人体器官组织声学特性相互作用后产生的声学信息,并将其数据通过超声诊断仪处理后形成曲线、波形、图像等,对人体组织的物理特征、形态结构与功能状态做出判断进而进行疾病诊断的一种检查方法。超声检查具有操作简便、准确可靠、无创伤、无痛苦等优点,已广泛应用于临床,对心、肝、胆、脾、胰、肾及妇产科疾病提供可靠的诊断依据,在现代医学影像诊断中占有重要地位。

一、基 本 知 识

（一）超声波定义

声波是指振动频率在 20～20 000Hz（赫兹）可以引起人听觉的机械纵波，而超声波是指振动频率在 20 000Hz 以上、超过人耳听觉范围的声波。一般临床诊断用的超声波频率为 2～20MHz（兆赫）。

（二）超声波产生与接收

1. 压电效应　目前，医学诊断用超声波发生装置多根据压电效应原理制造，通常采用压电晶体作为换能器，其具有两种可逆的能量转换形式，分别是正压电效应及逆压电效应。在某些晶体的一定方向上施加压力或拉力，晶体的两个表面将分别出现正、负电荷，即把机械能转变为电能，此现象称为正压电效应；而把压电晶体置于交变电场中，晶体沿一定的方向压缩或膨胀，导致厚度的交替改变从而产生声振动，即把电能转变为声能，称为逆压电效应。

2. 超声波产生和接收　医用超声诊断仪主要由两部分组成，即主机和探头。超声的发生和接收是根据压电效应的原理，由医用超声诊断仪的探头来完成。探头即换能器，由压电晶体组成，用来产生和接收超声波。超声波的产生是利用压电晶体的逆压电效应，把电能转变为机械能，当压电晶体受到仪器产生的高频交变电压作用时，压电晶体将在厚度方向上产生胀缩现象，形成了机械振动，于是就产生了超声波，这个振动的晶片为超声波的声源。超声波的接收则是利用压电晶体的正压电效应，把机械能转变为电能。超声在介质中传播，遇到声阻抗相差较大的界面时即发生反射，反射波被超声探头接收后就会作用于探头内的压电晶片，相当于对其施加了一个外力（机械能），在正压电效应晶体两边产生携带回声信息的微弱电压信号，主机将这种高频变化的微弱电信号进行处理、放大，以波形、光点、声音等形式表现出来，即能产生影像，显示出用于诊断的各类型声像图。

（三）超声波的物理特性

超声波的物理特性包括传播特性和物理效应。前者主要为诊断提供可靠的依据，后者主要为治疗提供有效的治疗手段。在超声检查中超声在弹性介质（气体、液体及固体）中以纵波形式传播，主要遵守声波的传播特性，包括方向性、穿透性、反射、折射、绕射、散射、吸收、衰减和多普勒效应。

1. 方向性好　超声波的频率很高，波长等于波速除以频率，即超声波的波长很短，使得它能像光波一样直线传播，呈现出很好的方向性，在检测时能对人体组织或病灶部位进行精准定位。

2. 穿透性强　人体组织密度越大，介质声阻抗越大，超声波强度衰减程度就越小，所以超声波在液体与固体中的强度衰减程度要比在气体中小很多，即超声波在液体和固体中呈现很强的穿透能力。当超声波在人体组织中传播时，穿透力异常变化反映出人体组织密度的变化，这是医学超声诊断的重要理论基础。

3. 反射、散射、透射、折射和绕射　超声在密度均匀的介质中传播，不产生反射和散射。在传播中，经过两种不同介质的界面时，一部分能量由界面处返回第一介质，此即反射，其方向与声束和界面间的夹角有关，反射角和入射角相等，如二者垂直，即沿原入射声束的途径返回；另一部分能量能穿过界面，进入第二介质，此即透射。两介质声阻相差愈小，则界面处反射愈少，透射入第二介质愈多，甚至可以没有反射，只有透射。如超声波在均匀介质水中的传播就是如此，所以介质水表现为无回声影像。超声诊断常用这一特性来鉴别病变的囊实性，以及检测病变结构是否均匀。反之，两种不同介质的声阻相差愈大，则界面处反射愈强，透射入第二介质愈少，甚至难以透过，超声波的这一特性限制了超声在肺和骨的应用。

超声在传播时，若遇到与超声波波长近似或小于波长（小界面）的介质时，会产生散射与绕射。散射成为新的声源，为小介质向四周发散超声。绕射是超声波绕过障碍物的边缘，继续向前传播。散射回声强度与超声波入射角无关。超声波穿过大界面发生透射时如果出现声束前进方向改变，则称为折射。折射是由于两种介质声速不同引起的（图6-52）。

反射和散射回声是超声成像的基础。超声检查时，超声波通过人体内各组织器官的界面发生反射和散射，不仅能显示器官的轮廓及毗邻关系，而且能显示其细微结构及运动状态。

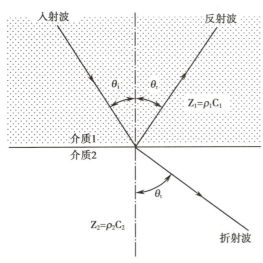

图6-52　两种介质界面上超声波的入射、反射和折射示意图

4. 吸收与衰减　当声波在弹性介质中传播时，由于"内摩擦"或所谓"黏滞性"而使声能逐渐减小，声波振幅逐渐减低，介质对声能的此种作用即为吸收，而声波由强变弱的过程即为衰减。吸收与衰减的幅度与超声波的频率、介质的黏滞性、导热性、温度及传播的距离等因素有密切关系。超声波在介质中传播时，入射声波能随传播距离的增加而减弱的现象称为超声衰减，其原因是衰减过程存在有反射、散射、声束的扩散及吸收。一般认为，人体中的超声波的吸收及衰减是主要的。声能吸收之后，能量减小，显示的反射亦较弱，故深部结构有时探查比较困难。

5. 多普勒效应　振动源以固定频率发射声波，当遇不同介质的界面时发生反射或散射。如果界面静止不动，则返回声波的频率与发射频率相同，无频差出现。反之，如果界面与振动源有相对运动，则返回声波的频率与发射频率不相同，界面向振动源移近时，返回声波频率增加，界面远离振动源时，返回声波频率减少。这种频率增加和减少的现象称为多普勒效应。因此，根据频差的有无及大小，可以了解界面的活动情况。这一物理特性已广泛应用于心血管等活动脏器疾病的检查。

（四）超声成像基本原理

超声成像是利用超声波的物理特性如反射、散射、折射、衍射和多普勒效应等与人体组织器官声学特性相互作用后产生的信息，并将其接收、放大和信息处理后形成图像，如二维超声、多普勒超声等，借此进行疾病诊断的成像方法。

1. 声像图的形成　人体结构对超声波而言是一个复杂的介质，各种器官与组织，包括病理组织有它特定的声阻抗和衰减特性。超声波射入体内，由表面到深部，将经过不同声阻抗和不同衰减特性的器官与组织，从而产生不同的反射与衰减。这种不同的反射与衰减是构成超声图像的基础。携带人体结构信息的回声被接收、放大和处理后，根据回声强弱，用明暗不同的光点显示在显示屏上，则可显出人体的断面超声图像，称为声像图。声像图是层面图像，通过改变探头位置可得任意切面的声像图，并可动态观察器官活动。声像图是以明（白）暗（黑）之间不同的灰度来反映回声的有无和强弱，无回声则为暗区（黑影），强回声则为亮区（白影）。由于体内器官组织界面的深浅不同，其回声被接收到的时间有先后之差，因此可测得脏器表面、背面的深度及脏器的厚度。

2. 人体组织的声学分型　超声波经过不同声阻抗和不同衰减特性的器官或病变的内部，根据产生的不同反射与衰减，内部回声分为无回声、低回声、等回声、高回声和强回声。

（1）无回声：超声波经过的区域没有反射，表现为无回声的暗区（黑影）。①液性暗区：均质的液体，声阻抗无差别或差别很小，不构成反射界面，形成液性暗区，如血液、胆汁、尿和羊水等。因此，血管、胆囊、膀胱和羊膜腔等脏器内正常呈均匀无回声液性暗区。胸腔积液、心包积液、腹腔积液、肾盂积水，以及含液体的囊性肿物及包虫囊肿等也呈无回声液性暗区。无回声暗区后方常见回声增强，出现亮的光带（白影）。②衰减暗区：前方组织对声能的吸收衰减过多或反射过强导致后方组织声能缺乏，图像上表现为无回声暗区，见于正常骨骼或含气脏器的后方组织，也可见于钙化、结石或某些肿瘤后方，即声影。③实质暗区：某些实质性介质内部结构非常均质，声阻抗差别小，在仪器灵敏度较低的情况下，也可表现为无回声暗区。如肾实质、正常眼球的玻璃体及肾癌、透明性变等病变组织。

（2）低回声：回声介于等回声和无回声之间，超声测量的组织或器官介质比较均匀，声阻抗差别小，仅有少数反射界面。如：正常肾脏实质、透明细胞癌和玻璃样变性的病理组织等。

（3）等回声：回声强度接近或等于灰阶的中间部分，表现为分布均匀的点状中等回声，例如正常脾脏、肝脏实质的回声。

（4）高回声：超声测量的组织或器官纤维化、脂肪变性、新生物形成，导致组织比正常组织结构致密，声阻抗增加，反射界面增大，灰度较明亮，后方不伴声影。如：心脏瓣膜、肝脏包膜、肾窦和纤维组织等。实质器官内组织致密或血管增多的肿瘤，声阻抗差别大，反射界面增多，使局部回声增强，呈密集的光点或光团（灰白影），如癌、肌瘤及血管瘤等。

（5）强回声：介质内部结构致密，与邻近的软组织或液体有明显的声阻抗差，引起强反射。如骨质、结石、钙化，灰度明亮，后方常伴声影。此外，含气器官如肺、充气的胃肠，因与邻近软组织之声阻抗差别极大，声能几乎全部被反射回来，不能透射，在超声声像图上表现为多次反射的强回声带（又称含气型），一般不用超声检查肺脏和胃肠。

（五）超声诊断仪的类型

1. A 型超声诊断仪（A 超）　即幅度调制型，显示单声束界面回声幅度。A 型超声诊断仪利用超声波的反射特性来获得人体组织内的有关信息，从而诊断疾病。当超声波束在人体组织中传播遇到不同声阻抗的两层邻近介质界面时，在该界面上就产生反射回声，每遇到一个界面，产生一个回声，该回声在示波器的屏幕上以脉冲波形显示，脉冲波形的幅度代表界面反射信号的强弱，借此鉴别病变的物理特性；以反射波之间的距离探测界面距离，测量脏器径线。可用于对组织结构的定位及定性。由于此法过分粗略，目前已基本淘汰。

2. M 型超声诊断仪（M 超）　即超声光点扫描。此法系将单声束超声波所经过的人体各层解剖结构的回声以运动曲线的形式从时间上和空间上加以展开显示的一种超声诊断法。其图像纵轴代表回声界面空间位置关系和深度，横轴代表扫描时间。M 型超声诊断仪对人体中的运动脏器如心脏、胎儿胎心、动脉血管等功能的检查具有优势，并可进行多种心功能参数的测量，如心脏瓣膜的运动速度、加速度等。但 M 型显示不能获得解剖图像，不适用于对静态脏器的诊查。

3. B 型超声诊断仪（B 超）　即辉度调制型，其影像所显示是人体组织或脏器的二维超声断层图（或称剖面图），对于运动脏器，还可实现实时动态显示，所以，B 型超声成像仪与 A 型、M 型超声诊断仪在结构原理上都有较大的不同。B 型超声诊断仪以不同亮度的光点表示界面反射信号的强弱，反射强则亮，反射弱则暗，称灰阶成像。其采用多声束连续扫描，每一单条声束上的光点连续地分布组成一幅二维切面图像。图像纵轴表示人体组织深度，即界面至探头的距离，横轴表示超声束在扫描方向上的位置，反映切面图像的宽度。B 型超声诊断法可清晰显示脏器外形与毗邻关系，以及脏器的内部回声、内部结构、血管与其他管道分布情况等。当扫描的回声信号构成图像的速度超过每秒 24 帧时，则能显示脏器的实时动态，称为实时显像。因此，B 型超声诊断法是目前临床使用最广泛的、也是最重要、最基本的一种超声诊断法。

4. D 型超声诊断仪（D 超）　即多普勒超声诊断。当声源与接收器做相对运动时，声波的频率会发生变化,此种现象即多普勒效应。频率的变化称频移,频移即多普勒信号,经仪器处理后,以波、色彩等形式显示出来。D 型超声诊断正是利用多普勒效应的基本原理来探测血管、心脏内血液流动反射回来的各种多普勒频移信息,以频谱或色彩的形式显示,从而进行疾病诊断的一种方法。

目前常用的多普勒超声诊断有频谱多普勒诊断法和彩色多普勒血流显像两种。频谱多普勒诊断法是将血流的信息以波形(即频谱)的形式显示,横轴代表时间,纵轴代表频移或流速。从零位基线向上的血流频谱为朝向探头的血流,零位基线向下的则为背离探头的血流。根据发射超声方式的不同,频谱多普勒超声可分为脉冲多普勒及连续多普勒。检测较低速血流选用脉冲波多普勒,具有距离选通功能,高速血流($>3m/s$)选用连续波多普勒,无距离选通功能(图)。脉冲多普勒图中有尖峰脉冲波的为动脉血流,呈连续不断出现的为静脉血流。彩色多普勒血流显像是在二维显像基础上对感兴趣的目标检测区域血流的多普勒信号利用自相关技术处理,并进行彩色编码,将二维彩色信息叠加到灰阶图像的相应区域内,以色彩形式显示血流,提供了一幅既有解剖结构的实时切面,又有动态变化的彩色血流声像图,有很强的直观感和空间感。目前多数采用红色表示血流方向朝向探头,蓝色表示血流方向背离探头,湍流则以绿色或多彩表示。应用多普勒超声诊断,可检测血流的方向、速度、性质、分布范围、有无返流及异常分流等,具有重要的临床应用价值。

5. 超声新技术

(1)弹性成像:根据不同组织间弹性系数不同,在受到外力压迫后组织发生变形的程度不同,将受压前后回声信号移动幅度的变化转化为实时彩色图像,弹性系数小、受压后位移变化大的组织显示为红色,弹性系数大、受压后位移变化小的组织显示为蓝色,弹性系数中等的组织显示为绿色,借图像色彩反映组织的硬度,称为弹性成像技术。该技术弥补了常规超声的不足,能更生动地显示及定位病变,可应用于肝脏、乳腺、甲状腺及前列腺等脏器疾病诊断。

(2)超声造影:利用造影剂使后散射回声增强,明显提高超声诊断的分辨力、敏感性和特异性。新型声学造影剂的出现使超声造影能有效地增强心肌、肝、肾、脑等实质性器官的二维超声影像和血流多普勒信号,反映和观察正常组织和病变组织的血流灌注情况。超声造影具有实时、便捷、无过敏反应、无辐射等优点,现已广泛应用于临床。

(3)组织多普勒成像:组织多普勒成像又称多普勒心肌组织成像,是一种检测和评价心肌运动的新技术。它是在传统的探查心腔内血流的彩色多普勒仪器的基础上,通过改变多普勒滤波系统,除去心腔内血流产生的高速、低振幅的频移信号,保留心肌运动产生的低速、高振幅的频移信号,并经相关系统处理,以彩色编码显示出来。组织多普勒可以实时评价整个心动周期中室壁运动、检测心肌增厚率及存活力。

(六)超声检查的扫查方法

1. 连续滑行扫查法　探头在皮肤上做连续、缓慢的滑行扫查。通过一系列的连续扫查,可以作纵向、横向或任意方向的连续平移扫查,也可使探头的一端固定,另一端作连续旋转滑行扫查。此法适用于较大脏器和病变的检查。

2. 扇形扫查法　扫查平面按顺序作扇形移动,对可疑区域进行系统扫查,可避开骨骼和含气器官的影响。此法适用于心脏及较小脏器的检查。

3. 十字交叉扫查法　以病变区为中心,在相互垂直的两个方向上做连续纵切和横切扫查,可以确定被检查目标的整体空间方位。此法常用于病变定位。

4. 追踪扫查法　发现某一异常结构或病变后,沿其走行进行追踪扫查,以全部显示其结构。此法适用于管道结构如胆总管、输尿管、胃肠道等的检查。

5. 对比扫查法　对于对称性器官,如肾、肾上腺、卵巢、甲状腺(左右侧叶)、肢体、眼球、颅脑等,除仔细检查患侧病变之外,还应对健侧进行常规性检查。

(七)超声检查的临床应用

超声检查能够显示组织器官的解剖结构和某些功能状态,临床上广泛地应用于消化系统、循环系统、泌尿系统、生殖系统及浅表器官等组织器官疾病的诊断。临床主要用于：

1. 检测实质性脏器的大小、形态及物理特性。

2. 检测囊性器官的大小、形状、走向及某些功能状态。

3. 检测心脏、大血管及外周血管的结构、功能与血流力学状态。

4. 鉴定脏器内占位性病变的物理特性，如病灶的大小、形态、回声特征，与周围组织的毗邻关系。部分可鉴别良、恶性。

5. 检测积液的存在与否，并对积液量的定量与定性做出初步估计。

6. 随访经药物或手术治疗后各种病变的动态变化。

7. 引导穿刺、活检或导管置入，进行辅助诊断及超声介入治疗。

（八）超声检查的注意事项

1. 消化系统常规检查　通常需空腹。必要时饮水500ml左右，胃充盈作为声窗，使胃后方的胰腺及腹部血管等结构充分显示。检查胃部需饮水或服胃肠超声造影剂，以显示胃黏膜及胃腔。

2. 泌尿生殖系统检查　患者大多需要在检查前2小时饮水500ml左右，憋尿以充盈膀胱。

3. 婴幼儿及检查不合作者　可给予10%水合氯醛灌肠，待安静入睡后再行检查。

4. 行腹部检查时，注意检查前两日内应避免行胃肠钡剂造影和胆系造影，因造影剂可能干扰超声检查。

二、心脏与大血管的超声检查

（一）正常声像图

1. M型超声心动图　采用单声束扫描心脏。将心脏及大血管界面的运动以光点群随时间改变所形成曲线的形式显现的超声图像，能显示界面厚度、距离、活动方向与速度及其与心动周期关系。M型超声心动图为探头相对同定于胸壁，心脏或大血管在扫描线所经部位下作来回或上下运动而形成。在胸骨旁左室长轴切面上，通过取样线在切面上移动，可进行1~4区的M型超声心动图检查，获得以下几个特征性波群（图6-53）。

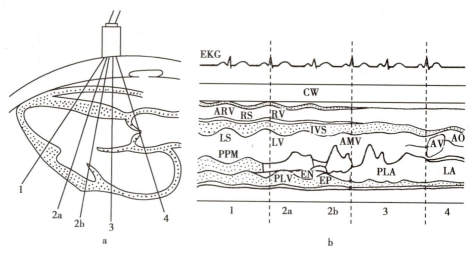

图6-53　正常M型超声心动图示意图

a. 胸骨旁左室长轴图取样线位置　b. M型1区、2a区、2b区、3区、4区显示内容示意图

EKG：心电图　CW：胸壁　ARV：右室前壁　RS：室间隔右室面　RV：右心室　IVS：室间隔

LS：室间隔左室面　LV：左心室　AMV：二尖瓣前叶　PPM：后乳头肌　AV：主动脉瓣　AO：主动脉

PLV：左心室后壁　EN：左心室心内膜　EP：左心室心外膜　LA：左心房　PLA：左心房后壁

2. 二维超声心动图

（1）胸骨旁左室长轴切面：被检者平卧或左侧卧位，探头置于胸骨左缘第三或第四肋间隙，垂直向后，探测平面与心尖至右胸锁关节连线相平行，与心脏长轴一致，这样就获得左心室长轴切面。图像近区为无搏动的胸壁回声，其后依次为右心室前壁、右心室腔、右室流出道、室间隔、主动脉前壁、左心室腔、主动脉、主动脉后壁、左心房及左心室后壁、心包膜，可见二尖瓣和主动脉瓣的运动，该切面是心脏测量的标准切面之一。

（2）胸骨旁心底短轴切面：在胸骨旁左室长轴切面的基础上，将探头顺时针旋转90°，向上移至胸骨左缘二或三肋间隙，显示探测平面与左室长轴切面相垂直。此切面的中部为无回声的主动脉根部，内可见主动脉瓣，呈三个半月形，前方为右心室，后方为左心房和房间隔，左侧为三尖瓣，右侧为肺动脉瓣、主肺动脉和降主动脉。左后方为右心房。

（3）心尖四腔心切面：探头置于心尖搏动显著处，声束向右上倾斜，方向指向右侧胸锁关节，探测平面与人体冠状面接近平行。图像显示四个心腔。图像左上方为左心室，右上方为右心室；左下方为左心房，右下方为右心房。

（4）剑突下四腔切面：被检者平卧，探头置于剑突下，探头方向斜向：上指向左肩，声束向上倾斜，探测平面与人体冠状面接近平行。图像上心尖位于右侧，心底位于左侧，此切面显示房间隔、室间隔、四个心腔、二尖瓣、三尖瓣左心房此切面声束与房间隔接近垂直，不易发生回声失落现象，是确诊有无房间隔缺损的最佳切面（图6-54）。

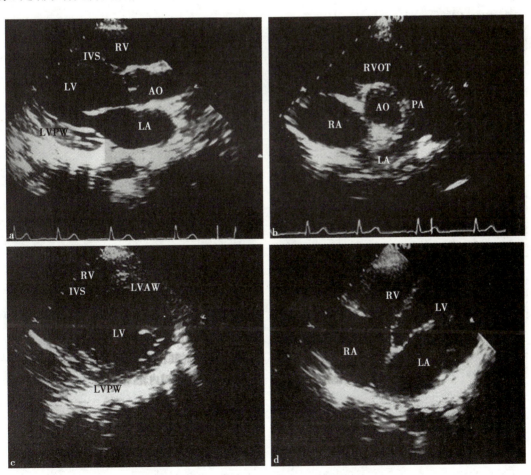

图6-54　正常二维超声心动图

a. 胸骨旁左室长轴切面　b. 心脏短轴切面　c. 心脏短轴切面　d. 四腔心切面

LV：左心室　RV：右心室　LA：左心房　RA：右心房　IVS：室间隔　AO：升主动脉

RVOT：右室流出道　PA：肺动脉　LVAW：左室前壁

3. 多普勒超声心动图

（1）频谱多普勒超声成像：

在心尖四腔切面上，将多普勒频谱取样线调整至经过二尖瓣处，舒张期血流频谱为正向双峰窄带空心波形，位于基线之上，分 E 峰及 A 峰，E 峰较高，为舒张早期血流快速充盈所致，A 峰较低，为舒张末期心房收缩，血流再度加速所致。三尖瓣频谱形态及方向与二尖瓣口血流频谱相似。

在心尖五腔切面上，将多普勒频谱取样线调整至经过主动脉瓣，收缩期可见窄带状空心三角形单峰频谱，位于基线之下，为负向频移。加速支窄而陡峭，减速支宽而圆钝。肺动脉瓣血流频谱形态与主动脉瓣相似，但较圆钝。

（2）彩色多普勒血流成像（CDFI）：

在心尖四腔切面上观察二、三尖瓣 CDFI，舒张期呈红色血流自双心房分别经二尖瓣、三尖瓣口流向双心室（图 6-55）；在心尖五腔切面上观察主动脉瓣 CDFI，收缩期见宽大的带状蓝色血流自左室流出道经主动脉瓣口流向主动脉；在胸骨旁心底短轴切面观察肺动脉瓣 CDFI，收缩期可见宽大带状蓝色血流自右室流出道经肺动脉瓣口流向肺动脉。主动脉瓣及肺动脉瓣收缩期蓝色血流均表现为中心区色彩鲜亮，周边色彩偏暗。

多普勒超声心动图是心血管超声检查的重要组成部分，对大多数心脏疾病能作出明确诊断。

（二）异常声像图

1. 二尖瓣狭窄

（1）M 型超声心动图：左心房扩大，合并关闭不全时左心室扩大，严重者右心房、右心室亦扩大。二尖瓣增厚、粘连、僵硬或钙化，回声反射增强，二尖瓣前叶曲线 E-F 斜率变缓（正常 E-F 斜率 80～200mm/s，平均 120mm/s），A 峰减小或消失，呈"城墙样"改变（图 6-56）。二尖瓣后叶与前叶呈同向运动。

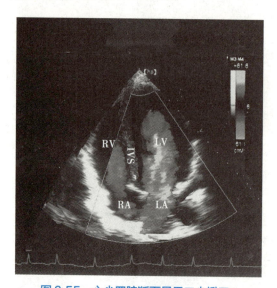

图 6-55　心尖四腔断面显示二尖瓣口、
三尖瓣口彩色血流图像

LV：左心室　RV：右心室　LA：左心房
RA：右心房　IVS：室间隔

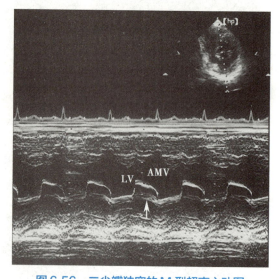

图 6-56　二尖瓣狭窄的 M 型超声心动图
（城墙样改变）

LV：左心室　AMV：二尖瓣前叶

（2）二维超声心动图：二尖瓣瓣叶回声增强、增厚、变形、硬化，腱索缩短，瓣叶间粘连，导致二尖瓣开放受限，瓣口面积减少（正常瓣口面积为 4～6cm²）。舒张期瓣体可向左室流出道膨出，使二尖瓣前叶呈气球样改变。左心房扩大，肺静脉扩张，右心室增大，左肺动脉增宽，合并关闭不全时左心室内径扩大。

（3）多普勒超声心动图：频谱多普勒表现为二尖瓣瓣口血流速度增高，二尖瓣跨瓣压差增大，CDFI 舒张期二尖瓣口表现为以红色为主的五彩镶嵌的血流信号。合并关闭不全时，在左房内可见到多色返流束图，连续多普勒示二尖瓣反流频谱。

2. 扩张型心肌病

（1）M 型超声心动图：左右心房及心室均扩大，以左心室扩大最为显著，左室流出道增宽，心室壁变薄。二尖瓣位置后移，与室间隔之间距离增大（二尖瓣 E 峰至室间隔距离正常为 2～7mm）。二尖瓣前叶舒张期活动幅度降低，瓣口开放减小，典型者呈"钻石"样改变，与扩大的心腔相比呈大心腔小瓣口的特点。左室壁、室间隔及主动脉根部运动减弱。

（2）二维超声心动图：各个切面上显示心室壁变薄，房室内径均扩大，尤以左心室扩大为著。整个心脏搏动减弱，运动幅度减小，二尖瓣开口减小，呈大腔径小开口征象。即"薄、大、弱、小"改变。

（3）多普勒超声心动图：各瓣口血流速度降低并可探及返流频谱；彩色多普勒血流显像可见通过瓣口的血流色彩单一、暗淡、分布范围小，并可见多瓣膜反流，以二、三尖瓣显著。

3. 房间隔缺损

（1）M 型超声心动图：①于三尖瓣波群可见房间隔连续中断；②室间隔运动异常，室间隔活动幅度减小趋于平坦，或与左室后壁呈同向运动；③右心房、右心室扩大。

（2）二维超声心动图：①剑突下四腔心切面是观察和判断房间隔缺损的最佳切面，于此切面可观察到房间隔局部回声失落或中断，是诊断房间隔缺损的直接征象。继发孔型回声失落发生在房间隔中部，原发孔型则位于房间隔下部。②右心容量负荷过重表现：右心房、右心室扩大，三尖瓣环扩大并活动幅度增大，右室流出道增宽，肺动脉内径增宽等。

（3）多普勒超声心动图：CDFI 可见以红色为主的血流自左心房穿过房间隔进入右心房，并流向三尖瓣口（图 6-57）。

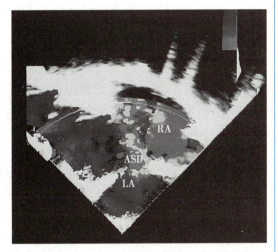

图6-57　经食管超声心动图显示房间隔缺损
舒张期蓝色血流束由左心房穿过缺损处至右心房
LA：左心房　RA：右心房　ASD：房间隔缺损

4. 室间隔缺损

（1）M 型超声心动图：较小的缺损难以直接显示，可见左心室扩大。

（2）二维超声心动图：室间隔缺损处回声失落或连续中断是诊断室间隔缺损的直接征象，可有左心室、左心房甚至右心室扩大，右室流出道及肺动脉增宽。

（3）多普勒超声心动图：可显示室间隔缺损处分流。CDFI 可显示红色为主的五彩镶嵌血流束自左心室经室间隔缺损处进入右心室或右室流出道，当伴有肺动脉高压时，可显示右向左分流信号。频谱多普勒显示收缩期左向右分流频谱，速度较高，伴有肺动脉高压时，分流速度低，心室水平分流量减少或有双向分流（图 6-58）。

5. 动脉导管未闭　在二维超声心动图上可见降主动脉与肺动脉主干分叉处或左肺动脉起始处之间有一无回声的异常通道，该通道即是未闭的动脉导管，呈管状、漏斗状或窗状等。可有左心房、左心室扩大，肺动脉增宽。在彩色多普勒超声检查上可见以红色为主的五彩镶嵌的血流从降主动脉经未闭导管进入肺动脉，沿主肺动脉外侧壁走行。未闭动脉导管越粗，五彩镶嵌的血流束就越宽。

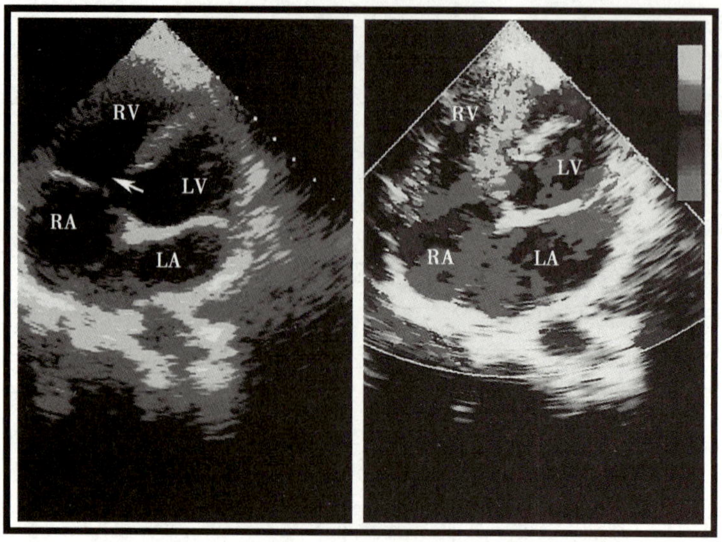

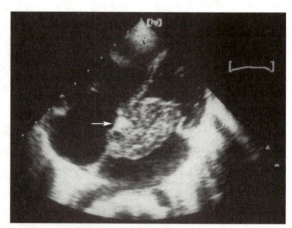

图6-58 胸骨旁四腔断面显示室间隔膜部缺损

五彩血流束自左心室穿过室间隔膜部进入右心室

RV：右心室　RA：右心房　LV：左心室　LA：左心房

6. **左心房黏液瘤** 在二维超声心动图上左心房内可见带蒂、边界清晰、中等强度的密集点状团块回声，随心脏收缩或舒张在左心房与左心室间往返运动，瘤体通过二尖瓣口时可挤压变形（图 6-59）。CDFI 在舒张期见瘤体与二尖瓣之间有五彩镶嵌的血流束通过。

7. **心包积液** 少量心包积液在房室沟及左心室下侧壁心包腔内可探及无回声液性暗区，大量心包积液时在心脏周围见带状无回声区，心脏可出现"摇摆征"，即整个心脏在积液中前后或左右摆动。超声心动图对心包积液诊断的准确率极高。

图6-59 左心房黏液瘤

示瘤体通过二尖瓣口（↑）

三、肝、胆、胰、脾的超声检查

（一）正常声像图

1. **肝** 正常肝包膜表面光滑，呈细线样连续高回声。膈面呈弧形，回声较强。肝脏面一般内凹或较平坦，边缘锐利。肝实质呈弥漫细密均匀分布的中低点状回声，肝质地较柔软，随呼吸和心脏搏动稍有形变。肝内显示的管道结构主要是门静脉和肝静脉。门静脉管壁较厚，呈稍高回声；肝静脉管壁菲薄，声像图上无明显管壁回声，于肝顶汇流至下腔静脉。正常肝平静呼吸时剑突下长度不超过 5cm，右叶多不超过肋缘。肝左叶：上下径<9cm，前后径<8cm。肝右叶：前后径<10cm，最大斜径<14cm。

2. **胆道系统** 胆囊位于肝脏面胆囊窝内，正常胆囊纵切面呈梨形或长茄形，横切面呈圆形或椭圆形，轮廓清晰，壁薄光滑，呈线状高回声。胆囊内为无回声区，后壁及后方回声增强。胆囊管纤细，正常情况下不能显示。左、右肝管分别走行在肝门静脉左支和右支的前方，均与门静脉平行；如肝内胆管有扩张，则可见其与伴行的门静脉形成"双管征"。胆囊长径一般不超过

9cm，横径为 2～3cm，胆囊壁厚度一般小于 0.3cm。肝内胆管内径多在 0.2cm 以内，一般二级以上的肝内肝管难以显示，肝总管内径约 3～5mm，胆总管内径约 4～7mm，胆总管下段因十二指肠气体遮盖常难以显示。

3. 胰腺 正常胰腺轮廓清晰，无包膜，实质呈细小均匀中等或稍低点状回声，随着年龄的增长，胰腺组织萎缩，纤维组织增生及脂肪浸润增加，胰腺的内部回声亦逐渐增强。主胰管横贯于胰腺中部，呈细管状无回声区，自尾部至头部逐渐增粗，副胰管一般难显示。正常胰头厚度小于 2.0cm，胰体厚度小于 1.5cm，胰尾小于 1.2cm，胰尾变异较大，胰管内径小于 0.2cm。

4. 脾 正常脾脏位于左侧 9～11 肋间或腋后线区，肋间斜切呈弯月状形态，实质呈均匀分布的细密低回声光点，回声低于肝脏。包膜光滑整齐。在脾肾之间偶尔可见副脾声像，呈圆形或椭圆形，边缘清晰，与脾回声相似。正常脾长径范围 8～12cm，脾宽径范围 5～7cm，脾厚径小于 4cm（男）或小于 3.7cm（女）。脾静脉内径范围 5～8mm，脾动脉动内径范围 2～3mm。

（二）异常声像图

1. 肝癌 声像图表现复杂，典型的原发性肝癌超声表现：

（1）肝形态失常：肝脏比例失调，肝局部或弥漫增大，形态失常，肝边缘角变钝，即所谓的"角征"；浅表肿块引起相应肝包膜隆起，形成"驼峰征"。

（2）肝实质肿块：肝实质内出现局灶性实性回声光团，单发、多发或弥散分布。一般与正常肝组织边界欠清晰，且多不规则。其回声强度和分布与癌肿病理组织学改变密切相关。癌肿与其周围正常肝实质回声比较，有低回声型、等回声型、强回声型及混合回声型等。部分病灶周边有低回声晕环，并可出现后方声衰减、外展的侧方声影等。当癌块较大时，中心有时可见液化无回声暗区，部分患者伴肝硬化声像图改变。

（3）肝内血管改变：肝内癌肿结节周围有血管绕行或边缘血管压迫中断，部分病例在门静脉、肝静脉及下腔静脉内见癌栓，呈实质性回声团块。

彩色多普勒对肝内占位病灶的良恶性有很大鉴别意义，如占位灶内显示有较多的血流信号，或有动脉频谱而且流速较高时，应当考虑恶性肿块。全身各组织器官的恶性肿瘤均可转移至肝脏，称为转移性肝癌。其肝内转移灶多表现为肝内出现多发大小及形态特征相似的占位性病变。病灶的内部回声特征与原发灶有关，如淋巴瘤、肉瘤及霍奇金病等肝转移瘤多表现为低回声区；乳腺癌、肺癌肝转移瘤表现呈"牛眼征"；消化及泌尿系统癌肿肝转移灶多为高回声结节。

2. 肝脓肿 根据肝脓肿不同时期病理变化，其声像图表现也有所不同。

（1）炎症早期：病变区呈单发或多发低至中等回声光团，与周围肝组织分界不清，此时应注意与肝脏恶性病变相鉴别。

（2）脓腔形成期：病变区发生坏死液化，超声探查可见局部呈蜂窝状或大片无回声液化暗区，其内有不均匀点状或斑片状高回声（坏死组织及黏稠的脓液），脓肿壁较厚，内壁不光滑。

（3）慢性肝脓肿：可见脓肿壁回声增厚、增强。

彩色多普勒超声显示肝脓肿早期内部血流较丰富，脓腔形成后仅周边部见少量血流信号。超声检查可引导对病灶穿刺抽脓和注射抗生素进行介入治疗。

3. 肝硬化 典型声像图显示：

（1）肝脏形态失常：右叶萎缩，肝角变锐利，左叶及尾叶肿大或萎缩，肝表面凹凸不平，呈锯齿状。

（2）肝实质回声异常：肝实质回声不均匀，回声光点增粗增强，分布不均匀，可见网状高回声分隔及多发不规则结节回声。

（3）肝静脉异常：肝静脉变细，扭曲，走向不清，频谱多普勒常呈"双峰"波或"带状"波，波幅降低。

（4）门静脉高压：门静脉主干内径大于 1.4cm，血流速度下降，严重者出现双向血流或者返流时，门静脉呈蓝红混杂或蓝色血流信号，门静脉主干、脾静脉及肠系膜上静脉扩张，脐静脉再通，脾大。

（5）胆囊水肿：胆囊壁增厚呈"双边征"。

（6）腹腔积液：腹腔内显示无回声区及漂浮的肠管，多见于下腹部膀胱前方、肝前和肝肾间隙等部位。

4. 脂肪肝　正常肝内脂肪在组织细胞内存贮占肝重量小于5%，当肝细胞含有超量脂肪颗粒时可引起肝内密度和声阻抗变化，声波透过肝会产生不正常的回声增强和衰减。典型声图像显示：

（1）肝脏大小形态：轻度或中度增大，轮廓光滑，边缘圆钝。

（2）肝实质回声：肝脏实质回声分布不均匀，近场（2/3）回声增强，称"明亮肝"，远场（1/3）回声明显衰减（图6-60）。

（3）肝内管道结构异常：肝内管道结构变细，走行正常或显示不清。彩色多普勒超声显示肝内血流灵敏度下降，对较深部位的血管血流信号难以显示或者较正常减少。

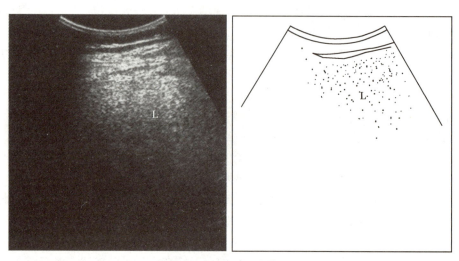

图6-60　脂肪肝声像图

L：肝

声像图显示：肝内点状回声近场增多增强，远场减弱，血管细少

5. 肝血管瘤　典型声像图表现：

（1）肿块形态与边缘：肝内圆形、椭圆形或不规则团块，边界清楚，可见边缘裂开征或血管进入、血管穿通征。

（2）肿块内部回声：血管瘤回声类型常见有高回声型（最多见）、低回声型和混合型。高回声型一般瘤体较小，直径约1～3cm，边界清楚，内部回声粗糙，呈筛孔状或细网格状；混合回声型体积较大，多见于海绵状血管瘤，常邻近肝静脉，内部回声强弱不均，呈花斑状或蜂窝状表现，少数呈低回声或无回声（图6-61）。

彩色多普勒超声常不能显示小血管瘤的血流信号，大的血管瘤则可在内部查及少许点、片状色暗的血流信号。超声造影显示动脉期肿块周边环状强化，并逐渐向中央强化，门脉期或延迟期肿块强化呈均匀的高回声或等回声。

6. 肝囊肿　一种发展较慢的良性病变，单发或多发，声像图显示：

（1）单纯性肝囊肿呈圆形或椭圆形无回声区，肝右叶多于左叶。

（2）囊肿壁薄，通常小于1mm，轮廓光滑整齐，包膜光整。

（3）囊肿两侧壁可出现"回声失落"现象，后方回声明显增强（图6-62）。

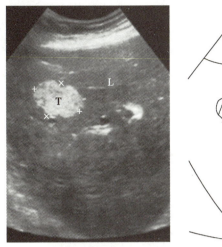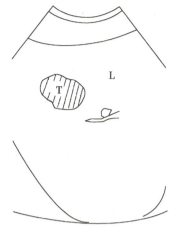

图6-61　肝血管瘤声像图

L：肝　T：血管瘤

声像图显示：肝内椭圆形高回声影，边缘清晰

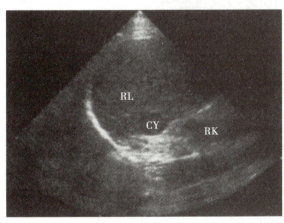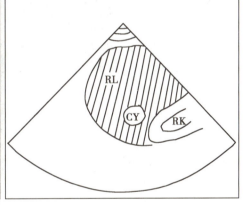

图6-62　肝囊肿声像图

RL：右半肝　RK：右肾　CY：囊肿

声像图显示：肝内类圆形无回声，壁薄而光滑

7. 多囊肝　一种先天性疾病，具有遗传性及家族史，因发展缓慢，多数长期无症状，如囊肿增大明显，可引起肝功能损害，声像图显示：

（1）肝大，表面不规则。

（2）肝内有多发大小不等（直径由数毫米至 10cm 不等）、边界清晰的无回声区，弥漫分布全肝，残余正常肝组织回声增强。

（3）常伴有多囊肾或多囊脾、多囊胰等。

8. 急性胆囊炎　急性胆囊炎是常见的胆囊疾病之一，最常见的原因是胆囊管或胆总管梗阻所致胆汁淤滞及细菌感染引起。早期声像图显示胆囊稍大，囊壁轻度增厚，无特异性改变。在形成化脓性胆囊炎后，出现典型声像图改变：

（1）胆囊体积增大，张力增高，胆囊前后径超过 4cm，囊壁增厚、模糊，水肿呈"双边征"。

（2）囊内可见细密光点或光斑（为胆囊积脓表现）。

（3）常伴有胆囊结石。

（4）胆囊穿孔时，胆囊缩小，形态不规则，局部膨出或缺损，并可在胆囊周围见到局限性积液征象。

9. **慢性胆囊炎** 多由急性胆囊炎反复发作转化而来。常与结石互为因果。轻者无明显声像特征,仅有囊壁轻度增厚。典型者可见胆囊增大或萎缩,囊壁增厚,腔内可见漂动的斑点状中高回声,呈云雾状,后方无声影,由坏死脱落的组织碎屑和黏稠的胆汁所致,多数胆囊丧失收缩功能,常合并强回声结石声像图表现。

10. **胆囊结石** 超声检查是诊断胆囊结石最准确、最简便的方法,准确率可达95%以上。典型胆囊结石的声像图(图6-63)具备以下三个特征:

(1) 胆囊内强回声光团。

(2) 光团后方伴声影。

(3) 改变体位时,光团依重力方向移动。

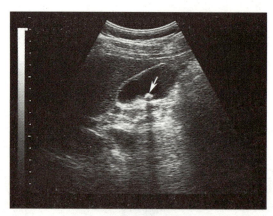

图6-63　胆囊结石声像图
强光团后伴有声影(↑)

不典型的胆囊结石可有:

(1) 胆囊内泥沙样结石:结石常沉积于胆囊后壁,表现为胆囊后壁回声反射毛糙、增强,后方声影较弱,变动体位见沉积带移动。

(2) 胆囊充满型结石:表现为正常胆囊的无回声液性暗区消失,仅在胆囊区见到一圆形或弧形强回声光带,其后伴明显声影。当胆囊结石与慢性胆囊炎同时存在,增厚的胆囊壁包绕结石的强回声,后方伴声影,称为"囊壁、结石、声影"三合征,即"WES"征。

(3) 胆囊颈部结石:当小结石嵌入胆囊颈部,小结石的强回声因为与胆囊紧密接触而常显示不清,仅表现为胆囊增大,胆囊颈部伴有声影。

11. **急性胰腺炎** 根据病理变化或类型不同,分为水肿型和出血坏死型胰腺炎。典型声像图特点:

(1) 急性水肿型胰腺炎:胰腺体积弥漫性或局限性增大,轮廓模糊不清;胰腺实质回声减低,呈低回声或极低回声,外周可见细带样低回声或无回声,为胰腺周围渗出液及水肿变化;

(2) 急性出血坏死型胰腺炎:胰腺明显增大,边缘不清晰,胰腺实质回声减低伴不规则斑点状及斑块状高回声或无回声,胰管多无扩张,可于胰腺周围及腹腔见到不规则的液性暗区。

12. **慢性胰腺炎** 典型声像图特点:慢性胰腺炎早期可表现为均匀性轻度增大,随病变发展,胰腺逐渐缩小,形态不规则,边界轮廓欠清晰;胰腺实质回声增强,分布不均,钙化时形成强回声光团并伴有声影;主胰管呈不规则扩张,腔内可有结石强回声光团,其后伴有声影,此为慢性胰腺炎特征性表现。

13. **胰腺癌** 典型声像图特点:

(1) 胰腺多有局限性增大,失去正常形态。

(2) 肿块多位于胰头,边界不清,内部多呈低回声,可见"蟹足样"或花瓣状浸润,肿块后方回声衰减，肿块较大时，其中心可见不规则无回声液化区。

（3）当胰头癌压迫胆总管可显示胆系及胰管扩张。

四、肾、膀胱、前列腺的超声检查

（一）正常声像图

1. 肾　肾包膜呈光滑线状高回声，轮廓清晰。肾脏长径约 8～12cm，宽径 4～5cm，厚径 3～5cm。肾外周部分为肾皮质，呈均匀低回声，其内见放射状排列、回声更低的肾锥体；中心部分是由肾盂、肾盏、肾血管及脂肪构成的肾窦，呈椭圆形密集高回声，边界凹凸不平，长轴与肾一致，其宽度占整个肾宽度的 1/3～1/2。

2. 膀胱　膀胱形态随尿液充盈情况变化。充盈适当时，横切面常呈四方形或椭圆形，周边为膀胱壁的强回声光带，显示清晰、完整光滑，中心为无回声液性暗区。

3. 前列腺　可经腹壁、直肠或会阴探查。经腹壁探查时，前列腺横切面呈左右对称的栗子形，包膜完整光滑，内部呈均匀低回声；纵切面难显示全貌。前列腺的前后径、上下径及左右径大约分别为 2cm、3cm、4cm。

（二）异常声像图

1. 肾结石　典型声像图特点：肾窦区内出现一个或多个强回声光点或光斑，较大结石后可伴声影（彗星尾征）。一般 0.3cm 以上结石可做出诊断，如结石过小，其后无声影，则不易诊断。肾结石嵌顿可致局部肾积水。超声检查可发现 X 线平片检查阴性的结石。

2. 肾积水　肾积水为尿路梗阻所致。典型声像图特点：

（1）轻度积水，仅表现肾盂及肾大盏扩张，肾内集合系统呈液性分离，分离距离约 1.0～3.0cm，肾实质回声正常，肾大小及形态无明显改变。

（2）中度积水，肾体积增大，肾盂及肾大、小盏扩张，肾实质变薄，肾集合系统液性分离距离 3～4cm，无回声暗区呈菱角形或手套征（图 6-64）。

（3）重度肾积水，肾脏增大肾实质菲薄，液性分离距离>4cm，无回声暗区呈调色盘样。

3. 肾肿瘤　90% 以上为恶性。声像图特点：肾实质内出现异常回声肿块，多呈圆形或椭圆形，可呈强回声、低回声或等回声，边界尚清晰。肿瘤内部可因出血或坏死液化而出现不规则无回声区。此外，肾肿瘤还可引起肾外形的失常及不同程度的肾积水。当肿瘤突破肾包膜，表现为肾包膜连续性中断，轮廓不规则，当出现血性转移可表现为肾静脉与下腔静脉癌栓。

4. 肾囊肿　单纯性肾囊肿为最常见肾囊性病变，可为孤立性，也可为多发。典型声像图特点：

（1）肾实质内可见一个或多个壁薄而光滑的圆形或椭圆形无回声暗区，后壁及后方回声增强（图 6-65）。

（2）囊肿向肾内生长可出现集合系统受压，向外生长可使肾局部突出变形。

5. 多囊肾　多囊肾是一种先天性发育异常疾病，具有家族遗传性，常同时伴有多囊肝、多囊脾等。声像图特点：肾脏体积增大，形态不规则，肾实质内弥漫分布大小不等圆形或椭圆形无回声区，彼此不相通（重度肾积水时无回声区之间彼此相通，此系多囊肾与重度肾积水二者之鉴别要点）。

6. 输尿管结石　声像图特点：输尿管扩张的远端可见结石回声，呈弧形强回声，后方伴声影；结石多嵌顿于输尿管三个狭窄部；常合并肾积水。

7. 膀胱肿瘤　声像图特点：膀胱无回声区内可见乳头状或菜花状中等强度回声团块，大小不一，自膀胱壁向腔内突起，瘤体内部回声不均匀，改变体位不移动；肿瘤和膀胱壁间多有蒂相连，浸润范围大时则基底部宽，呈无蒂肿瘤（图 6-66）。诊断时应注意与膀胱内凝血块相鉴别。

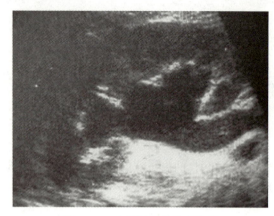

图6-64　中度肾盂积水声像图

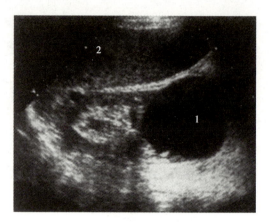

图6-65　肾囊肿声像图

1. 肾囊肿　2. 脾

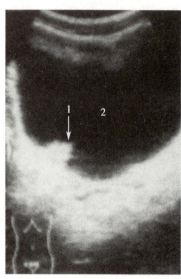
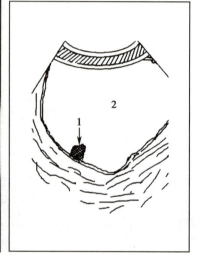

图6-66　膀胱肿瘤声像图

1.肿瘤　2.膀胱

突向膀胱腔的实质性回声团块

8. 膀胱结石　声像图表现与胆囊结石相似,确诊率极高。典型的膀胱结石声像图特点:膀胱内一个或多个点状、团块状强回声光团,后伴有声影;改变体位时,强回声光团依重力方向移动。小于0.3cm结石常无典型声影,诊断时应注意与膀胱凝血块及异物相鉴别。

9. 前列腺增生症　超声检查是前列腺增生症的首选检查方法。声像图特点:前列腺增大,以移行区为主,各径线均大于正常,前后径增大最明显,形态饱满,可两侧不对称,边界整齐清晰;向上突入膀胱,尿道回声可偏于一侧。

五、子宫、卵巢的超声检查

(一)正常声像图

子宫、卵巢的超声检查有多种途径,常见的有经腹壁超声检查及经阴道超声检查两种。现主要描述经腹壁超声检查声像图特点:

1. 子宫　需要适当充盈膀胱形成良好透声窗,子宫位于膀胱后方,纵切面前倾或平位子宫一般呈倒梨形,横切面呈椭圆形,轮廓清晰,被膜呈光滑带状强回声。子宫体肌层呈中低均匀回声,其中心部位可见宫腔内膜线回声,内膜回声及厚度随月经周期变化而变化。卵泡早期呈线状中等回声,厚度 4～5mm;卵泡晚期子宫前后壁内膜呈弱回声,宫腔线呈高回声,内膜与前后壁肌层交界呈高回声,总体呈"三线二区"征;排卵期"三线二区"更清晰,内膜线厚度约 12mm;黄体期"三线二区"变模糊慢慢消失,内膜线厚约 11～13mm。子宫大小常因不同的发育阶段而有差异。成年妇女正常子宫纵径约 5.5～7.5cm,横径约 4.5～5.5cm,前后径约 3～4cm。

2. 卵巢　正常卵巢大小约 4cm×3cm×1cm,切面呈圆形或椭圆形,呈中低回声,其内可见无回声卵泡,卵泡分布、大小、数目随月经周期而变化。

3. 输卵管　一般不易显示。

（二）异常声像图

1. 子宫肌瘤　子宫肌瘤是妇科常见的良性肿瘤,声像图特点:子宫增大或出现局限性隆起,宫体切面形态失常,轮廓线不规则;子宫内可见一个或数个圆形、椭圆形边界清楚的实质光团;光团内光点分布均匀,合并坏死时,可出现低回声或无回声区,合并钙化时,则其内部或边缘可见不规则强回声光点或光团,后方伴声影;黏膜下肌瘤或肌壁间肌瘤可推压宫腔,使宫腔内膜回声线移位或变形。CDFI肌瘤周边及内部可见环绕或短棒状血流信号(图 6-67)。

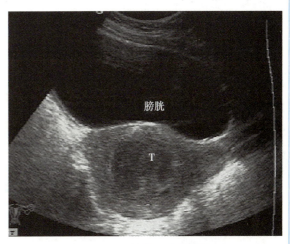

图 6-67　子宫肌瘤声像图

2. 子宫内膜癌　子宫内膜癌好发于绝经期前后妇女,声像图特点:宫腔内回声杂乱,子宫内膜呈局限或弥漫性不均匀增厚,宫腔内有不规则无回声区,病变与子宫肌壁分界不清。绝经期妇女当子宫内膜厚度大于 8mm 为异常增厚。CDFI 可见明显血流信号。

3. 卵巢病变　卵巢病变种类繁多,声像图可分为囊性、实性和混合性三种类型,其中以囊性多见。下面介绍几种常见卵巢病变。

（1）卵巢非赘生性囊肿:常见有滤泡囊肿、黄体囊肿、黄素囊肿、多囊卵巢,声像图特点见表 6-4。

表 6-4　卵巢非赘生性囊肿

项目	滤泡囊肿	黄体囊肿	黄素囊肿	多囊卵巢
成因	卵泡未破裂或闭锁	黄体血肿液化	滋养叶细胞肿瘤	与内分泌有关
直径	1～3cm	>2.5～3.0cm	3～5cm	0.3～0.5cm
数目	单侧	单侧	双侧	双侧多发
边缘	清晰	清、稍厚	壁薄清晰	卵巢包膜回声厚、强
转归	自行缩小或消失	孕 3 个月可消失或破裂	滋养叶细胞疾病治疗后消退	无优势卵泡

（2）卵巢子宫内膜样囊肿（卵巢巧克力囊肿）:子宫内膜异位在卵巢所致,声像图特点:囊肿呈椭圆形或不规则形,直径 5～6cm,最大直径可达 10cm,囊壁厚欠光滑,内部呈细小密集点状低回声,有时可见间断的线状分隔和絮状高回声。囊肿常与周围脏器特别是子宫粘连,囊壁及内部无彩色血流信号。

（3）卵巢成熟畸胎瘤（卵巢皮样囊肿）:又称良性囊性畸胎瘤,囊肿内部可见各胚层的组织,如毛发、脂肪、牙齿、骨骼等,超声图像多变,常见声像图特点:

1）脂液分层征：团块内有一高回声水平分界线，线上为脂质成分，呈均匀密集细小光点，线下为液性无回声区。

2）面团征：肿瘤内部毛发与脂肪缠绕成团，表现为圆形或椭圆形高回声团块。

3）线条征：囊性肿块内见短线状强回声平行排列并漂浮在囊液中，呈"絮状光点"，为散在毛发的表现。

4）杂乱结构征：当囊性包块内成分复杂，含有牙齿、骨组织、钙化及油脂结构时，内部回声杂乱，高低不均。

（4）卵巢恶性实质性肿瘤（卵巢腺癌）：声像图特点：肿块形态多不规则，轮廓模糊；边缘回声不整齐或中断，厚度不均匀；内部回声强弱不一，呈密集杂乱的回声光点；后方回声衰减；常伴有无回声腹腔积液，可见漂浮的肠管；瘤体可见较丰富彩色血流，血管分布杂乱，阻力低（图 6-68）。

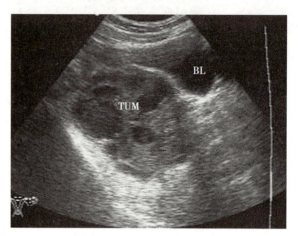

图 6-68 卵巢腺癌声像图

BL：膀胱　TUM：肿瘤

六、妊娠的超声检查

（一）正常声像图

1. 早期妊娠　超声诊断早孕的依据是在宫腔内（或其他部位）发现妊娠囊。（图 6-69）胚芽长度或头臀长度（CRL）是早孕期确定孕龄的最可信指标。早期妊娠声像图特点见表 6-5。

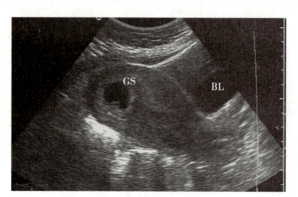

图 6-69 正常妊娠囊声像图

GS：孕囊　BL：膀胱

表 6-5 早期妊娠不同孕周声像图特点

孕周	第 5~6 周	第 6~7 周	第 7~8 周	第 8~9 周	第 11~12 周
特点	妊娠囊出现：圆形或椭圆形无回声	胚芽出现：高回声	原始心管搏动：节律性	早期胎盘出现：半月形、密集细小点状回声	卵黄囊囊腔消失 能辨认胎儿头颅、躯干和四肢等

2. 中期妊娠　妊娠第 12 周时可显示脊柱结构。妊娠第 15 周后可显示四腔心。胎儿的肝、胆、肾、膀胱等内脏器官在妊娠第 14 周时即可辨认，第 18~20 周时结构显示清晰，胎儿的外生殖器亦可辨认，且随孕龄增加，胎儿的五官均可清晰显示。此外，还可根据胎儿头颅双顶径及胎儿

股骨长度估计胎龄,根据胎儿头围、胸围及腹围等估计胎儿体重。

3. 晚期妊娠　超声图像可显示羊水、胎盘、脐带、心脏瓣膜及各房室。羊水超声图像为无回声区,羊水中可见一条绳索状结构,即为脐带,彩色血流见红蓝相交索带状回声。超声检查可观察胎盘的位置、大小、成熟度。胎盘成熟程度根据胎盘绒毛膜、实质和基底膜回声特点分为0~Ⅲ级,声像图特点如下表(表6-6):

表6-6　胎盘成熟程度

胎盘	0级	Ⅰ级	Ⅱ级	Ⅲ级
绒毛膜	平直细线状	轻微波浪状	切迹深入实质,未达基底层	切迹深达基底层
实质	均匀分布细小点状回声	散在分布点状强回声	回声粗大、呈斑状或短线状强回声,散在弧形或半环状高回声	不规则的半环状或环状强回声伴声影,伴多个无回区
基底膜	没有回声	没有回声	断续的细虚线状高回声	连续的粗带状高回声,伴声影

(二)异常声像图

1. 流产　妊娠不足28周,体重不足1 000g而终止妊娠为流产。声像图特点:

(1)先兆流产:妊娠囊大小、位置、胎芽及胎心搏动正常,在妊娠囊及子宫壁之间见新月形无回声出血区。

(2)难免流产:妊娠囊变形或塌陷,位置下移,子宫颈管开放,胎心、胎动多消失,卵黄囊未显示,妊娠囊及子宫壁之间见无回声出血区。

(3)不全流产:子宫腔内残留不规则斑块状或团块状不均匀中低或中高回声,伴少量无回声暗区,宫内无妊娠囊回声。

(4)完全流产:子宫声像图接近正常子宫,宫腔内无异常或少量无回声区。

2. 异位妊娠　受精卵在子宫体腔以外着床,又称"宫外孕"。包括输卵管妊娠、卵巢妊娠、腹腔妊娠和子宫颈妊娠等,以输卵管妊娠最常见。输卵管妊娠声像图特点:

(1)子宫增大,子宫体腔内无妊娠囊回声,子宫内膜明显增厚。

(2)宫旁或附件区肿块,如附件区见完整厚壁无回声胎囊,囊内见胚胎,如有原始心管搏动即可确诊。如附件区见混合性肿块,边界不清,形态不规则,回声不均匀,以中低回声为主,则提示输卵管已破裂,胚胎流产。

(3)直肠子宫陷凹、肠管间可见无回声暗区,为腹腔积液(血)。

3. 前置胎盘　前置胎盘对孕妇危害极大,可导致大量出血而危及生命。超声检查是胎盘定位的最佳方式。前置胎盘主要有四种:

(1)低置胎盘:胎盘下缘距宫颈很近,尚未抵达其边缘。

(2)边缘性前置胎盘:胎盘下缘抵达宫颈内口边缘,尚未遮盖宫颈。

(3)部分性前置胎盘:胎盘已遮盖宫颈口一部分,尚未完全遮盖。

(4)完全性前置胎:又称中央型前置胎盘,胎盘完全覆盖宫颈口。

4. 胎盘早剥　产前因血管病变或受伤导致蜕膜出血,胎盘因此部分或全部与子宫壁分离,称为胎盘早期剥离。声像图特点:胎盘与子宫壁之间出现无回声暗区,如出血时间较久,可在暗区内见到光斑和光点,胎盘因基底膜血肿而增厚,羊水内可有弥散点状回声(系出血所致)。应注意胎盘血肿与静脉窦的区分,后者系正常变异现象,彩色多普勒可在静脉窦内显示血流信号。

第五节　放射性核素检查

放射性核素检查是利用核素及其标记化合物用于诊断和治疗疾病的临床医学学科,临床应用包括诊断核医学和治疗核医学。诊断核医学分为体内诊断法及体外诊断法。放射性核素检查具有灵敏度高、特异性强的特点,能快速获得全身分子功能显像,能对病灶提供精细定位和定性诊断等特点,是其他影像技术不可替代的检查方法。

一、基　本　知　识

(一)诊断原理

1. 体内诊断法原理　放射性核素或其标记物引入人体后,被脏器、组织摄取并能在其中停留足够的时间,利用曲线图、平面或断层显像,了解组织、脏器的功能、代谢或血流灌注等情况,以放射性核素显像及脏器功能测定为主。

2. 体外诊断法原理　以放射性标记的配体为示踪剂,以竞争结合反应为基础,在试管内完成的微量生物活性物质的检测技术,以体外放射分析为主。

(二)放射性药物与检测仪器

1. 放射性药物　是指能够安全用于诊断或治疗疾病的放射性核素和放射性核素标记化合物。

诊断用放射性药物是用于获得体内靶器官或病变组织的影像或功能参数,按用途可分为脏器显像用药物和功能测定用药物两类。作为脏器显像用的放射性药物又称为显像剂,临床上最常用的放射性核素有 ^{99m} 锝、^{131} 碘。

治疗用放射性药物是指能够高度选择性浓集在病变组织产生局部电离辐射生物效应,从而抑制或破坏病变组织发挥治疗作用的一类体内放射性药物。

2. 仪器设备　根据使用目的不同,可分为显像仪器[包括 γ 相机、单光子发射计算机体层显像仪(SPECT)、正电子发射体层仪(PET)等]、脏器功能测量仪器、放射性计数测量仪器,以及放射性药物合成与分装仪器等。新型核医学显像仪器将 SPECT 和 PET 结合 CT 和 MR 装置,即SPECT/CT、PET/CT 和 PET/MR,能同时反映活体功能代谢信息和精细解剖结构,这是核医学功能代谢显像发展的一个新里程碑。

二、临　床　应　用

(一)放射性核素检查的注意事项及检查前准备

1. 注意事项

(1) 妊娠及哺乳期妇女慎行此项检查。

(2) 婴幼儿无法配合检查者,需要使用镇静剂。

(3) 静脉通道难以建立者,需预埋静脉留置针。

(4) 检查前去除身上的金属物品,检查中确保身体不移动。

2. 检查前准备

(1) 全身骨显像:正常进食,注射显像剂后,适量饮水(约 500~1 000ml,排尿困难患者除外)并排尿,注射后 3~4 小时检查,检查前排空小便,取下金属物品。

(2) 肾动态显像:正常早餐并饮水(约 300~500ml),检查前排空小便。

(3) 甲状腺及甲状旁腺显像:正常饮食,无须特殊准备。

（4）甲状腺吸碘率测定（共2天）：第1天早上空腹，第2天正常饮食。

（5）¹³¹I全身显像：服药前空腹，检查前晚低碘饮食，晚上8：00以后禁食并泡服番泻叶以减少胃肠道影响，检查当天早餐低碘饮食。

（6）消化道出血显像及异位胃黏膜显像：禁食空腹，视情况停用止血药。

（7）心肌灌注显像：注射显像剂后30分钟进食脂肪餐。

（二）放射性核素检查的应用

1. 脏器功能检查

（1）甲状腺摄¹³¹碘功能检查：用于甲状腺功能亢进症、甲状腺功能减退症、地方性甲状腺肿等疾病的诊断。

（2）邻¹³¹碘马尿酸肾图检查：用于判断两侧肾脏的功能及尿路的通畅情况。

2. 脏器显像

（1）内分泌系统：临床应用于甲状腺功能测定、甲状腺显像、甲状旁腺显像、肾上腺显像等（图6-70）。

（2）心血管系统：常用显像方法有心肌血流灌注显像、心肌代谢显像、心脏神经受体显像、心血池显像等、可用于先天性心脏病、上腔静脉梗阻、冠心病、心功能判断等。

（3）骨骼系统：常用显像方法有：骨静态显像（包括全身骨显像和局部骨显像）、骨动态显像、骨断层显像、骨多模式融合显像（如SPECT/CT图像融合显像）。临床上应用于转移性骨肿瘤、原发性骨肿瘤、骨代谢性疾病、骨感染性疾病、骨缺血性疾病、骨创伤、骨关节疾病、骨质疏松诊断等。

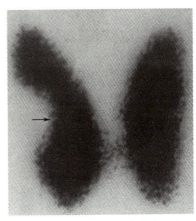

图6-70　甲状腺显像
右叶中外部放射性缺损（↑）

（4）神经系统：常用显像方法有：脑血流灌注显像、脑代谢显像、脑神经递质和受体显像、脑血管显像和脑脊液间隙显像。临床上应用于诊断脑血管疾病、癫痫、痴呆、运动障碍性疾病、脑肿瘤等多种疾病和脑功能研究。

（5）呼吸系统：常用显像方法主要包括肺通气显像、肺血流灌注显像、呼吸门控显像及肺部肿瘤显像。临床应用于诊断肺栓塞、肺癌、肺内感染等。

（6）消化系统：常用显像方法有肝胆动态显像、消化道出血显像、异位胃黏膜显像、唾液腺显像、肝血流灌注和肝血池显像等。临床用于诊断急性胆囊炎、黄疸的鉴别、肝内胆管扩张、胆汁淤积等。

（7）泌尿系统：常用显像方法有肾动态显像、肾功能测定、肾静态显像。临床用于评价肾功能、诊断上尿路梗阻、肾血管性高血压、肾先天性异常、急性肾盂肾炎、肾占位病变，以及监测移植肾。

（8）造血与淋巴系统：常用显像方法有骨髓显像、脾显像、淋巴显像。临床应用于再生障碍性贫血、骨髓栓塞、白血病、脾血管瘤、脾破裂、脾脏移植监测、淋巴结转移癌探测，淋巴瘤，淋巴水肿的鉴别诊断等。

第六节　数字减影血管造影检查

数字减影血管造影（DSA）设备是计算机技术与传统X线血管造影设备相结合的产物，应用数字减影方法有效避免血管影与邻近骨和软组织影像重叠，可清晰显示血管，是一种安装在介入手术室（导管室），专门用于心血管造影和介入诊疗的特殊数字化X线设备。

一、基 本 知 识

（一）诊断原理

数字减影方法有几种，目前常用的是时间减影法。先经导管快速注入对比剂，在对比剂到达欲查血管的前后，分别使检查部位连续成像，同时进行数字化采集并输送到计算机，在这些系列图像中，取一帧血管内不含对比剂的图像和含对比剂最多的图像，经计算机行数字减影处理，使含对比剂的数字图像中骨骼及软组织等背景图像被消除，而只得到血管影像。

（二）检查设备

DSA 设备机架呈"C"形，故称之为"C 臂"，可为单 C 臂或双 C 臂。主要包括影像增强器、高分辨力摄像管、计算机、磁盘、阴极线管和操作台等。

二、临 床 应 用

应用 DSA 能清晰显示直径 200μm 以上血管。目前，DSA 检查仍然是诊断心血管和某些肿瘤性疾病的金标准，也是血管内介入治疗不可缺少的成像手段。

（一）数字减影血管造影检查的注意事项

1. 术前须行碘过敏试验，碘过敏试验阴性者方可行此项检查。

2. 术前应完成相应实验室检查（血常规、血小板计数、出血时间测定、凝血时间测定、肝功能和肾功能）和心电图检查，有严重心、肝、肾功能不全和出血倾向的患者不宜做此项检查。

3. 术前晚餐后开始禁食，以防止术中发生恶心、呕吐及呕吐内容物进入气道。

4. 术前向患者和亲属交代术中过程和可能出现的并发症，以取得患者和亲属的理解、配合并签署手术同意书。

（二）数字减影血管造影检查的应用

1. 心脏及大血管　对心内解剖结构异常、主动脉夹层、主动脉瘤、主动脉缩窄或主动脉发育异常等显示清楚，对冠状动脉显示亦较好。

2. 中枢神经系统　主要用于脑动脉硬化、颅内动脉瘤、脑动静脉畸形、脑膜瘤、脑胶质瘤和转移瘤等的诊断（图6-71）。

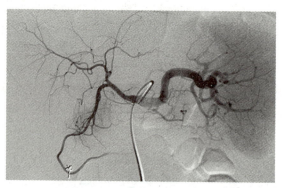

图6-71　脑血管DSA影像

3. 腹部血管　主要用于直接观察腹主动脉及其大分支管腔的狭窄情况。

4. 四肢周围血管　主要用于四肢血管疾病如血栓闭塞性脉管炎、血栓性静脉炎等的诊断。

第七节　介入放射技术

介入放射学是在 DSA、超声、CT 及 MRI 等影像设备引导下,利用经皮穿刺或血管等自然孔道的路径,引入导管、导丝、球囊导管、支架、引流管等介入器材对疾病进行微创诊断及治疗的新兴学科。介入放射学按其目的可分为介入诊断学和介入治疗学,按其临床引入途径和临床应用可分为血管介入技术、非血管介入技术。

一、基本知识

(一)介入放射技术的设备、器材及材料

1. 导向设备　主要有 DSA、超声、CT、开放式 MRI 和 X 线透视等。
2. 器材及材料　介入放射技术的基本器材有穿刺针、导管、导丝、导管鞘、支架、药物等。
(1)穿刺针:主要用于穿刺进入体内以建立通道,是介入放射技术最基本的器材。常用有血管穿刺针、活检针和治疗针等。
(2)导管:具有传送药物、引流体液和扩张管道等功能,是介入放射学主要器材。按照使用目的可分为造影导管、引流导管、球囊扩张导管等。
(3)导丝:主要用于引导导管前进。根据物理特性不同,可以分为超滑导丝、超硬导丝和超长交换导丝等。
(4)其他器材:介入放射技术其他材料主要有金属支架、内涵管、栓塞物(自体血凝块、吸收性明胶海绵、不锈钢螺圈、组织黏合剂等)、药物(血管收缩剂、溶栓剂、抗肿瘤药物)等。

(二)介入放射技术的种类与应用价值

1. 介入放射技术的种类
(1)成形术。
(2)灌注栓塞术。
(3)穿刺引流术。
(4)其他:经皮肿瘤消融术、放射性粒子植入术等。
2. 介入放射技术的应用价值　介入放射技术以其微创的特点和肯定的治疗效果,目前已成为和内科、外科并列的三大治疗学之一。其主要临床应用价值体现在:
(1)诊断比较准确。
(2)治疗作用快,疗效显著。
(3)创伤小,可重复使用。
(4)使一些内、外科治疗无效或难以解决的疾病,如血管病变、晚期恶性肿瘤可获得有效治疗。

二、临床应用

(一)血管内介入技术

1. 经导管血管栓塞和封堵术　主要用于控制出血、治疗肿瘤和纠正异常血流(动静脉血管畸形、动静脉瘘和动脉瘤等)动力学等。
2. 经皮血管腔内血管成形术　主要包括:
(1)球囊血管成形术:主要用于治疗冠心病、动脉狭窄、四肢动脉硬化及栓塞等。

（2）血管内支架：主要用于治疗冠状动脉、颈动脉、肾动脉、肢体动脉等血管狭窄和闭塞、假性动脉瘤及夹层动脉瘤等。

（3）激光血管成形术和动脉粥样斑块切除术：主要用于治疗四肢血管、颈动脉和冠状动脉粥样硬化或血栓形成。

3. 心脏瓣膜狭窄经皮球囊成形术　临床主要用于治疗二尖瓣、肺动脉瓣和主动脉瓣狭窄。

4. 经导管灌注术　经皮穿刺引导管进入靶血管，经导管注入药物达到局部治疗的方法。

（1）止血：相应血管内灌注收缩药物，用于治疗消化道出血，如食管静脉曲张出血、出血性胃炎、消化性溃疡出血等。

（2）溶栓：相应血管内灌注溶栓药物，用于冠状动脉、脑动脉、肺动脉及下肢动脉等溶栓，常用药物有尿激酶、链激酶和组织型纤维蛋白溶酶原激活剂等。

（3）治疗肿瘤：靶动脉内灌注抗肿瘤药物，用于治疗原发性肺癌、原发性肝癌、头颈部肿瘤、消化道肿瘤、盆腔肿瘤及骨肿瘤等。

（二）非血管介入技术

1. 管道狭窄扩张成形术　包括球囊扩张成形术和支架置入术。通过球囊扩张术和支架留置术治疗食管、胆管、气管、支气管、肠管等管道狭窄病变。

2. 经皮穿刺引流术　指通过经皮操作在发生堵塞性扩张的生理性管道或病理性腔隙中置入引流管，进行引流治疗的方法。主要包括经皮经肝胆道引流术、经皮脓肿或囊肿引流术、经皮造瘘术等。

3. 经皮肿瘤消融术　是在影像设备的引导下，采用经皮穿刺的方式对肿瘤进行物理或化学方式灭活，以达到治疗肿瘤目的。

4. 经皮椎体成形术　指通过穿刺针经皮注入骨水泥对病变椎体进行加固和缓解疼痛的微创介入治疗技术，多用于椎体原发及转移性恶性肿瘤、部分椎体良性肿瘤如血管瘤等。

5. 经皮针刺活检术　经皮针刺取得活组织标本，行病理学检查。此法已广泛应用于身体各部位、各器官病变的诊断。

第八节　影像学检查方法的选择

随着各种先进成像设备的研发和更新迭代，影像学检查的设备和方法越来越多、越来越先进，如何合理地选择适合的影像学检查方法，用最简单快捷的检查方法、最低的检查费用和最少的潜在危害，解决满足患者需求，是临床医生必须面对的问题。费用的多少取决于影像设备的价格和运维成本，与疾病诊断的准确度、敏感度和特异度并不存在必然的正比关系。每一种检查技术都不是万能的，不同的影像学检查技术在诊断中均有各自的优缺点和适用范围。因此，在临床应用中应合理选择，必要时联合使用。这样，不仅可节约医疗资源，降低患者负担，而且可提高疾病诊断准确率。

（一）呼吸系统疾病的选择

呼吸系统疾病的最佳检查方法是 X 线和 CT 检查。X 线检查是应用于呼吸系统最传统的检查方法，结合 X 线胸片和透视，可检出大部分呼吸系统病变，是筛选和动态观察病变的最有效和最经济的方法，其缺点是对小病灶和被重叠的病灶显示不佳，有时容易漏诊，特别是对于早期肺癌等肺小结节的发现和鉴别能力不足。CT 密度分辨力高，无结构重叠，能发现直径大于 2mm 的病灶，结合各种后处理技术的应用，有效提高病灶的显示效率，多平面重组技术可多方位、多角度显示病灶，有助于鉴别病灶性质。CT 仿真内镜技术能模拟纤维支气管镜效果，用于探查气管和支气管内占位性病变。CT 肺功能成像除能了解形态学改变外，还能定性和定量地了解肺通气功能。在临床上对 X 线检查不能确诊的呼吸系统疾病,均应行 CT 检查。MRI 检查有利于对纵隔软组织病变的定位和定性诊断,且无须对比剂增强就可清楚显示肺门及纵隔内淋巴结。此外,利用 MRI 技术可清楚显示心脏和大血管及肺与纵隔肿瘤的关系,以利于术前判断肿瘤分期和制定治疗计划。超声检查一般不用于胸部病变的诊断,但它是引导胸腔或心包积液穿刺最佳工具。血管造影对胸部血管性病变具有诊断和治疗价值,可作为导向工具用作肿瘤的介入治疗和咯血的治疗。

(二)心脏与血管疾病的选择

X 线检查是心脏疾病的一种检查方法,可大致了解心脏及大血管的大小、形态、位置、搏动和肺血流改变,但不能直接显示心血管病的改变,只能通过心脏和血管形态的改变推断相应疾病可能,目前在临床上不作为单独诊断心血管疾病的检查手段,基本为彩超检查取代。目前彩超是心血管疾病效价比最高的首选检查方法,超声心动图可实时观察心脏大血管的结构与搏动、心脏舒缩功能和瓣膜活动及心血管内血流状态。通过各种超声检查方法的综合运用,大部分心血管疾病可明确诊断。它的局限性在于不能评估冠状动脉的情况,DSA 检查可补充其不足。普通 CT 不用于心脏疾病检查,但多层螺旋 CT 因其成像速度快,结合心电门控的应用,现冠状动脉 CT 造影(CTA)已作为诊断冠状动脉病变的筛选方法,增强后,利用图像重建技术,可直接显示冠状动脉,评估其狭窄或闭塞程度。与冠状动脉造影相比,CT 属非创伤性检查方法。利用 MRI 可清楚显示心脏及大血管结构,其成像分辨力高于超声,且可多方位观察。心脏 MRI 电影效果现已如同导管法心脏造影检查,且无影像重叠,有取代有创性心脏造影之势,但对于检查不合作的婴幼儿和病情危重者,不适宜做 MRI 检查。有创性心血管造影的诊断仍是诊断心血管系统疾病的金标准,兼具诊断和治疗的作用,目前主要用于心血管疾病的介入治疗,如冠状动脉狭窄球囊支架成形术、房间隔缺损、室间隔缺损、动脉导管未闭的堵塞术和心律失常射频消融、左心耳封堵术等,为患者提供微创治疗手段,取得较好的治疗效果,也减少对患者的损伤。

(三)骨骼肌肉疾病的选择

骨骼肌肉疾病主要以 X 线平片检查为首选检查方法,是筛选病变的最有效和最简单的方法,它不仅能显示病变的范围和程度,而且还可作出定性诊断。而 CT 在此方面更具有优势,通过容积扫描和各种后处理技术的联合应用,CT 能多方位显示骨关节解剖结构的空间关系,它常用于 X 线平片检查之后,或者是首选,特别是对于一些不规则骨和细微骨关节病变,更具有价值。但 X 线平片和 CT 检查显示肌肉、肌腱、半月板和椎间盘等软组织病变能力不足,亦不易发现骨关节和软组织的早期病变,ECT 可用于疾病的早期诊断,如对股骨头无菌坏死的早期诊断,优于 X 线、MRI 和 CT 检查。MRI 在显示肌肉、肌腱、半月板和椎间盘软组织等软组织结构更具优势,在显示肿块、出血、水肿、坏死时亦优于 CT,但在显示骨化和钙化时不及 CT 和 X 线平片。MRI 常用于下列部位病变的检查:①膝关节。主要用于检查外伤所致的半月板断裂和韧带撕裂。半月板断裂以矢状面 T_2WI 压脂序列显示最为敏感,T_2WI 可帮助显示关节内积液和出血。MRI 诊断的准确率可超过 90%,比关节造影和关节内镜敏感。韧带撕裂可在 T_2WI 上显示,表现为增粗、信号增高或中断,在 CT 上是难以显示。②髋关节。主要用于诊断早期股骨头缺血性坏死和观察疗效。征象出现早于 X 线和 CT,且具有一定的特异性。③骨髓。MRI 是直接观察骨髓病变的最佳检查方法,优于 X 线、ECT 和 CT 检查。MRI 可准确确定其范围,在压脂序列显示更佳。④脊柱。可清楚地显示椎管狭窄,包括椎体与脊椎小关节的增生、韧带肥厚和椎间盘退变导致的膨出、脱出等,可以观察神经根受压情况。

(四)腹部疾病的选择

胃肠道钡剂造影是胃肠道疾病最传统的影像检查方法,它可诊断胃肠道畸形、炎症、溃疡和肿瘤性病变,应用气钡双重对比造影有助于发现轻微的和早期的胃肠道病变,但其诊断作用逐渐被内窥镜检查所取代。血管造影可用于寻找和治疗消化道出血,发现胃肠道血管性病变。利用

CT 和 MRI 可对腹部恶性肿瘤进行临床分期和制定治疗计划。超声对胆系疾病诊断的效价比最高，亦能发现肝、胰、脾的病变，故常作为首选的检查方法。超声亦特别适合对腹部实质性脏器疾病的普检、筛选和追踪观察。CT 具有优良的组织分辨力和直观清晰的解剖学图像，特别是随着 CT 扫描速度加快，扫描方式和图像重建功能的增加，使它在肝、胆、胰、脾疾病诊断和鉴别诊断中起主导作用，与超声相结合，CT 能对绝大多数疾病作出正确诊断。MRI 除可提供优良的解剖学图像外，还可根据信号特征分析病变性质，故常用于超声和 CT 鉴别诊断有困难的病例。在显示胆管、胰管梗阻性病变时，MRI 优于超声和 CT。结合肝胆细胞特异性对比剂的应用，不但提高对小肝癌的诊断正确率，而且可以对肝、胆功能进行评估。血管造影多用于治疗，如肿瘤的灌注化疗，肝海绵状血管瘤、动静脉畸形和动脉瘤栓塞治疗等。

腹部平片仅可显示泌尿系阳性结石，肾排泄性造影既可显示肾盂输尿管系统的解剖学形态，又可判断肾排泄功能，故它仍是泌尿系疾病的常用检查方法之一。超声与 CT 已广泛应用于泌尿生殖系统检查，且效果远优于常规 X 线，特别是超声在妇产科诊疗中已起主导作用。超声、CT、ECT 和 MRI 均适用于对肾上腺疾病的探查，但从临床效价比的角度应首选 CT。MRI 水成像技术在显示泌尿系梗阻性疾病方面有独特的价值。此外，MRI 对软组织、肝、胆、脾、胰、肾、子宫、卵巢、前列腺等部位的检查性能优越，在对泌尿生殖系统肿瘤分期方面优于其他检查方法。超声造影逐渐应用于胃肠道造影，用于评估胃肠壁结构及胃肠道蠕动，打破既往超声对于胃肠道检查的限制。腹部 CT 检查，特别是增强扫描检查技术，对于鉴别急腹症具有重要的临床应用价值，不但可以诊断胃肠道穿孔、胰腺炎、阑尾炎、肠梗阻等常见的急腹症病因，而且对于腹内疝、肠系膜血管栓塞和活动性出血等一些少见病亦具有较好的应用价值。

（五）中枢神经系统疾病的选择

中枢神经系统疾病首选的检查方法为 CT 与 MRI，两者均能对颅内或椎管内病变的部位、大小、数目等情况作出定量和定性诊断。CT 和 MRI 图像特点比较如下：CT 检查对中枢神经系统疾病的诊断具有较高的价值，临床应用广泛。其成像速度快，是怀疑脑卒中患者的首选检查方法。对颅内肿瘤、脓肿和肉芽肿、寄生虫、颅脑外伤、颅内血肿、蛛网膜下腔出血、脑梗死、脑先天畸形和发育不良等能够很好地定位和定性诊断价值。MRI 检查显示脑解剖结构更清晰，可很好地观察器官大小、形状和位置等，对引起器官形态变化的疾病可作出诊断。即使不用对比剂也可以借助血管流空效应观察病变与邻近血管关系，对脑干、幕下区、枕骨大孔区、脊髓病变的显示优于 CT，MRI 发现脑梗死比 CT 敏感，最短于起病后 30 分钟 MRI 即可出现异常。对脑干和小脑腔隙性梗死灶的探测，MRI 也明显优于 CT。脑梗死灶在 T_1WI 上呈低信号，在 T_2WI 上呈高信号，易于诊断。MRI 功能成像提供的信息对疾病的诊断也有较大的帮助，例如扩散加权成像、灌注成像和波谱成像。MRI 扩散成像是可发现 30 分钟以内的超急性期脑梗死，对脑梗死患者的早期治疗和预后有着重要作用，扩散加权成像对于判别肿瘤的良恶性程度也有较高的预测价值。波谱成像是唯一能在活体内测量人体成分改变的成像技术，对于判别肿瘤性和非肿瘤性病变、炎症性和恶性肿瘤也有帮助。MRI 的缺点在于不能明确钙化灶，对骨性结构的显示远不如 CT。一般说来，对于脑外伤患者，CT 是首选的检查方法；对于怀疑肿瘤性、炎症性或脱髓鞘性疾病，MRI 的敏感性更高、显示病变更具有优势。急性期出血，CT 检查敏感，可作出明确诊断，无须 MRI 检查，亚急性期和慢性期，MRI 检查更敏感，能提供更多的诊断和鉴别诊断信息。对于颅脑和脊髓先天畸形，应首选 MRI 检查。CTA 和 MRA 可以显示大部分病变的血管改变，脑血管造影属创伤性检查方法，目前已少用于对颅内疾病的诊断，血管造影只在上述检查不能明确诊断或需介入治疗时进行。

综上所述，这五种成像方法的优选和应用主要是遵循效价比的原则进行。呼吸系统疾病和骨骼疾病首选的检查方法应是普通 X 线检查；胃肠道疾病应首选 X 线钡剂（或气钡双重）造影检查，CT 检查在胃肠道疾病诊断的价值越来越重要，应用也越来越广泛；心血管疾病应首选超声和 DSA 检查；泌尿系统疾病，妊娠，子宫与卵巢疾病，肝、胆、胰、脾、腺体和软组织疾病应首选超声检查；中枢神经系统疾病应首选 CT 和 MRI 检查；ECT 是一种创伤性较大的检查方法，而且费用较贵，在疾病的诊断中，不做优先考虑。但在某些疾病（甲状腺疾病、恶性肿瘤的转移、心肌梗死等）的早期确诊和精确诊断中，具有其他方法不可替代的优势。必须强调的是，影像学诊断必须结合患者的其他临床资料综合分析才能作出。

（李彦娴　郭晓婷）

？复习思考题

1. 试述大叶性肺炎的 X 线表现。
2. 试述肝细胞肝癌 CT 的诊断标准。
3. 简述肝血管瘤典型声像图表现。
4. 简述子宫肌瘤典型声像图表现。
5. 简述呼吸系统疾病影像学检查方法的选择。

0603

扫一扫，测一测

第七章　肺功能检查

PPT课件

知识导览

学习目标

1. 熟悉临床常用肺功能检查项目的临床意义。
2. 了解肺功能检查的目的。
3. 了解临床常用肺功能检查项目的参考值。

肺功能检查是呼吸功能和胸、肺疾病的重要检查内容,包括通气功能、换气功能、小气道功能、血气分析和酸碱测定等检查项目。肺功能检查的目的是:①了解呼吸功能的基本状态,明确肺功能障碍的发生机制及类型;②协助判断呼吸系统疾病的病因和病变部位;③判断肺功能损害的程度及评估手术的耐受性;④评价药物与其他治疗的疗效;⑤职业性肺病的劳动能力鉴定。不宜进行肺功能检查的状态有:①近2个月有心绞痛、心肌梗死、心力衰竭、休克;②近4周曾出现大咯血;③高血压(收缩压>200mmHg或舒张压>100mmHg);④气胸、巨大肺空洞;⑤鼓膜穿孔;⑥呼吸道感染。

肺功能的代偿能力很大,有些严重的肺部疾病,肺功能也可能正常,故对肺功能的检查结果的判断必须结合临床资料综合判断。各种肺功能指标均受性别、年龄、体重、身高、体位、呼吸形式等因素影响,故临床上常用各项肺功能指标的预计值作为参考值,以实际测值占预计值的百分比作为评判依据。

第一节　通气功能检查

一、肺　容　积

肺通气功能检查是呼吸功能检查中最基本的检查项目。这项检查包括肺泡的含气量、气流在气道中的流速及其影响。肺泡内含气量受肺与胸部扩张或回缩的影响发生相应改变,形成四种基础肺容积和四种基础肺容量。肺容积是在安静状态下,一次呼吸所出现的容积变化,不受时间限制,因其具有静态解剖学意义,故称为静态肺容积。四种基础肺容积包括:潮气容积、补吸气容积、补呼气容积和残气容积,彼此互不重叠。肺容量是由两个或两个以上基础肺容积组成。四种基础肺容量包括:深吸气量、功能残气量、肺活量和肺总量(图7-1)。

1. 潮气容积(VT)　指平静呼吸时,每次吸入或呼出的气量。
(1)正常成人参考值:500ml。
(2)临床意义:呼吸肌功能不全时 VT 降低。
2. 补吸气容积(IRV)　指平静吸气末再尽力吸气所能吸入的最大气量。
(1)正常成人参考值:男性 2 160ml,女性 1 400ml。
(2)临床意义:吸气肌功能减弱时 IRV 降低。

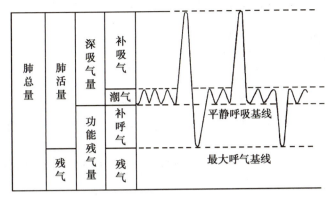

图 7-1　肺容积的组成及其关系

3. 补呼气容积（ERV）　指平静呼气末再尽力呼气所呼出的最大气量。

（1）正常成人参考值：男性（1 609±492）ml，女性（1 126±338）ml。

（2）临床意义：呼气肌功能减弱时 ERV 降低。

4. 残气容积（RV）　指补呼气后仍残留于肺内的气量。

（1）正常成人参考值：男性（1 615±397）ml，女性（1 245±336）ml。

（2）临床意义：升高提示肺弹性回缩力下降，见于阻塞性肺气肿、气道部分阻塞。下降见于肺间质纤维化、急性呼吸窘迫综合征、胸廓畸形等。

5. 深吸气量（IC）　指平静呼气末用力吸气所能吸入的最大气量，即潮气容积加补吸气容积（VT+IRV）。

（1）正常成人参考值：男性（2 617±548）ml，女性（1 970±381）ml。

（2）临床意义：IC 降低主要见于吸气肌功能不全时，胸廓、肺活动度减弱、气道阻塞时亦降低。

6. 功能残气量（FRC）　指平静呼气后肺内所含气量，即补呼气容积加残气容积（ERV+RV）。

（1）正常成人参考值：男性（3 112±611）ml，女性（2 348±479）ml。

（2）临床意义：同 RV。但在小气道疾病时，RV 可能略增加，FRC 可正常。

7. 肺活量（VC）　指最大吸气后所能呼出的最大气量，即深吸气量加补呼气容积（IC+ERV）或潮气容积加补吸气容积加补呼气容积（VT+IRV+ERV）。

（1）正常成人参考值：男性（4 217±690）ml，女性（3 105±452）ml。实际测值不应低于预计值的 80%，其中 60%～79% 为轻度、40%～59% 为中度、<40% 为重度。

（2）临床意义：VC 是肺功能检测中简单易行又最有价值的参数之一。其减低提示有限制性通气功能障碍（如胸廓畸形、广泛性胸膜增厚、大量胸腔积液、气胸、肺不张、大量腹腔积液、腹腔肿瘤等），其次为呼吸肌功能障碍（如重症肌无力、膈肌麻痹等）。此外，严重慢性阻塞性肺疾病、支气管哮喘等亦降低。

8. 肺总量（TLC）　指深吸气后肺内所含气体总量，即肺活量加残气容积（VC+RV）。

（1）正常成人参考值：男性约 5 020ml，女性约 3 460ml。

（2）临床意义：增加提示阻塞性通气障碍，如阻塞性肺气肿等。减少见于广泛肺部疾病，如气胸、胸腔积液、肺纤维化、肺水肿、肺不张等。

FRC、RV 均不能用肺量计直接测得，需用气体分析法（氦气或氮气）间接测算。

二、通 气 检 查

通气检查是指单位时间内随呼吸运动进出肺的气体量和流速，又称动态肺容积。

1. 肺通气量

（1）每分钟静息通气量（VE）：是指静息状态下每分钟吸入或呼出的气量。等于潮气容积（VT）乘以呼吸频率（RR）。

1）正常成人参考值：男性（6 663±200）ml，女性（4 217±160）ml。

2）临床意义：>10L/min，提示通气过度，可造成呼吸性碱中毒，见于发热、剧烈运动、过度通气综合征、哮喘急性发作、代谢性酸中毒等；<3L/min，提示通气不足，可造成呼吸性酸中毒，多见于呼吸衰竭。

（2）最大通气量（MVV）：又称最大自主通气量，是指1分钟内以最快的呼吸频率和最大的呼吸幅度呼吸所得到的通气量。

1）正常成人参考值：男性（104±2.71）L，女性（82.5±2.17）L。

2）临床意义：低于参考值的80%为异常，见于阻塞性肺气肿、呼吸肌功能障碍、弥漫性肺间质病变、大面积肺实变等。

2. 用力肺活量（FVC） 旧称时间肺活量，是指深吸气至肺总量（TLC）位后用最大力及最快速度所能呼出的全部气量（图7-2）。第1秒用力呼气容积（FEV_1）是指最大吸气到肺总量（TLC）位后开始呼气，第1秒内呼出的气量。第1秒用力呼气容积既是容积测定，亦为1秒内的平均呼气流量测定，第1秒用力呼气容积与用力肺活量的比值（FEV_1/FVC）简称一秒率，是最常用的判断有无气流阻塞的参数。正常人6秒内可将肺活量全部呼出，前1、2、3秒钟所呼出的气量各占FVC的百分率分别是83%、96%、99%。

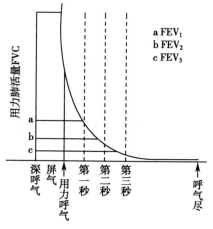

图7-2 用力肺活量及最大呼气中段流量

（1）正常成人参考值：男性 FEV_1 约（3 179±117）ml，女性约（2 314±48）ml；FEV_1/FVC 均应>80%。

（2）临床意义：阻塞性通气障碍时，如慢性阻塞性肺疾病、支气管哮喘急性发作期患者，由于气道阻塞、呼气时间延长，其 FEV_1 和 FEV_1/FVC 均降低。但在可逆性气道阻塞中，如支气管哮喘，在应用支气管扩张剂后，其值亦可较前改善。限制性通气障碍时，如弥漫性肺间质纤维化、广泛胸膜肥厚粘连、胸廓畸形等患者，气道虽无阻塞，呼出气流不受限，但因胸廓及肺弹性、顺应性降低，呼气运动迅速减弱终止，致使肺活量的绝大部分在极短时间内提前迅速呼出，FEV_1 与 FVC 成比例下降，因此 FEV_1/FVC 是正常的，事实上有些纤维化病例该比率甚至增加。因此，确定 FEV_1 降低的原因时，需要进一步检查 FEV_1/FVC 比率。FEV_1 降低而 FEV_1/FVC 正常，通常提示限制性通气障碍，而 FEV_1 降低伴 FEV_1/FVC 降低表示主要为阻塞性通气障碍。

3. 最大呼气中段流量（MMEF 或 MMF） 是根据用力肺活量曲线计算得出用力呼出25%～75%阶段的平均流量。

（1）正常成人参考值：男性（3 452±1 160）ml/s，女性（2 836±946）ml/s。

（2）临床意义：可作为评价早期小气道阻塞的指标。有研究发现小气道疾病当 FEV_1 和 FEV_1/FVC 及气道阻力均正常时，MMF 却可降低，表明 MMF 比 FEV_1/FVC 能更好地反应小气道阻塞。

4. 最大呼气流量（MEF） 是指用力肺活量测定中，呼气流速最快时的瞬间流速，亦称峰值呼气流速，主要反映呼吸肌的力量和气道阻力。正常人1日内，不同时间点 MEF 值可有差异，称 MEF 日变异率，正常一般<20%，≥20%对支气管哮喘诊断有意义，常作为哮喘患者病情监测的指标。

$$MEF 日变异率 = \frac{日内最高 MEF - 日内最低 MEF}{1/2（同日内最高 MEF + 最低 MEF）} \times 100\%$$

第二节　换气功能检查

肺泡是气体交换的基本单位,进入肺泡中的氧通过肺泡壁毛细血管进入血液循环,血液中的二氧化碳通过弥散排到肺泡,这个过程称为换气。换气功能检查包括气体分布测定、通气/血流比值测定和肺泡弥散功能测定等。

一、气体分布

肺内气体分布存在区域性差异,导致气体分布的不均一性,这与气道阻力、肺顺应性、胸膜腔内压的变化有关。当有气道阻塞时,吸入气体易进入气道阻力低的肺部;呼气时因肺泡内压不均,则会加重气体分布不均。

1. 正常成人参考值　单次呼吸法判定指标以呼气至 750~1 250ml 的瞬时氮浓度差为准,参考值为<1.5%。重复呼吸法(重复吸入纯氧 7 分钟后)以测定总的呼出气中的氮浓度为判定指标,参考值为<2.5%。

2. 临床意义　气体分布不均匀主要由气流阻力不均和肺顺应性降低造成。

(1)气流阻力不均:见于支气管哮喘、慢性支气管炎等。

(2)肺顺应性降低:见于间质性肺炎、肺气肿、肺纤维化、肺水肿等。

二、通气/血流比值

有效的肺泡气体交换,要求有足够的肺泡通气量(正常约 4L/min)和充分的血流量(正常约 5L/min),且两者之间保持一定的比值,即通气/血流比值(V/Q)。

1. 正常成人参考值　V/Q 约为 0.8。

2. 临床意义　V/Q 比值失调都会导致换气功能障碍,可引起缺氧,但常无 CO_2 潴留。

(1)V/Q>0.8:提示肺泡无效腔气增多,见于局部血流障碍,如肺动脉栓塞等。

(2)V/Q<0.8:提示有无效血流灌注,或导致静-动脉样分流效应,见于局部气道阻塞,如支气管痉挛与阻塞、阻塞性肺不张、肺炎、肺水肿、急性呼吸窘迫综合征等。

三、肺泡弥散功能

肺泡弥散是指肺泡内的氧和肺泡壁毛细血管中的二氧化碳,通过肺泡膜的交换过程。反映弥散功能的指标为肺弥散量(D_L),即肺泡膜两侧气体分压差为 1.0mmHg 时,每分钟透过呼吸膜的气体量(ml)。肺的气体弥散主要是 O_2 和 CO_2 的弥散,CO_2 的弥散速率为 O_2 的 21 倍,故一般不存在 CO_2 弥散障碍,因此临床上弥散障碍是指氧而言,其后果是缺氧。

1. 正常成人参考值　男性为(18.23~38.41)ml/(mmHg·min);女性为(20.85~23.9)ml/(mmHg·min)。

2. 临床意义

(1)弥散量降低:小于正常预计值 80% 为降低,提示肺弥散障碍,见于肺间质纤维化、气胸、阻塞性肺气肿、肺结核、肺切除术后、先天性或风湿性心脏病、贫血等。

(2)弥散量增加:见于肺出血、红细胞增多症等。

第三节　小气道功能检查

小气道是指在吸气状态下内径≤2mm 的气道,包括全部细支气管和终末细支气管。小气道总的横断面积多达 100cm² 以上,该面积远远大于内径>2mm 的气道的面积,故小气道阻力仅占气道总阻力的 20% 以下,故小气道的病变在临床上可无任何症状和体征,亦不易被常规肺功能检查检出。但小气道功能检查能早期发现小气道病变,从而有助于疾病的早期诊断。小气道功能检查包括闭合容积、最大呼气流量 - 容积曲线和频率依赖性肺顺应性。

一、闭 合 容 积

闭合容积(CV)是指平静呼气至残气位时,肺低垂部位小气道开始闭合时所能继续呼出的气量。小气道开始闭合时的肺内存留气量称为闭合总量(CC),CC = CV+RV(残气容积)。CV 与 CC 是反映小气道功能的重要检查指标。正常参考值(CV/VC):30 岁时为 13%,40 岁时为 16%,50 岁时为 20%;CC/TLC(肺总量)<45%。小气道有病变时,低垂部小气道可提前闭合于功能残气位,因而 CV 与 CC 增大,常见原因有慢性阻塞性肺疾病、吸烟、大气污染等。

二、最大呼气流量 - 容积曲线

最大呼气流量 - 容积曲线(MEFV)是指深吸气后至肺总量位后,以最快的速度用力呼气至残气位的过程中,将呼出的气体容积与相应的呼气流量所记录的曲线,或称流量 - 容积曲线(V-V 曲线)(图 7-3)。呼气初期单位时间呼气流量与胸内压力大小有关,但到呼气中、后期则呼气流量只取决于小气道的功能,与胸腔内压大小无关,故 MEFV 与最大呼气中段流量一样可作为反映小气道功能的指标。临床上一般以 VC50% 和 VC25% 时的呼气瞬时流量(Vmax50 和 Vmax25)作为检测小气道阻塞的指标,如两项指标的实测值 / 预计值<70%,且 Vmax50/Vmax25<2.5,则提示小气道功能障碍,并可根据曲线形态特征判断气道阻塞部位(图 7-4)。

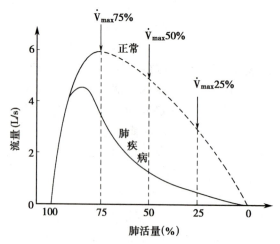

图 7-3　正常和阻塞性肺病的流量 - 容积曲线

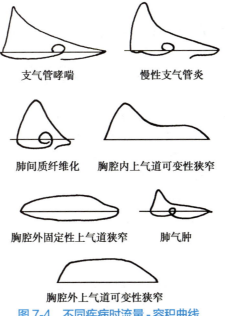

支气管哮喘　　慢性支气管炎

肺间质纤维化　胸腔内上气道可变性狭窄

胸腔外固定性上气道狭窄　　肺气肿

胸腔外上气道可变性狭窄

图7-4　不同疾病时流量-容积曲线

三、频率依赖性肺顺应性

肺顺应性是单位压力改变时所引起的肺容积变化。肺顺应性分为静态肺顺应性(指在呼吸周期中气流被短暂阻断时测得的肺顺应性)与动态肺顺应性(指在呼吸周期中气流未被阻断时测得的肺顺应性)两种。正常人的肺顺应性不受呼吸频率影响,故静态肺顺应性(C_{stat})与动态肺顺应性(C_{dyn})基本一致。但小气道有病变时,随着呼吸频率加快,肺顺应性下降,此现象为频率依赖性肺顺应性(FDC)。临床上常分别检测每分钟20次呼吸频率时的肺顺应性(C_{dyn20})与每分钟60次呼吸频率时的肺顺应性(C_{dyn60})。正常成人参考值:$C_{dyn60}/C_{dyn20} \geqslant 0.75$。如<0.75,则反映小气道病变。目前认为FDC是检测小气道病最敏感的指标。

第四节　血气分析和酸碱测定

一、动脉血氧分压测定

动脉血氧分压(PaO_2)是指血液中物理溶解的氧分子所产生的压力。

1. 参考值　95～100mmHg。

2. 临床意义

(1) 判断有无缺氧和缺氧的程度:造成低氧血症的原因有肺泡通气不足、通气血流(V/Q)比例失调、弥散功能障碍等。低氧血症分为轻、中、重度:轻度 $PaO_2$80～60mmHg;中度 $PaO_2$60～40mmHg;重度 PaO_2<40mmHg。

(2) 判断有无呼吸衰竭及分型:Ⅰ型呼吸衰竭 PaO_2<60mmHg,$PaCO_2$ 降低或正常;Ⅱ型呼吸衰竭 PaO_2<60mmHg、$PaCO_2$>50mmHg。

二、动脉血氧饱和度测定

动脉血氧饱和度(SaO_2)是指动脉血氧与血红蛋白(Hb)结合的程度,是单位Hb含氧百分数。

1. 参考值　95%～98%。

2. 临床意义　是判断机体是否缺氧的指标之一,降低提示体内缺氧。

三、动脉血二氧化碳分压测定

动脉血二氧化碳分压($PaCO_2$)是指物理溶解在动脉血中的CO_2分子所产生的张力。

1. 参考值　35～45mmHg,平均值40mmHg。

2. 临床意义

(1) 判断呼吸衰竭类型与程度的指标:Ⅰ型呼吸衰竭$PaCO_2$降低或正常;Ⅱ型呼吸衰竭$PaCO_2$>50mmHg。肺性脑病时,$PaCO_2$>70mmHg。

(2) 判断呼吸性酸碱平衡失调的指标:$PaCO_2$>45mmHg提示呼吸性酸中毒;$PaCO_2$<35mmHg提示呼吸性碱中毒。

四、pH 测 定

pH是表示血液氢离子浓度的指标或酸碱度。pH取决于血液中碳酸氢盐缓冲对,其中碳酸氢盐由肾调节,碳酸由肺调节,其二者比值为20∶1。

1. 参考值　7.35～7.45,平均7.40。

2. 临床意义　可作为判断酸碱失衡中机体代偿程度的重要指标。pH<7.35为失代偿性酸中毒,有酸血症;pH>7.35为失代偿性碱中毒,有碱血症。pH正常可有三种情况:无酸碱失衡、代偿性酸碱失衡、混合性酸碱失衡。不能单用pH区别代谢性与呼吸性酸碱失衡,应结合其他指标进行判断。

五、标准碳酸氢盐测定

标准碳酸氢盐(SB)是指在38℃,血红蛋白完全饱和,经$PaCO_2$为40mmHg的气体平衡后的标准状态下所测得的血浆HCO_3^-浓度。

1. 参考值　22～27mmol/L,平均24mmol/L。

2. 临床意义　是准确反映代谢性酸碱平衡的指标。SB一般不受呼吸影响。

(1) SB增高:见于代谢性碱中毒(胃液大量丢失、低钾血症、输入过多碱性物质等)。

(2) SB降低:见于代谢性酸中毒(糖尿病酮症酸中毒、休克、尿毒症、剧烈腹泻、肠瘘、大面积烧伤等)。

六、实际碳酸氢盐测定

实际碳酸氢盐(AB)是指在实际$PaCO_2$和血氧饱和度条件下所测得的血浆HCO_3^-浓度。

1. 参考值　22～27mmol/L。

2. 临床意义

(1) AB增高:见于代谢性碱中毒,也可见于呼吸性酸中毒经肾脏代偿的结果。

(2) AB减低:见于代谢性酸中毒,也可见于呼吸性碱中毒经肾脏代偿的结果。

(3) AB与SB的差数:呼吸性酸中毒时,AB>SB;呼吸性碱中毒时,AB<SB;代谢性酸中毒时,AB∶SB<正常值;代谢性碱中毒时,AB∶SB>正常值。

七、缓冲碱测定

缓冲碱（BB）是指血液中一切具有缓冲作用的碱性物质（负离子）的总和，包括 HCO_3^-、Hb^-、血浆蛋白和 HPO_4^{2-}。HCO_3^- 是 BB 的主要成分，约占 50%。是反映代谢性因素的指标。

1. 参考值　45～55mmol/L。

2. 临床意义　反应机体对酸碱平衡失调时总的缓冲能力，不受呼吸因素、CO_2 改变的影响。增高提示代谢性碱中毒；减少提示代谢性酸中毒。

八、剩余碱测定

剩余碱（BE）是指在 38℃，血红蛋白完全饱和，经 $PaCO_2$ 为 40mmHg 的气体平衡后的标准状态下，将血液标本滴定至 pH 等于 7.40 所需要的酸或碱的量，表示全血或血浆中碱储备增加或减少的情况。需加酸者表示血中有多余的碱，BE 为正值，需加碱者表示血中碱缺失，BE 为负值。

1. 参考值　（0±2.3）mmol/L。

2. 临床意义　BE 只反映代谢性因素，BE 增高见于代谢性碱中毒时；BE 降低见于代谢性酸中毒时；呼吸性酸中毒发生代偿时，BE 略有增高。

九、血清二氧化碳结合力测定

血清二氧化碳结合力（CO_2CP）是指血液中 HCO_3^- 和 H_2CO_3 中 CO_2 含量的总和。CO_2CP 受代谢和呼吸双重因素的影响。

1. 参考值　22～31mmol/L。

2. 临床意义

（1）CO_2CP 降低：见于代谢性酸中毒（糖尿病酮症酸中毒、饥饿性酮中毒、肾衰竭、剧烈腹泻、肠瘘、大面积烧伤等）和呼吸性碱中毒（脑出血、脑炎、支气管哮喘发作、癔症等）。

（2）CO_2CP 增高：见于呼吸性酸中毒（各种原因所致的通气和换气功能障碍，如阻塞性肺气肿、慢性肺源性心脏病等）和代谢性碱中毒（剧烈而频繁的呕吐使胃酸大量丢失，如急性胃炎、幽门梗阻、妊娠呕吐等）。

（李彦娴）

？ 复习思考题

1. 简述常用肺功能检查项目。

2. 简述 FEV_1/FVC 的临床意义。

3. 试述动脉血气分析动脉血氧分压、二氧化碳分压正常值及其临床意义。

4. 什么是通气/血流比值？其正常值及改变有何临床意义？

5. 什么是小气道？其功能检查包括哪些项目？

扫一扫，测一测

第八章 内镜检查

学习目标

1. 掌握各种内镜检查的适应症和禁忌证。
2. 熟悉各种内镜检查的注意事项和各种内镜检查的术前准备。
3. 了解内镜检查的原理、常用内镜检查操作方法。

内镜又称内窥镜,是从人体的自然孔道或切口部位插入,用以窥视人体内部结构和病理变化,用来进行诊断和治疗的一类医疗器械,是各种内脏器官医疗用镜的总称。临床常用的内镜有胃镜、腹腔镜、十二指肠镜、小肠镜、结肠镜、胆道镜、支气管镜、膀胱镜等。

第一节 基 本 知 识

(一)内镜发展过程简介

内镜问世已有 100 多年历史。由于材料和光源的限制,内镜的发展一直较为缓慢。20 世纪 50 年代后,由于纤维光学的发展,内镜的发展也突飞猛进、日新月异。20 世纪 70 年代初,纤维内镜技术传入我国并在临床上获得了广泛的推广和应用。以胃镜为例,1805 年德国 Bozzini 首先提出内镜设想;1869 年德国医生 Kussnaul 制成第一台硬式胃镜;1932 年 Wolf、Schindle 研制出半曲式胃镜;1957 年美国 Hirschowitz 制成第一台纤维胃、十二指肠镜;1983 年美国 Welch Allyn 公司制造出电子内镜,之后带来了一轮新的革命。随着科学技术不断进步,新型的内窥镜技术在不断发展。胶囊内镜、超声内镜、内镜窄带技术、激光共聚显微镜等进一步扩大了内镜检查和运用范围。内窥镜已广泛应用于消化道、耳道、鼻腔、泌尿系统、呼吸道、妇科、腹腔,以及眼科等。更为轻量化、智能化的内窥镜给现代的外科检查和手术带来了极大的便利。

(二)内镜诊断原理

1. 纤维内镜诊断原理 纤维内镜由光学传像系统、物镜系统、观察目镜系统构成。它利用光导纤维与透镜组合来完成传导光线与图像通过自然孔道或手术切口进入人体内实现体内组织的成像和诊断。

2. 电子内镜诊断原理 电子内镜先端的微型图像传感器 CCD 采集图像,将光信号转换成电信号,再经由电缆传输至图像处理中心,图像处理中心将这些电信号经贮存和处理,最后在监视器上显示出受检部位图像。与纤维内镜相比,电子内镜图像更清晰、更逼真,分辨率更高。

(三)内镜检查的注意事项

1. 术前应向患者解释检查目的,消除顾虑,以取得患者合作。了解患者有无药物过敏史,有无血清乙型肝炎表面抗原阳性、艾滋病血清学检查阳性等,了解出凝血状况。做好急救器械、急救药物等准备。

2. 术中注意观察患者意识状态、生命体征变化。

3. 术后标本及时送检，患者卧床休息，4 小时后方可饮食，密切观察有无异常情况，若有异常情况（剧烈腹痛、呕血、黑便、胸闷等）即来院就诊。

（四）内镜检查的临床应用

目前，内镜检查已成为人体内脏器官检查的常规方法。内镜依据人体内腔结构特点设计而成，镜身柔软，可变换屈伸角度，正确操作不会对器官形成损伤。内镜检查可直接观察到脏器内腔的病变，可进行病理活检确定病变性质。这是超声、X 线、CT 等检查无法比拟的优点。近年来，内镜检查范围不断扩大和延伸，现代内镜技术从单纯检查向检查治疗结合方向迅速发展。如在内镜下切除消化道息肉和早期肿瘤；修补糜烂、外伤、溃疡、瘘管；紧急止血；取出消化道、呼吸道异物如鱼刺、肉骨等；对呼吸道阻塞及肺不张的患者进行吸痰及灌洗；微创取出胆道结石等。

第二节　上消化道内镜检查

（一）适应证

食管、胃、十二指肠疾病诊断不明者，均可行此项检查。主要适应证如下：

1. 吞咽困难、胸骨后疼痛、烧灼、上腹部疼痛、不适、饱胀、食欲下降等上消化道症状，原因不明者。

2. 不明原因的上消化道出血。急性上消化道出血，早期检查不仅可获病因诊断，尚可同时进行内镜下止血。

3. X 线钡餐检查不能确诊或不能解释的上消化道病变，特别是黏膜病变和疑有肿瘤者。

4. 需要随访观察的病变，如消化性溃疡、萎缩性胃炎、胃手术后、反流性食管炎等。

5. 药物治疗前后对比观察或手术后随访。

6. 内镜下治疗。如异物取出、止血、食管静脉曲张的硬化剂注射与套扎、食管狭窄的扩张与内支架放置治疗、上消化道息肉切除、黏膜切除等。

（二）禁忌证

1. 严重心肺疾病，如严重心律失常、心力衰竭、心肌梗死急性期、严重呼吸衰竭及支气管哮喘发作期等。

2. 休克、昏迷等危重状态。

3. 神志不清、精神失常，不能合作者。

4. 食管、胃、十二指肠穿孔急性期。

5. 严重咽喉疾病、腐蚀性食管炎和胃炎、巨大食管憩室、主动脉瘤及严重颈胸段脊柱畸形者。

6. 急性病毒性肝炎或胃肠道传染病一般暂缓检查；慢性乙、丙型肝炎或病原携带者、艾滋病患者应具备特殊的消毒措施。

（三）术前准备

1. 签署知情同意书，检查前禁食 8 小时。有胃排空延缓者，须禁食更长时间；有幽门梗阻者，应洗胃后再检查。

2. 阅读胃镜申请单，简要询问病史，做必要体格检查，了解胃镜检查的适应证，有无危险性及禁忌证。做好解释工作，消除患者恐惧心理，取得合作。

3. 麻醉。检查前 5～10 分钟，吞服含 1% 丁卡因胃镜胶（10ml）或 2% 利多卡因喷雾咽部 2～3 次。

4. 镇静剂一般无须使用，过分紧张者可用地西泮 5～10mg 肌内注射或静脉注射。做镜下治疗时,为减少胃蠕动,可术前 10 分钟肌内注射山莨菪碱 10mg 或阿托品 0.5mg。

5. 口服去泡剂。可用二甲硅油去除胃十二指肠黏膜表面泡沫,使视野更加清晰。此项不作为必须要求。

6. 检查胃镜及配件。注意光源、送水、送气阀及吸引装置,操纵部旋钮控制的角度等。检查胃镜的线路、电源开关及监视器屏幕影像。此外,内镜室应具有监护设施、氧气及急救用品。

(四)操作方法

1. 患者取左侧卧位,双腿屈曲,头垫低枕,颈部松弛,松开腰带及衣领,口下边放置弯盘,取下义齿,嘱患者咬住牙垫。

2. 检查者左手持操纵部调整角钮方向,右手持胃镜可曲部,将镜端自牙垫中插入至咽后壁,并嘱做吞咽动作,顺势轻柔沿舌背、咽后壁插入食管上端,注意动作轻柔,勿误入气管。

3. 在直视下由食管通过齿状线插入贲门,进入胃腔,在胃底略向左、上可见胃体部,再经幽门入十二指肠。在退镜时详细观察各部情况,观察顺序依次为:十二指肠、幽门、胃窦、胃角、胃体、胃底、贲门、食管,注意各部位管腔的大小、形态、黏膜皱襞、黏膜下血管、分泌物性状,以及胃蠕动情况,特别应注意勿遗漏胃角上部、胃体垂直部及贲门下病变。

4. 当腔内充气不足而黏膜贴近镜面时,可少量间断注气,当物镜被沾污时,可少量充水清洗镜面,必要时也可抽气或吸出液体。

5. 对病变部位可摄像、染色、局部放大、活检、刷取细胞涂片及抽取胃液检查以辅助诊断。

6. 退出胃镜时尽量抽气防止腹胀,被检查者 2 小时后进温凉流质或半流质饮食。

第三节　结肠镜检查

(一)适应证

1. 不明原因的便血、大便习惯改变,或有腹痛、腹块、消瘦、贫血等征象,怀疑有结、直肠及末端回肠病变。

2. 钡剂灌肠或乙状结肠镜检查结肠有狭窄、溃疡、息肉、癌肿、憩室等病变,需进一步确诊。

3. 炎症性肠病的诊断与随诊。

4. 转移性腺癌、CEA、CA199 等肿瘤标志物升高,需寻找原发病灶者。

5. 结肠癌术前确诊与术后随访,息肉摘除术后随访。

6. 镜下止血、息肉切除、肠套叠与肠扭转整复、扩张肠狭窄及放置支架解除肠梗阻等治疗。

(二)禁忌证

1. 肛门、直肠严重狭窄,肠镜无法插入者。

2. 直结肠急性期感染者,如急性细菌性痢疾、急性重度溃疡性结肠炎及憩室炎等。

3. 有腹膜刺激症状者,如急性弥漫性腹膜炎、腹腔脏器穿孔、多次腹腔手术、腹内广泛粘连及大量腹腔积液。

4. 妊娠期妇女。

5. 严重心肺功能衰竭、精神失常及昏迷者。

(三)术前准备

1. 一般准备　术前了解患者详细病史及家族史,心电图、X 线检查等结果,向患者解释检查目的及安全性,消除顾虑,以取得患者合作。

2. 肠道准备　肠道清洁是检查成功的关键,检查前 2～3 天进食少渣半流质饮食,检查前晚餐后禁食,然后选择下列方法之一清洁肠道:

(1)手术前晚上睡前服蓖麻油 30ml,检查前 2～3 小时用温水或生理盐水灌肠 2～3 次,至排液清亮为止。

（2）检查前一天番泻叶 20～30g 泡水喝。

（3）检查前 3 小时服用 20% 甘露醇 250ml，半小时后饮糖盐水 500～1 000ml（每 500ml 水加白糖 50g，食盐 5g）。

后两种方法简便，不须再灌肠，但甘露醇在肠道被细菌分解产生氢气，不适用高频电凝切除治疗的肠道准备。若上述口服法不满意时灌肠法补充使用。灌肠液可以选择生理盐水、肥皂水等。

3. 术前用药　可术前 5～10 分钟用阿托品 0.5mg 或山莨菪碱 10mg 肌内注射，以减少肠蠕动，但对青光眼、前列腺肥大或近期发生尿潴留者禁用。对情绪紧张者可肌内注射地西泮 5～10mg、哌替啶 50mg，但使用上述药品可使痛阈增高，降低结肠穿孔反应信号，应特别警惕。

4. 检查室最好有监护设备及抢救药物，以备不时之需。

5. 检查结肠镜设备，以确保结肠镜性能及质量。

（四）操作方法

1. 患者换上开洞清洁裤，取左侧屈膝卧位，术者先做直肠指检，了解有无肿瘤、狭窄、痔疮肛裂等，嘱患者张口呼吸，放松肛门括约肌，然后将涂以润滑油（一般用硅油）的结肠镜插入肛门内 10～15cm，让其再取仰卧位。

2. 在直视肠腔下循腔进镜，适当交替注气与吸气，调节角度钮与旋转镜身，操作要领是少注气、细找腔，去弯取直、变换角度，运用进进退退，钩拉旋转等腹部辅助手法，使镜身顺利循腔推进，尽快到达回盲部。

3. 到达回盲部后，退镜观察，退镜要缓慢，观察要仔细。注意肠腔大小、肠壁及袋囊情况，对转弯部位或未见到结肠全周的肠段，调整角度钮及进镜深度，甚至适当更换体位，重复观察。对有价值的部位摄像、取活检及细胞学等检查以助诊。退镜前应吸净所注气体，以减轻腹胀。

4. 做息肉切除及止血治疗者，应用抗生素数天，半流食和适当休息 3～4 天。

第四节　腹腔镜检查

（一）适应证

1. 肝、胆、脾、腹膜病变不能确定病变性质时。

2. 盆腔病变不能确定病变性质时。

3. 胃、肠、胰腺肿瘤需确定病变范围及有无转移。

（二）禁忌证

1. 严重心功能不全、肺功能不全或全身极度衰竭者。

2. 有明显出血倾向者。

3. 腹膜腔内有急性炎症者。

4. 腹部有严重粘连者。

（三）术前准备

1. 术前了解患者心肺功能和出凝血情况。

2. 术前 12 小时内禁食，术前排尿、排便。

3. 术前腹部皮肤准备，手术部位剃毛。

4. 术前 30 分钟肌内注射阿托品 0.5mg、地西泮 10mg、哌替啶 50～100mg。

（四）操作方法

1. 患者取仰卧位，常规消毒皮肤，用 1% 利多卡因或 1% 普鲁卡因局部麻醉，切口部位视实际需要,通常在腹部正中线或左侧脐上下 1～2cm 处,切口范围约为 1cm。

2. 插入弹簧气腹针,注入一氧化二氮或二氧化碳气体 2 000～3 000ml(如有腹腔积液,先抽出腹腔积液再注入气体),插入套管针,拔出针芯,迅速插入腹腔镜,沿顺时针方向缓慢旋转镜身,按顺序观察肝、胆、胰、脾、腹膜及盆腔内脏器,发现病变,可在直视下取组织标本,若有出血,可用电凝止血。

3. 术毕,先拔出腹腔镜,从套管放出腹内气体,再拔出套管,最后缝合切口肌层及皮肤,覆盖无菌纱布,腹带包扎。

第五节　纤维支气管镜检查

(一)适应证
1. 不明原因的咯血、长期顽固性咳嗽、声带麻痹和气道阻塞需明确诊断者。
2. 胸部 X 线检查发现阻塞性肺炎及肺不张,或痰液检查癌细胞阳性而 X 线胸片无异常发现者。
3. 诊断不明的支气管、肺脏疾病,需取支气管或肺活组织进行病理检查者。
4. 肺叶切除术前需确定手术切除范围和判断手术效果者。
5. 取出气管或支气管内异物或分泌物、气管或支气管的局部止血、支气管内注药。

(二)禁忌证
1. 对麻醉药过敏者及不能配合检查的受检者。
2. 有严重心肺功能不全、严重心律失常、频发心绞痛者。
3. 全身状况极度衰弱不能耐受检查者。
4. 凝血功能严重障碍以致无法控制的出血倾向者。
5. 主动脉瘤有破裂危险者。
6. 新近有上呼吸道感染或高热、哮喘发作、大咯血者需待症状控制后再考虑作纤维支气管镜检查。

(三)术前准备
1. 术前了解患者病情、X 线检查、心电图检查及其他检查结果。签署知情同意书,向患者说明检查目的、意义、大致过程、注意事项和配合方法,以消除患者的顾虑,使检查顺利进行。
2. 术前禁食 4～6 小时。
3. 术前半小时肌内注射阿托品 0.5mg 和地西泮 5～10mg,必要时加肌内注射哌替啶 50～100mg。
4. 术前做好急救器械、急救药物等的准备。

(四)操作方法
1. 用 1% 丁卡因喷雾鼻腔、咽部、声门,间歇 2～3 分钟,连续 3 次,1% 利多卡因 5ml 作环甲膜穿刺注入,检查过程中,根据具体情况向喉头、气管、左右支气管及取活组织标本部位滴入 0.5% 丁卡因。
2. 患者一般取仰卧位,头摆正,略后仰。术者在窥视下由鼻孔将支气管镜插入,看清声门,待声门开大时送入气管,徐徐前进,先查健侧再查患侧,术中及时吸出呼吸道分泌物,在看清病变的部位、范围及形态特征后,进行照相及采取活体组织标本,或用细胞刷刷取分泌物及脱落细胞(制成薄片)送检,或用 10ml 灭菌生理盐水注入病变部位进行支气管灌洗作细胞学或病原学检查。对某些肺部疾病如肺泡蛋白沉积症,尚可行支气管肺泡灌洗。
3. 出现大出血时,立即局部滴入 1∶2 000 肾上腺素 2ml,止血后方可取镜。

4. 术后嘱患者休息，不讲话或少讲话，以保护声带，并严密观察，出现异常情况及时采取有效处理措施。

第六节　胶囊内镜检查

胶囊内镜全名为"智能胶囊消化道内镜系统"，又称"医用无线内镜"。与传统的插入式的消化道内镜相比，胶囊内镜最大的优点是检查方便、无创伤、无痛苦、无交叉感染、不影响被检者的正常工作。胶囊内镜克服了传统的插入式内镜的缺点，扩展了消化道检查的视野，对传统消化道内镜检查存在的"小肠检查盲区"可以进行全面细致的检查，可作为消化道疾病尤其是小肠疾病诊断的首选方法，被医学界称为 21 世纪内镜发展的革命与方向。

胶囊内镜形状与普通胶囊相同，体积略大，长约 1.5cm，直径不足 1cm，外表光滑，由彩色生物塑料密封包装。前端为透明的球状，内有一个微型数码摄像机、六盏闪光灯、两个微型电池和一个射频发送器，另配有一个体外图像记录仪（图 8-1）。使用胶囊内镜如同服药，用水送下。胶囊内镜从入口腔的那一刻起，就以 2s/张的速度拍照，在消化道的蠕动下历经整个消化过程，沿途拍摄，图像实时传送至患者口袋里的记录仪。整个过程大概需要 8 至 10 个小时，一般一次拍下 9 000 余张图片，最后胶囊随大便排出体外。

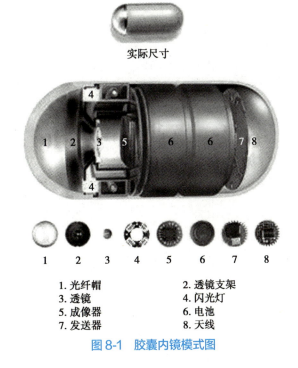

1. 光纤帽　　　　2. 透镜支架
3. 透镜　　　　　4. 闪光灯
5. 成像器　　　　6. 电池
7. 发送器　　　　8. 天线

图 8-1　胶囊内镜模式图

（一）适应证

1. 不明原因的消化道出血，经上、下消化道内镜检查无阳性发现者。
2. 其他影像学检查怀疑小肠病变者。
3. 各种炎症性肠病，但不含肠梗阻者及肠狭窄者。
4. 不明原因缺铁性贫血。
5. 不明原因慢性腹痛、腹泻、消瘦者。
6. 临床疑为炎症性肠病、肠结核、小肠肿瘤者。
7. 经济情况良好的中年以上体检者。

（二）禁忌证

1. 明确或怀疑有胃肠梗阻、消化道畸形、消化道穿孔、狭窄及瘘管者。

2. 严重吞咽困难者。

3. 体内植入心脏起搏器或其他电子仪器者。

（三）术前准备

1. 术前详细了解被检者病史及其他检查结果。

2. 检查前两日吃少渣半流质食物，如有长期便秘者需要提前清洁肠道。

3. 检查前 24 小时内及检查期间禁烟。

4. 检查当日凌晨 4 点喝清肠液一瓶，然后饮水 3 000～4 000ml，大便排出清水样时来医院检查，检查前 1 小时禁止饮水。

（郭晓婷）

扫一扫，测一测

？　复习思考题

1. 简述内镜检查的注意事项。

2. 简述上消化道内镜检查的适应证。

3. 简述腹腔镜检查的禁忌证。

第九章 诊断疾病与病历书写

PPT 课件

知识导览

学习目标

1. 掌握病历书写的内容与格式、诊断的内容与格式。
2. 熟悉诊断的基本原则和方法、病历书写的基本要求。
3. 了解诊断的步骤和病历的重要意义

第一节 诊断疾病的步骤与思维方法

诊断疾病是医师将获得的各种临床资料经过分析、评价、整理后对患者所患疾病提出的一个符合临床思维逻辑的判断。诊断疾病的过程是一个逻辑思维的过程,即临床诊断推理,也是认识疾病、认识疾病客观规律的过程。正确的诊断是预防、治疗和评价预后的依据。

一、诊断疾病的步骤

诊断疾病的过程通常分为 3 个步骤:①收集临床资料;②综合分析评价资料,提出初步诊断;③动态观察,验证或修正诊断。

(一)收集临床资料

1. 收集内容

(1)病史:包括一般项目、主诉、现病史、过去史、个人史、婚姻史、月经及生育史、家族史等。

(2)体格检查:通过体格检查获得的体征是诊断疾病的重要依据,除注意收集阳性体征外,具有否定意义的阴性体征也不能遗漏。

(3)实验室及辅助检查:包括实验室检查、X 线检查、CT 检查、超声检查、心电图检查、内镜检查等。可根据实际需要恰当选择。

2. 收集要求

(1)真实性:只有客观真实的材料,才能保证诊断的正确性。医师在收集材料的过程中,应具有认真的科学态度和实事求是的精神,对有怀疑的地方应进行核对或重新收集。

(2)系统性:为保证所收集的资料的系统性,应对病史、体格检查和辅助检查的内容加以归类,理清各自内部之间和相互之间的关系。

(3)全面性:只有全面的资料才能反映疾病发生、发展和演变的全过程,避免误诊或漏诊。问诊时应按照问诊的内容全面询问,不清楚的地方可反复询问,不能怕麻烦。进行体格检查时要全面,既重视患者症状提示的部位,也不能忽视或遗漏其他部位的检查。从实际需要出发,选择恰当的辅助检查。

(二)综合分析评价资料,提出初步诊断

将临床上收集到的病史、体格检查获得的体征和相应的辅助检查结果等各种资料综合起来,

进行分析、评价、比较，去粗取精，去伪存真，由此及彼，由表及里，形成较为清晰的资料框架或轮廓。在此基础上，医师结合自己所掌握的医学知识和临床经验，提出几种可能性较大的疾病，逐一进行鉴别，排除那些证据不足的疾病，形成初步诊断。在综合分析判断的过程中，要特别注意以下几种关系：

1. 现象与本质的关系　患者的临床表现只是现象，而疾病的病理改变才是其本质所在。在诊断的思维过程中，应注意现象与本质的统一。

2. 主要与次要的关系　许多患者临床表现复杂，在分析资料时应注意，凡是能够反映疾病本质的、能够作为疾病诊断依据的资料都是主要资料，次要资料尽管不能作为疾病诊断依据，但可作为诊断的旁证资料。

3. 局部与整体的关系　局部病变可以引起全身改变，而某些全身性疾病又可以表现为局部病变。因此，要牢固树立整体观念，既要注意观察局部病变，也要注意全身情况，才能避免漏诊、误诊发生。

4. 共性与个性的关系　即要注意临床上的"同病异征"和"异病同征"现象。

（三）动态观察，验证或修正诊断

认识通常不是一次就可以完成的，它常常是一个动态的过程。因此初步诊断是否正确需要在临床上进一步得到验证。患者对初步诊断后所采取的治疗反应、客观细致的病情动态观察、某些检查项目的复查及某些必要的特殊检查等，都将为验证诊断、修正诊断提供可靠依据。

二、诊断思维的基本原则和方法

（一）诊断思维的基本原则

1. 首先考虑常见病、多发病　当几种疾病可能性都存在时，要首先考虑常见病、多发病，再考虑少见病、罕见病。还应考虑当时当地流行和发生的传染病和地方病。这种选择符合概率分布的基本原理，在临床上可减少诊断失误的机会。

2. 首先考虑器质性疾病的存在　在器质性疾病与功能性疾病鉴别有困难时应优先考虑器质性疾病，以免延误治疗。

3. 首先考虑可治疾病的诊断　当同一患者的诊断有可治且疗效好与不可治且预后差两种疾病的可能时，应首先考虑将前者作为诊断。

4. 一元化解释原则　即尽可能地以一种疾病对患者复杂的临床表现进行解释，当患者的临床表现确实不能用同一疾病解释时，应考虑有其他疾病的可能。

5. 实事求是原则　医生必须实事求是地对待客观现象，不能依据个人知识及临床经验任意取舍。

6. 以患者为整体原则　在诊断时要充分考虑心理 - 社会因素，避免见病不见人现象。

（二）临床思维的方法

1. 推理　推理是医师获取临床资料或诊断信息到形成结论的中间思维过程。推理不仅是一种思维形式，也是一种认识各种疾病的方法和表达诊断依据的手段，可帮助医师认识诊断依据之间的关系，正确认识疾病，提高思维能力。

（1）演绎推理：根据患者所具有的共性或普遍性线索来推导出诊断结论，从一般性原理出发，推论出对个别事物的认识，得出新结论的思维方法。结论是否正确，取决于临床资料的真实性。假设演绎推理是在观察和分析基础上提出问题以后，通过推理和想象提出假说，进行演绎推理，再通过实验验证演绎推理的结论。它是临床上最常用的临床思维方法，将患者资料进行整合，找出主要问题，通过推理和想象提出可能性诊断假设。

（2）归纳推理：是从个别性或特殊的临床资料推导出一般性或普遍性结论。医师所收集的临床资料中每个诊断依据都是个别的，根据这些诊断依据而提出初步临床诊断，就是由个别上升到一般、由特殊性上升到普遍性。

（3）类比推理：是根据两个或两个以上疾病在临床表现上有某些相同或相似，而其中一个或两个疾病还有另外某些表现或病理改变，经过比较、鉴别、推论而推出其诊断的推理方法。

2. 横向列举　医师根据疾病临床表现应考虑哪些可能，逐一列举，再进一步根据其他临床特征（包括实验室检查结果），逐渐查找其诊断依据或选择相关辅助检查，逐步缩小诊断范围，最后得到最可能诊断和次可能诊断。该思维方法是带有普遍意义思维方式，但其所作出的诊断的完满程度常受医师的临床知识、诊断经验和对疾病的认识程度的影响。

3. 模式识别　医师根据其长期临床实践反复验证的某些"典型描述"，特定的"症状组合"，可以帮助其迅速建立起初步诊断。这种思维方式多数是在潜意识中进行，但却是有经验的医师常采用的诊断方法进行诊断。在模式识别的基础上结合其他方法会提高诊断效率与准确性。

三、诊断的内容与格式

1. 病因诊断　列在诊断的首位。根据患者典型的临床表现，明确提出致病原因，这对疾病的发展、转归、治疗和预防都有重要的指导意义。如风湿性心瓣膜病、细菌性痢疾等，这其中的风湿、细菌即为病因。

2. 病理解剖诊断　列在病因诊断之后。是对病变部位、范围、性质及组织结构变化的判断，如心肌梗死、肾小球肾炎等。

3. 病理生理诊断　又称功能诊断，是对疾病引起的机体功能变化的诊断，如心功能不全、呼吸衰竭等。

4. 疾病的分型与分期　不同的疾病有不同的分型与分期，在诊断中应予以明确。如急性胰腺炎可分为水肿型和出血坏死型；慢性支气管炎可分为急性发作期、慢性迁延期与临床缓解期。

5. 并发症诊断　在发病机制上与主要疾病有密切关系的疾病，称为并发症。如糖尿病并发酮症酸中毒、溃疡病并发上消化道出血等，应同时作出诊断。

6. 伴发疾病诊断　与主要诊断疾病不相关而同时存在的疾病称为伴发疾病。如患者既患消化性溃疡又患龋齿，龋齿即为伴发疾病，也应一并列出。

对一时难以明确诊断的疾病，临床上可根据尚未查明原因的主要症状或体征作为临时诊断，并提出某些诊断的可能性，按其可能性大小排列出来，以反映诊断的倾向性。如发热原因待诊：①伤寒；②恶性组织细胞病待排除。

诊断应写在病历记录末页的右下方。诊断之后要有医师签名，以示负责。

例　诊断：1. 冠状动脉粥样硬化性心脏病

急性前壁心肌梗死

频发室性期前收缩

心功能Ⅲ级

2. 慢性咽炎

李××

第二节　病历书写

病历是指医务人员在诊疗工作中形成的文字、符号、图表、影像等资料的总和。病历书写是医务人员通过对问诊、体格检查、辅助检查、诊断与鉴别诊断、治疗、护理等医疗活动收集的资料,进行归纳分析并按照规范化格式整理形成的医疗活动的真实记录。

一、病历的重要意义

病历客观真实地记录了患者从发病、病情演变、诊疗情况和转归的全过程,具有重要的意义。①病历是医务人员进行诊断、治疗、判断预后和制定预防措施的依据;②病历是衡量或考核医院管理、医疗质量、业务水平和医务人员医德、医疗服务质量和学术水平的依据;③病历是具有法律效力的医疗文件,是医疗事故鉴定或法律诉讼的依据;④病历是临床教学、科学研究和信息管理的基础资料。

二、病历书写的基本要求

1. 内容要真实　病历必须客观地、真实地反映病情和诊疗经过,杜绝主观臆造。内容真实不仅关系到病历的质量,也反映出医师的品德和作风。内容的真实来源于认真、全面、细致的资料收集,科学地分析与判断。

2. 格式要规范　病历具有特定的格式,临床医师必须按规定的格式进行书写。病历应用钢笔或碳素笔书写,字迹工整,签名清晰,不得随意涂改。实习医务人员、试用期医务人员(毕业后第1年)书写的病历,应当经过在本医疗机构合法执业的医务人员审阅、修改并签名。审查修改应保持原记录清晰可辨,并记录修改时间。疾病诊断、手术、各种治疗操作的名称书写和编码应符合《国际疾病分类》(ICD-10)的规范要求。凡药物过敏者,应在病历中用红笔注明过敏药物的名称。对按照有关规定须取得患者书面同意方可进行的医疗活动(如特殊检查及治疗、手术、实验性临床医疗等),应当由患者本人或其近亲属、法定代理人签署同意书。

3. 描述要恰当　书写病历要求文字简练,语句通顺,表述准确,层次分明,重点突出,字迹清楚,标点符号正确。病历书写要使用通用的医学术语、规范的汉语和汉字,两位以上数字一律用阿拉伯数字书写,不能使用方言土语、不规范的简体字及错别字。

4. 记录要及时　门(急)诊病历及时书写,住院病历在患者入院后24小时内完成,上级医师修改病历在72小时内完成。危急诊患者的病历应及时完成,因抢救危急患者未及时书写的,应在抢救结束后6小时内据实补记,注明抢救完成时间和补记录时间。

5. 法律要遵循　在病历书写中应体现患者的知情权和选择权,对按照规定必须取得患者书面同意才可进行的医疗活动,医务人员应与患者或授权人充分沟通并详细记载,由患者或授权人签字。同时,医务人员也要保存相关证据,利于保护医患双方合法权利。

三、病历的种类、格式与内容

(一)门诊病历

1. 书写要求　①门诊病历要求简明扼要,重点突出。书写主诉、现病史、既往史等的内容,但不出现"主诉""现病史""既往史"等字样。②门诊诊断可在初诊或复诊时作出,对一时难以作出诊断者,可暂写某症状待诊或在病名后用"?"。如经1~2次复诊仍不能确诊时,应请求会诊或收入院检查。③如需复诊,应写明下次复诊的时间及提请复诊医师注意的事项。复诊患者应记录初诊后的病情变化、治疗效果及复诊时各种辅助检查的结果等。④急、危、重患者就诊时,必须详细记录就诊时间(详至时、分),如可记为2022-05-17,08:31。要记录抢救措施和抢救过程,对门诊抢救无效死亡的病例,还应记录死亡的时间、原因、诊断。⑤法定传染病,应注明疫情报告情况。⑥医师签全名。

2. 内容与格式

（1）门诊病历封面包括：患者姓名、性别、年龄、籍贯、婚否、职业、住址、工作单位、联系电话、药物过敏史、身份证号、门诊病历编号、就诊日期及就诊科别等。

（2）门诊病历内容及记录格式为：

主要病史（简要记录主诉、现病史、既往史等）

体格检查（简要记录阳性体征及有鉴别意义的阴性体征）

辅助检查结果

处理措施（处方、进一步检查措施及建议、休息方式及期限）

初步诊断：1. ×××××

　　　　　2. ×××××

医师签名　×××

（二）住院期间病历

患者住院期间病历包括住院病历和入院记录、病程记录、会诊记录、转科记录、出院记录、死亡记录、手术记录等。因相同的病再次住院可书写再入院病历。

1. 住院病历　住院病历是最完整的病历模式。其内容与格式如下：

住 院 病 历

姓名	职业
性别	住址
年龄	入院时间
婚姻	记录时间
民族	病史陈述者
出生地	可靠程度

病 史

主诉

现病史

既往史

系统回顾

个人史

婚姻史

月经、生育史

家族史

体 格 检 查

体温（T）　℃　脉搏（P）　次/min　呼吸（R）　次/min　血压（BP）　mmHg　体重　Kg

一般状况

发育（正常、异常），营养（良好、中等、不良、肥胖），意识状态（清晰、淡漠、模糊、昏睡、谵妄、昏迷），体位（自主、被动、强迫），面容与表情（安静、忧虑、烦躁、痛苦，急、慢性病容或特殊面容），检查能否合作。

皮肤、黏膜：颜色（正常、潮红、苍白、发绀、黄染、色素沉着），温度，湿度，弹性，有无水肿、皮疹、瘀点、紫癜、皮下结节、肿块、蜘蛛痣、肝掌、溃疡和瘢痕，毛发的生长及分布。

淋巴结：全身或局部淋巴结有无肿大（部位、大小、数目、硬度、活动度或粘连情况），局部皮肤有无红肿、波动、压痛、瘘管、瘢痕等。

头部及其器官

头颅：大小，形状，有无肿块、压痛、瘢痕，头发（量、色泽、分布）。

眼：眉毛（脱落、稀疏），睫毛（倒睫），眼睑（水肿、运动、下垂），眼球（凸出、凹陷、运动、斜视、震颤），结膜（充血、水肿、苍白、出血、滤泡），巩膜（黄染），角膜（云翳、白斑、软化、溃疡、瘢痕、反射、色素环），瞳孔（大小、形态、对称或不对称、对光反射、集合反射）。

耳：有无畸形、分泌物、乳突压痛，听力。

鼻：有无畸形、鼻翼扇动、分泌物、出血、阻塞，有无鼻中隔偏曲或穿孔，有无鼻窦压痛等。

口腔：气味，有无张口呼吸，唇（畸形、颜色、疱疹、皲裂、溃疡、色素沉着），牙（龋齿、缺齿、义齿、残根、斑釉齿，注明位置），牙龈（色泽、肿胀、溃疡、溢脓、出血、铅线），舌（形态、舌质、舌苔、溃疡、运动、震颤、偏斜），颊黏膜（发疹、出血点、溃疡、色素沉着），咽（色泽、分泌物、反射、腭垂位置），扁桃体（大小、充血、分泌物、假膜），喉（发音清晰、嘶哑、喘鸣、失声）。

颈部

对称性，有无强直，有无颈静脉怒张、肝 - 颈静脉回流征、颈动脉异常搏动，气管位置，甲状腺（大小、硬度、压痛、结节、震颤、血管杂音）。

胸部

胸廓（对称、畸形，有无局部隆起或塌陷），胸壁（有无静脉曲张、皮下气肿、压痛，肋间隙有无回缩或膨隆），乳房（大小，乳头，有无红肿、压痛、肿块和分泌物）。

肺

视诊：呼吸运动（类型、频率、节律、深度，两侧对比）。

触诊：呼吸活动度、语音震颤（两侧对比），有无胸膜摩擦感。

叩诊：叩诊音（清音、过清音、浊音、实音、鼓音及其部位），肺上界、肺下界及肺下界移动度。

听诊：呼吸音（性质、强弱，异常呼吸音及其部位），有无干、湿啰音和胸膜摩擦音。语音共振（两侧对比）等。

心

视诊：心前区隆起，心尖搏动位置、范围和强度，有无心前区异常搏动。

触诊：心尖搏动的性质及位置，有无震颤（部位、时期）和心包摩擦感。

叩诊：心脏左、右浊音界，以左、右第 2、3、4、5 肋间距前正中线的距离（cm）表示（列表记录），须注明左锁骨中线距前正中线的距离（cm）。

听诊：心率，心律，心音（强弱，P_2 和 A_2 强度的比较，有无心音分裂），额外心音，杂音（部位、性质、时期、强度、传导方向及与运动、体位及呼吸的关系），心包摩擦音。

血管

桡动脉：脉搏频率，节律（规则、不规则、脉搏短绌），有无奇脉、交替脉等，搏动强度，动脉壁弹性，紧张度。

周围血管征：有无毛细血管搏动、枪击音、水冲脉和动脉异常搏动。

腹部

腹围（腹腔积液或腹部包块等疾病时测量）

视诊：形状（对称、平坦、膨隆、凹陷），呼吸运动，胃肠蠕动波，有无皮疹、色素、条纹、瘢痕、腹壁静脉曲张（及其血流方向），疝和局部隆起（器官或肿块）的部位、大小、轮廓，脐，腹部体毛。

触诊：腹壁紧张度，有无压痛、反跳痛、液波震颤、肿块（部位、大小、形状、硬度、压痛、移动度、表面情况、搏动）。

肝脏：大小（右叶以右锁骨中线肋下缘、左叶以剑突下至肝下缘距离表示），质地（Ⅰ度：软，Ⅱ度：韧，Ⅲ度：硬），表面及边缘，有无结节、压痛和搏动等。

胆囊：大小，形态，有无压痛，墨菲征。

脾脏：大小，质地，表面，边缘，移动度，有无压痛及摩擦感，脾脏明显肿大时以二线测量法表示。

肾脏：大小、形状、硬度、移动度，有无压痛。

膀胱：有无膨胀，肾及输尿管压痛点。

叩诊：肝上界，肝浊音界(缩小、消失)，肝区叩击痛，有无移动性浊音、高度鼓音，肾区叩击痛等。

听诊：肠鸣音(正常、增强、减弱、消失、金属音)，有无振水音和血管杂音等。

肛门、直肠

视病情需要检查。有无包块、裂隙、创面。直肠指诊(括约肌紧张度，有无狭窄、触痛、肿块、指套染血。前列腺大小、硬度，有无结节及压痛等)。

外生殖器

根据病情需要做相应检查。

男性：包皮，阴囊，睾丸，附睾，精索，有无发育畸形、鞘膜积液。

女性：检查时须有女医护人员在场，必要时请妇科医师检查。包括外生殖器(阴毛、大小阴唇、阴蒂、阴阜)和内生殖器(阴道、子宫、输卵管、卵巢)。

脊柱

活动度，有无畸形(侧凸、前凸、后凸)、压痛和叩击痛等。

四肢

有无畸形，杵状指(趾)，静脉曲张，骨折及关节红肿、疼痛、压痛、积液、脱臼、强直、畸形，水肿，肌肉萎缩，肌张力变化或肢体瘫痪等。

神经反射

生理反射：浅反射(角膜反射、腹壁反射、提睾反射)，深反射(肱二头肌反射、肱三头肌反射、膝腱反射、跟腱反射)

病理反射：巴宾斯基征、奥本海姆征、戈登征、查多克征、霍夫曼征。

脑膜刺激征：颈强直、克尼格征、布鲁津斯基征。

必要时做运动、感觉等及神经系统其他特殊检查。

专科情况

外科、耳鼻咽喉科、眼科、妇产科、口腔科等情况。

辅助检查

记录与诊断相关的辅助检查，包括患者入院前所做的与本次疾病相关的主要实验室检查和器械检查及结果。如检查是在其他医疗机构所做的，应加以注明。

病　历　摘　要

将病史、体格检查、辅助检查等资料的重要阳性和有鉴别意义的阴性结果简明扼要地高度概括，提示诊断的依据，字数以不超过 300 字为宜。

诊断：包括初步诊断和修正诊断。

医师签名：书写病历的医师在初步诊断右下角签全名。

2. 入院记录　是完整病历的简要形式，其主诉、现病史与住院病历大致相同，但简明扼要，重点突出。其他病史(过去史、个人史等)另起一行，简要地依次记录，不必另列标题。体格检查除生命征外，其他只记录阳性体征和有鉴别意义的阴性体征，也不需另列标题，以叙述方式顺序记录。入院记录应在患者入院后 24 小时内完成。

3. 病程记录　病程记录是指经治医师对患者入院以来病情变化和诊疗过程所进行的连续性记录。病程记录的书写应另起一页，并在横线适中位置标明"病程记录"。

(1) 首次病程记录：①应在患者入院后，经治或值班医师书写的第一次病程记录，应在患者入院 8 小时内完成；②记录患者姓名、性别、年龄，病例特点(记录体检和辅助检查的阳性发现及有鉴别意义的阴性结果）；③拟诊讨论（初步诊断依据及鉴别诊断）；④诊疗计划。

（2）病程记录：一般患者 1～3 天记录 1 次；病情较重者，每天记录 1 次或数次；危重患者根据病情变化随时记录，并详细写明时间（年、月、日、时、分）。记录的内容包括：①一般状态如食欲、睡眠、精神、大小便的改变；②病情变化，包括患者自我感觉及医师客观检查的变化，并根据这些变化对病情作出分析；③辅助检查结果及分析判断、治疗效果及重要医嘱更改理由，诊断的确定、补充或原诊断的修正依据；④各种诊疗操作记录，如胸腔穿刺、腹腔穿刺等；⑤上级医师查房对患者病情、诊断、鉴别诊断、当前治疗措施、疗效的分析及下一步诊疗意见，上级医师的查房记录必须经查房医师审阅并签名；⑥各种会诊意见和执行情况，患者或其近亲属及有关人员的反映及要求，向患者或其亲属、代理人及患者单位介绍病情的谈话要点（必要时可签字）；⑦住院时间较长者，定期作出阶段小结；⑧实习医师换班时应写交接班记录。

4. 会诊记录　是患者在住院期间出现或怀疑有其他专科问题时，分别由申请医师和会诊医师书写的记录。申请会诊记录及会诊单由主管医师书写，内容包括简要病史、体征、重要实验室和器械检查资料、拟诊疾病、申请会诊的理由和目的。会诊单的书写应简明扼要。紧急会诊应在申请单右上角"急"字处画圈。会诊记录由会诊医师书写，常规会诊记录在会诊申请发出 48 小时内完成，急会诊应在申请发出 10 分钟内到场，并在会诊结束后立刻完成会诊记录，内容包括会诊医师简述患者病史、体征或对其补充，诊断与治疗意见及下一步检查的建议。

5. 转科记录　当住院患者出现其他专科病情或确诊为其他专科疾病时，经有关科室会诊同意转科时，住院医师应写转科记录。内容包括简要病史、诊治经过、转科原因等。当患者由其他专科转入本科时，转入科室医师于患者转入 24 小时内完成转入记录，应将病史、检查、诊断、治疗结果作小结，并提出本科的诊断和治疗意见。

6. 手术记录　由施行手术者或其助手在术后 24 小时完成。主要内容包括：一般项目，手术开始和进行时间，麻醉方式与效果，手术步骤，术中病情经过，手术意外和抢救措施，术终时患者情况，术后注意事项及护理措施等。

7. 出院记录　患者出院时由经治医师书写出院记录，应在患者出院 24 小时内完成。出院记录是患者住院的小结，供随访和门诊就诊时参考。内容包括：患者的一般情况（姓名、性别、年龄），入、出院日期，共住院的天数，患者入院时情况（主要病史、体征、化验检查、特殊检查、入院诊断），治疗经过及疗效，出院诊断，出院情况，出院医嘱，医师签名等。

8. 死亡记录　患者死亡后应书写死亡记录。死亡记录由经治医师在患者死亡后及时书写，最迟不超过 24 小时。记录内容包括：①患者姓名、性别、年龄、入院时间、死亡时间、住院天数；②入院时情况、入院诊断、诊疗经过；③死亡前病情、抢救经过、死亡时间（详至分）、死亡原因；④死亡诊断；⑤与患者家属商谈尸检的情况。

9. 同意书　同意书包括手术同意书、特殊检查及特殊治疗同意书、实验性临床医疗同意书和医疗美容同意书等。根据《中华人民共和国执业医师法》《医疗机构管理条例》《医疗事故处理条例》和《医疗美容服务管理办法》，对需行手术治疗、特殊检查、特殊治疗、实验性临床医疗和医疗美容等的患者或其近亲属，应履行告知义务，告知患者的病情、医疗措施、目的、名称、可能出现的并发症及医疗风险等，并及时解答其咨询。详尽填写同意书，同意书必须经患者或其近亲属、法定代理人、关系人签字，医师签全名。同意书一式两份，医患双方各执一份。

（三）病历示例

1. 门诊病历

<table>
<tr><td>门诊病历编号：略</td><td>就诊科别：肾内科</td></tr>
<tr><td>姓名：赵某</td><td>身份证号：略</td></tr>
<tr><td>性别：女</td><td>联系电话：略</td></tr>
<tr><td>年龄：56 岁</td><td>药物过敏史：无</td></tr>
</table>

籍贯：略　　　　　　　　　　　就诊时间：2022年4月22日，16：27
婚姻：已婚　　　　　　　　　　住址：略
工作单位：略　　　　　　　　　职业：公务员

主诉：反复尿频、尿急、尿痛3年，再发1天。主诉：反复尿频、尿急、尿痛3年，再发1天。

现病史：3年前因劳累后突发尿频、尿急、尿痛，伴发热（最高38.2℃）、腰痛，并解肉眼血尿数次，在当地医院诊断为"急性肾盂肾炎"，给予"青霉素"640万U/d，静脉滴注，3天症状消失。但以后每3～4个月发作1次，每次发作给予"头孢曲松钠、氟罗沙星、复方新诺明"等药物治疗10～14天症状缓解。昨晚又突发尿急，尿频，一夜排尿10余次，并伴排尿不适、下腹坠胀、腰酸痛。无发热及肉眼血尿。精神较差，饮食正常，睡眠差，大便干结。

既往史：无结核病、糖尿病、妇科病、性病史。已绝经8年。无特殊药物过敏史。

体格检查：血压140/90mmHg，体温36.8℃，一般情况尚好，无急性面容，无贫血貌。心肺正常。腹平软，双肾区轻度叩击痛，双侧上、中输尿管点无压痛。双下肢无水肿。

辅助检查：尿常规示，白细胞5～6个/HP，红细胞1～3个/HP，蛋白（+），pH 6.0，余正常。血常规示，均正常。

初步诊断：慢性肾盂肾炎急性发作

处理：1.B超（双肾，膀胱）；2.多饮水；3.左旋氧氟沙星0.2g静脉滴注，每日2次，共3天；4.3天后复诊。

医师签名：李某

2. 住院病历

住 院 病 历

姓名　李某　　　　　　　　　职业　司机
性别　男　　　　　　　　　　住址　略
年龄　36岁　　　　　　　　　入院时间　2022年7月1日，15：30
婚姻　已婚　　　　　　　　　记录时间　2022年7月1日，17：10
民族　汉　　　　　　　　　　病史陈述者　患者本人
出生地　云南省昆明市　　　　可靠程度　可靠

病 史

主诉：反复发作性上腹痛3年，黑便1天。

现病史：患者自3年前起每于秋冬季节反复发作上腹剑突下饥饿样隐痛不适，多于餐后2～3小时或后半夜发生，进食后有所减轻，时有反酸、嗳气。曾自行间断服用"雷尼替丁"，用药后腹痛能缓解。1天前又发生剑突下腹痛，呈持续性、烧灼样疼痛，程度较以往重，服"山莨菪碱（654-2）"及"雷尼替丁"不能缓解。2小时后有便意，随后解稀糊状黑便1次，量约200ml，便后腹痛略有缓解。一天以来共排黑便4次，总量约1 000ml，患者自觉乏力、头晕、心悸、口干，遂来本院求治。病程中患者无食欲减退及进行性消瘦，无吞咽困难，无恶心、呕吐、黄疸、发热，无呕血、鲜血便。为进一步诊治收住院。患者一天以来精神差，睡眠欠佳，8小时尿量约400ml，4小时未解大便。

过去史：否认"肝炎""结核"等传染病史。对"青霉素"药物过敏。无手术外伤史。预防接种按计划进行。

系统回顾

呼吸系统：无慢性咳嗽、咳痰、咯血史，无呼吸困难、发绀史，无肺结核接触史。

循环系统：无心悸、胸闷、胸痛史，无水肿、晕厥史。

消化系统：无恶心、呕吐，无反酸、嗳气，无慢性腹痛、腹泻，无皮肤黄染。

泌尿生殖系统：无尿频、尿急、尿痛史，无血尿、浮肿史。

造血系统：无头晕、乏力史，无皮下出血、鼻衄史，无肝、脾、淋巴结肿大史。

内分泌系统及代谢：无烦渴、多饮、多食、多尿史，无食欲异常史。

神经精神系统：无头痛、晕厥、瘫痪史，无抽搐、痉挛史，无幻觉、定向力障碍及情绪异常史。

肌肉骨骼系统：无关节肿痛史，无肌肉萎缩、肢体麻木史，无骨折、脱臼史。

个人史：出生于当地，无长期外地居留史，无血吸虫病流行区疫水接触史。从事出租车司机职业，平时饮食无规律，喜食辛辣。抽烟10支/日，6年。不酗酒。否认性病和冶游史。

婚育史：结婚10年，爱人今年32岁，身体健康。夫妻关系和睦。育有一子，现年8岁，身体健康。

家族史：父母健在，一妹妹健在。家族中无类似患者，无遗传性及家族性疾病患者。

体 格 检 查

体温37.8℃　脉搏110次/min　呼吸25次/min　血压80/50mmHg　体重65kg

一般状况

发育正常，营养良好，贫血貌，神志清楚，检查合作，推车送入病房。

皮肤黏膜：全身皮肤湿冷，无黄染，未见皮疹及出血点。无肝掌、蜘蛛痣。

淋巴结：颏下、颌下、颈部、锁骨上、腋窝、腹股沟淋巴结无肿大。

头部及器官

头颅：无畸形，头发浓密，分布均匀。

眼：无倒睫，无脱眉，眼睑无水肿，睑结膜苍白，巩膜无黄染，眼球无突出，瞳孔等大、等圆，对光反应灵敏。

耳：听力正常，外耳道无分泌物，耳郭、乳突无压痛。

鼻：通畅，鼻中隔无偏曲，鼻翼无扇动，鼻窦区无压痛，无流涕、出血。

口腔：口唇略苍白，无龋齿、义齿、缺齿，牙龈无红肿，舌苔薄白，咽无充血，扁桃体不肿大。

颈部

两侧对称，无颈强直，颈静脉无怒张，气管居中，甲状腺无肿大。

胸部

胸廓无畸形，乳房两侧对称，胸式呼吸为主。

肺

视诊：呼吸运动两侧对称。呼吸25次/min，节律整齐。

触诊：两侧呼吸动度均等，语音震颤无增强，无胸膜摩擦感。

叩诊：肺部呈清音，肺下界位于右锁骨中线第5肋间，肩胛线第9肋间，左侧肩胛线第10肋间，肺下界移动度4cm。

听诊：两肺呼吸音清，无病理性呼吸音，未闻及啰音，未闻及胸膜摩擦音。

心

视诊：心前区无隆起，心尖搏动位于左侧第五肋间左锁骨中线内0.5cm，搏动范围直径约1.5cm。

触诊：心尖搏动位置同上。心尖部无震颤、摩擦感、抬举样搏动。

叩诊：心界不大。心脏相对浊音界如下：

左、右心界距前正中线的距离

右侧（cm）	肋间	左侧（cm）
2.5	Ⅱ	3
2.5	Ⅲ	4
3	Ⅳ	7
	Ⅴ	8.5

注：左锁骨中线距前正中线9cm

听诊：心率 110 次 /min，心律齐，第一心音无增强，各瓣膜区未闻及杂音和心包摩擦音。

桡动脉：脉率 110 次 /min，搏动细速，节律整齐，无奇脉、脉搏短绌、水冲脉，血管壁弹性正常。

周围血管征：无毛细血管搏动征和枪击音。

腹部

视诊：腹部无膨隆，未见腹壁静脉曲张，未见蠕动波。

触诊：腹软。剑突下深压痛，无反跳痛。肝、脾肋下未触及。无液波震颤。未触及包块。

叩诊：轻度鼓音，移动性浊音（−），肝浊音界存在，双肾区无叩击痛。

听诊：肠鸣音 8 次 /min，无血管杂音。

肛门及生殖器

无肛裂、痔疮，直肠指检括约肌紧张度正常，未发现肿物，无狭窄及压痛。阴毛分布正常，阴茎、阴囊、睾丸、附睾及精索正常。

脊柱、四肢

无畸形，活动自如，关节无红肿，下肢无可凹性水肿。

神经反射

生理反射存在，病理反射未引出。

辅助检查

血常规：血红蛋白 90g/L，红细胞计数 3.0×10^{12}/L，白细胞计数 7.5×10^9/L，中性粒细胞 0.79，淋巴细胞 0.21，血小板计数 230×10^9/L。

粪常规：黑糊状，隐血（++++）。

血液生化：ALT 40U/L，AST 35U/L，ALP 120U/L，ALB 40g/L，TP 70g/L，A/G 1.3。

病 历 摘 要

李某，男，36 岁，司机。反复发作上腹疼痛 3 年，黑便 1 天入院。患者 3 年前每于秋冬季节反复发作上腹隐痛不适，多于餐后 2～3 小时或后半夜发生，进食后有所减轻，时有反酸、嗳气。一天前又发生剑突下疼痛，服"山莨菪碱（654-2）"及"雷尼替丁"不能缓解，随后解稀糊状黑便。一天来共排黑便 4 次，总量约 1 000ml，便后头昏、心悸。查体：体温 37.8℃，脉搏 110 次 / 分钟，呼吸 25 次 / 分钟，血压 80/50mmHg。意识清楚，无肝掌、蜘蛛痣。头颅无畸形。颈部无异常。双肺呼吸音清，未闻及啰音。心率 110 次 /min，未闻及杂音。上腹剑突下有深压痛，无反跳痛。肝、脾肋下未触及。肠鸣音 8 次 /min。Hb 70g/L，RBC 2.8×10^{12}/L，PLT 230×10^9/L，ALT 40U/L，A/G 1.3，粪隐血试验（++++）。

初步诊断：上消化道出血并失血性休克原因待查；

消化性溃疡？

医生签名：王某 / 张某
完成时间：2022 年 7 月 1 日

四、电 子 病 历

随着医疗卫生信息化建设的推进，电子病历已成为医院信息系统发展的必然趋势，它将有力推动数字化医院、区域卫生信息化建设。电子病历不仅是患者医疗信息综合性的集成，也成为临床、教学、科学研究资料的重要组成部分。目前，电子病历已在我国许多医院和卫生医疗机构中使用。

（一）电子病历的概念

电子病历是指医务人员在医疗活动过程中，使用医疗机构信息系统生成的文字、符号、图表、图形、数据、影像等数字化信息,并能实现存储、管理、传输和重现的医疗记录,是病历的一种记录形式。电子病历是相对于传统纸质病历而言的,那些只使用文字处理软件编辑、打印的病历文档,不属于电子病历。医疗机构信息系统是指医疗机构内部支持电子病历信息的采集、存储、访问和在线帮助,并围绕提高医疗质量、保障医疗安全、提高医疗效率而提供信息处理和智能化服务功能的计算机信息系统,既包括应用于门(急)诊、病房的临床信息系统,也包括检查检验、病理、影像、心电、超声等医技科室的信息系统。

(二)电子病历的特点与功能

1. 电子病历的特点

(1)病历资料处理的高效性:电子病历借助其计算机高速处理数据的功能,快捷迅速地完成所收集资料的分类、整理、统计等工作,节省时间,极大地提高了工作效率。

(2)病历资料储存的长期性:电子病历借助其计算机存储技术,一可以提供巨大的储存空间,二可以满足病历长期存储的要求。

(3)病历资料使用的共享性:电子病历借助其计算机与网络系统轻松地实现远程会诊、远程家庭保健、心理医学咨询、社区医疗和对突发公共卫生事件的监测、预警、救治等。

(4)病历资料观察的便利性:电子病历借助其计算机与网络系统能够向医务工作者或其他相关人员及时地、可重复地提供完整、可靠的患者原始资料和医疗信息。

(5)病历资料录入的规范性:电子病历录入时,通过系统提供完整、权威、规范、严谨的病历模板,避免了书写潦草、缺页、漏项、模糊及不规范用语等常见问题,提高了病历质量和医院管理水平。

2. 电子病历的功能　电子病历可概括为以下 3 种基本功能:①医疗信息的记录、储存和访问功能;②利用医学知识库辅助医师进行临床决策的功能;③为医院管理、公共卫生、教学与科学研究服务的信息再利用功能。

(三)电子病历书写的基本要求

1. 电子病历书应当遵循客观、真实、准确、及时、完整的原则。

2. 电子病历书写应当使用中文和医学术语,要求表述准确、语句通顺、标点正确。通用的外文缩写和无正式中文译名的症状、体征、疾病名称等可以使用外文,记录日期应当使用阿拉伯数字,记录时间应当采用 24 小时制。

3. 电子病历包括门(急)诊电子病历、住院电子病历及其他电子医疗记录,电子病历的内容应当按照中华人民共和国国家卫生健康委员会《病历书写基本规范》执行,使用中华人民共和国国家卫生健康委员会统一制定的项目名称、格式和内容,不得擅自变更。

4. 电子病历系统应当为操作人员提供专有的身份标识和识别手段,并设置相应权限,操作人员对本人身份标识的使用负责。医务人员采用身份标识登录电子病历系统完成各项记录等操作并予确认后,系统应当显示医务人员电子签名。

5. 电子病历系统应当设置医务人员审查、修改的权限和时限。实习医务人员、试用期医务人员记录的病历,应当经过在本医疗机构合法执业的医务人员审阅、修改并予电子签名确认。医务人员修改时,电子病历系统应当进行身份识别、保存历次修改痕迹、标记准确的修改时间和修改人信息。

6. 电子病历系统应当为患者建立个人信息数据库,授予唯一标识号码并确保与患者的医疗记录相对应。

7. 电子病历系统应当具有严格的复制管理功能。同一患者的相同信息可以复制,复制内容必须校对,不同患者的信息不得复制。

8. 电子病历系统应当满足国家信息安全等级保护制度与标准,严禁篡改、伪造、隐匿、抢夺、窃取和毁坏电子病历。

（四）电子病历管理的基本要求

1. 医疗机构应成立电子病历管理部门并配备专职人员。

2. 电子病历系统应当保证医务人员查阅病历的需要，能够及时提供并完整呈现该患者的电子病历资料。

3. 患者诊疗活动过程中产生的非文字资料（CT、磁共振、超声等医学影像信息，心电图，录音，录像等）应当纳入电子病历系统管理，应确保随时调阅、内容完整。

4. 门诊电子病历中的门（急）诊病历记录以接诊医师录入确认即为归档，归档后不得修改。住院电子病历随患者出院经上级医师于患者出院审核确认后归档，归档后由电子病历管理部门统一管理。

5. 归档后的电子病历采用电子数据方式保存，必要时可打印纸质版本，打印的电子病历纸质版本应当统一规格、字体、格式等。电子病历数据应当保存备份，并定期对备份数据进行恢复试验，确保电子病历数据能够及时恢复。当电子病历系统更新、升级时，应当确保原有数据的继承与使用。

6. 医疗机构应当建立电子病历信息安全保密制度，设定医务人员和有关医院管理人员调阅、复制、打印电子病历的相应权限，建立电子病历使用日志，记录使用人员、操作时间和内容。未经授权，任何单位和个人不得擅自调阅、复制电子病历。

7. 电子病历系统应当为病历质量监控、医疗卫生服务信息、数据统计分析和医疗保险费用审核提供技术支持，包括医疗费用分类查询、手术分级管理、临床路径管理、单病种质量控制、平均住院日、术前平均住院日、床位使用率、合理用药监控、药物占总收入比例等医疗质量管理与控制指标的统计。利用系统优势建立医疗质量考核体系，以提高工作效率、保证医疗质量、规范诊疗行为、提高医院管理水平。

8. 医疗机构可以为申请人、专门机构、公安司法部门提供相应电子病历资料，提供范围严格按照中华人民共和国国家卫生健康委员会《医疗机构病历管理规定》执行。

（杨　峥）

？ 复习思考题

1. 简述诊断的步骤。
2. 简述病历书写的基本要求。
3. 简述住院期间的病历种类。
4. 试述诊断的基本原则。

0903

扫一扫，测一测

附录一
临床常用诊疗技术

一、胸膜腔穿刺术

【适应证】
1. 诊断性穿刺,明确胸腔内积液的性质。
2. 抽液(气)解除对肺的压迫症状。
3. 胸腔内注入药物或人工气胸的治疗。

【禁忌证】
出血性疾病及体质衰弱、病情严重,难以耐受操作者应慎用。

【方法】
1. 患者取坐位面向椅背,双臂置于椅背上,前额伏于前臂上,呈伏案睡眠状。不能起床者可取半卧位,患侧手臂置于枕部。

2. 选肩胛角线或腋后线第7～8肋间,适用于穿刺放液,适合坐位患者;选腋中线第6～7肋间或腋前线第5肋间,适用于卧位患者穿刺放液;选锁骨中线第2肋间,适用于仰卧患者穿刺抽气。穿刺前,应结合X线或超声波定位,穿刺点用蘸甲紫溶液(龙胆紫)的棉签在皮肤上做标记。

3. 常规消毒皮肤,戴无菌手套,铺无菌洞巾。用2%利多卡因溶液沿穿刺点处肋骨之上缘,自皮肤至胸膜壁层进行局部浸润麻醉。

4. 术者左手示指和中指固定穿刺处皮肤,右手持带有三通活栓的胸穿针或用针座带有小胶管的12～16号穿刺针沿穿刺点肋骨之上缘徐徐刺入,至针锋阻力突然消失即表示针已进入胸腔。

5. 接上注射器,打开开关进行抽液,抽满后再关闭该通道,同时打开与外界相通的通道进行排液。如此反复进行。如为带胶管之穿刺针,事先将胶管用止血钳夹住,穿刺成功后接上空针再放开止血钳进行抽液。抽满后仍需钳闭胶管,取下注射器排出液体,将注射器再次与胶管连接进行下一次抽液。

6. 术毕,拔出穿刺针,消毒,局部覆盖无菌纱布,稍用力压迫片刻,胶布固定。嘱患者静卧。液体注入弯盘中,以便计量或送检。

【注意事项】
1. 操作前应向患者说明穿刺目的,消除顾虑;对精神紧张者适当使用镇静剂。

2. 操作中应密切观察患者的反应,如有头晕、面色苍白、出汗、心悸、胸部压迫感或剧痛、昏厥等胸膜反应,或出现连续性咳嗽、气短、咳泡沫痰等现象时,立即停止抽液,并肌内注射0.1%肾上腺素溶液0.3～0.5ml,或进行其他对症处理。

3. 一次抽液不宜过多、过快。诊断性抽液50～100ml即可。减压抽液,首次不超过600ml,以后每次不超过 1 000ml，如为脓胸，每次尽量抽尽。疑为化脓性感染时，助手用无菌试管留取标本，行涂片革兰染色镜检、细菌培养及药敏试验。做细胞学检查至少需 100ml，并应立即送检，以免细胞自溶。

4. 严格无菌操作，并注意防止空气进入胸腔，始终保持胸腔负压。

5. 应避免在第 9 肋间以下穿刺，以免穿透膈肌损伤腹腔脏器。

二、腹膜腔穿刺术

【适应证】
1. 明确腹腔内积液的性质。
2. 排放腹腔积液，缓解症状。
3. 腹腔内给药，协助治疗疾病。

【禁忌证】
有肝性脑病先兆、棘球蚴病、巨大卵巢囊肿、广泛腹膜粘连、明显出血倾向者。

【方法】
1. 穿刺前嘱患者排空膀胱，测量体重、腹围、生命体征。
2. 患者取坐位或仰卧位、半坐卧位、侧卧位。
3. 选左下腹脐与髂前上棘连线的中外 1/3 交界处，或脐与耻骨联合连线之中点上方 1.0cm 偏左或右或偏右 1.5cm 处为穿刺点。侧卧位，取脐平面与腋前线或腋中线交点处，适用于少量腹腔积液的诊断性穿刺。
4. 常规消毒穿刺处皮肤，术者戴无菌手套，铺无菌洞巾。用 2% 利多卡因溶液由皮肤至腹膜进行局部浸润麻醉。
5. 左手固定穿刺处皮肤，右手持穿刺针垂直刺入腹壁，然后徐徐进针，待感到针锋阻力突然消失即为进入腹腔之标志，可抽取腹腔积液。如为检查用的腹腔积液应置于清洁试管中送检；若为引流腹腔积液，可接上带接头的胶管，调整引流速度，胶管之另一端置于消毒容器中。
6. 术毕，拔出穿刺针，消毒，局部覆盖无菌纱布，压迫片刻，胶布固定。嘱患者平卧休息。

【注意事项】
1. 术中患者出现呼吸、脉搏、面色等改变及头晕、恶心、心悸等症状时，轻者可调慢流速，重者应立即停止引流并作适当处理。
2. 腹腔放液不宜过快过多，治疗性放液，一般初次不宜超过 1 000ml，以后一般每次放液不超过 3 000～6 000ml。针尖避开腹壁下动脉，血性腹腔积液留取标本后停止放液。肝硬化患者一次放腹腔积液一般不超过 3 000ml，过多放液可诱发肝性脑病和电解质紊乱，但在输注大量白蛋白的基础上，也可以大量放液，一般放腹腔积液 1 000ml，补充白蛋白 6～8g。
3. 腹壁静脉曲张者，应避开静脉穿刺；腹腔内有粘连者，应避开该处进行。
4. 排放腹腔积液时，若流出不畅，可将穿刺针稍作移动或变换体位。
5. 排放腹腔积液前常规测量腹围。
6. 腹腔积液较多时，当穿刺针到达皮下后，稍向周围移动一下针头，再继续进针，这样可使针眼不在一条直线上，以防腹腔积液流出。大量放腹腔积液后，应束以多头腹带，以防腹压骤降、内脏血管扩张，引起血压下降或休克。如穿刺孔有腹腔积液渗漏时，可用蝶形胶布或涂上火棉胶封闭。

三、心包腔穿刺术

【适应证】
1. 明确心包积液的性质及病原。

2. 抽液缓解临床症状。

3. 穿刺排脓、冲洗和注药。

【禁忌证】

出血性疾病。

【方法】

1. 患者取半卧位,以手术巾盖住面部,仔细叩出心浊音界,结合心脏超声定位,选择穿刺点、进针方向和进针的距离。通常采用的穿刺点为剑突与左肋弓缘夹角处或心尖部,采用后者进针时,根据横膈位置高低,一般在左侧第 5 肋间或第 6 肋间心浊音界内 2.0cm 左右处进针。

2. 常规消毒局部皮肤,术者及助手戴无菌手套,铺无菌洞巾。用 2% 利多卡因溶液自皮肤至心包壁层进行局部浸润麻醉。

3. 术者持穿刺针穿刺,助手以血管钳夹持与其连接之导液橡皮管。在心尖部进针时,应使针自下而上,向脊柱方向缓慢刺入;在剑突与左肋弓缘夹角处进针时,应使针体与腹壁成 30°～40°,向上、向后并稍向左刺入心包腔后下部。待针锋抵抗感突然消失时,表示针头已穿过心包壁层,同时感到心脏搏动,此时应退针少许,以免划伤心脏。助手立即用血管钳夹住针体固定其深度,术者将注射器接于橡皮管上,放松橡皮管上的止血钳,缓慢抽吸,记取液量,留标本送检。

4. 术毕,拔出穿刺针,消毒,局部覆盖无菌纱布,压迫数分钟后,胶布固定。

【注意事项】

1. 应由有经验医师操作或指导,并应在心电图监护下进行穿刺。在超声显像指示下,穿刺抽液更为准确、安全。

2. 术前应向患者做好解释工作,并嘱其在穿刺过程中切勿咳嗽或深呼吸。为避免咳嗽,术前半小时可口服可待因 0.03g。

3. 抽液量第 1 次不宜超过 100～200ml,重复抽液可逐渐增至 300～500ml。抽液速度要慢。如过快、过多,短期内使大量血液回心可能导致肺水肿。

4. 术中、术后均需密切观察呼吸、血压、脉搏等的变化。术中如抽出鲜血,应立即停止抽吸,并严密观察有无心包压塞症状出现。取下空针前夹闭橡皮管,以防空气进入。

四、腰椎穿刺术

【适应证】

1. 中枢神经系统炎症性疾病的诊断与鉴别诊断。

2. 脑血管意外的诊断与鉴别诊断。

3. 测定颅内压力和了解蛛网膜下腔是否阻塞等。

4. 鞘内给药。

【禁忌证】

1. 颅内占位性病变,尤其颅后窝占位性病变。

2. 脑疝或疑有脑疝者。

3. 穿刺部位有感染或脊柱病变。

4. 出血性疾病。

【方法】

1. 患者侧卧于硬板床上,背部与床面垂直,头向前胸屈曲,两手抱膝紧贴腹部,使躯干尽可能弯曲呈弓形,使脊柱尽量后凸以增宽椎间隙,便于进针。

2. 通常取髂后上棘的连线与后正中线交点处之椎间隙为穿刺点,此处相当于第 3～4 腰椎棘突间隙,亦可高或低一椎间隙进行,并做好标记。常规消毒穿刺点皮肤,术者戴无菌手套、铺无菌洞巾。用 2% 利多卡因溶液自皮肤至韧带进行局部浸润麻醉。

3. 术者左手固定皮肤，右手持腰椎穿刺针垂直刺入皮肤，然后针锋稍斜向头部，徐徐进针，直至针锋阻力突然消失，即停止进针。此时成人约已刺入 4～6cm，儿童约为 2～4cm。缓慢拔出针芯，见到液体流出则为穿刺成功。若无液体流出，可稍转动穿刺针或嘱患者做深呼吸；若仍无液体流出，可插上针芯将针稍向前或后移动少许；若仍无液体流出，则为穿刺失败，需另行穿刺。

4. 穿刺成功后，立即接上测压管测定颅内压。无测压管时，可数脑脊液流出的滴数。正常脑压为 70～180mmHg 或 40～50 滴 /min。

5. 移去测压管，收集脑脊液 2～5ml 送检。需做细菌培养时，应用无菌试管留取标本。

6. 术毕，将针芯插回穿刺针，拔出穿刺针，消毒，局部覆盖无菌纱布，胶布固定。嘱患者去枕平卧 4～6 小时。

【注意事项】

1. 严格掌握禁忌证，凡已有颅内压升高者必须先做眼底检查，如有明显视盘水肿或有脑疝先兆者，禁忌穿刺。患者处于休克、衰竭或濒危状态，以及局部皮肤有炎症、颅后窝有占位性病变亦禁忌穿刺。

2. 进针不宜过深。鞘内注射药物时，应先放出等量之脑脊液再行注入，药物的剂量、浓度必须按规定执行。

3. 术中患者出现呼吸、脉搏、面色异常时，立即中断穿刺，并酌情对症处理。

五、骨髓穿刺术

【目的】

抽取骨髓液做细胞形态学检查、病原生物学检查、细胞遗传学分析、造血干细胞培养，以协助临床诊断、观察疗效和判断预后。

【方法】

1. 穿刺时，可选取髂前上棘点（位于髂前上棘后 1～2cm，此处骨面较宽平，易固定，无危险性）、髂后上棘点（位于骶椎两侧，臀上方突出的部位）、胸骨点（位于胸骨柄或胸骨体相当于第 1、2 肋间的部位。胸骨较薄，其后为心房和大血管，穿刺不当有一定的危险性。此处骨髓液较多，当其他部位穿刺失败时，仍需作胸骨穿刺）、腰椎棘突点（多在腰椎棘突处，此处骨质较硬，面积较小）为穿刺部位，以髂前上棘点最常用。

2. 选胸骨或髂前上棘作穿刺部位时，取仰卧位；选腰椎棘突或髂后上棘作穿刺部位时，取坐位或侧卧位。

3. 常规消毒穿刺处皮肤，术者戴无菌手套、铺无菌洞巾。用 2% 利多卡因溶液自皮肤至骨膜进行局部浸润麻醉。

4. 取特制骨髓穿刺针 1 枚，将固定器固定在距针尖适当长度处（髂骨穿刺约 1.5cm，胸骨穿刺约 1cm），左手拇指和食指固定穿刺部位，右手持针与骨面垂直刺入（胸骨穿刺时穿刺针与骨面应成 30°～40°），当针锋触及骨质后，将穿刺针左右旋转，缓缓钻刺骨质，直至针锋阻力突然消失且穿刺针已能固定在骨内时，表示穿刺已经成功。

5. 拔出穿刺针的针芯，接上 10～20ml 干燥注射器，用适当力量抽取骨髓液 0.1～0.2ml 作计数和涂片，若需作细菌培养时，再抽吸 1～2ml。

6. 术毕，插回针芯，拔出穿刺针，局部覆盖无菌纱布，加压 1～2 分钟后，胶布固定。

【注意事项】

1. 术前应检查出血时间和凝血时间，血友病患者禁施本术，有出血倾向者，操作时应特别小心，拔针后必须压迫针孔进行止血。

2. 用力钻进时，勿左右摇摆，以免针头折断。

3. 注射器必须无菌、干燥、清洁，以免发生溶血和污染。

4. 骨髓液不宜抽吸过多，否则可使骨髓液稀释结果的正确性（细菌培养例外）。骨髓液抽出后应立即涂片，否则很快凝固而使涂片失败。送检骨髓涂片时，应同时送检2～3张血涂片。

六、肝穿刺活体组织检查术及抽脓术

（一）肝穿刺活体组织检查术

【适应证】

原因未明的肝大、黄疸、肝功能异常、代谢性肝病、肝脏实质性占位的鉴别和某些血液系统疾病的诊断。

【禁忌证】

肝血管瘤、肝棘球蚴病患者，大量腹腔积液，肝外梗阻性黄疸，昏迷、严重贫血，右胸膜腔或右膈下感染、脓肿、局部皮肤感染、腹膜炎或其他疾病不配合者。

【方法】

1. 穿刺时，患者取仰卧位，身体右侧靠床沿，并将右臂上举于枕后。

2. 穿刺点一般取右侧腋中线第8、9肋间，腋中线9、10肋间肝实音处穿刺。疑诊肝癌者，宜选较突出的结节处在超声定位下穿刺。

3. 常规消毒局部皮肤，用2%利多卡因由皮肤至肝包膜进行局部麻醉。

4. 备好快速穿刺套针（针长7.0cm，针径1.2mm或1.6mm），套针内装有长约2～3cm钢针芯活塞，空气和水可以通过，但可阻止吸进针内之肝组织进入注射器，将穿刺针连接于10ml注射器，吸入无菌生理盐水3～5ml。

5. 术者先用穿刺锥在穿刺点皮肤上刺孔，再持穿刺针由该孔进入，并沿肋骨上缘与胸壁垂直方向刺入0.5～1.0cm，然后将注射器内生理盐水推出0.5～1.0ml，以冲出针内可能存留的皮肤与皮下组织，防止针头堵塞。

6. 在穿入肝脏前，将注射器抽成5～6ml空气负压并嘱患者深吸气，于深吸气末屏气（术前应让患者练习）。在患者屏气同时，术者将穿刺针迅速刺入肝内并立即抽出，深度不超过6.0cm。

7. 拔针后消毒，盖上无菌纱布，立即用手按压创面5～10分钟，胶布固定，并用多头腹带扎紧。

8. 用生理盐水从针内冲出肝组织条于弯盘中，挑出，以4%甲醛溶液固定送检。

9. 穿刺后卧床休息24小时，每隔15～30分钟测呼吸、脉搏、血压1次，连续观察4小时，防止内出血。

【注意事项】

1. 术前应先行血小板计数、出血时间、凝血时间、凝血酶原时间、血型测定。同时应行X线胸片检查。穿刺前测血压、脉搏。

2. 术前应向患者做好解释以消除顾虑，并嘱其在穿刺过程中切勿咳嗽或深呼吸。术前1小时可肌内注射地西泮10mg。

3. 术后应密切观察有无出血、胆汁渗漏、气胸、损伤其他脏器和感染的征象。

（二）肝穿刺抽脓术

【适应证】

1. 超声检查显示的肝内脓肿且液化充分者。

2. 有安全的穿刺和/或置管路径，进行穿刺抽液、冲洗、引流。

【禁忌证】

出凝血指标重度超标者，脓肿早期、脓肿尚未液化者，穿刺针道无法避开大血管及重要脏器。

【方法】

1. 穿刺体位同肝穿刺活体组织检查术。穿刺部位，如有明显压痛点，可在压痛点处穿刺，如压痛点不明显或病变位置较深，则应在超声检查进行脓腔定位后再行穿刺。

2. 常规消毒局部皮肤，戴无菌手套，铺无菌洞巾。用2%利多卡因溶液由皮肤至肝被膜进行局部麻醉。

3. 先将连接肝穿刺针的橡皮管折起或夹住，然后将穿刺针刺入皮肤，嘱患者先吸气，并在吸气末屏气，屏气时将针头刺入肝内并继续徐徐前进，如有抵抗感突然消失提示已进入脓腔。

4. 将50ml注射器接于长针头的橡皮管上，松开钳夹的橡皮管进行抽吸。如抽不出脓液可在注射器保持一定负压情况下再前进或后退少许，如仍无脓液，则表示未达脓腔。此时应将针头退至皮下改变方向（不得在肝内改变方向），重新穿刺。抽脓过程中，可让针随呼吸摆动，不需要用血管钳固定穿刺针头，以免损伤肝组织。

5. 脓液应尽可能抽尽。如脓液黏稠则用无菌生理盐水稀释后再抽，如抽出的脓液量与估计不符，则应变换针头方向，以便抽尽脓腔深部或底部的脓液。

6. 术毕，拔出穿刺针，消毒，局部覆盖无菌纱布，按压数分钟后，胶布固定。加压小沙袋，并用多头带扎紧。嘱患者静卧8～12小时。

【注意事项】

术前准备同肝活体组织穿刺术。如疑为阿米巴性肝脓肿，应先用抗阿米巴药治疗2～4天，待肝充血和肿胀稍减轻时再行穿刺；若疑为细菌性肝脓肿，则应在抗生素控制下进行穿刺。

七、淋巴结穿刺术

【目的】

明确淋巴结肿大的性质。

【方法】

1. 一般选择适于穿刺、且明显肿大的淋巴结作为穿刺部位。

2. 常规消毒局部皮肤和操作者的手指。

3. 术者以左手拇指和示指固定淋巴结，右手持10ml干燥注射器（针头为18～19号），沿淋巴结长轴刺入淋巴结内（刺入的深度依淋巴结的大小而定），然后边拔针边用力抽吸，利用负压吸出淋巴结内的液体和细胞成分。固定注射器的内栓，拔出针头后，将注射器取下充气后，再将针头内的抽取液喷射到载玻片上，并及时制备涂片。

4. 术毕，穿刺部位覆盖无菌纱布，胶布固定。

【注意事项】

1. 选择易于固定、不宜过小和远离大血管的淋巴结。

2. 穿刺时，若未能获得抽取液，可将穿刺针由原穿刺点刺入，并在不同方向连续穿刺，抽取数次，直到获得抽取液为止（但注意不能发生出血）。

3. 制备涂片前要注意抽取液的外观和性状。炎性抽取液为淡黄色，结核性病变的抽取液为黄绿色或污灰色黏稠样液体，可见干酪样物质。

4. 最好于餐前穿刺，以免抽取液中脂质过多，影响检查结果。

八、胃管置入术

【适应证】

1. 进行胃肠减压。

2. 清除胃内毒物,进行胃液检查。

3. 需给予鼻饲者。

4. 观察上消化道出血患者胃内出血情况及药物治疗。

【禁忌证】

食管静脉曲张、食管腐蚀性损伤、食管梗阻、严重颌面部损伤。

【方法】

1. 患者取半卧位或坐位,头偏向一侧,若昏迷患者则取去枕仰卧位,头后仰,有活动性义齿应取出,检查鼻腔通畅情况,清洁鼻腔。

2. 铺治疗巾,弯盘放于颌下,止血钳夹闭胃管末端,用无菌液体石蜡润滑胃管前端。持止血钳或镊子夹持胃管前端,经一侧鼻孔缓缓插入,插至咽部时(14～16cm),嘱患者做吞咽动作助胃管下行(如为昏迷患者直接插入),插入的长度一般成人为55～60cm。

3. 确定胃管是否已在胃内:①通过抽吸胃液或将导管末端置入生理盐水的碗中观察有无气泡逸出;②以注射器向胃管内注射空气,用听诊器听有无气过水声。

4. 确定胃管在胃内后,用胶布在鼻翼及颊部固定胃管,反折末端,用纱布包好适当固定,清洁鼻孔、口腔、面颊部,恢复舒适体位。

5. 记录留置胃管日期、时间、长度。

【注意事项】

1. 置管动作避免粗暴,留置胃管时间避免过长。

2. 避免胃管误入气管。对于昏迷患者及不能配合者,可考虑在导丝引导下或气管导管引导下将胃管置入。

九、导 尿 术

【适应证】

1. 解除尿潴留。

2. 留取尿标本做化验检查。

3. 测定残余尿量、膀胱容量和膀胱压力。

4. 探查尿道有无狭窄及梗阻。

5. 泌尿系统手术后及急性肾衰竭需记录尿量。

【禁忌证】

急性下尿路感染或尿道狭窄、先天性畸形无法留置尿管者。

【方法】

1. 患者取仰卧位,两腿屈膝外展,臀下垫油布或一次性垫巾。清洁外阴部,先用肥皂液清洗外阴,男患者要翻开包皮清洗。用黏膜消毒液棉球,女性由外向内、自上而下消毒外阴,男性自阴茎根部向尿道口消毒。每个棉球只用一次。

2. 用黏膜消毒液棉球消毒尿道口,女性由内向外、自上而下消毒外阴,外阴部盖无菌孔巾。男性自尿道口向外消毒阴茎前部,然后用无菌巾裹住阴茎,露出尿道口。

3. 术者戴无菌手套站于患者右侧,按下列程序插尿管。①男性:以左手拇、示二指挟持阴茎,用黏膜消毒剂自尿道口向外旋转擦拭消毒数次。女性:分开小阴唇,露出尿道口,再次用新洁尔灭棉球自上而下消毒尿道口与小阴唇。②男性:将阴茎提起使其与腹壁成钝角,右手将涂有无菌润滑油的导尿管慢慢插入尿道,导尿管外端用止血钳夹闭,将其开口置于消毒弯盘中,进入15～20cm。女性:分开小阴唇,从尿道口插入6～8cm。松开止血钳,尿液即可流出。

4. 将导尿管夹闭后再徐徐拔出,以免管内尿液流出污染衣物。如需留置导尿则以胶布固定尿管，以防脱出；外端以止血钳夹闭，管口以无菌纱布包好，以防尿液逸出和污染，或接上留尿无菌集尿袋，挂于床侧。

【注意事项】

1. 严格无菌操作，防止尿路感染。

2. 根据不同患者选择不同型号粗细适宜的导尿管。插入尿管动作要轻柔，以免损伤尿道黏膜，若插入时有阻挡感可稍将导尿管退出后更换方向再插，见有尿液流出时再深入 2cm，勿过深或过浅，尤忌反复大幅度抽动。

3. 测定残余尿时，嘱患者先自行排尿，然后导尿。残余尿量一般为 5～10ml，如超过 100ml则提示有尿潴留。

4. 对膀胱过度充盈者，排尿宜缓慢，以免骤然减压引起出血或晕厥。

5. 因病情需要留置导尿管时，应经常检查尿管固定情况。留置时间一周以上者每日冲洗膀胱一次，每隔 5～7 日更换尿管一次。长时间留置导尿管者，拔管前 3 天应定期钳夹尿管，每 2 小时放尿液一次，以利拔管后膀胱功能恢复。

（杨　澄）

一、血 液 检 验

（一）血液一般检验

血红蛋白（Hb）

　　男性 120～160g/L

　　女性 110～150g/L

　　新生儿 170～200g/L

红细胞（RBC）

　　男性（4.0～5.5）×10^{12}/L

　　女性（3.5～5.0）×10^{12}/L

　　新生儿（6.0～7.0）×10^{12}/L

白细胞（WBC）

　　成人（4.0～10.0）×10^9/L

　　新生儿（15.0～20.0）×10^9/L

　　6个月至2岁（11.0～12.0）×10^9/L

白细胞分类计数

百分率

　　中性杆状核粒细胞 0～0.05（0～5%）

　　中性分叶核粒细胞 0.50～0.70（50%～70%）

　　嗜酸性粒细胞 0.005～0.05（0.5%～5%）

　　嗜碱性粒细胞 0～0.01（0～1%）

　　淋巴细胞 0.20～0.40（20%～40%）

　　单核细胞 0.03～0.08（3%～8%）

绝对值

　　中性杆状核粒细胞（0.04～0.5）×10^9/L

　　中性分叶核粒细胞（2.0～7.0）×10^9/L

　　嗜酸性粒细胞（0.05～0.5）×10^9/L

　　嗜碱性粒细胞（0～0.1）×10^9/L

　　淋巴细胞（0.8～4.0）×10^9/L

　　单核细胞（0.12～0.8）×10^9/L

点彩红细胞

  百分率<0.000 1（0.1%）

  绝对值<300/10^6 红细胞

嗜多色性红细胞

    <0.01（1%）

（二）红细胞的其他检验

网织红细胞（Ret）

成人   百分数 0.005～0.015（0.5%～1.5%）

      绝对值（24～84）×10^9/L

新生儿 百分数 0.03～0.06（3%～6%）

网织红细胞生成指数（RPI） 2

红细胞沉降率（ESR） Westergren 法 男性 0～15mm/1h 末

               女性 0～20mm/1h 末

红细胞平均直径   6～9μm（平均 7.2μm）

红细胞厚度   边缘部 2μm，中央部 1μm

血细胞比容（Hct）微量法   男性（0.467±0.039）L/L

           女性（0.421±0.054）L/L

      温氏法   男性 0.40～0.50L/L（40～50 容积 %），平均 0.45L/L

           女性 0.37～0.48L/L（37～48 容积 %），平均 0.40L/L

平均红细胞容积（MCV）   手工法 82～92fl

           血细胞分析仪法 80～100fl

平均红细胞血红蛋白（MCH） 手工法 27～31pg

           血细胞分析仪法 27～34pg

平均红细胞血红蛋白浓度（MCHC） 320～360g/L（32%～36%）

红细胞体积分布宽度变异系数（RDW-CV） 11.5%～14.5%

红细胞半衰期（$T_{1/2}$）   25～32 天

红细胞内游离原卟啉（FEP） 荧光光度法<2.34μmol/L

血浆游离血红蛋白   <0.05g/L（1～5mg/dl）

血清结合珠蛋白   0.7～1.5g/L（70～150mg/dl）

血浆高铁血红素白蛋白   电泳法 阴性

红细胞渗透脆性试验   开始溶血 4.2～4.6g/L（0.42%～0.46%）NaCl 溶液

           完全溶血 2.8～3.4g/L（0.28%～0.34%）NaCl 溶液

自身溶血试验   溶血度<3.5%

酸化血清溶血试验（Ham 试验）   阴性

蔗糖水溶血试验   阴性

抗人球蛋白试验（Coombs 试验）   直接与间接均为阴性

冷热溶血试验（Donath-Landsteiner 试验） 阴性

变性珠蛋白海因茨小体（Heinz body）生成试验 <0.30（30%）

高铁血红蛋白还原试验 还原率>0.75（75%）

氰化物 - 抗坏血酸盐试验 4h 以上变棕色

红细胞 G6PD 活性检测 Zinkham 法（WHO 推荐） （12.1±2.09）U/gHb（37℃）

         Glock 与 Melean 法（ICSH 推荐） （8.34±1.59）U/gHb（37℃）

血红蛋白 F 测定（碱性变性试验） 2 岁后至成人   <2%

血红蛋白 F 酸洗脱法测定	成人	<0.01（1%）
	新生儿	0.55～0.85（55%～85%）
	2 岁后幼儿	<0.02（2%）
血红蛋白 A_2 测定	成人	0.01～0.032（1%～3.2%）
血红蛋白 H 包涵体生成试验	<0.01（1%）	
异丙醇沉淀试验	阴性	
硫化血红蛋白定性试验	阴性	
硫氧血红蛋白	不吸烟者	0～0.023g/L（0～2.3mg/dl）
	吸烟者	0.021～0.042g/L（2.1～4.2mg/dl）
一氧化碳血红蛋白	定性	阴性
	定量	不吸烟者<0.02（2%）
		吸烟者<0.10（10%）
红细胞镰变试验	阴性	

（三）血栓与止血的检验

毛细血管脆性试验（CFT）	5cm 直径圆圈内新出血点数	男性 <5 个
		女性及儿童 <10 个
出血时间（BT）	（6.9±2.1）min，超过 9min 为异常。	
血管性血友病因子抗原（vWF：Ag）	免疫火箭电泳法 94.1%±32.5%	
血浆 6- 酮 - 前列腺素 $F_{1\alpha}$（6-Keto-$PGF_{1\alpha}$）	酶联法（22.9±6.3）ng/L	
血浆血栓调节蛋白抗原（TM：Ag）	RIA 法 20～35μg/L	
血浆内皮素 -1（ET-1）	ELISA 法 <5ng/L	
血小板计数	（100～300）×10^9/L	
血小板平均容积（MPV）	7～11fl	
血小板分布宽度（PDW）	15%～17%	
血小板相关免疫球蛋白	ELISA 法	PAIgG 0～78.8ng/10^7 血小板
		PAIgM 0～7.0ng/10^7 血小板
		PAIgA 0～2.0ng/10^7 血小板
血小板黏附试验（PAdT）	血小板黏附率 62.5%±8.61%（45.34%～79.78%）	
血浆血小板球蛋白（β-TG）	ELISA 法（16.4±9.8）μg/L	
血浆血小板第 4 因子（PF_4）	ELISA 法（3.2±2.3）μg/L	
血浆血小板 P- 选择素	（1.61±0.72）×10^{10} 分子数 /ml	
血小板第 3 因子有效性（PF3aT）复钙时间	Ⅰ组较Ⅱ组延长<5s	
血块收缩试验（CRT）	血块收缩率 65.8%±11.0%	
血浆血栓烷 B_2（TX-B_2）	ELISA 法 （76.3±48.1）ng/L	
凝血时间（CT）	普通试管法 6～12min	
	硅管法 15～32min	
活化部分凝血活酶时间（APTT）	30～42s（超过对照值 10s 为延长）	
血浆凝血酶原时间（PT）	11～14s（超过对照值 3s 为延长）	
凝血酶原比值（受检血浆 PT/ 正常血浆 PT）	1.0±0.05	
血浆纤维蛋白原（Fg）	2～4g/L	
简易凝血酶生成试验（STGT）最短凝固时间	<15s（10～14s）	
血浆因子Ⅷ促凝活性（FⅧ：C）	103%±25.7%	
血浆因子Ⅸ促凝活性（FⅨ：C）	98.1%±30.4%	

血浆因子Ⅺ促凝活性（FⅪ：C）　　　100%±18.4%

血浆因子Ⅻ促凝活性（FⅫ：C）　　　92.4%±20.7%

血浆因子Ⅱ促凝活性（FⅡ：C）　　　97.7%±16.7%

血浆因子Ⅴ促凝活性（FV：C）　　　102.4%±30.9%

血浆因子Ⅶ促凝活性（FⅦ：C　　　103%±17.3%

血浆因子Ⅹ促凝活性（FX：C）　　　103%±19.0%

血浆因子Ⅷ定性试验　　　　　　24h 内纤维蛋白凝块不溶解

血浆因子Ⅷ亚基抗原　　　　　　FⅧα：Ag　　100.4%±12.9%

　　　　　　　　　　　　　　　FⅧβ：Ag　　98.8%±12.5%

血浆凝血酶片段 1+2（F_{1+2}）　　（0.67±0.19）nmol/L

血浆纤维蛋白肽 A（FPA）　　　不吸烟男性　　（1.83±0.61）μg/L

　　　　　　　　　　　　　　　不吸烟女性　　（2.22±1.04）μg/L

可溶性纤维蛋白单体复合物（SFMC）　胶乳凝集法　　阴性

　　　　　　　　　　　　　　　ELISA 法　（48.5±15.6）mg/L

　　　　　　　　　　　　　　　RIA 法　（50.5±26.1）mg/L

组织因子（TF）　　　　　　　　双抗体夹心法　　30～220ng/L

血浆抗凝血酶Ⅲ活性（AT-Ⅲα：A）　108.5%±5.3%

血浆抗凝血酶Ⅲ抗原（AT-Ⅲβ：Ag）　免疫火箭电泳法　　（0.29±0.06）g/L

血浆蛋白 C 抗原（PC：Ag）　　　免疫火箭电泳法　　102.5%±20.1%

血浆游离蛋白 S（FPS）　　　　凝固法　　　100.9%±29.1%

血浆组织因子途径抑制物（TFPT）　ELISA 法　　（97.5±26.6）μg/L

血浆凝固酶 - 抗凝血酶复合物（TAT）　（1.45±0.4）μg/L

血浆肝素定量　　　　　　　　　（0.005～0.01）U/ml

狼疮抗凝物质　　　　　　　　　Lupo 试验Ⅱ　　31～44s

　　　　　　　　　　　　　　　Lucor 试验　　30～38s

　　　　　　　　　　　　　　　Lupo 试验 /Lucor 试验比值 1.0～1.2

优球蛋白溶解时间（ELT）　　　加钙法　　（129.8±41.4）min

　　　　　　　　　　　　　　　加酶法　　（157.5±59.1）min

血浆组织型纤溶酶原激活物活性（t-PA：A）　　0.3～0.6U/ml

血浆纤溶酶原活性（PLG：A）　　　　　　75%～140%

血浆纤溶酶原激活抑制物 -1 活性（PAI-1：A）　0.1～1.0 抑制单位 /ml

血浆 $α_2$ 纤溶酶原抑制物活性（$α_2$-PI：A）　0.8～1.2 抑制单位 /ml

血浆硫酸鱼精蛋白副凝固试验（3P 试验）　　阴性

血浆凝血酶原时间（TT）　　　　16～18s（超过对照值 3s 为延长）

血浆纤溶酶 - 抗纤溶酶复合物（PAP 或 PIC）　<0.8mg/L

血浆纤维蛋白（原）降解产物（FDPs）　胶乳凝集法　　<5mg/L

血浆 D- 二聚体（D-D）　　　　胶乳凝集法　　阴性

　　　　　　　　　　　　　　　ELISA 法　　<200μg/L

血浆纤维蛋白肽 B$β_{1-42}$　　　0.74～2.24nmol/L

血浆纤维蛋白肽 B$β_{1.5-42}$　　（1.56±1.20）nmol/L

全血黏度（ηb）　　男性　　3.43～5.07

　　　　　　　　　女性　　3.01～4.29

血浆黏度（ηp）　　1.46～1.82

血清黏度（ηs）	1.38～1.66		
全血还原黏度	5.9～8.9		
红细胞变形性	红细胞滤过指数	0.29±0.10	
红细胞电泳时间	自身血浆电泳时间	（16.5±0.85）s	

（四）血液生化检验

血清总蛋白（TP）	60～80g/L		
	双缩脲法	新生儿	46～70g/L
		7月～1周岁	51～73g/L
		1～2周岁	56～75g/L
		3周岁	62～76g/L
血清白蛋白（A）	40～55g/L		
	溴甲酚绿法	新生儿	28～44g/L
		<14岁	38～54g/L
		<60岁	34～48g/L
血清球蛋白（G）	20～30g/L		
白蛋白/球蛋白比值（A/G）	（1.5～2.5）:1		
血清蛋白电泳（醋酸纤维膜法）		白蛋白	0.62～0.71（62%～71%）
		球蛋白α₁	0.03～0.04（3%～4%）
		球蛋白α₂	0.06～0.10（6%～10%）
		球蛋白β	0.07～0.11（7%～11%）
		球蛋白γ	0.09～0.18（9%～18%）
血清前清蛋白	1岁	100mg/L	
	1～3岁	168～281mg/L	
	成人	280～360mg/L	
血糖（空腹）	全血（Folin-吴法）	3.9～6.1mmol/L（80～120mg/dl）	
	血清或血浆（邻甲苯胺法）	3.9～6.4mmol/L（70～110mg/dl）	
口服葡萄糖耐量试验（OGTT）			
	空腹血糖	3.9～6.1mmol/L	
	服糖后0.5～1h	升至高峰　7.8～9.0mmol/L	
	服糖后2h	小于7.8mm/L	
	服糖后3h	血糖恢复至空腹水平	
	尿糖	均为阴性	
血清胰岛素（空腹）		10～20U/L（10～20μU/ml）	
胰岛素（μU/ml）/血糖（mg/dl）比值		<0.3	
血清胰岛C肽（空腹）		空腹0.3～1.3nmol/L	
胰岛素C肽释放试验			
	服糖后1h	胰岛素及C肽均上升至高峰	
	服糖后3h	两者均下降至空腹水平	
糖化血红蛋白（GHb）	（按GHb占血红蛋白的百分比计算）		
	电泳法	5.6%～7.5%	
	微柱法	4.1%～6.8%	
血浆乳酸	0.44～1.78mmol/L		
血清总脂	成人	4～7g/L	
	儿童	3～6g/L	

血清游离脂肪酸　　　　　0.2～0.6mmol/L

血清总胆固醇　　合适水平：<5.20mmol/L

血清甘油三酯（TAG）　　0.56～1.7mmol/L

高密度脂蛋白胆固醇（HDL-C）　合适水平：>1.04mmol/L

低密度脂蛋白胆固醇（LDL-C）　合适水平：<3.4mmol/L

脂蛋白（a）[LP（a）]　　ELISA 法　0～300mg/L

载脂蛋白 A_1（Apo-A_1）　ELISA 法　男性（1.42±0.17）g/L
　　　　　　　　　　　　　　　　　　女性（1.45±0.14）g/L

载脂蛋白 B（Apo-B）　　ELISA 法　男性（1.01±0.21）g/L
　　　　　　　　　　　　　　　　　　女性（1.07±0.23）g/L

载脂蛋白 A/B　1.0～2.0

血清钾　　　　3.5～5.1mmol/L

血清钠　　　　135～147mmol/L

血清氯（以氯化钠计）　　95～105mmol/L

血清钙　总钙（比色法）　　　　　2.25～2.58mmol/L
　　　　离子钙（离子选择电极法）　1.10～1.34mmol/L

血清无机磷　成人　0.97～1.61mmol/L
　　　　　　儿童　1.29～1.94mmol/L

血清镁　　成人　0.8～1.2mmol/L
　　　　　儿童　0.56～0.76mmol/L

血清锌　7.65～22.95μmol/L

血清铜　11.0～22.0μmol/L

血清锰　728μmol/L

血清铁　亚铁嗪显色法　　男性　11～30μmol/L
　　　　　　　　　　　　女性　9～27μmol/L

血清铁蛋白（SF）　ELISA 法或 RIA 法　男性　15～200μg/L
　　　　　　　　　　　　　　　　　　女性　12～150μg/L

血清总铁结合力（TIBC）　男性　50～77μmol/L
　　　　　　　　　　　　女性　54～77μmol/L

未饱和铁结合力　25.2～50.4μmol/L

转铁蛋白（Tf）　免疫比浊法　28.6～51.9μmol/L

转铁蛋白饱和度（Ts）　0.33～0.35μmol/L

血清肌钙蛋白 T（cTnT）ELISA 法　0.02～0.13μg/L

血清肌红蛋白（Mb）　ELISA 法　50～80μg/L
　　　　　　　　　　RIA 法　　6～85μg/L

血清铜蓝蛋白　　免疫扩散法　成人　150～600mg/L
　　　　　　　　　　　　　　儿童　300～650mg/L

血清甲胎蛋白（AFP）　定性　　阴性
　　　　　　　　　　　定量　　成人　　　　　　　<25μg/L（25ng/ml）
　　　　　　　　　　　　　　　小儿（3 周～6 月）　<39μg/L（39ng/ml）

碱性胎儿蛋白　7.4～115μg/L（平均 47.6μg/L）

异常凝血酶原　<20μg/L

β_2- 微球蛋白（β_2-M）　0.8～2.4mg/L（平均 1.5mg/L）

血清总胆红素（STB）　成人　　1.7～17.1μmol/L

新生儿　0～1 天　34～103μmol/L

1～2 天　103～171μmol/L

3～5 天　68～137μmol/L

结合胆红素　0～6.8μmol/L

非结合胆红素　1.7～10.2μmol/L

胆汁酸（BA）　总胆汁酸（酶法）　　0～10μmol/L

胆酸（气 - 液相色谱法）　0.08～0.91μmol/L

鹅脱氧胆酸（同上）　0～1.61μmol/L

甘氨胆酸（同上）　0.05～1.0μmol/L

脱氧胆酸（同上）　0.23～0.89μmol/L

尿素氮　成人　3.2～7.1mmol/L

儿童　1.8～6.5mmol/L

肌酐　全血　88.4～176.8μmol/L

血清或血浆　男性　53～106μmol/L

女性　44～97μmol/L

尿酸　磷钨酸盐法　男性　268～488μmol/L

女性　178～387μmol/L

酶法　男性　208～428μmol/L

女性　155～357μmol/L

儿童　119～327μmol/L

丙氨酸氨基转移酶（ALT）　连续监测法　10～40U/L

比色法　　5～25U

天门冬氨酸氨基转移酶（AST）　连续监测法　10～40U/L

比色法　　8～28U

ALT/AST 比值　≤1

天门冬氨酸氨基转移酶同工酶　<5U

血清碱性磷酸酶（ALP）　连续监测法　成人　<40～110U/L

儿童　<250U/L

碱性磷酸酶同工酶（ALPiso）

成人　ALP_1　阴性

ALP_2　　0.90（90%）

ALP_3　少量

ALP_4　阴性，妊娠期增多，占 0.40～0.65（40%～65%）

ALP_5　B 型或 O 型血型者微量

ALP_6　阴性

儿童　ALP_3　>0.60（60%）

ALP_2　少量

其余　阴性

γ- 谷氨酰转移酶（γ-GT 或 GGT）　连续监测法　<50U/L

血清酸性磷酸酶（ACP）　化学法　0.9～1.9U/L

乳酸脱氢酶（LD 或 LDH）　连续监测法　104～245U/L

速率法　95～200U/L

乳酸脱氢酶同工酶（LDiso）

圆盘电泳法	LDH$_1$	0.327 ± 0.046（$32.7\%\pm4.6\%$）
	LDH$_2$	$0.451\pm0.035\,3$（$45.1\%\pm3.53\%$）
	LDH$_3$	$0.185\pm0.029\,6$（$18.5\%\pm2.96\%$）
	LDH$_4$	$0.029\pm0.008\,9$（$2.9\%\pm0.89\%$）
	LDH$_5$	$0.008\,5\pm0.005\,5$（$0.85\%\pm0.55\%$）
醋酸膜电泳法	LDH$_1$	$0.24\sim0.34$（$24\%\sim34\%$）
	LDH$_2$	$0.35\sim0.44$（$35\%\sim44\%$）
	LDH$_3$	$0.19\sim0.27$（$19\%\sim27\%$）
	LDH$_4$	$0\sim0.05$（$0\sim5\%$）
	LDH$_5$	$0\sim0.02$（$0\sim2\%$）

单胺氧化酶（MAO）　　伊藤法　成人　$<30U$
　　　　　　　　　　　中野法　$23\sim49U$

脯氨酰羟化酶（PH）　　（39.5 ± 11.87）$\mu g/L$

$5'$-核苷酸酶　　$27\sim283mmol/L$

肌酸激酶（CK）　酶偶联法　$37℃$　男性　$38\sim174U/L$
　　　　　　　　　　　　　　　　女性　$26\sim140U/L$
　　　　　　　　　　　　$30℃$　男性　$15\sim105U/L$
　　　　　　　　　　　　　　　　女性　$10\sim80U/L$
　　　　　　肌酸显色法　　　男性　$15\sim163U/L$
　　　　　　　　　　　　　　　女性　$3\sim135U/L$
　　　　　　连续监测法　　　男性　$38\sim174U/L$
　　　　　　　　　　　　　　　女性　$26\sim140U/L$

肌酸激酶同工酶　　CK-MB　　<0.05（5%）
　　　　　　　　　CK-MM　　$0.94\sim0.96$（$94\%\sim96\%$）
　　　　　　　　　CK-BB　　阴性或微量

肌酸激酶异型　　CK-MB$_1$　　$<0.71U/L$
　　　　　　　　CK-MB$_2$　　$<1.01U/L$
　　　　　　　　MB$_1$/MB$_2$比值　　<1.4

醛缩酶　$3\sim8U$（平均$5.4U$）

血清淀粉酶（AMS）　Somogyi法　总活性　$800\sim1\,800U/L$
　　　　　　　　　　酶偶联法　　$20\sim115U/L$

血清脂肪酶（APS）　比色法　　$0\sim79$
　　　　　　　　　　浊度法　　$0\sim160$
　　　　　　　　　　滴度法　　$<1\,500U/L$

胆碱酯酶（ChE）

全血胆碱酯酶（AchE）　比色法　　　$80\,000\sim12\,000U/L$
　　　　　　　　　　　连续监测法　为SChE的$1.5\sim2.5$倍

血清胆碱酯酶（SchE）　比色法　　　$30\,000\sim80\,000U/L$
　　　　　　　　　　　连续监测法　$620\sim1\,370U/L$

胆碱酯酶活性　　$0.80\sim1.00$（$80\%\sim100\%$）

超氧化物歧化酶（SOD）　比色法　　$555\sim633\mu g/gHb$

血清Ⅲ型前胶原氨基末端肽（P-ⅢP）　　$100ng/L$

靛氰绿滞留率（ICGR）　　15min 滞留率　　0～10%

（五）血清学与免疫学检测

免疫球蛋白

IgG	单向免疫扩散法	7.6～16.6g/L		
IgA	单向免疫扩散法	血清型	0.71～3.35g/L	
		分泌型（SIgA）	唾液	314mg/ml
			泪液	30～80mg/ml
			初乳	5 060.5mg/L
IgM	单向免疫扩散法	0.48～2.12g/L		
IgD	ELISA 法	0.6～1.2mg/L		
IgE	ELISA 法	0.1～0.9mg/L		

血清 M 蛋白　　阴性

总补体活性（CH50）　　试管法　　50～100U/ml

补体旁路途径溶血活性　　试管法　　(21.7 ± 5.4)U/ml

补体 C_{1q}　　ELISA 法　　180～190mg/L

补体 C_3　　单向免疫扩散法　　(1.14 ± 0.27)g/L

补体 C_4　　单向免疫扩散法　　(0.55 ± 0.11)g/L

补体 C_3 裂解物（C_3SP）C_{3C}　　<94mg/L

补体旁路 B 因子（BF）　　单向免疫扩散法　　0.1～0.4g/L

T 细胞花结形成试验（ERFT）

　　T 细胞总花结形成细胞（EtRFC）　　0.664 ± 0.067（64.4%±6.7%）

　　活化 T 细胞花结形成试验（EaRFT）　　0.236 ± 0.035（23.6%±5.5%）

　　稳定 T 细胞花结形成细胞（EsRFT）　　0.033 ± 0.026（3.3%±2.6%）

T 细胞转化试验（LTT）　　形态学法　　转化率 0.601 ± 0.076（60.1%±7.6%）

　　　　　　　　　　　　^{3}H-TdR 掺入法　　刺激指数（SI）　　<2

T 细胞分化抗原

CD$_3$	免疫荧光法	63.1%±10.8%
	流式细胞术	61%～85%
CD$_4$（T$_H$）	免疫荧光法	42.8%±9.5%
	流式细胞术	28%～58%
CD$_8$（Ts）	免疫荧光法	19.6%±5.9%
	流式细胞术	19%～48%

CD$_4$/CD$_8$　　0.9～2.1/1

B 细胞膜表面免疫球蛋白（SmIg）

免疫荧光法	SmIg 阳性细胞	21%
	SmIgM 阳性细胞	8.9%（7%～13%）
	SmIgA 阳性细胞	2.2%（1%～4%）
	SmIgD 阳性细胞	6.2%（5%～8%）
	SmIgE 阳性细胞	0.9%（1%～1.5%）
	SmIgG 阳性细胞	7.1%（4%～13%）

红细胞 - 抗体 - 补体花结形成试验（EA-RFT）

　　B 细胞 EA 花结形成试验（EA-RFC）　　8%～12%

　　B 细胞 EA- 补体花结形成试验（EAC-RFC）　　8%～12%

B 细胞鼠红细胞花结形成试验（M-RCT）　8.5%±2.8%

B 细胞分化抗原 CD19⁺　流式细胞术　11.74%±3.37%

自然杀伤细胞活性（NK）

　　^{51}Cr 释放法　　自然释放率　<10%～15%

　　　　　　　　　　自然杀伤率　47.6%～76.8%

　　　　　　　　　　^{51}Cr 利用率　6.5%～47.8%

　　酶释放法　　　　细胞毒指数　27.5%～52.5%

　　流式细胞术　13.8%±5.9%

抗体依赖性细胞介导细胞毒（ADCC）

　　^{51}Cr 释放法　　　<10% 为阴性，10%～20% 可疑阳性，≥20% 为阳性

　　溶血空斑法　　　<5.6% 阳性

白细胞介素 -2 活性（IL-2）　^{3}H-TdR 掺入法　　5～15kU/L

白细胞介素 -2 受体（IL-2R）ELISA 法　　<200U/ml

肿瘤坏死因子（TNF）　　　ELISA 法　　　（4.3±2.8）µg/L

干扰素（IFN）　　　　　　ELISA 法　　　1～4kU/L

类风湿因子（RF）　　　　　ELISA 法　　　1～4kU/L

C- 反应蛋白（CRP）　　　　免疫比浊法　　　阴性

　　　　　　　　　　　　　单向免疫扩散法　<8mg/L

抗核抗体（ANA）　　　　　免疫荧光法　　　阴性

　　　　　　　　　　　　　血清滴度　　　　>1∶40 为阳性

抗双链脱氧核糖核酸抗体（抗 ds-DNA）　　阴性

抗可提取性核抗原（ENA）抗体谱

　　抗核糖核蛋白抗体（抗 RNP）　　　　阴性

　　抗酸性核蛋白抗体（抗 Smith，Sm）　阴性

　　抗干燥综合征 -A 抗体（抗 SSA）　　　阴性

　　抗干燥综合征 -B 抗体（抗 SSB）　　　阴性

　　抗系统性硬化症抗体（抗 Scl-70）　　阴性

　　抗线粒体抗体（AMA）　　　　　　　阴性

　　抗平滑肌抗体（ASMA）　　　　　　阴性

抗甲状腺球蛋白抗体（抗 TG）　　间接血凝法滴度　≤1∶32

　　　　　　　　　　　　　　　ELISA 法，放射免疫分析法（RIA）　阴性

抗甲状腺微粒体抗体（抗 TM）　间接血凝法，ELISA，PIA 法　　均阴性

抗乙酰胆碱受体抗体（AchRA）　ELISA 法或 RIA 法　　　　阴性或≤0.3nmol/L

循环免疫复合物（CIC）

　　聚乙二醇（PEG）沉淀法　低于正常对照值 +2SD 或 A 值≤0.12

　　微量抗补体法　阴性

　　Clq 结合法　低于正常对照组 +2SD 或 A 值<0.12

冷球蛋白（CG）　阴性或<80mg/L

甲型肝炎病毒抗原（HAVAg）　　ELISA 法　　　HAVIgM　阳性

　　　　　　　　　　　　　　　　　　　　　HAVIgA　阴性

　　　　　　　　　　　　　　　　　　　　　HAVIgG　部分老年人可呈阳性

乙型肝炎病毒表面抗原（HBsAg）ELISA 法，RIA 法　　　阴性

乙型肝炎病毒表面抗体（HBsAb）ELISA 法，RIA 法　　　阴性

乙型肝炎病毒 e 抗原（HBeAg）	ELISA 法，RIA 法	阴性
乙型肝炎病毒 e 抗体（HBeAb）	ELISA 法，RIA 法	阴性
乙型肝炎病毒核心抗原（HBcAg）	ELISA 法，RIA 法	阴性
乙型肝炎病毒核心抗体（抗 HBc）		
抗 HBc 总抗体	ELISA 法，RIA 法	阴性
抗 HbcIgM	ELISA 法，RIA 法	阴性
抗 HbcIgG	ELISA 法，RIA 法	阴性
乙型肝炎病毒表面抗原蛋白前 S_2（Pre-S_2）		阴性
乙型肝炎病毒表面抗原蛋白前 S_2 抗体（抗 Pre-S_2）		阴性
乙型肝炎病毒 DNA（HBV-DNA）	斑点杂交实验	阴性
	聚合酶链反应	阴性
丙型肝炎病毒 RNA（HCV-RNA）	斑点杂交实验	阴性
	RT-PCR 法	阴性
丙型肝炎病毒抗体 IgM（抗 HCV IgM）	ELISA 法，RIA 法	阴性
丙型肝炎病毒抗体 IgG（抗 HCV IgG）	ELISA 法，RIA 法	阴性
丁型肝炎病毒抗原（HDV Ag）	IFA，RIA，ELISA 法	均阴性
丁型肝炎病毒抗体（抗 HDV）	IFA，RIA，ELISA 法	均阴性
丁型肝炎病毒 RNA（HDV-RNA）	RT-PCR 法	阴性
戊型肝炎病毒抗体（抗 HEV IgG 和 HEV IgM）	RIA，ELISA 法	均阴性
庚型肝炎病毒抗体（抗 HGV）	RIA，ELISA 法	阴性
抗链球菌溶血素"O"（ASO）滴度		低于 1:400
Widal 反应　直接凝集法	"O"	低于 1:80
	"H"	低于 1:160
	"A"	低于 1:80
	"B"	低于 1:80
	"C"	低于 1:80
伤寒沙门菌抗体 lgM 酶联免疫试验		阴性或滴度低于 1:20
伤寒沙门菌可溶性抗原　乳胶凝集法		阴性
斑疹伤寒血清反应（Weil-Felix 反应）		阴性或低于 1:40
流行性脑脊髓膜炎免疫测定　抗体，抗原测定		均为阴性
布鲁氏菌凝集试验　阴性或滴度低于 1:25		
结核分枝杆菌抗体（TB-Ab）	胶体金法或 ELISA 法	阴性
结核分枝杆菌 DN	PCR	阴性
幽门螺杆菌抗体（HP-Ab）	金标免疫斑点法	阴性
出血热病毒抗体 lgM	ELISA 法	阴性
流行性乙型脑炎病毒抗体 LgM	ELISA 法	阴性
人巨细胞病毒（HCMV）抗体 IgM 和 IgG	IFA 法或 ELISA 法	阴性
人巨细胞病毒（HCMV）-DNA		阴性
柯萨奇病毒（Cox）抗体 IgM 和 IgG	IFA 法或 ELISA 法	阴性
Cox-RNA		阴性
轮状病毒抗体和 RNA		阴性
嗜异性凝集试验　红细胞凝集法		阴性或凝集效价≤1:7
弓形虫抗体和 DNA		阴性

日本血吸虫抗体	环卵沉淀法		阴性
	ELISA 法	IgE　　0～5U/L，IgG，IgM	阴性
囊虫抗体（CSA）	ELISA 法	血清低于 1∶64，脑脊液低于 1∶8	
	间接血凝法	血清低于 1∶128，脑脊液低于 1∶8	
疟原虫抗体和抗原	IFA 法和 ELISA 法测定抗体	阴性	
	免疫印迹法测定抗原	阴性	
沙眼衣原体（CT）抗体 IgM 和 IgG	IFA 法	CT-IgM 效价≤1∶32	
		CT-lgG 效价≤1∶512	

梅毒螺旋体抗体

定性试验（非特异性抗体）	快速血浆反应素试验（RPR）	阴性
不加热血浆反应素试验（SRU）		阴性
美国性病研究实验室试验（VDRL）		阴性
确诊试验（特异性抗体）梅毒螺旋体血凝试验（TPTA）		阴性
荧光螺旋体抗体吸收实验（FTA-ABS）		阴性

人类免疫缺陷病毒抗体（抗 -HIV）

筛选实验	ELISA 法和快速蛋白印迹法	阴性
确诊试验	（测 HIV-RNA）蛋白印迹法和 RT-PCR 法	阴性

钩端螺旋体抗体	补体结合实验和 ELISA 法	阴性（滴度<1∶10）
间接血凝试验	阴性（滴度<1∶60）	
凝集溶解实验	阴性（滴度<1∶400）	
甲胎蛋白（AFP）	对流免疫电泳法	阴性
	RIA 或 ELISA 法	<25μg/L
癌胚抗原（CEA）	ELISA 法和 RIA 法	15μg/L
糖类抗原 125（CA125）	男性及 50 岁以上女性	<2.5 万 U/L（RIA 法或 ELISA 法）
	20～40 岁女性	<4.0 万 U/L（RIA 法）
组织多肽抗原（TPA）	RIA 法	<130U/L
糖类抗原 15-3（CA15-3）	RIA 法，化学发光免疫分析法（CLIA）	<2.5 万 U/L
前列腺特异性抗原（PSA）	RIA 法，CLIA 法	≤4.0μg/L
鳞状上皮癌抗原（SCC）	RIA 法，CLIA 法	≤1.5μg/L
糖类抗原 50（CA50）	固相放射免疫分析（IRMA）法，CLIA 法	0～2.0 万 U/L
糖类抗原 724（CA724）	ELISA 法	<6.7μg/L
糖类抗原 19-9（CA19-9）	IRMA 法，ELISA 法	<3.7 万 U/L
糖类抗原 242（CA242）	ELISA 法	<20kU/L
血清前列腺酸性磷酸酶（PAP）	RIA 法，CLIA 法	≤2.0μg/L
神经元特异性烯醇化酶（NSE）	RIA 法，ELISA 法	≤15μg/L
异常凝血酶原（APT）	<20μg/L	
a-L- 岩藻糖苷酶（AFU）	ELISA 法	234～414μmol/L

二、骨髓检验

有核细胞计数	$(40～180)×10^9/L$
增生程度	增生活跃（即成熟红细胞与有核细胞之比约为 20∶1）

粒/红（G/E）		（2～4）:1
粒系细胞总数		约占 0.40～0.60（40%～60%）
粒系细胞分类	原粒细胞	0～0.002（0～2%）
	早幼粒细胞	0.004～0.039（<5%）
	中性中幼粒细胞	0.022～0.122（约8%）
	中性晚幼粒细胞	0.035～0.132（约10%）
	中性杆状核粒细胞	0.164～0.321（约20%）
	中性分叶核粒细胞	0.042～0.212（约12%）
	嗜酸性中幼粒细胞	0～0.014（0～1.4%）
	嗜酸性晚幼粒细胞	0～0.018（0～1.8%）
	嗜酸性杆状核粒细胞	0.002～0.039（0.2%～3.9%）
	嗜酸性分叶核粒细胞	0～0.42（0～4.2%）
	嗜酸性中幼粒细胞	0～0.002（0～0.2%）
	嗜酸性晚幼粒细胞	0～0.003（0～0.3%）
	嗜酸性杆状核粒细胞	0～0.004（0～0.4%）
	嗜酸性分叶核粒细胞	0～0.002（0～0.2%）
红系细胞总数		约占 0.15～0.25（15%～25%）
红系细胞分类	原红细胞	0～0.019（<1%）
	早幼红细胞	0.002～0.026（<3%）
	中幼红细胞	约10%
	晚幼红细胞	约10%
淋巴细胞分类	原淋巴细胞	0～0.004（0～0.4%）
	幼淋巴细胞	0～0.021（0～2.1%）
单核细胞分类	淋巴细胞	0.107～0.431（10.7%～43.1%）
	原单核细胞	0～0.003（0～0.3%）
	幼单核细胞	0～0.006（0～0.6%）
	单核细胞	0～0.062（0～6.2%）
浆细胞分类	原浆细胞	0～0.001（0～0.1%）
	幼浆细胞	0～0.007（0～0.7%）
	浆细胞	0～0.021（0～2.1%）
巨核细胞		0～0.003（0～0.3%）
巨核细胞分类	原巨核细胞	0～0.05（0～5%）
	幼巨核细胞	0～0.10（0～10%）
	颗粒型巨核细胞	0.10～0.50（10%～50%）
	产血小板型巨核细胞	0.20～0.70（20%～70%）
	裸核	0～0.30（0～30%）
	变性巨核细胞	0.02（2%）
网状细胞		0～0.01（0～1%）
内皮细胞		0～0.004（0～0.4%）
组织嗜碱细胞		0～0.005（0～0.5%）
组织嗜酸细胞		0～0.002（0～0.2%）
吞噬细胞		0～0.004（0～0.4%）

脂肪细胞	0～0.001（0～0.1%）
分类不明细胞	0～0.001（0～0.1%）

过氧化物酶（POX）染色　粒系（除原粒）细胞　强阳性

单核系细胞　　　　弱阳性或阴性

淋巴系细胞　　　　阴性

苏丹黑 B（SB）染色　结果与 POX 染色大致相同

中性粒细胞碱性磷酸酶（NAP）染色　阳性率 0.1～0.4（10%～40%）

积分值 40～80（分）

酸性磷酸酶（ACP）染色　T 淋巴细胞，多毛细胞，Gaucher 细胞　阳性

B 淋巴细胞，单核细胞，组织细胞，巨核细胞　阴性

氯化醋酸 AS-D 萘酚酯酶　（AS-D NCE）染色

中性粒细胞　强阳性

单核及淋巴系细胞　阴性

α- 醋酸萘酚酯酶（α-NAE）　染色（非特异性酯酶，NSE）

粒系细胞阴性或弱阳性（不被氟化钠抑制）

单核系细胞阳性（可被氟化钠抑制）

糖原染色（PAS 反应）　原粒细胞阴性，早幼粒至分叶核粒细胞阳性

单核细胞弱阳性

淋巴细胞阴性，少数弱阳性

巨核细胞　阳性

铁染色（普鲁士蓝反应）　细胞外铁　1+～2+

细胞内铁（铁粒幼细胞）12%～44%

三、排泄物、分泌液及体液检验

（一）尿液检查

尿量	1 000～2 000ml/24h	
外观	透明，淡黄色	
酸碱反应	弱酸性，pH 约 6.5	
比重	1.015～1.025	
蛋白质	定性	阴性
	定量	30～130ml/24h
尿调节素	29.8～43.9mg/24h	
葡萄糖	定性	阴性
	定量	0.56～5.0mmol/24h（100～900mg/24h）
酮体	定性	阴性
	定量（以丙酮计）0.34～0.85mmol/24h（20～50mg/24h）	
尿胆原	定性	阴性或弱阳性（尿稀释 20 倍为阴性）
	定量	0.84～4.2μmol/24h
尿胆素定性试验	阴性	
胆红素	定性	阴性
	定量	≤2mg/L
紫胆原	定性	阴性

定量　0～4.4μmol/24h

尿卟啉　0～36nmol/24h

尿隐血试验　阴性

尿含铁血黄素试验（Rous 试验）　阴性

本周蛋白（Bence-Jones 蛋白）　阴性

β_2- 微球蛋白　<0.2mg/L（370μg/24h）

α_2- 微球蛋白　0～15mg/L

肌红蛋白定量　<4mg/L

乳糜尿试验　阴性

总氮　<857mmol/L

肌酐　男性　7～18mmol/24h

　　　女性　5.3～16mmol/24h

尿素氮　357～535mmol/24h

尿酸　2.4～5.9mmol/24h

肌酸　男性　0～304μmol/24h

　　　女性　0～456μmol/24h

氯化物　170～255mmol/24h

钠　　130～260mmol/24h

钾　　51～102mmol/24h

钙　　2.5～7.5mmol/24h

磷　　22～48mmol/24h

铅　　<0.48μmol/24h

汞　　<250nmol/24h

镁　　2.1～8.2mmol/24h

铁　　<179μmol/24h

铜　　0.24～0.48μmol/24h

锌　　2.3～0.48μmol/24h

尿 N- 乙酰 -β-D 氨基葡萄糖酐酶（NAG）　<18.5U/L

尿淀粉酶　Somogyi 法　<1 000U

溶菌酶　0～2mg/L

纤维蛋白降解产物　<0.25mg/L

黏蛋白　100～150mg/24h

免疫球蛋白　阴性

补体 C_3　阴性

尿白蛋白排泄率（UAE）　5～30mg/24h

尿沉渣检查　白细胞　<5 个 /HP

　　　　　　红细胞　<3 个 /HP（0～偶见）

　　　　　　扁平或大圆上皮细胞　少许 /HP

　　　　　　透明管型　偶见 /HP

12h 尿沉渣计数　红细胞　<50 万

　　　　　　　　白细胞　<100 万

　　　　　　　　透明管型　<5 000 个

1h 细胞排泄率　红细胞　男性　<3 万 /h

女性 <4万/hB

白细胞 男性 <7万/h

女性 <14万/h

中段尿细菌培养计数 <10^6菌落/L(10^3菌落/ml)

（二）粪便检验

量 100~300g/24h

颜色 黄褐色

胆红素 阴性

粪胆原定量 75~350mg/100g粪（68~473μmol/24h）

粪胆素 阳性

蛋白质定量 极少

粪便脂肪测定（平衡试验） <6g/24h 镜检脂肪小滴大于6个/Hp

隐血试验 阴性

细胞 上皮细胞或白细胞 无或偶/HP

余物残渣 少量植物细胞、淀粉颗粒及肌纤维等

（三）胃液检验

胃液分泌总量 1.5~2.5L/24h（含盐酸160mEq/L）

比重 1.003~1.006

pH 1.3~1.8

空腹胃液量 0.01~0.10L（平均0.05L）

胃液性状 清晰无色，轻度酸味，含少量黏液

五肽胃泌素试验 基础胃液量 0.01~0.10L

基础泌酸量（BAO）（2~5）mmol/h，很少超过5mmol/h

最大泌酸量（MAO） 3~23mol/h

高峰泌酸量（PAO）（20.26±8.77）mmol/h

BAO/MAO 0.2

乳酸测定 定性试验 阴性

隐血试验 阴性

细胞 白细胞与上皮细胞 少许

细菌 阴性

（四）十二指肠引流液检验

量与颜色 A胆液 10~20ml，无色，灰色或黄色

B胆液 10~20ml，橙黄色

C胆液 30~60ml，深褐色

D胆液 量不定，随引流时间而异，金黄色或淡黄色

透明度 透明或加碱性液体后透明

黏稠度 B胆液黏稠，A、C胆液略黏稠，D液较稀薄

比重 A胆液 1.009~1.013

B胆液 1.026~1.032

C胆液 1.007~1.010

pH

A胆液 7.0

B胆液 6.8

　　　　　C 胆液　　7.4

　　　　　D 胆液　　7.6

淀粉酶　　（43～326）×10⁴Somogyi 单位 / 全标本

胰蛋白酶　　0.35～1.60（35%～160%）

促胰酶素 - 促胰液素试验（P-S 试验）

胰液流出量　　70～230ml/h

最高碳酸氢盐浓度　　70～125mmol/h

淀粉酶排出量　　880～7 400Somogyi 单位 / 千克体重

（五）脑脊液检验

性状　　无色，清晰透明

压力（侧卧）　　0.686～1.76kPa（70～80mmH₂O）

蛋白　　定性（Pandy）试验　　阴性

　　　　定量　　儿童（腰椎穿刺）　　0.20～0.40g/L

　　　　　　　　成人（腰椎穿刺）　　0.20～0.45g/L

　　　　　　　　小脑延髓池穿刺　　0.10～0.25g/L

　　　　　　　　脑室穿刺　　　　　0.05～0.15g/L

白蛋白　　0.1～0.3g/L

蛋白电泳　　前白蛋白　　0.02～0.07（3%～6%）

　　　　　　白蛋白　　　0.56～0.76（50%～70%）

　　　　　　α₁ 球蛋白　　0.02～0.07（4%～6%）

　　　　　　α₂ 球蛋白　　0.04～0.12（4%～9%）

　　　　　　β 球蛋白　　0.08～0.18（7%～13%）

　　　　　　γ 球蛋白　　0.03～0.12（7%～8%）

葡萄糖　　成人　　2.5～4.5mmol/L

　　　　　儿童　　2.8～4.5mmol/L

氯化物（以氯化钠计）　　成人 120～130mmol/L

　　　　　　　　　　　　儿童 111～123mmol/L

免疫球蛋白　　IgG　　0.01～0.04g/L

　　　　　　　IgA　　0.001～0.006g/L

　　　　　　　IgM　　阴性

胆红素　　　　　　阴性

色氨酸试验　　　　阴性

乳酸脱氢酶（LDH）3～40U/L

肌酸激酶（CK）　　同工酶 CK₁　　0～8U/L

　　　　　　　　　比色法（0.94±0.25）U/L

溶菌酶（LZM）　阴性或微量

天门冬氨酸氨基转移酶（AST）　　5～20U/L

细胞数　　成人（0～8）×10⁶/L

　　　　　儿童（0～15）×10⁶/L

细胞分类　　淋巴细胞　　占 0.70（70%），单核细胞占 0.30（30%）

（六）精液检验

量　　一次排精液量 1.5～6.8ml

色　　灰白色或乳白色，久未排精液者可呈淡黄色

黏稠度　呈胶胨状,30min 后完全液化呈半透明状

pH	7.2～8.0
比重	1.033
精子浓度	$\geqslant 15 \times 10^9/L$
一次排精子总数	$\geqslant 39 \times 10^9/L$
活动精子(30～60min 内)	0.80～0.90(80%～90%)
精子形态	异常精子<20%
白细胞	<5 个/HP

(七)前列腺液检验

性状	淡乳白色,半透明,稀薄液状
pH	6.3～6.5
卵磷脂小体	多量或布满视野
上皮细胞	少量
红细胞	<5 个/HP
白细胞	<10 个/HP
淀粉样体	老年人易见到,约为白细胞的 10 倍
细菌	阴性

四、肾功能试验

菊粉清除率(Cin)　　$2.0～2.3ml \times s^{-1}/1.73m^2$(120～140ml/min)

内生肌酐清除率(Ccr)　$1.3～2.0ml \times s^{-1}/1.73m^2$(80～120ml/min)(以 $1.73m^2$ 标准体表面积校正)

肾小球滤过率(GFR)　　总 GFR(100±20)ml/min

昼夜尿比重试验(Mosenthal 浓缩和稀释功能试验)

　　24h 尿总量　1 000～2 000ml

　　夜尿量　<750ml

　　昼尿量/夜尿量比值　(3～4):1

　　尿最高比重　>1.020

　　最高比重与最低比重之差　>0.009

尿渗量(尿渗透压)测定(Uosm)

　　禁饮后尿渗量　$600～1 000mOsm/(kg \cdot H_2O)$[平均 $800mOsm/(kg \cdot H_2O)$]

　　血浆渗量(Posm)　$275～305mOsm/(kg \cdot H_2O)$[平均 $300mOsm/(kg \cdot H_2O)$]

　　尿渗量与血浆渗量比值　(3.0～4.5):1

渗透溶质清除率(空腹)　0.33～0.5ml/s(2～3ml/min)

肾小管葡萄糖最大重吸收量(TmG)　成人平均　(340±18.2)mg/min

　　　　　　　　　　　　　　　　男性　　300～450mg/min

　　　　　　　　　　　　　　　　女性　　250～350mg/min

对氨马尿酸最大排泄量(TmPAH)60～90mg/min[(80.9±11.3)mg/(min·$1.73m^2$)]

尿酸化功能实验　　尿 HCO_3^-　<30mmol/L

　　　　　　　　　可滴定酸　>10mmol/L

　　　　　　　　　NH_4^+　>20mmol/L

有效肾血浆流量(ERPF)　600～800ml/min

肾全血流量(RBF)　1 200～1 400ml/min

肾小管酸中毒试验　氯化铵负荷（酸负荷）试验尿 pH　<5.3

　　　　　　　　　　碳酸氢离子重吸收排泄（碱负荷）试验 HCO_3^- 排泄　≤1%

五、内分泌激素检测

血甲状腺素（T_4）　　　　　　放免法　69～141nmol/L

血游离甲状腺素（FT_4）　　　　放免法　8.7～17.3pmol/L

血三碘甲腺原氨酸（T_3）　　　　放免法　1.3～2.5nmol/L

血游离三碘甲腺原氨酸（FT_3）　放免法　4.7～7.8pmol/L

反三碘甲腺原氨酸（rT_3）　　　常采用 CLIA 法　0.15～0.45nmol/L

血清甲状腺结合球蛋白（TBG）　放免法　11.4～33.9mg/L

^{125}I-T_3 摄取试验（^{125}I-T_3RUR）　25%～35%

甲状腺摄 ^{131}I 率　　　　　　3h　0.057～0.245（5%～25%）

　　　　　　　　　　　　　　24h　0.151～0.471（20%～45%）

基础代谢率（BMR）　　　　　−0.10～+0.10（−10%～+10%）

血甲状旁腺激素（PTH）　　　免疫化学发光法　1～10pmol/L

　　　　　　　　　　　　　放免法　氨基端（活性端）　230～630ng/L

　　　　　　　　　　　　　　　　　羧基端（无活性端）　430～1 860ng/L

血降钙素（CT）　　　　放免法　男性　0～14ng/L

　　　　　　　　　　　　　　　女性　0～28ng/L

尿 -17 羟皮质激素（17-OHCS，17-OH）　男性　21.28～34.48μmol/24h

　　　　　　　　　　　　　　　　　　　女性　19.27～28.21μmol/24h

尿 -17 酮皮质激素（17-KS）　　　男性　28.5～61.8μmol/24h

　　　　　　　　　　　　　　　　女性　20.8～52.1μmol/24h

血皮质醇　　　放免法　　　上午 8 时　140～630nmol/L

　　　　　　　　　　　　　下午 4 时　　80～410nmol/L

　　　　　　　　　　　　　晚上 8 时　小于上午 8 时的 50%

尿游离皮质醇　　　放免法　30～276nmol/24h

血醛固酮（Ald）　放免法　普通饮食（上午 6 时）　卧位（238±104）pmol/L

　　　　　　　　　　　　　　　　　　　　　　　立位（418±245）pmol/L

　　　　　　　　　　　　　低钠饮食　　　　　　卧位（646.6±333.4）pmol/L

　　　　　　　　　　　　　　　　　　　　　　　立位（945.6±491）pmol/L

尿醛固酮　　　　　普通饮食（21.36±7.2）nmol/24h

尿儿茶酚胺（CA）　微柱法　71.0～229.5nmol/24h

尿香草扁桃酸（VMA）　比色法　5～45μnmol/24h

血游离儿茶酚胺　　多巴胺　<888pmol/L

　　　　　　　　　去甲肾上腺素　615～3 240pmol/L

　　　　　　　　　肾上腺素　<480pmol/L

血浆睾酮　　　　男性　成人（5 700±1 560）ng/L

　　　　　　　　女性　成人（590±220）ng/L

血浆雌二醇（E_2）放免法　男性　50～200pmol/L

　　　　　　　　　　　　　女性　卵泡期 94～433pmol/L

　　　　　　　　　　　　　　　　黄体期 499～1 580pmol/L

排卵期 704～2 200pmol/L

绝经期 40～100pmol/L

血浆孕酮　放免法　非孕妇女　卵泡期（早）（0.7±0.1）μg/L

卵泡期（晚）（0.4±0.1）μg/L

排卵期（1.6±0.2）μg/L

黄体期（早）（11.6±1.5）μg/L

黄体期（晚）（5.7±1.1）μg/L

血促甲状腺激素（TSH）　　　放免法　2～10mU/L

血促肾上腺皮质激素（ACTH）　放免法　上午 8 时　25～100mg/L

下午 6 时　　10～80ng/L

血生长激素（GH）　　　放免法　男性成人　<2.0μg/L

女性成人　<10.0μg/L

儿童　<20μg/L

血抗利尿激素（ADH）　放免法　1～10μU/ml（平均 4μU/ml）

尿抗利尿激素　　　　　放免法　11～30μU/24h（平均 28.9μU/24h）

六、肺功能检查

潮气量（TC）　　　　　500ml（成人）

深吸气量（IC）　　　　男性 2 600ml

女性 1 900ml

补呼气容积（ERV）　　男性 910ml

女性 560ml

肺活量（VC）　　　　　男性 3 470ml

女性 2 440ml

功能残气量（FRC）　　男性（2 270±809）ml

女性（1 858±552）ml

残气容积（RV）　　　　男性（1 380±631）ml

女性（1 301±486）ml

静息通气量（VE）　　　男性（6 663±200）ml/min

女性（4 217±160）ml/min

最大通气量（MVV）　　男性（104±2.71）L/min

女性（82.5±2.17）L/min

肺泡通气量（VA）　　　4L/min

肺血流量　　　　　　　5L/min

通气/血流（V/Q）比值　0.8

无效腔气/潮气容积（VD/VT）　0.3～0.4

弥散功能（CO 吸入法）　　198.5～276.9ml（kPa·min）[26.47～36.92ml/（mmHg·min）]

气道阻力　　　　　　　1～3cmH$_2$O×Ls^{-1}

动脉血氧分压（PaO$_2$）　　12.6～13.3kPa（95～100mmHg）

动脉血二氧化碳分压（PaCO$_2$）　4.7～6.0kPa（35～45mmHg）

混合静脉血氧分压（P$\bar{\text{v}}$O$_2$）　4.7～6.0kPa（35～45mmHg）

动脉血与混合静脉血氧分压差　8.0kPa（60mmHg）

肺泡～动脉血氧分压差（成人）	<2.0kPa（15mmHg）
动脉血氧饱和度（SaO_2）	0.919～0.99（91.9%～99%）
静脉血氧饱和度	0.60～0.85（60%～85%）
动脉血氧含量（CaO_2）	8.55～9.45mmol/L（19～21ml/dl）
静脉血含氧量	4.5～7.2mmol/L（10～16ml/dl）
血液酸碱度（pH）	7.35～7.45（平均7.40）
血液氢离子浓度	35～45mmol/L（平均24mmol/L）
碳酸氢盐（标准或实际）	22～27mmol/L（平均24mmol/L）
动脉血浆二氧化碳含量（$T-CO_2$）	25.2mmol/L（25.2vol/%）
二氧化碳结合力（CO_2-CP）	22～31mmol/L（50～70vol/%）
全血缓冲碱（BB）	45～55mmol/L（平均50mmol/L）
碱剩余（BE）	（0±2.3）mmol/L

（王若溢）

附录三
主要参考书目

1. 李广元，周艳丽. 诊断学基础[M].4 版. 北京：人民卫生出版社,2019.

2. 万学红，卢雪峰. 诊断学[M].9 版. 北京：人民卫生出版社,2018.

3. 徐克，龚启勇，韩萍. 医学影像学[M].8 版. 北京：人民卫生出版社,2018.

4. 夏瑞明，刘林祥. 医学影像诊断学[M].4 版. 北京：人民卫生出版社,2020.

5. 贾建平，陈生弟. 神经病学[M].9 版. 北京：人民卫生出版社,2020.

6. 许有华，樊华. 诊断学[M].8 版. 北京：人民卫生出版社,2021.

7. 邝贺龄，胡品津. 内科疾病鉴别诊断学[M].5 版. 北京：人民卫生出版社,2006.

复习思考题答案要点

模拟试卷

诊断学基础教学大纲